Kirchliche Wahrnehmung und Wahrnehmung von Kirche

Gerhard Wegner

Kirchliche Wahrnehmung und Wahrnehmung von Kirche

Studien zum Verhältnis
von Eigen- und Fremdwahrnehmung
der evangelischen Volkskirche

Lutherisches Verlagshaus

Die Deutsche Bibliothek – CIP-Einheitsaufnahme

Wegner, Gerhard:
Kirchliche Wahrnehmung und Wahrnehmung von Kirche:
Studien zum Verhältnis von Eigen- und Fremdwahrnehmung
der evangelischen Volkskirche / Gerhard Wegner. –
Hannover: Luth. Verl.-Haus, 1996
Als Habilitationsschrift auf Empfehlung der Theol. Fakultät der
Universität Marburg gedruckt mit Unterstützung der Deutschen
Forschungsgemeinschaft und der Ev.-luth. Landeskirche Hannovers.
Zugl.: Marburg, Univ., Habil.-Schr., 1995 u. d. T.: Wegner, Gerhard:
Das prekäre Verhältnis von Innen und Aussen
ISBN 3-7859-0726-5

© Lutherisches Verlagshaus GmbH, Hannover, 1996
Alle Rechte vorbehalten
Gedruckt auf alterungsbeständigem Papier (DIN-ISO 9706).
Umschlaggestaltung: Scherrerdruck GmbH, Hannover
Gesamtherstellung: Scherrerdruck GmbH, Hannover
ISBN 3-7859-0726-5

Inhaltsverzeichnis

Vorwort

Die vorliegende Untersuchung stellt die nur leicht veränderte Fassung meiner Habilitationsschrift dar, die im Sommersemester 1995 vom Fachbereich Evangelische Theologie der Philipps-Universität Marburg angenommen wurde. Sie trug damals den Titel: „Das prekäre Verhältnis von Innen und Außen. Studien zum Verhältnis von Eigen- und Fremdwahrnehmung der evangelischen Volkskirche".

Der Text ist neben meiner beruflichen Tätigkeit in der Ev.-luth. Landeskirche Hannovers entstanden. Ich war 1991–1996 als Sekretär der Hanns-Lilje-Stiftung tätig und als Referent im Landeskirchenamt mit dem Auftrag der kirchlichen Begleitung der Weltausstellung EXPO 2000 befaßt. Diese Tätigkeiten hatten formale und inhaltliche Einflüsse auf die Arbeit. Zum einen wird man ihr anmerken, daß sie unter beständigem Zeitdruck und mit ziemlicher Ungeduld entstanden ist. Die in der alltäglichen Arbeit immer wieder auftauchenden Probleme der Gestaltung des Dialogs zwischen Kirche, Theologie und anderen Lebensbereichen in der Stiftung und die Mitarbeit in der Kirchenleitung führten zu beständigen Umarbeitungen des Textes und hätten gut noch mehr Platz finden können. Darunter hätte aber die theoretische Konsistenz gelitten. Gleichwohl bin ich mir bewußt, daß an einigen Stellen noch weiter über das Verhältnis von theologischer Theorie und kirchlicher Praxis nachgedacht werden muß.

Zum anderen motivierten beide Tätigkeiten unmittelbar inhaltlich zu dieser Untersuchung. Die Gestaltung des Dialogs zwischen Kirche, Theologie und Kunst, Politik, Wissenschaft, Wirtschaft und Technik, die der Hanns-Lilje-Stiftung aufgetragen ist, sowie die Notwendigkeit, Wege einer Inszenierung des Protestantismus auf einer Weltausstellung zu erarbeiten, die mit vielen anderen Präsentationen aus allen bestimmenden kulturellen und sozialen Bereichen unseres gesellschaftlichen konkurrieren wird, zwingen dazu, nach der Struktur dessen zu fragen, was die evangelische Volkskirche heute überhaupt profiliert einbringen kann und – vor allem – wie sie dies plausibel tun kann. Von diffusen inhaltlichen Bestimmungen her und mit der Maßgabe nach allen Seiten offener Grenzen läßt sich weder ein Dialog führen noch auch nur daran denken, eine Darstellung von Identität zu leisten. Daß beides möglich ist, ist jedoch die Grundbedingung jeder Zukunftsfähigkeit des Protestantismus auf dem Weg in ein multikulturelles Zeitalter, in dem nichts mehr selbstverständlich sein wird.

Danken möchte ich vor allem und zuerst Karl-Fritz Daiber, der den Anstoß dazu gab, sich an eine Habilitation zu machen und Zwischenergebnisse immer wieder gelesen und kommentiert hat. Ohne ihn wäre diese Arbeit nicht zustande gekommen. In Marburg hat dann vor allem Horst Schwebel viel geholfen. Auch ihm sei deswegen Dank gesagt! Wilfried Härle hat im Habilitationsverfahren eine deutliche systematisch-theologische Kritik vorgelegt, der ich auch durch einige Über-arbeitungen wohl nicht voll gerecht geworden bin. Dank auch ihm! Pfarrer Gott-fried Beesk erlaubte den Abdruck seiner Tabelle auf S. 203 – 204.

Druckkostenzuschüsse gaben die Ev.-luth. Landeskirche Hannovers und die DFG. Ihnen sei dafür ebenfalls gedankt.

Schließlich gilt es meine Frau Doris zu erwähnen. Sie weigert sich konstant, meine Texte zu lesen, was mir immer wieder hilft, die notwendige Distanz zum Verfassen von wissenschaftlichen Arbeiten zu behalten und das Schreiben von Büchern nicht mit dem Leben zu verwechseln. Dafür bin ich ihr sehr dankbar.

Gewidmet ist dieses Buch meinen Eltern Ingrid und Günther Wegner in Ham-burg. Ohne ihre liebevolle Unterstützung bis heute wäre mein Lebensweg so nicht möglich gewesen.

Brünnighausen, Frühling 1996

Gerhard Wegner

Einleitung

Die vorliegende Arbeit unternimmt den Versuch, das Verhältnis von Eigen- und Fremdwahrnehmung der evangelischen Volkskirche von verschiedenen Seiten her zu untersuchen. Das leitende Interesse richtet sich darauf, die erfahrbare Wirklichkeit reformatorischer Kirche unter heutigen sozialen und kulturellen Bedingungen zu erhellen: Wie nimmt sich diese Kirche theologisch selbst – und damit immer auch ihre Umwelt – wahr und wie wird sie wahrgenommen? Daß beides als nicht deckungsgleich erfahren wird, ist der Ausgangspunkt der Untersuchung.

Es geht mithin um die real existierende Kirche, die sich als im Verhältnis stehend zur geglaubten Kirche begreift. Sie weist eine erfahrbare körperlich-räumliche Dimension auf; ist so unmittelbar der lebensweltlichen Wahrnehmung zugänglich und wird in dieser Hinsicht in der Regel auch präzise wahrgenommen.

Die Analyse der leibhaftigen Kirche bedarf der methodischen Hilfe nichttheologischer Wissenschaften. In dieser Hinsicht sollen hier vor allem soziologische Theorieelemente genutzt werden. I. S. der Ansätze von Luhmann und Habermas begreife ich Soziologie als Wissenschaft von den Kommunikationsprozessen, die Gesellschaft ausmachen, mithin von dem, was sich pointiert *zwischen* den Menschen abspielt (und nicht z. B. *in* ihnen). Da sich die Gestaltung des Verhältnisses von Verkündigung, theologischem Diskurs und der Gestaltung der erfahrbaren Kirche als solche Kommunikation vollzieht, läßt sich erwarten, daß Soziologie zu ihrer Aufschlüsselung hilfreich ist. In der Tat zeigt sich, daß z. B. die Verhältnisbestimmung von System und Lebenswelt Probleme der Wahrnehmung von Kirche sehen läßt, die in der Beziehung von kirchlicher Wahrnehmung und Wahrnehmung von Kirche relevant sind. Allerdings wird das Schema System / Lebenswelt in dieser Hinsicht nur als Werkzeug genutzt. Am Ende zeigt sich, daß es zur grundlegenden Bestimmung der Existenz von Kirche nicht ausreicht.

Ein praktisches Beispiel zur Illustration des Gesagten: In einer relativ jungen kleinstädtischen Kirchengemeinde mit einem sehr hohen Anteil von Senioren unter der Wohnbevölkerung und einer entsprechend ausgebauten Altenarbeit, entsteht eine Senioren-Initiative, die die jährliche Feier des Festes der Goldenen Konfirmation fordert. Bisher war dies wegen des jungen Alters der Gemeinde nicht geplant. Die Älteren sind jedoch mehrheitlich Flüchtlinge und haben deswegen keine Chance, dieses Fest in ihrer Konfirmationskirche zu begehen. In Pfarramt und Kirchenvorstand kommt es zum Streit. Auf der einen Seite wird „pragmatisch" argumentiert: Man täte schon so viel für die Alten; noch ein Fest mehr, wäre zu viel. Besser wäre es, mehr für die Jüngeren zu tun und z. B. die Silberne Konfirmation einzuführen. Auf der anderen Seite „theologisch": Wenn die Alten ihr Bekenntnis zum Glauben feierlich wiederholen wollten, so müßte man dem stattgeben. Die Wahrnehmung eines solchen Bedürfnisses hätte an sich einen hohen Wert. In beiden Fällen werden artikulierte Bedürfnisse kirchlich wahrgenommen; der Stil der Wahrnehmung ist allerdings unterschiedlich. Die Differenz des Stils erzeugt verschiedene Sichtweisen und nötigt zu einer unterschiedlichen Gestaltung der erfahrbaren Kirche. Demgegenüber ist die Wahrnehmung von Kirche eindeutig: Im Vordergrund steht das Begehen solcher Feste. Eigen- und Fremdwahrnehmung gehen so ein komplexes Verhältnis ein. Zu ihrer Analyse soll diese Arbeit beitragen.

Nun spricht die Frage nach dem Verhältnis von Eigen- und Fremdwahrnehmung der erfahrbaren Kirche natürlich kein neues Problem an. Der Protestantismus geht mit ihr seit jeher schwanger. Die Entsakralisierung der Kirchengestalt in der Reformation hat zu immer neuen Anläufen und Experimenten geführt, in denen diese Problematik sozusagen ausagiert wurde. Dabei war jedoch im Unterschied zur heutigen Situation in Deutschland davon auszugehen, daß Kirche mit einem hohen Maß an Selbstverständlichkeit in ihre Umwelt integriert war; ja es ließen sich nicht unbedingt deutlich ausdifferenzierte Grenzen zwischen Kirche und Gesellschaft wahrnehmen. Kirche gehörte trotz aller gelegentlichen Problematisierungen in die hegemoniale Kultur hinein – „man" wußte, was man von ihr und in ihr zu erwarten hatte. Kirche und Religion werden in wenig differenzierten Gesellschaften anhand relativ eindeutig zu identifizierender typischer Situationen und habituellen Formen wahrgenommen. Relativ klare „Erwartungserwartungen" zwischen Kirche und Gesellschaft sind gegeben. Die Fremdwahrnehmung von Kirche stößt auf identische Wahrnehmungskerne.

Heute nun – und dies ist Anlaß und Ausgangspunkt dieser Studie – gibt es ausreichend Hinweise dafür, daß sich die Situation anders darbietet: Die Selbstverständlichkeit, mit der Kirche in Kultur und Gesellschaft integriert ist, ist nicht nur im „Großen" (d. h. im hegemonialen wissenschaftlichen, politischen und kulturellen Diskurs) gestört und muß immer wieder mühsam erarbeitet werden, sondern auch im „Kleinen": in der alltäglichen Interaktion mit Kirche. Hier erodieren Erwartungssicherheiten: Man weiß nicht, was man zu erwarten hat, wenn man es mit Kirche zu tun bekommt. Oftmals muß erst eine gemeinsame Ebene der Verständigung errichtet werden, ehe Kommunikation – und nicht nur bloße Wahrnehmung – möglich wird. Eigen- und Fremdwahrnehmung von Kirche greifen nicht adäquat ineinander, ja sie liegen leicht quer zueinander. Das, was die Fremdwahrnehmung an der Kirche wahrnimmt und dementsprechend erwartet, entspricht nur wenig dem, was in der Kirche als Eigenes wahrgenommen und assoziiert wird. Dabei ist zu sehen, daß Wahrnehmen in beiden Fällen ein aktives Geschehen ist: Es ist das „Sehen von Zusammenhängen"; also mehr als nur passive Rezeption, immer auch Gestaltung. Wie man Kirche wahrnimmt, so gestaltet man sie und umgekehrt.

Meine These lautet: Die kirchliche Wahrnehmung steht in der Gefahr, die Anschlußfähigkeit an grundlegende Prozesse der Lebenswelt zu verlieren. Ihr (notwendiger!) Selbstbezug tendiert zur Zirkularität. Die Schnittpunkte zwischen kirchlicher Wahrnehmung und der lebensweltlichen Wahrnehmung von Kirche werden geringer. Gleichzeitig bleibt aber kirchliche Praxis elementar an die Lebenswelt gebunden, ohne sie doch gezielt gestalten zu können. Darin liegt das Dilemma der Wahrnehmung der evangelischen Volkskirche.

Unter diesen Bedingungen entstehen Handlungs- und Kommunikationsunsicherheiten zwischen Kirche und Gesellschaft. Sie lassen sich verringern, wenn Kirche die Lebenswelt der Menschen als ihre eigene Umwelt wahrnimmt und entsprechend verarbeitet. Prinzipiell ist dies über eine Vorstellung von Religion, die sich als anschlußfähig an lebensweltliche Prozesse erweist, möglich. Fraglich ist jedoch, ob sich Theologie und Kirche in eine solche Richtung entwickeln werden. Weder die wissenschaftlich operierende Theologie noch die evangelische Volkskirche lassen sich abschließend als organisierte Handlungsvollzüge i. S. der Systemtheorie begreifen. Der wesentliche Grund hierfür liegt in der strukturellen Unmöglichkeit, aufgrund von Selbstreferenz zu Operationalisierungen für das gesamte System zu kommen.

Evangelische Volkskirche ist – so meine abschließende These – ein *operativ offenes System* oder anders gesagt: eine Organisation mit vagem Programm und dementsprechend unscharfen Grenzen. Man kann theologisch durchaus der Meinung sein, daß dies reformatorisch gesehen genau die richtige Form von Kirche sei. Aber man darf dann nicht die kommunikativen Schwierigkeiten übersehen, die sich damit ergeben. Und ohne der Illusion zu erliegen, sie völlig aus der Welt schaffen zu können, muß dennoch kirchenleitendes Handeln auf nichts anderes gerichtet sein, als sie zu verringern.

Es ist nicht zu erwarten, daß sich diese Situation grundlegend ändern wird. Sie bietet auch eine Menge an Chancen und korrespondiert mit protestantischem Selbstverständnis, das der Kirche nicht mehr als den Rang eines äußerlich verbindlichen Rahmens einräumt. In der Praxis lassen sich prinzipiell zwei Verarbeitungsweisen des operativen Dilemmas der Kirche unterscheiden, die miteinander konkurrieren: der Weg der Professionalisierung und der der charismatischen Dramatisierung.

Die Untersuchung soll einen Beitrag zu einer praktisch-theologischen Theorie gegenwärtiger Volkskirche liefern. Sie agiert als intermediäre Organisation zwischen dem Staat und der alltäglichen Lebenswelt der Menschen und steht im Verhältnis zu vielen anderen derartigen Systemen. Ihr Selbstverständnis ist dem jedoch nicht angemessen: Entweder reklamiert sie umfassende Zuständigkeit für die gesamte Gesellschaft oder arbeitet mit den religiösen Bedürfnissen einzelner oder kleiner Gruppen und Milieus. In eben dieser Verfaßtheit ist sie leibhaftige Gestalt reformatorischer Kirche heute.

Die einzelnen Kapitel bauen nicht strikt aufeinander auf, sondern umkreisen je für sich in verschiedener Akzentuierung die Problematik:

- Zunächst werden im *ersten Kapitel* theologische Ausgangsüberlegungen zur Frage der wahrnehmbaren Kirche angestellt.

- Das *zweite Kapitel* entwickelt in einer grundsätzlichen Weise die Fragestellung der doppelten Wahrnehmung von Kirche anhand empirischen Materials und einer Analyse der Debatte um die EKD-Studie „Christsein gestalten".

- Das *dritte Kapitel* behandelt das Thema der grundlegenden Struktur menschlicher Wahrnehmung in verschiedenen Konzeptionen (Handlungstheorie, Phänomenologie, Systemtheorie und Wirkungsgeschichte) und fragt nach der Gestalt symbolischer Wahrnehmung.

- Im *vierten* und *fünften Kapitel* werden Eigen- und Fremdwahrnehmung zum einen systemisch, zum anderen lebensweltlich identifiziert. Dabei geht es um die Differenz von systemischer Eigen- und lebensweltlicher Fremdwahrnehmung, die, im Unterschied zu Habermas, als körpernahe praktische Vernunft begriffen wird.

- Das *sechste Kapitel* spitzt sodann die vorausgegangenen Überlegungen darin zu, daß es versucht, Wahrnehmung von „innen" als Religion zu begreifen. Verschiedene Begriffe von Religion werden in dieser Hinsicht überprüft. Das Ziel besteht darin, Lebenswelt als Quellort von Religion zu begreifen, um sie als Umwelt von Kirche für die Kirche bearbeitbar zu machen.

- Im *siebten* und *achten Kapitel* werden Strukturen der Selbstreferentialität der Kirche untersucht. Dies geschieht zum einen in historischer Hinsicht – es geht um die Frage nach der Funktionsweise christlichen Glaubens als Kommunikationsmedium im Protestantismus. Zum anderen werden ekklesiologische Entwürfe daraufhin befragt, wie in ihnen das Verhältnis von Eigen- und Fremdwahrnehmung bestimmt wird.

- Das *neunte Kapitel* stellt schließlich praktisch-theologische Beobachtungen der Verarbeitungsweisen des Wahrnehmungsdilemmas vor. Wie erarbeitet kirchliches Handeln unter den Bedingungen der Differenz der Wahrnehmung Plausibilität, d. h.: Wie wird Kirche praktisch mit den Problemen fertig? Das Problem wird am Beispiel der Pfarrerrolle, des Gottesdienstes und der Diakonie behandelt.

1. Das Problem der wahrnehmbaren Kirche

Auch wenn es für einen unbeteiligten Dritten sonderbar erscheinen muß: Die Tatsache, daß es eine real existierende, sinnlich wahrnehmbare Kirche als Institution oder Organisation in der Gesellschaft gibt, ist in der Eigenkommunikation dieser Kirche immer wieder problematisch. Genauer: Es ist nicht die Tatsache ihrer Existenz als solcher, sondern es ist das Verhältnis ihrer realen Existenz zu ihrem Grund, zu dem sie konstituierenden Geschehen, das im Protestantismus ein „perennial problem" ausmacht.

Die Pointe des reformatorischen Kirchenverständnisses liegt in der unterscheidenden Beziehung von äußerlicher und innerlicher, sichtbarer und unsichtbarer, geistlicher und leiblicher Kirche. Reformatorisch ist Kirche ihrem Ursprung nach creatura verbi divini: Sie ist durch Gottes Wort konstituiert[1], und zwar indem dieses Wort in Jesus Christus Mensch geworden ist. Dieses Wort begegnet Menschen in, mit und unter menschlichen Wörtern und findet Glauben. Es trifft auf den „inneren Menschen" und verwandelt ihn von Grund auf. Sein „Selbst" wird neu geschaffen und kann sich in vielerlei Gestalt verwirklichen. An diesem Vorgang des Eingehens des Wortes in den Menschen ist nur das „Äußerliche" wahrnehmbar: das Hören des Wortes, das Kommen zur Kirche – allgemein: die Interaktionsformen, die als Kirche identifiziert werden. Der Vorgang selbst entzieht sich aller Wahrnehmbarkeit. Identifikationen von Gott und sinnlichen Daten sind damit abgewiesen: Verkörperungen des Heils in bestimmten Interaktionsformen unterliegen einem prinzipiellen Vorbehalt.[2] Das primäre Interesse richtet sich auf die Stiftung des Glaubens und d. h. „auf die innere persönliche Überzeugung und die Gemeinschaft rein auf den in der Liebe wirkenden Glauben … bei Gleichgültigkeit der äußeren technischen Ordnung."[3]

Die „Form" (= die äußerliche Kirche) ist folglich nicht mehr als ein flexibel zu handhabendes „Muster", das nicht zu völliger Stabilität gerinnen soll. „Ordnungen können hier doch, soweit nicht eine klare Weisung des Wortes Gottes erkennbar ist, lediglich ‚Muster', Vorlagen oder ähnliches darstellen."[4] Sofern sich z. B. Inhalte in Ziele transformieren sollten, sind sie nicht einfach vorgeben, sondern müssen sich „ergeben". Bezüglich der Durchsetzung von Ordnungen haben Kirchenleitungen deswegen reformatorisch Zurückhaltung zu üben.[5] Konsens ist

---

[1]   Vgl. Wilfried Härle: Art. Kirche VII Dogmatisch. In: TRE. Bd. XVIII. S. 277.
[2]   Vgl. Gerhard Wegner: Alltägliche Distanz. Hannover, 1988, S. 254 ff.
[3]   Ernst Troeltsch: Die Soziallehren der christlichen Kirchen und Gruppen. Neudruck der Ausgabe Tübingen 1912, Tübingen, 1994, Teilband II, S. 467.
[4]   So z. B. Hans Philipp Meyer: Was heißt „Leitung" in der Kirche? Vorlagen. Heft 10. Hannover, 1981, S. 21.
[5]   A. a. O., S. 23.

die Voraussetzung aller Leitungsgewalt in der Kirche.[6] Insofern ist reformatorische Kirche von vornherein auf verfahrensmäßige Prozesse der Herstellung des Konsenses angewiesen. Das hat Konsequenzen für ihre leibhaftige Verfaßtheit: Sie besteht auf dieser Ebene aus Reflexion und Diskurs, d. h. aus der beständigen Problematisierung ihrer selbst. Wahrnehmbar ist so vor allem das „Gerede", das Palaver – visualisierbar ist wenig. Aber wie läßt sich solch eine Ordnung, die immer zugleich gültig und ungültig ist, wahrnehmen, wenn Wahrnehmung nicht anders kann, als auf identische Formen abzuheben?

Reformatorisch wird dieses Problem durch die Reduktion der Eindeutigkeit auf Wort und Sakrament gelöst. „Das die Kirche und die Zugehörigkeit zu ihr begründende Rechtfertigungsgeschehen kann weder durch dogmatische Sätze noch durch Aktionen des Gemeindelebens limitiert oder dingfest gemacht werden. Der Rechtfertigungsglaube soll freilich gerade in derartigen Zeichen – sowohl in der Theologie, wie im Leben – zum Ausdruck kommen. Aber diese Zeichen können nicht zur Bedingung ihres Grundes gemacht werden. Deshalb wird die Praxis der reformatorischen Kirche auf jede Form von innerer oder äußerer Eindeutigkeit zu verzichten haben, die mehr wäre als die Eindeutigkeit von Wort und Sakrament."[7]

Damit sind Minimalbedingungen für die Wahrnehmbarkeit von Kirche bestimmt: Das Wort muß gehört; die Sakramente müssen gespendet werden können – dies impliziert soziokulturelle Formen; es kann zumindest nicht im leib- und luftleeren Ram geschehen. Auch diese Minimaldefinition beinhaltet notwendig Geselligkeitsformen. Sie sind notwendige, wenn auch nicht hinreichende Voraussetzungen des konstituierenden Geschehens von Kirche. Es gibt folglich den Glauben fördernde oder ihm abträgliche soziokulturelle Bedingungen, und sie sind in der Geschichte des Protestantismus auch immer wieder benannt worden, aber die Stiftung des Glaubens kann nicht als von ihnen abhängig gedacht werden. Man „nutzt" folglich die „Muster" kirchlichen Handelns für bestimmte Zwecke, die sich ergeben müssen – aber man lebt nicht in ihnen. Man kann mit seiner Kirche „umgehen" – nicht in ihr „aufgehen". Eine existentielle Differenz zwischen der Subjektivität des Glaubenden und der Kirche ist für den Protestantismus konstitutiv. Die theologischen Unterscheidungen des Innens und des Außens der Kirche traktieren dieses Verhältnis.

Dietrich Rössler betont deswegen den Nutzen ekklesiologischer Begriffe für den Einzelnen. Sie böten eine Sprachhilfe für die angemessene Wahrnehmung von Kirche an, die in der Erfahrung der empirischen Kirche die geistliche immer schon miterfährt und so weiß „daß die Kirche nicht in äußerlich-organisatorischen

---

[6]   A. a. O., S. 20.
[7]   Dietrich Rössler: Grundriß der Praktischen Theologie. 2. erw. Auflage, Berlin und New York, 1994, S. 311.

Sozialformen aufgeht". Sie „erscheint deshalb dem Glauben des Christen in gleicher Weise als vorgegeben und als Folge"[8].

Dieses Ineinander kann z. B. dadurch näher bestimmt werden, daß es als ein Verhältnis von Form und Inhalt begriffen wird: Kirche kann dann als „äußere" Form begriffen werden, die dem „Inhalt" des Glaubens dienen muß.[9] Ziele und Mittel müssen sich entsprechen: Die geglaubte Kirche soll in der wahrnehmbaren Kirche erfahrbar sein. Dabei bleibt Innen und Außen klar unterschieden: „Die Bezeugung des Wortes Gottes durch Wort und Tat der Kirche ist ein Kommunikationsgeschehen, das sich seiner Struktur nach nicht prinzipiell von anderen Kommunikationsvorgängen unterscheidet."[10] Es bleibt ein „Äußeres". Demgegenüber gilt nach „innen": „Sie ist die Gemeinschaft von Menschen (ekklesia), die durch das Wort Gottes berufen, gesammelt, erleuchtet, geheiligt und erhalten wird, die aber nicht über dieses Wort Gottes verfügt."[11]

Dietrich Rössler formuliert dies so: Kirche ist durch das Wort gegeben (CA V), aber sie ist nicht das Wort. Er faßt in dieser Perspektive CA VII pointiert zusammen: Kirche „ist" in ihrer Praxis. „Als Kirche des Glaubens ‚lebt' sie in ihrer Praxis, ohne doch eine bloße Idee oder civitas platonica zu sein." Kirche ist ihrer Praxis funktional zugeordnet.[12]

Wie gesagt, impliziert die theologische Definition Geselligkeitsformen: „Kirche ist die durch das Wort Gottes begründete *Gemeinschaft* der Glaubenden."[13] Die Glaubenden sind durch den Bezug auf Jesus Christus geistlich miteinander verbunden – dies hat aber unaufgebbare leibliche Konsequenzen: „Da dieses Wort Gottes aber nicht unabhängig von menschlicher Bezeugung, sondern nur in Gestalt von menschlichem (‚äußerem') Wort ergeht, ist die Hörgemeinschaft zugleich *Verkündigungsgemeinschaft*. Das Wort Gottes verbindet also die Glaubenden untereinander zur Gemeinschaft, indem es sie zum *gemeinsamen* Hören und zur *gegenseitigen* Bezeugung beruft und sammelt."[14]

Dabei ist jedoch der Begriff der Gemeinschaft nicht soziologisch gemeint und hat auch nicht notwendig etwas mit Gemeinschaftserlebnissen zu tun. Auch ist die congregatio sanctorum kein Kollektiv. Dietrich Rössler betont den protestantischen Vorbehalt: „Der einzelne hat nach evangelischem Verständnis das geistliche Recht auf ein eigenes und selbständiges Verhältnis zur Kirche."[15]

---

8   A. a. O., S. 303.
9   Vgl. z. B. W. Härle, a. a. O., S. 295; D. Rössler, a. a. O., S. 307.
10 W. Härle, a. a. O., S. 295.
11 W. Härle, a. a. O., S. 283.
12 D. Rössler, a. a. O., S. 277.
13 W. Härle, a. a. O., S. 285. Hervorhebung von mir, G. W.
14 W. Härle, a. a. O., S. 285.
15 D. Rössler, a. a. O., S. 302.

Eine angemessene Wahrnehmung sieht folglich das Äußere und Innere von Kirche *zusammen, d. h.,* sie integriert im Akt der Wahrnehmung selbst Gottes- und Menschenwerk. So kann gesagt werden: Kirche ist *„leibliche Gemeinschaft* (einschließlich aller institutionellen Rahmenbedingungen) von Menschen, *die sich (jedenfalls äußerlich) zu Wort und Sakrament halten und sich (jedenfalls äußerlich) zum Glauben bekennen"*[16]. Sie sei Menschenwerk, während die „geistliche Gemeinschaft derer, bei denen Gottes Wort und Werk zum Ziel gekommen ist, also Glauben geweckt hat" Gotteswerk sei.[17] Diese Unterschei- dung ist theologisch notwendig, um die Freiheit des Evangeliums im Akt der Erfahrung von Kirche zu sichern. Die Frage ist allerdings, welche realen Erfah- rungsformen eben diese Unterscheidung kulturell und sozial plausibel kommu- nizierbar machen. Die Wahrnehmung von Kirche soll weder auf ein bloßes Nebeneinander von innerer und äußerer Kirche, noch auf ihre völlige Identität zielen. Aber die äußere Struktur muß zumindest eine klare und glaubwürdige Kommunikation des „Inneren" ermöglichen, und d. h., sie muß Formen bereit- stellen, auf die sich von „außen" eindeutige Erwartungen richten können, die dann auch befriedigt werden. Damit ist keine inhaltliche Festlegung gemeint; es geht lediglich darum, daß mit hinlänglicher Zuverlässigkeit erwartet werden können muß, was man in der Kirche zu erwarten hat. In diesem Sinne kann man von „Erwartungserwartungen" sprechen, die die Kirche zu gewährleisten hat.

Dieser Frage hat sich Eilert Herms unter Verwendung moderner soziologischer Termini gewidmet: das Hören des Wortes sei „anschlußfähig" für Taten des leib- haften Glaubenszeugnisses: „Weil sich der Geist Gottes durch die Predigt des Evangeliums nicht auf die Herzen von Gespenstern, sondern von leibhaften Per- sonen und damit auf deren leibhafte Lebensführung richtet, deshalb kann sein Wirken nicht anders, als auch die soziale Wirklichkeit einer durch bestimmte Regeln geordneten und dadurch als identisch erfahrbaren Interaktion – oder eben: eines sozialen Systems – zu setzen. Der Heilige Geist wirkt systemkonsti- tuierend."[18] Der Glaube sprengt nicht die leibhaftige Wirklichkeit sondern qua- lifiziert sie „und zwar in der organisationsartigen Sozialgestalt von Kirchen"[19]. Es braucht Kirche als leibliche Wirklichkeit, damit Glauben Gestalt hat: Kirche *ist* die leibliche Wirklichkeit des Glaubens. Er braucht unterstützende soziale und kulturelle Formen, sonst verliert er sich in der Diffusität. „Denn der Glaube lebt davon, daß einem Menschen das lebendige Wort der Evangeliumspredigt von

---

[16]   W. Härle, a. a. O., S. 288.
[17]   A. a. O., S. 288.
[18]   Eilert Herms: Erfahrbare Kirche. Beiträge zur Ekklesiologie. Tübingen, 1990, S. 63.
[19]   A. a. O., S. 64. Die Frage ist, ob Luther dies auch so sieht. Zumindest mit Ernst Troeltsch, a. a. O., S. 427 ff kann man fragen, ob für ihn nicht Kirche letztlich doch etwas rein weltliches ist, das in keiner Weise durch den Heiligen Geist qualifiziert zu sein braucht – im Gegenteil! Zwar braucht der Glaube Kirche, aber nur, um sich mittels ihrer transportieren zu können; nicht, um in ihr zu verweilen.

außen begegnet, leibhaft entgegentritt. Dies geschieht, wo immer das Glaubenszeugnis eine klare Sprache und eine liebenswerte Gestalt findet, wo der Wahrheitsanspruch des Evangeliums in Wort oder Tat glaubwürdig vertreten wird ... Nur, wo dies in auf Dauer gestellten, verläßlich wiederkehrenden Formen, also in Institutionen geschieht, findet der Glaube Heimat."[20]

Christlicher Glaube ist in dieser Sichtweise mehr als Wissen: Er ist eine *Fähigkeit,* ist gelernter Glaube – nur so kann er sich als leibhaftige Kirche orientieren. Prägend ist in dieser Hinsicht – wie bei jedem Lernprozeß – nicht primär Kognition, sondern der Mitvollzug von Handlungen – über ihn konstituiert sich so etwas wie ursprüngliche Zugehörigkeit.[21] Deutlich wird, daß Kirche, so gesehen, mehr ist als ein „Muster", das man nutzen kann; ein solches kann niemals „Heimat" sein. Diese Bestimmungen stehen folglich in Spannung zu den reformatorischen ekklesiologischen Aussagen – sie konkretisieren sie aber auf der anderen Seite auch. In der Tat: das wäre genuin evangelische Kirche, die in verläßlich strukturierter und liebenswerter Kommunikation die dauernde Infragestellung eben dieser Formen im Vollzug ihrer Praktizierung wahrnehmbar machen könnte. Das wäre die institutionalisierte Exekution des „protestantischen Prinzeß". Aber ist das organisiert überhaupt möglich? Wenn Kirche „Heimat" sein soll, muß sie stabile lebensweltliche Milieus pflegen, d. h. – i. S. von Paul Tillichs Gegenüberstellung – ihre „katholische Substanz". Die Dialektik zwischen jenem Prinzip und dieser Substanz macht ihre Erfahrbarkeit zu einer intellektuellen Höchstleistung. Jedenfalls erodieren dann Erwartungserwartungen.

Damit wird auf einer grundsätzlichen Ebene deutlich, daß die reformatorische Kirche Wahrnehmungsprobleme haben muß: Die Formen, die den Glauben tragen, stehen immer wieder zur Disposition und sind infolgedessen nur als *relativ gültige* erfahrbar. Sie ist damit eine fundamental fragile Institution und gerade so Institution der Freiheit. Das leibhaftige Sich-zur-Kirche-Halten ist immer zweideutig und wird auch dementsprechend wahrgenommen. Wahrnehmbar ist der Leib – der Habitus – im Alltag, als einer, der seine Grenzen hat, seinen Eigensinn, seine Schwäche, seine Häßlichkeit oder Schönheit. Er schafft sich Milieus, in denen er leibt und lebt. Wahrnehmbar ist andererseits das System, z. B. als Recht oder als Theologie. Aber ob nun habituell-leiblich, rechtlich oder theologisch-diskursiv: in allen Fällen ist reformatorisch gefordert, in der Wahrnehmung dessen, was im Vordergrund zu sehen ist, immer auch ein „mehr" zu sehen, das im Akt des Sehens diesen Vordergrund relativiert und in ein anderes Licht taucht. Eben dieses Sehen müßte sich als sensus communis der Christen im Protestan-

---

[20] A. a. O., S. 73. Das Pathos der Formulierungen resultiert daraus, daß Herms diese Selbstverständlichkeiten kirchlichen Selbstverständnisses oft nicht mehr anzufinden meint.
[21] Vgl. zum Verständnis des Glaubens als eines Gelernten – und nicht nur Gewußten – jetzt:
      George A. Lindbeck: Christliche Lehre als Grammatik des Glaubens. Gütersloh, 1994.

tismus ausbilden – sonst unterläge protestantische Kirchlichkeit immer wieder Mißverständnissen. Im praktischen Vollzug von Kirche wird so das protestantische Dauerproblem, das Verhältnis von empirischer und wahrer Kirchlichkeit, ausgelebt.[22]

Nun gibt es aber in reformatorischer Sicht einen „Bereich" größerer Eindeutigkeit: das Wort. Es ist bei Luther pointiert das „leibliche Wort". CA V definiert ausdrücklich gegen die Schwärmer das Wort, mit dem Kirche kommuniziert, als leibliches Wort (=Jesus Christus). Es geschieht öffentlich und ist äußerliches Zeichen von Kirche.[23] Gemeint ist das Wort der Bibel und die Form seiner Weitergabe.

Oswald Bayer bezieht das leibliche Wort auf Wort und Sakrament: „Mit dem leiblichen Wort ist in der üblichen, aber unglücklichen Formel geredet, „Wort und Sakrament" gemeint, genauer gesagt das gepredigte Wort als Sakrament und das Sakrament als Wort: Jesus Christus selbst in der konkreten Gestalt, in der er sich hören und greifen läßt, in der sich „leiblich" mitteilt. Vom Christusereignis her ist auch dessen Selbstmitteilung und Zueignung konstitutiv sinnlich; Gottes Menschenfreundlichkeit läßt sich schmecken."[24] Exemplifiziert wird diese „Erfahrungsweise Gottes" am Abendmahl[25] – aber es geht Bayer um das Welt- und Wirklichkeitsverständnis insgesamt, das sich von ihm her konstituiert. Mit Praxis und Lehre des Abendmahls steht die Wahrnehmbarkeit Gottes im Gesamt der Wirklichkeit auf dem Spiel, so auch die der Kirche.[26]

„Konstitutiv ist zunächst *das soziale und zugleich natürlich-kulturelle Moment* des gemeinsamen Essens und Trinkens. Mit diesem gegenwärtigen, tatsächlich, leiblich erfahrbaren und auch beobachtbaren Vorgang …" ist die Gemeinschaft zwischen Gott und den Menschen gegeben. Von ihm her kommt „die Worthaftigkeit des Leibes und die Leibhaftigkeit des Wortes zugleich christologisch, ekkle-

---

22 D. Rössler, a. a. O., S. 286.
23 Oswald Bayer: Leibliches Wort. Reformation und Neuzeit im Konflikt. Tübingen, 1992, S. 65, 66 f.
24 A. a. O., S. 59.
25 Vgl. auch: Peter Stuhlmacher: Das neutestamentliche Zeugnis vom Herrenmahl. In: ZThK. 4. Jg. Heft 1, S. 1, her S. 1: „Das Evangelium kann und will aber auch erfahren und erlebt werden. Die wichtigste und kirchlich bedeutsamste Gelegenheit dazu ist die Feier des Herrenmahls." Es sei die „leibhaftige Konkretion des Evangeliums" „Wenn Jesus zu Tisch lädt und an seiner Pro-Existenz für die Welt im Mahl Anteil gibt, werden Himmel und Erde verheißungsvoll eins." S. 34.
26 Oswald Bayer, a. a. O., S. 59: „Daß nicht nur den Gläubigen, sondern auch den Ungläubigen Gottes Güte leibhaft widerfährt, daß dieses Widerfahrnis als Angebot, Eröffnung, Zueignung, Darreichung, Mitteilung und Gabe unabhängig von der Disposition des dieser Gabe Zudienenden und unabhängig von der Disposition des sie Empfangenden und Nehmenden geschieht – dies in solchem Sinne *Institutionelle* des ‚leiblichen Wortes' zu betonen und festzuhalten, ist kein beliebiges Moment, das auch wegfallen könnte, sondern das, was den rechtfertigenden Glauben begründet und sich nicht in diesen hineinnehmen läßt, sondern sich gegen solche Vereinnahmung sperrt."

siologisch, anthropologisch und eschatologisch zur Geltung".[27] Das Wort ist theologisch kein diskursiver Begriff, sondern ist sinnlich wahrnehmbar. Die Kirche
kommuniziert exklusiv mit dem Wort – aber eben so leibhaftig: Gottes Wort legt
sich nicht auf irgendwelche „Geister", sondern auf die realen Menschen. Aber sie
ist keine Heilsanstalt, in der sich das Reich Gottes auf der Erde sichtbar Platz
schafft und der Christ geborgen leben kann.[28]

Bei all dem ist freilich zu sehen, daß „leiblich" i. S. von CA V nicht „körperlich"
im modernen Sinne meint. Das Kommunikationsmedium ist nicht eine „ganzheitliche" Körpersprache oder so etwas, sondern ist eine Person; ist Jesus
Christus. Insofern gilt theologisch: „Gott ist der definitiv menschliche Gott, der
in seine durch leibliche Vermittlung konkret gewählte Gemeinschaft jeden hineinnehmen, alle einholen will."[29] In dieser Hinsicht ist das Leibliche nicht nur das
„Formale", das dem Inhalt entsprechen muß, sondern mehr: es ist als ein Eigen-
sinniges in sein Recht gesetzt. Der Leib am Kreuz ist das Heil – und nicht etwa
nur Träger des Heils, das davon ablösbar wäre. Dieser Leib ist auch nicht einfach
„steuerbar" durch etwas anderes, sondern weist seine eigene Logik auf, die sich
nicht nach dem Schema innen / außen aufteilen läßt.

Das Wort trifft auf das „Herz des Menschen", auf den „inneren Menschen". Der
Mensch wird dadurch verwandelt, befreit, zur Liebe befähigt und in den Stand
versetzt, gute Werke zu tun. Dieser Vorgang wirkt von „innen" und bleibt doch
gebunden an die Präsenz des „äußeren" Wortes. Dennoch ist am Außen nichts
abzulesen: Die Existenz guter Werke als solche läßt nicht auf den Glauben zurück-
schließen: Der gute Baum trägt gute Früchte – nicht umgekehrt.

Die Wahrnehmungsproblematik wiederholt sich: Wenn auch dieser Vorgang nicht
objektivierbar ist, so unterliegt er doch den auch sonst gültigen Kommunikationsbedingungen. Es braucht z. B. eine klare Ausdeutung dieses Wortes, das
bloße Bibelwort allein reicht nicht aus. D. h. aber, daß sich biblische Referenzen
immer schon mit Erfahrungen der heutigen Lebenswelt verbinden – und zwar
nicht nur der diskursiven Art, sondern ebenso auch aller sinnlichen und körperbezogenen Erfahrungsformen.

Wie im Fall des Zugangs zur wahrnehmbaren Kirche ergeben sich Wahrnehmungsschwierigkeiten: Wie sieht eine Kommunikation aus, die sich äußerlich
vollzieht, aber in jedem Akt diesen Vorgang relativiert? Im Fall des leiblichen
Wortes wird noch deutlicher als bei der Kirche als Organisation, daß dieses Problem nicht einfach mit der Verteilung der Aspekte auf Inhalt und Form gelöst sein
kann: Weder ist die unsichtbare Kirche der „Inhalt" der sichtbaren noch das

---

[27] A. a. O., S. 66.
[28] So beschreibt Dietrich Rössler, a. a. O. S. 275 das katholische Verständnis.
[29] O. Bayer, a. a. O., S. 57.

„innere" Wort der Inhalt des äußeren. Schon gar nicht ist der Inhalt die Eigenwahrnehmung von Kirche oder Theologie, d. h. das, was sie als ihr Eigentliches betrachtet. Dies könnte höchstens ihr Formalprinzip sein, d. h. gerade die Spitze des Äußerlichen. Grundsätzlich heißt das, daß es nicht damit getan sein kann, lediglich Inhalte der kirchlichen Kommunikation methodisch sauber und attraktiv aufbereitet an die Umwelt der Kirche abzugeben – obwohl dies natürlich die notwendige Aufgabe der Kirche sein muß. Nein: „Inhalt" all dieser Formen ist Jesus Christus selbst, der durch den Geist im leiblichen Wort und in der Kirche lebt. Sie ist auf ihn angewiesen, kann nicht ohne ihn sein, ohne ihn doch anders als in der Äußerlichkeit des Wortes von ihm (und d. h. elementar: der Visualisierung seines Körpers) wahrnehmbar kommunizieren zu können. Er setzt sich in seiner Freiheit von selbst durch; der Geist emergiert als Kirche.[30]

Die aufgezeigten Probleme der Wahrnehmung von Kirche konvergieren in einem Punkt: dem Eigensinn der leiblich-wahrnehmbaren Welt und darin eben dieser Verfaßtheit von Kirche. Die Dinge sind bei Luther zweiseitig: auf der einen Seite das Insistieren auf der Notwendigkeit der leiblich-äußerlichen Kommunikation – auf der anderen Seite die Reduktion dieser Seite der Kommunikation auf etwas Äußerliches, was *letztlich* nicht eigentlich wesentlich ist. Der Leib ist sozusagen das notwendige Übel, das es in diesem irdischen Leben zu ertragen gilt und mit dem man dem Nächsten dienen soll. Warum man ihm *besondere* Aufmerksamkeit widmen soll, wird nicht deutlich – außer, daß er zur Arbeit angehalten ist. Eben dies gilt entsprechend auch für die Einstellung zur Kirche. Luthers Problem war nicht, Kirche als „Heimat" zu gestalten – im Gegenteil! Damals war diese Haltung revolutionär, weil sie den Auszug aus zu eng gewordenen heimatlichen Verhältnissen erlaubte. Hierin liegt aber eine Unterschätzung der Bedeutung der leiblichen Realität der Kirche: Sie ist nicht nur Instrument oder äußerliche Form, sondern hat ihr eigenes Recht dadurch, daß sie den Glauben stützende Formen bereitstellt, in denen er leibt und lebt. Nur um den Preis der Geltung christlicher Wahrheit kann unter den Bedingungen einer ausdifferenzierten Gesellschaft die Frage nach der Attraktivität von Kirche ausgeblendet werden. Damit aber steht ihre Wirksamkeit im Verhältnis zur gesellschaftlichen Kommunikation insgesamt in Frage. Will man also heute der realen Dialektik von verborgener und wahrnehmbarer Kirche auf die Spur kommen, so gilt es das Ineinander von kirchlicher Wahrnehmung und Wahrnehmung von Kirche zu untersuchen.

Wie wird heute Kirche als „Heimat" erlebt? Ein schönes lebensnahes Beispiel hat der hannoversche Landesbischof Horst Hirschler in seinem Bischofsbericht vor der Landessynode am 10. Juni 1994 geliefert. Er berichtet:

---

[30] Vgl. vor allem zum Begriff der Emergenz: Michael Welker: Gottes Geist. Theologie des Heiligen Geistes. Neukirchen-Vluyn, 1992.

24

„Am Freitag nach Pfingsten – ich mache in Göttingen immer in der Woche nach Pfingsten ein Homiletisches Predigt- (Predigtlehre) Blockseminar mit etwa 30 Studentinnen und Studenten, dieses Mal zum Thema ‚Die Erdverbundenheit christologischer Aussagen in der Predigt.‘ Die billigste und schnellste Methode hin und zurück Hannover-Göttingen ist der ICE. Also letzter Tag des Semesters am Freitagmorgen, 8.28 Uhr: Ich komme in einen der Großraumwagen. Da herrscht high-life. Sicher 15 Männer und Frauen mittleren Alters stehen da in einem Pulk mit Sektgläsern, Witze hin und her, brüllendes Gelächter.

Ich setze mich mit dem Rücken zu ihnen in die Ecke, hole mir meinen Ebeling-Aufsatz raus für das Seminar: ‚Der Sühnetod Christi als Heilsaussage.‘

‚Gott war in Christus und versöhnte in ihm die Welt mit sich selbst. Nicht bloß abstrakt ist die menschliche Natur angenommen und versöhnt, sondern – wie Luther sagt: Du, Christus, sollst aller Menschen Person sein, der aller Menschen Sünde getan hat. Obwohl für sich selbst sündlos, ist er dennoch uns zugut Teilhaber der Sünde geworden, zur Sünde in Person, der größte Sünde, wie Luther sich nicht scheut zu sagen. Wie Christus Gottes Stellvertreter ist, so ist er auch gleichzeitig der Stellvertreter des Menschen bis hinein in die Gottesferne.‘

Plötzlich taucht neben mir ein Sektglas auf. Eine Frauenhand hält es mir hin. Eine freundliche Dame. ‚Wir machen so einen Krach‘, sagt sie, ‚da sollen sie wenigstens auch ein Glas Sekt haben.‘ ‚Au‘, sage ich, ‚danke. Ich muß gleich ein Seminar halten, nachher singe ich dabei.‘ ‚Ach‘, sagt sie, ‚so ein bißchen macht doch nichts.‘ Ich frage: ‚Was sind Sie denn für ein Verein?‘ Sie sagt: ‚Wir hatten mal vor vielen Jahren einen Kinderspielkreis zusammen. Die Kinder sind jetzt 18 Jahre alt, aber wir sind zusammengeblieben und fahren immer noch alle zwei Jahre ein langes Wochenende zusammen irgendwohin. Wir nehmen uns freitags Urlaub, dieses Mal geht es nach Würzburg. Und dabei ist immer schwer was los.‘ Ich frage: ‚Wo sind Sie denn her?‘ Sie sagt: ‚Aus Buxtehude.‘

‚Das ist ja meine Landeskirche‘, rutscht es mir raus. ‚Was‘, sagt sie, und schaut mich groß an. ‚Ja‘, sage ich, ‚ich bin der Bischof für Buxtehude.‘ ‚Nein, so etwas‘, sagt sie und saust zu ihren Leuten. Tuschel, tuschel.

Also noch ein kurzer wehmütiger Blick in den Ebeling: ‚Die Annahme der menschlichen Natur in Christus ist die Annahme aller Menschen.‘ Dann muß ich hin. Was redet man mit solchen Leuten? ‚Kennen Sie eigentlich Jürgens? Der war doch Superintendent bei Ihnen, jetzt ist er Landessuperintendent in Ostfriesland.‘ ‚Natürlich kennen wir den. Ich war in seiner Gemeinde‘, sagen zwei. Einer fragt mich, ‚kennen Sie den Nino?‘ Ich frage zurück, ‚wer ist denn Nino?‘ ‚Na, Niedernolte, der neue Superintendent.‘ Und ob ich den kenne. Plötzlich holen sie alle ihre kirchlichen Kontakte und Erlebnisse heraus. Volkskirche pur. Eine sagt, ‚meine Mutter, die ist im Kirchenvorstand, die fährt heute nachmittag nach Stade, da ist doch so ein Kirchentag. Da kommt der Altbundeskanzler. Ach ja und,' sagt sie und schaut mich groß an, ‚am Sonntag nachmittag …' ‚Ja', sage ich, ‚da bin ich da und halte den Gottesdienst.' Das gibt natürlich großes Hallo. Für das zweite Sektglas muß man etwas zum Unterlegen haben, also ein Schinkenbrötchen und noch ein Sektglas.

Diese neuen Züge sind ja wahnsinnig schnell. Fast hätte ich in Göttingen das Aussteigen verpaßt.

Bis Würzburg wären wir mit Sicherheit in einem Gespräch gewesen, was ihre achtzehnjährigen mit dem Glauben und mit dem Beten anfangen können und wie das überhaupt mit der Kirche und dem Glauben ist heutzutage. Und das wäre alles ohne Krampf gelaufen.

Die Frage, wo lernt man die hannoversche Landeskirche kennen, hat für mich eine neue Variante: auch im ICE."[31]

Diese Episode ist im Hinblick auf das Wahrnehmungsproblem in mehrfacher Hinsicht instruktiv. Der Bischof schildert anschaulich, wie in seiner Wahrnehmung theologische und elementar lebenspraktische Kommunikation zusammentreffen. Worum es in Ebelings Text geht – die Annahme aller Menschen in Christus –, das vollzieht sich in dieser Begegnung praktisch unter den gegebenen, also den leiblichen, Bedingungen. Zwar lassen sich die Dinge nicht direkt identifizieren, aber wenn Kirche überhaupt erfahrbar ist, dann so in der spontanen Interaktion auf allen sinnlichen und verbalen Ebenen zwischen dem Bischof und den anderen. Dem Bischof hilft der Ebeling-Text, dieses zu sehen – aber er ist auch erkennbar sperrig: Seine sprachliche Welt ist weit von der Welt dieser Begegnung entfernt. Die Menschen brauchen ihn nicht zu kennen, um das zu erleben, worum es in ihm geht. In dieser Begegnung wird Kirche, und darin auch Evangelium, wahrnehmbar. Das will Hirschler sagen. Es ist dies ein Geschehen, das sich im Hinblick auf seine Bedingungen klar erklären läßt; nichts Geheimnisvolles passiert; theologisch gesagt: „Äußerliches" vollzieht sich. Vor allem geschieht eins: man erinnert sich und wird sich so der Gemeinsamkeiten beglückend bewußt. Auf diese Weise ist der Vorgang transparent auf ein „Mehr".

Was sich hier vollzieht, läßt sich mit Gedanken von Eilert Herms theologisch anschlußfähig beschreiben. Herms begreift Erfahrung als „erinnerte Praxis"[32], d. h. von vornherein nicht nur begrifflich-diskursives Geschehen, sondern vom Gedanken der Teilhabe her. Entsprechend beschreibt er denjenigen Kommunikationsprozeß, der sich qua Wort Gottes konstituiert als Vollzug von „szenischer

---

[31] Horst Hirschler: Bischofsbericht vor der Synode der Ev.-luth. Landeskirche Hannovers am 10. Juni 1994, MS, S. 1.
[32] Eilert Herms: Art. Erfahrung II, philosophisch. In: TRE. S. 89–109 und Ders.: Erfahrbare Kirche. Tübingen, 1990, S. 59 ff.

Erinnerung", d. h. als Bild-Vermittlung. Das Medium, mit dem sich christliches Wahrheitsbewußtsein vermittelt, ist die szenische Erinnerung an Schlüsselszenen eines Lebens, in denen sich die Wahrheit der Christusbotschaft festmacht. Dies sind „leibhafte Gestalten erlebbarer Szenen", die nicht „machbar" sind. „Indem wir uns im Erleben leibhaft gegeben sind, sind wir uns auch stets in Auseinandersetzung, in Interaktion mit unserer dinglichen und personalen Umwelt, also in szenischen Situationen gegeben."[33]

Auf diese Weise erschließt sich die Möglichkeit, mit Hilfe von Natur- und Sozialwissenschaften die leibhaftige Kommunikation des Wortes Gottes zu untersuchen, ohne ihre Geltung zu untergraben. Der Ausgangspunkt ist: Es wird erinnert. D. h., daß die Verifikation des glaubensstiftenden Wortes lebenspraktisch durch Wiedererkennen, durch Analogiewahrnehmung, erfolgt. Solches Wahrnehmen umfaßt Reaktionen auf allen körperlichen, sinnlichen Ebenen: Glaube bestätigt sich im Sehen, Hören, Riechen, Schmecken und Greifen. Kirche organisiert all diese Vollzüge integrativ; sie ist in ihrer Praxis leibhafte Gestalt und formt so Glaubensgestalten zu Kommunikationsmedien und ist selbst ein solches. Insofern gilt: An der leibhaftigen Begegnung mit Kirche entzündet sich Glaube.

Exkurs: Verifikation durch Wiedererkennen

Kommunikation, die auf Verifikation durch Wiedererkennen beruht, hat Dietrich Ritschl in den Mittelpunkt seiner Theologie gerückt. Von der Sache her der Beschreibung der szenischen Erinnerung bei Herms ähnlich, formuliert er: „Der Normalfall ist …, daß sich in einer bestimmten Situation die Gläubigen aus den latent bewußten und gekannten Traditionsbündeln der Bibel zu einer bestimmten Selektion gedrängt wissen und etwas erinnern, das ihnen ohne diesen ‚Anlaß' nicht wichtig geworden wäre."[34]

Wiedererkennen meint hier einen Vorgang induktiver Erkenntnis aufgrund eines „Anlasses". Solcher Anlaß ist der „Moment der Offenbarung"[35]. Seine Herbeiführung kann bewußt gefördert werden, indem man theologische Deutungsmuster anwendet. Im Normalfall vollzieht sich dieser Vorgang jedoch sozusagen „von selbst".[36]

---

[33] Eilert Herms: Die Sprache der Bilder und die Kirche des Wortes. In: Rainer Beck / Rainer / Volp / Gisela Schmirber (Hrsg.): Die Kunst und die Kirchen. München, 1984, S. 242, hier S. 247. Die Problematik des „szenischen Verstehens" wird in der Tiefenhermeneutik diskutiert. Vgl. hierzu vor allem die Ausführungen zu den Arbeiten von Alfred Lorenzer in Abschnitt 6.5. dieser Arbeit.

[34] Dietrich Ritschl: Zur Logik der Theologie. Kurze Darstellung der Zusammenhänge theologischer Grundgedanken. München, ²1988, S. 106.

[35] A. a. O., S. 107.

[36] A. a. O., S. 108.

Die Voraussetzung für diese Konzeption ist das Vorhandensein latenter Muster, die das Wiedererkennen ermöglichen. Sie müssen unbewußt Anteil an der christlichen Tradition ermöglichen und sich jeweils selbst aktualisieren. Ritschl nennt solche Muster „implizite Axiome" oder auch „regulative Sätze". Sie sind sprachlich kaum artikulierbar.[37] Es handelt sich um vorsprachliche und vorreflexive Phänomene, wie Bilder, Imaginationen, Symbole[38] – auch Gefühle[39]. Sie bilden sowohl den Hintergrund der Alltagskommunikation als auch des begrifflichen theologischen Austausches.

Derartige latente Muster sind mit leibhaften Vorgängen verknüpft. Sie generieren nicht nur ein *Wissen,* sondern ein *Vermögen.* Wir können mehr, als wir wissen, oder gar, als wir zu sagen vermögen. Der Rahmen des Vertrauens zur Wirklichkeit ist größer als das ausdrückbare Vertrauen. Es beruht auf unserem selbstverständlichen Gebrauch unseres Körpers[40], der tiefsitzender kultureller Prägung unterliegt.

In Ritschls Sicht bildet sich diese Prägung durch die Anteilhabe an „Storys". „Wenn ich sagen will, wer ich bin, so erzähle ich an besten meine Story. Jeder von uns hat seine unverwechselbare Story, jeder ist seine Story."[41] Eben dies gilt auch für Völker und Kirchen: „Wir lieben nur die, mit denen wir unsere Story zu teilen bereit sind und an deren Story wir unsrerseits Anteil haben wollen. Nur, wer Erinnerungen und Hoffnungen teilt, gehört wirklich zusammen."[42] Eben dies gilt für die Gemeinschaft der Christen: Sie sind dadurch eine Gemeinschaft, daß sie – implizit, latent – an einer Story partizipieren. „Der Glaube der Juden und Christen ist als das ‚Drin-Stehen' und Bleiben in einer Story und der ihr gemäßen Lebenshaltung immer zugleich das ‚Bewahren einer Perspektive'. Von ihr aus geschehen alle Interpretationen, zu denen das ‚Drin-Stehen' in der Story ständig nötigt."[43] „Heimat" erschließt sich so.

„In der sozialen Wirklichkeit sind Gruppen und Gemeinschaften durch gemeinsame Perspektiven-Bündel gekennzeichnet, die in gemeinsamen Storys und Lebenshaltungen Ausdruck finden können."[44] Und dies gilt auch für Kirche: In ihrer Gestaltung und in ihrer Wahrnehmung funktionieren perspektivische implizite Axiome, die das Verhältnis zu ihr sicher oder unsicher machen. Ausformulierte Verhältnisbestimmungen, wie Bekenntnisse, sind demgegenüber eher die

---

[37] A. a. O., S. 15.
[38] A. a. O., S. 39.
[39] A. a. O., S. 40.
[40] Theoretischer Bezugspunkt ist für Ritschl das Werk von Michael Polanyi. Vgl. dessen Buch: Implizites Wissen. Frankfurt a. M., 1985.
[41] A. a. O., S. 45.
[42] A. a. O., S. 46.
[43] A. a. O., S. 55.
[44] A. a. O., S. 56.

Ausnahme, bzw. der Endpunkt von facettenreichen Entwicklungen.[45] Wer sich von ihnen bewußt distanziert, muß deswegen noch lange nicht aus der impliziten Tradition herausfallen. Ihr läßt sich kaum entkommen – solange sie implizit bleibt.

Die Gedanken von Ritschl ergänzen die reformatorischen Bestimmungen insofern, als sie es ermöglichen, das vielfältige Ineinander von kirchlicher Wahrnehmung und Wahrnehmung der Kirche vor dem Hintergrund des Eigensinnes der leiblich-impliziten Erfahrungswelt zu sehen. Die Möglichkeit, mit kirchlichen Formen i. S. der Reformation „*umzugehen*", setzt die Teilhabe an christlicher Tradition bzw. Story voraus. Ist dies nicht der Fall, erzeugt ein derartiger *Umgang* Unsicherheit und Irritation.[46]

Fazit: Die wahrnehmbare Kirche ist reformatorisch nicht mit der wahren Kirche gleichzusetzen. Aber sie ist die wesentliche Bedingung dafür, daß christlicher Glaube kommunizierbar ist. Damit ist gesagt, daß die Struktur der Wahrnehmung von Kirche für die Stiftung des Glaubens eine notwendige, wenn auch nicht hinreichende, Funktion erfüllt. Die Kommunikationsbedingungen kirchlichen Handelns müssen infolgedessen auf ihre Stimmigkeit unter gegebenen natürlichen, sozialen und kulturellen Bedingungen untersucht werden. Die Vermittlung des Glaubens durch und als Kirche unterliegt Kriterien der Klarheit, Glaubwürdigkeit und Plausibilität, wie sie auch sonst in Gesellschaft und Kultur in Geltung sind. In dieser Hinsicht ist es von grundsätzlicher Bedeutung, daß sich Wahrnehmung von Kirche und kirchliche Wahrnehmung nicht vollkommen auseinanderentwickeln, denn dann kommt es zu erkennbaren Plausibilitätsverlusten, d. h. der Ausgrenzung von in der Gesellschaft geteilten Standards von Normalität und Realität und so zu Kommunikationsbarrieren.

---

[45] A. a. O., S. 77: „Ausformulierte Credos oder auf sie bezogene regulative theologische Sätze sind nicht, … der Anfang oder die Basis persönlichen Glaubens, Vertrauens und Wollens. Vielmehr sind sie Konstellation und Endprodukt kommunikativen Austausches innerhalb der Gruppe der Gläubigen und damit eher mit der Spitze eines Eisberges als mit dem Fundament eines Gebäudes zu vergleichen."

[46] Entgegen mancher – auch binnenkirchlich – gehegter Erwartungen hat zuletzt die 3. EKD – Umfrage über Kirchenmitgliedschaft (EKD: Fremde Heimat Kirche. Ansichten ihrer Mitglieder. Erste Ergebnisse der Dritten EKD-Umfrage über Kirchenmitgliedschaft. Hannover, 1993) die Bedeutung der real existierenden Kirche nicht nur für die kommunikative Pflege des persönlichchristlichen Glaubens, sondern für die Wahrnehmung und Reproduktion von Religion überhaupt bestätigt. Zunächst wird noch erwartungsgemäß festgestellt: „Mit abnehmender Kirchenbindung wird die Einstellung zu explizit christlichen Glaubensaussagen deutlich distanzierter. Je eindeutiger, dogmatischer, absoluter eine Glaubensaussage klingt, mit desto mehr Ablehnung muß sie bei zunehmender innerer Entfernung von der Institution Kirche rechnen." (S. 13) Aber dann heißt es: „Die Ergebnisse zeigen, daß mit abnehmender kirchlicher Verbundenheit auch die Bereitschaft sinkt, in den vorgestellten Situationen eine religiöse Dimension wahrzunehmen."(S. 12) Mit abnehmender Kirchenbindung verdunstet nicht nur das Christliche, sondern das Religiöse überhaupt. Zwar gibt es heute vielfältige religiöse Suchbewegungen, aber sie nehmen nicht mit Distanz zur Kirche zu (S. 11).

Allerdings kann das Kriterium dieser, sozusagen „externen", Plausibilität *letztlich* für kirchliches Handeln nicht entscheidend sein. Sie lebt davon, daß sich das Wort Gottes selbst Plausibilität verschafft und ihre Kommunikation ist dann angemessen strukturiert, wenn sie diese Möglichkeit offenhält. Im Grunde genommen müßte die Kirche mit Plausibilität „umgehen", d. h. ihre Formen und Kriterien distanziert lediglich benutzen, ohne ihnen zu verfallen. Eine solche zugespitzte Sichtweise würde jedoch die leibhaftige Realität der Kirche begatellisieren. Ihr Inneres wäre dann theologisch bestimmt. Das würde verkennen, daß in der reformatorischen Sicht Innen und Außen nicht auf Theologie und leibhaftige Kirche verteilt werden können. Auch die Theologie – und sie gerade! – ist äußerlich – und das hat sie mit der gesamten penetrant realen Kirche und Kirchlichkeit gemeinsam. Theologisch relativiert sich die Differenz, die herkömmlich mit der Innen- und Aussensicht von Kirche gemeint ist: der Sicht der Kirchenleitung, der Pastoren und Theologen auf der einen und der Laien und Nichtchristen auf der anderen Seite. Beide sind als äußerliche Wahrnehmungsweisen zu verstehen, was auch impliziert, daß im Hinblick auf den Glauben natürlich der eine nicht besser ist als der andere. Ihre Unterschiedenheit ist lediglich funktional zu rechtfertigen. Auf dieser Ebene der Argumentation stellt die Lehre vom Priestertum aller Gläubigen einen permanenten Stachel im Fleisch der realen Kirche dar.

Diesen Gedanken gilt es im Kopf zu behalten, wenn im folgenden in dieser Arbeit zwischen dem Innen und Außen von Kirche im Hinblick auf ihre leibhaftige Gestalt unterschieden wird. Sie ist in dieser Hinsicht eine Organisation in der Gesellschaft, in der sich deutlich zwischen Positionen und sehr lebendigen

---

Dies bedeutet: Wie diffus es im einzelnen auch immer religiös zugehen mag: noch im „Nachklang" bestätigen diese Ergebnisse, daß Kirche eng mit der Existenz von Religion verbunden ist. Wenn man überhaupt religiöse Kommunikation in der Gesellschaft will, dann führt an Kirche kein Weg vorbei. Und wenn diese Kommunikation christlich qualifiziert sein soll, dann erst recht nicht.

Damit ist noch nichts über die Inhalte dieser Kommunikation gesagt. Fest steht aber, daß sich die eigene Weise Religion und Glauben zu gestalten, im Verhältnis zu Vorgegebenheiten artikuliert. Sie erwächst nicht in einem freien Raum, sondern auf dem Wurzelboden gestalteter Religiosität, in dem Kirche – wie undeutlich auch immer – wahrgenommen wird. Daß dies so ist, wird selbst noch von den Ausgetretenen zugestanden: „Der Abwehr der Institution steht eine relativ große Nähe der Ausgetretenen zu Glaubensfragen gegenüber. Man ist christlich geprägt, braucht aber die Kirche nicht ... gleichzeitig wird die Kirche als religiöse Instanz gefordert." (S. 62) Hier spiegelt sich in der Ablehnung noch die bedeutungsvolle Wahrnehmung.

Bezieht man diese noch sehr bruchstückhaften Beobachtungen auf ekklesiologisch-theologische Fundamentalüberlegungen, so wird man nicht umhin können, in ihnen sozusagen die „ferne" Bestätigung des reformatorischen Insistierens auf der Bedeutung der äußeren, wahrnehmbaren Kirche bzw. im Hinblick auf das „Kommunikationsmedium": auf das äußere, „leibliche Wort" zu sehen. Vollkommen unabhängig von inhaltlicher Bestimmtheit bleibt religiöse – und natürlich erst recht christliche – Wahrnehmung auf diese äußerlich erfahrbare, die leiblich existierende Kirche bezogen. Die Befragungsergebnisse bringen Erfahrungen mit der Kirche zum Ausdruck, die leibt und lebt, die sinnlich zugänglich ist. In dieser Hinsicht ist es auch kein Wunder, daß die biographisch wichtigen Beziehungsnetze mit Kirche, wie vor allem die Taufpraxis, hohe Relevanz haben, (S. 16) selbst bei den Ausgetretenen (S. 62). Hier kommt Kirche als etwas, was unmittelbar sinnlich-bereichernd erfahren wird, zum Tragen.

Milieus unterscheiden läßt, die ein „Innen" markieren und anderen, die ein „Außen" darstellen. Daß es dabei fließende Grenzen gibt, wiederspricht dem nicht, macht lediglich die Zuordnung im Einzelfall unübersichtlicher. Zum Binnenmilieu gehört aber sicherlich der pastorale Diskurs, der sich in der Volkskirche großen Platz bewahrt und der entsprechende Diskurs der Kirchenleitung. In beiden Fällen fließt immer Theologie ein – sei es direkt oder indirekt durch die entsprechenden Prägungen während der Ausbildungszeit. Nicht zu vergessen ist hier auch der kirchenjuristische Diskurs, der einen wesentlichen Einfluß auf die Gestaltung von Kirche hat; hier jedoch leider nicht angemessen untersucht werden kann.

Für die Außensicht steht – in dieser Hinsicht! – die Sicht der Kirchenmitglieder und der Nichtchristen, die sich sozialwissenschaftlich annähernd erfassen läßt. Es ist der sagenumwobene „Mann auf der Straße", der Kirche „von außen" erlebt, obwohl er, wenn er getauft ist, theologisch natürlich zum Binnenbereich gehört. Organisatorisch aber, gerade unter den Bedingungen volkskirchlicher Mitgliedschaft, setzt sich das theologische Kriterium lebenspraktisch nur selten um. Daß es gewichtige Ausnahmen gibt, wie den ganzen Bereich der protestantischen Laienbewegungen von evangelisch-sozialen Kongreß bis zum Kirchentag, bestätigt die Regel nur umso deutlicher, den gerade in diesen Kreisen wird die Differenz zwischen dem Innen und dem Außen von Kirche oftmals besonders scharf akzentuiert.

Noch einmal: Wenn in dieser Arbeit in mehreren Anläufen das Innen und Außen von Kirche zum Thema gemacht wird, dann bezieht sich dies auf die Analyse der leibhaftigen Gestalt von Kirche als Organisation in der Gesellschaft. Sie ist Gestalt des Glaubens auch als moderne Organisation, die Grenzen zwischen Innen und Außen aufweisen muß, um überhaupt handlungsfähig sein zu können. Theologisch jedoch sind das, was hier mit Innen und Außen gemeint ist, beides äußere Formen des Glaubens. Alles andere würde letztlich, wie gesagt, auf eine rein theologisch bestimmte Kirche hinauslaufen und damit auf ein nichtreformatorisches Kirchenmodell.

D. h., daß sozialwissenschaftlich begründete Urteile über die operative Leistungsfähigkeit von Kirche notwendig und hilfreich sind – theologische Argumentation können sie nicht ersetzen! Sie verhelfen zum „bloßen Wahrnehmen" von Kirche dadurch, daß sie die der Kirche impliziten Geltungsansprüche methodisch suspendieren und so einen „fremden" Blick auf ihre Wirkungsweise ermöglichen, der es erlauben kann, Blockaden der eigenen Praxis zu erkennen. Dies macht, wie zu sehen war, insbesondere im Fall der Analyse der leiblichen Realität von Kirche Sinn, da sie in der reformatorischen Tradition unterbelichtet ist.

2. Die Differenz von Eigen- und Fremdwahrnehmung der evangelischen Volkskirche

Wie wird Kirche wahrgenommen? Ein erster Blick in ekklesiologische Texte belegt bereits, daß es zumindest zwei Zugangsweisen gibt: die Selbstreflexion der Kirche, in der sie sich theologisch begreift, und die Erfahrungen, die die „Menschen auf der Straße" mit ihr machen. Beides muß nicht – und wird tatsächlich nur wenig – identisch sein.

Ein Beispiel sind die programmatischen Sätze, die Jürgen Moltmann seiner Ekklesiologie voranschickt: „Keine theologische Ethik kann davon absehen, daß das Glaubensbekenntnis nicht nur von einer himmlischen Kirche, sondern auch von der Kirche an der nächsten Straßenecke spricht."[1] Um dann allerdings das Thema als Differenz von Glauben und Erfahrung rein theologisch zu behandeln.[2]

Bezeichnend sind diese Sätze deswegen, weil sie überhaupt dem Buch vorangeschickt werden. Offensichtlich muß der Gedanke betont werden, daß sich die empirische Gestalt von Kirche zum theologischen Diskurs sperrig verhält. Moltmanns „Lösung" dieses Problems besteht in spezifischen theologischen Konstruktionen, wie dem Begriff von der Kirche als einem dialektischen Prozeß nach vorn[3] oder von Kirche als dem permanenten Konflikt.[4]

Derartige Konstruktionen haben den Sinn, Selbst- und Fremdwahrnehmung von Kirche zusammenzudenken. Sie weisen ein hohes begriffliches Pathos auf, sind stark selbstbezogen und lassen sich nur schwer mit anderen Sprach- und Begriffswelten vermitteln. Auf eben diese Problematik hat Wolf-Dieter Marsch hingewiesen: „Die Verkündigung soll Menschen herausrufen, soll verändern – indessen bestätigen empirische Untersuchungen über den Predigtkonsum immer wieder, daß gerade diese kirchliche Veranstaltung einen meist emotional-stabilisierenden Effekt hat. Kirche soll Stadt auf dem Berge, Vorhut einer neuen Menschheit sein, indessen hinkt sie in ihren Organisationsformen und Tätigkeiten

---

[1] Jürgen Moltmann: Kirche in der Kraft des Geistes. München, 1975, S. 35.
[2] Kennzeichnend anders verfährt Karl-Fritz Daiber: Zur Sozialgestalt der Gemeinden. In: Handbuch der Praktischen Theologie. Herausgegeben von Peter C. Bloth u. a. Band 3: Praxisfeld: Gemeinden. Gütersloh, 1983, S. 11. Er nähert sich der Wahrnehmung von Kirche von der Aufschichtung räumlicher Erfahrungstätigkeit her. Dabei fällt natürlich sofort auf: „Die Kirche wird visuell gegenwärtig in der Gestalt des Kirchengebäudes." (S. 25).
[3] Jürgen Moltmann, a. a. O., S. 36.
[4] A. a. O., S. 37. Moltmann entwickelt im weiteren eine Typologie von Kirchenkonzepten, die in je spezifischer Weise das Verhältnis von Empirie und Theologie fassen: a.) Paradoxe Identität: Erfahrung und Glauben bleiben getrennt, sind aber paradox aneinandergekoppelt. b.) Antizipation der Hoffnung: Die Erfahrung der Kirche wird in Hoffnung überschritten. c.) Sakramentale Identifikation: der konkrete Vollzug von Kirche wird theologisch identifiziert.

nicht selten hinter dem allen her. Kirche soll Gemeinde, Gemeinschaft, Koino-nia ... sein – indessen erweist sie sich immer wieder als höchst uneiniges und anonymes Kontaktsystem, in dem Gemeinschaftliches ... nur sehr begrenzt und auf Zeit möglich ist."[5]

Marsch begreift die theologischen Konstruktionen als Sollvorgaben und kon-frontiert sie mit dem sozialwissenschaftlich erfaßten Ist-Zustand. Auf der einen Seite gibt es Vorstellungen davon, wie Kirche sein soll. Mit ihnen wird ein „Anspruchsniveau" herausgearbeitet. Auf der anderen Seite funktioniert Kirche faktisch – und diese Faktizität bietet ein anderes Bild. Marschs Gegenüberstel-lung orientiert sich am Verhältnis von Ideal und Wirklichkeit – mit Hilfe dieses Musters kann das Verhältnis von Eigen- und Fremdwahrnehmung plausibel beschrieben werden. Jedoch lassen sich diese Sichtweisen nicht einfach mit den beiden Wahrnehmungsweisen gleichsetzen. Während z. B. oft genug die Fremd-wahrnehmung gegenüber der faktischen Kirche auf die Einlösung der ihr unter-stellten Ansprüche pocht, existiert in der Kirche auch eine Art von Realismus, die um die Nichteinlösbarkeit der Ideale weiß. Deutlich wird die Differenz der Begrifflichkeit: auf der einen Seite die theologisch, traditionelle – auf der ande-ren Seite die sozialwissenschaftliche Codierung. Kirche wird jeweils verschie-den gesehen. Und die je verschiedene Wahrnehmung sieht auch je Verschiede-nes. Einem dritten Beobachter könnte so z. B. der ernüchternde Verdacht kommen, daß die theologischen Sollformeln gerade in ihrem pathetischen Über-schuß gegenüber dem wirklichen Funktionieren von Kirche – und damit ihrer prinzipiellen Nichteinlösbarkeit – funktional sind.

Die Wahrnehmung von Kirche ist, wie Wahrnehmung überhaupt, nicht erst theo-retisch konstruierbar, sondern geschieht immer schon. Eberhard Mechels ist des-wegen grundsätzlich zuzustimmen, wenn er die Unmöglichkeit der Extraposi-tionalität betont. Allein schon das Sprechen in der Muttersprache setzt von vornherein den Wahrnehmenden „in Beziehung".[6] Und so gilt auch: „Kirche und gesellschaftliche Umwelt sind als vorgängig in Beziehung stehend zu begreifen, nicht als im theoretischen Konstrukt erst aufeinander zu beziehende Wirklich-keiten."[7] Damit ist gesagt: Kirche wird immer schon wahrgenommen und rea-giert darauf immer schon. Es gibt keinen Nullpunkt der Wahrnehmung. Will man diesen Vorgang angemessen begreifen, so ist die Teilhabe von Kirche an Kultur und Gesellschaft nicht zu übersehen. Von vornherein gilt, daß sie nur dann ganz bei ihrer Sache sein kann, wenn sie es so ist.[8]

---

5   W.-D.Marsch: Die theologisch und kirchlich verdrängte Religion. In: Ders.: Plädoyers in Sachen Religion. Gütersloh, 1973, S. 17, Hier S. 25.
6   Eberhard Mechels: Kirche und gesellschaftliche Umwelt. Thomas – Luther – Barth. Neukirchen-Vluyn, 1990, S. 5.
7   A. a. O., S. 6.
8   A. a. O., S. 8.

Damit lassen sich die Gegensatzpaare von Moltmann und Marsch „einholen": Sie gehören beide zur Wahrnehmung der Gestalt der Kirche hinzu. Beide Seiten des Gegensatzes stellen jeweils Wirkungen kirchlicher Praxis und ihrer Wahrnehmung dar. Sie sind als plausible Gegensätze prägende Elemente der Erfahrung der Kirche. Man kann folglich nicht einlinig der einen Seite „Recht" geben: zu ihrer Gestalt gehört immer beides. Sie unterliegt der Differenz von Eigen- und Fremdwahrnehmung.

2.1. Eigen- und Fremdwahrnehmung von Kirche[9]

Man könnte das Problem für banal halten. Wird nicht jede Institution, ja jede Handlung und Situation, immer doppelt erfahren? Natürlich ist dies der Fall, und dennoch stößt man, geht man der Frage weiter nach, auf eine spezifische Problematik, die mit dem Selbstverständnis der Kirche als einer vorgebenen, gestifteten Institution zusammenhängt: die des Unterschiedes der Wahrnehmungsweise der Kirche durch sie selbst, d. h. durch ihre Funktionsträger, von denen ihrer Mitglieder.[10] Es gibt Anlaß zu der Annahme, daß diese Sichtweisen stärker auseinanderdriften, als es bei anderen Institutionen der Fall ist.

Man kann heute wissen, wie Kirche im Durchschnitt wahrgenommen wird. Diese Wahrnehmung ist anders, als diejenige, die in der binnenkirchlichen Kommunikation konstruiert wird. Franz-Xaver Kaufmann hat aus diesem Grund von einer charakteristischen Doppelung des Kirchenverständnisses in der Neuzeit gesprochen: „Es gibt ein durch die teilkirchlichen Traditionen vermitteltes Selbstverständnis von Kirche, und es gibt Fremdverständnisse, die Kirche auf das Sicht-

---

9 Vgl. hierzu: Reiner Preul: Evangelische Kirche – was ist das heute? In: PTh. Jg. 81, 1992, S. 2–16. Vgl. zum Problem des Verhältnisses von Eigen- und Fremdwahrnehmung die Bemerkungen von Niklas Luhmann: Selbstbeobachtung sei deswegen schwierig, weil man nicht den Anfang und das Ende der eigenen Operationen beobachten könne. „Das System beobachtet mithin sein Schonangefangenhaben und sein Aufhörenkönnen." Entscheidend sei aber für eine präzise Wahrnehmung die Angabe von Anfang und Ende. (In: Ders. / Karl Eberhard Schorr (Hrsg.): Zwischen Anfang und Ende. Fragen an die Pädagogik. Frankfurt a. M., 1990, S. 18 f.). Für die Wahrnehmung von Kirche bedeutet dies, die Frage dahin zuzuspitzen, wann Prozesse beginnen und enden, in denen sie sich überhaupt wahrnehmen läßt. Diese Frage ist gar nicht so einfach zu beantworten. Vollzieht der „Auftritt" eines Pastoren Kirche? Jeder Auftritt?

10 Es gibt hier allerdings eine Gemeinsamkeit im Hinblick auf die Berufsrolle der Pastoren mit anderen klassischen Professionen. So stellt Wolfgang Lempert: Moralisches Denken, Handeln und Lernen in einfachen Berufen. In: Zeitschrift für Berufs- und Wirtschaftspädagogik, Jg. 89, 1993. Heft 1, S. 5, hier S. 10 fest: „Typische Berufsangaben der Angehörigen von Professionen zeichnen sich … vor allem durch drei Besonderheiten aus:
   – situative Intransparenz, d. h. besondere Schwierigkeiten, die Ursachen gegebener Zustände zu bestimmen und die Folgen alternativer Entscheidungen und Handlungen vorherzusagen;
   – Erwartungsinkonsistenz, d. h. zumindest teilweise Unverträglichkeit der Ansprüche, die verschiedene Bezugspersonen und -gruppen – … – an die Akteure stellen;
   – existenzielle Relevanz, genauer: unmittelbaren Bezug zu jenen weithin anerkannten Moralprinzipien … (Fürsorglichkeit, Respekt vor menschlicher Würde und Gerechtigkeit)."

bare und Erfahrbare reduzieren." Im weiteren spricht er dann von der Binnen-
und Außenperspektive von Kirche.[11] Eine solche Redeweise stellt selbst eine
besondere Wahrnehmung von Kirche dar; sie ist deutlich aus der sogenannten
Binnenperspektive formuliert. Nur sie weise über das Sichtbare und Erfahrbare
hinaus ein „Mehr" auf, das von „außen" nicht wahrgenommen wird.

Kaufmann spricht damit nach eigener Aussage ein fundamentales Kommunikationsproblem von Kirche und Gesellschaft an: Selbstverständnis und Wahrnehmung der Kirche durch ihre Mitglieder driften immer weiter auseinander. Die
Frage, wie die Erfahrung der Kirche durch ihre Mitglieder – denn in der volkskirchlichen Situation ist die Außenperspektive zum größten Teil identisch mit der
Mitgliederperspektive – Auswirkungen für das Selbstverständnis von Kirche hat
bzw. haben kann, bleibt dabei offen. Die „Außenperspektive" scheint von vornherein als eine der Sache nicht angemessene fremde Reduktion abgewehrt zu
werden. So warnt Kaufmann auch davor, daß sich die Kirche „unvermittelt dem
gesellschaftlichen Vorverständnis anpassen"[12] soll. Das kirchliche Selbstverständnis habe eine spezifische Widerständigkeit, die es auch zu erhalten gelte.
Allerdings solle man sich über die Außenperspektive auch nicht wundern: „Mit
dieser Doppelung der Perspektive muß man in der modernen Welt zu leben lernen,
und natürlich sollte man darüberhinaus versuchen, seine Binnenperspektive auch
anderen plausibel zu machen."[13] „Die Vermittlung des kirchlichen Selbstverständnisses bleibt ein notwendiger Bestandteil der Glaubenstradierung."[14]

Die Frage stellt sich allerdings, ob diese Deutung den tatsächlichen alltäglichen
Vorgängen angemessen ist. Es scheint kaum vorstellbar zu sein, daß Selbst- und
Fremdwahrnehmung von Kirche lediglich nebeneinander herlaufen bzw. sachgemäß nur in einem Gefälle zueinander begriffen werden können. Gerade in der
volkskirchlichen Situation ist eher anzunehmen, daß sie sich beständig durch-
dringen.

Aus einer Kaufmanns Position entgegengesetzen Richtung unterliegt Joachim
Matthes derselben Engführung. Ihm geht es darum, die Selbstbezogenheit der
Kirchenleitung im Gegenüber zur Perspektive der Mitglieder zu problematisieren. Die Bereitschaft der Menschen, sich zur Kirche zu halten, scheitere
immer wieder daran, daß binnenkirchlich Erwartungen stilisiert werden (z. B. die
nach dem regelmäßigen Gottesdienstbesuch), die prinzipiell nicht erfüllt werden
könnten. Die Wahrnehmung der Mitglieder sei durch einen prinzipiellen

---

[11] Franz-Xaver Kaufmann: Kirche und Religion unter den Bedingungen von Modernität. In Hans
      May und Karin Lorenz (Hrsg.): Moderne und Religion. Zukunft der Kirche. Nr. 2. Loccumer
      Protokolle. Band 26. 1986, S. 5, hier S. 7.
[12] A. a. O., S. 22.
[13] A. a. O., S. 23.
[14] A. a. O., S. 23.

Freiheitsvorbehalt charakterisiert, der für sie gerade protestantische Kirche ausmache. Gerade dies werde aber binnenkirchlich nicht angemessen gewürdigt. Matthes folgert, daß in der volkskirchlichen Überlieferung unserer Gesellschaft zwei Teilkulturen koexistieren, die ein elementares wechselseitiges Problem des Fremdverstehens miteinander haben: die kleine amtskirchliche und die breite der Kirchenmitgliedschaft. Und er konstatiert, daß es wie ein „Wunder" aussieht, daß trotz der amtskirchlichen Gottesdienstzentriertheit die volkskirchliche Überlieferung sich immer noch fortschreibt. *„Auf ein unbegrenztes Fortdauern dieses Wunders sollte man in Kirche und Theologie freilich nicht setzen."*[15] Matthes fordert folglich, daß auf beiden Seiten die Übernahme der Perspektive der jeweils anderen Seite dauerhaft gesichert sein muß – betrachtet dies aber als in der Vergangenheit prinzipiell nicht eingelöst. Kirche habe sich hinter ihre eigenen Mauern zurückgezogen und so für eine Trennung zwischen kirchlichem und öffentlichen Leben gesorgt. Der einzelne wurde damit religiös sich selbst überlassen. Die Schuld an der Differenz der Wahrnehmungen liegt folglich bei der Kirche: Sie hat Trennungen vollzogen, die erst diese Differenz heraufkommen ließen.

Auch hier entsteht der Eindruck, daß die teilkulturellen Wahrnehmungen – die Matthes als moderne Form der Trennung in Kleriker- und Laienkultur betrachtet – als prinzipiell voneinander abgeschottet gesehen werden. Das, was Matthes rhetorisch geschickt als ein Wunder bezeichnet, könnte auch schlicht das Übersehen einer faktisch bestehenden beständigen Wechselbeziehung zwischen beiden Größen sein. Matthes stilisiert seine Position im Gegensatz zu Kaufmann durch die Abwertung der binnenkirchlichen Kommunikation, die nicht in der Lage sei, ein sinnvolles Fremdverstehen zustande zu bringen. Das geht so weit, daß die trotz dauernder Mißverständnisse und Enttäuschungen dennoch vorhandene relative Stabilität von Kirche aus seiner Sicht geradezu trotz der Pastoren – und nicht *wegen* ihrer Bemühungen – reproduziert wird. Auch dies scheint mir gerade aus einer soziologischen Sicht eher unwahrscheinlich zu sein.[16]

---

[15]   Joachim Matthes: Gottesdienst und Gesellschaft. Vortrag vor der Generalsynode der VELKD in Malente 1990, Ms. Im Hintergrund stehen hier Matthes grundsätzliche Überlegungen, die in der These von der Emigration der Kirche aus der Gesellschaft gipfeln. Das Kommunikationsproblem ist in dieser Sichtweise vor allem von der Kirche selbst zu bearbeiten; und zwar so, daß Kirche sich nicht als Gegenüber zur Gesellschaft definiert. J. Moltmann löst dieses Problem elegant: Mit seiner Vorstellung einer „Exodusgemeinde" sei nicht die Emigration der Kirche aus der Gesellschaft ins Ghetto gemeint, „sondern gerade umgekehrt der Aufbruch aus Exil und Ghetto in Freiheit". Der Exodusgedanke habe mit dem gefährlichen Rückzug der Kirche nichts zu tun. (J. Moltmann, a. a. O., S. 101 / 2).

[16]   Vgl. zu dieser Problematik Dietrich Rössler: Grundriß der praktischen Theologie. Berlin und New York, 1986. Er identifiziert – auf der Linie von Matthes – eine dreifache Gestalt des Christentums in der Neuzeit: als kirchliches, öffentliches und privates Christentum. „Die Religion der Neuzeit ist die Form des Christentums, in der sich die bestimmenden Momente dieser Neuzeit selbst zum Ausdruck bringen." (S. 78) Damit ist von vornherein gesagt, daß sich die Eigen- und Fremdwahrnehmung von Kirche nicht in Bezug auf ihre Christlichkeit unterscheiden. Kirche ist

Andreas Feige hat darauf hingewiesen, daß das Problem der doppelten Wahrnehmung der Kirche inhärent sei. Es hänge mit dem ihr eigenen Verständnis von Mitgliedschaft zusammen. Die protestantische Kirche habe erst jenes distanzierte Mitgliedschaftsverhältnis geschaffen, unter dem sie heute leidet: „das Mitgliedschaftsverhältnis *unter der Bedingung der Individualität*"[17]. Ihre Schwierigkeit besteht darin, daß sie zum einen historisch-kontingente Organisation sei, zum anderen mit dem Mittel dieser Organisation einen Anspruch auf individualitätsneutrale soziale Geltung transportiert. „Sie muß sich bemühen, zugleich ‚Gesellschaft' und ‚Nicht-Gesellschaft' *in der Gesellschaft* zu sein."[18] Daß dies Probleme der sozialen Verortung mit sich bringt und damit elementare Wahrnehmungsschwierigkeiten, legt sich nahe.[19]

Feige hat diese Position in einer empirischen Untersuchung über Beziehungen und Einstellungen junger Erwachsener zur Kirche weiter entfaltet. Dabei belegt er die These, daß „die manifest behauptete und die latent wirkende Funktion (der Kirche) wohl nicht deckungsgleich sind"[20]. Auf der einen Seite gibt es eine hohe Akzeptanz von Kirche und an sie gerichtete Erwartungen bezüglich Rat und Hilfestellungen und Bedürfnisse nach Begleitung. Auf der anderen Seite werden eben diese Bedürfnisse nicht ohne gleichzeitige Distanzsignale vorgebracht.[21] Feige meint mit dieser Beschreibung belegen zu können, daß der Selbstanspruch von Kirche, eben solche helfenden Leistungen auch erbringen zu können, nur behauptet, aber nicht eingelöst werde. Tatsächlich vollzöge sich nämlich etwas ganz anderes: die Zurückweisung eben dieser Erwartungen.

Dies liegt – und darin besteht die These Feiges – vor allem am Gottesdienst. Er sei „als Ort zu nennen, an dem eine Sprachlosigkeit entsteht, die langfristig in die Desinteressiertheit der Mehrheit der (Volks-)Kirche oder minderheitlich in eine

eine Äußerungsform des christlichen Glaubens unter anderen – ihre Fremdwahrnehmung ist dies ebenso! Vgl. hierzu auch: Wolfgang Huber: Kirche und Öffentlichkeit. Stuttgart, 1973, S. 49 ff. Freilich kann man fragen, in welcher Deutlichkeit öffentliches und privates Christentum sich heute artikulieren. Huber meint, sie böten Anknüpfungspunkte für Kirche. Mir scheint jedoch, daß sich auch diese Möglichkeit zersetzt.

17 Andreas Feige: Kirchenmitgliedschaft in der Bundesrepublik Deutschland. Gütersloh, 1990, S. 15.
18 A. a. O., S. 15.
19 Vgl. hierzu die Vermutungen von Eilert Herms. „Was zunächst die Laienschaft betrifft, so haben die neueren empirischen Untersuchungen mit größter Sicherheit ergeben, daß deren nachlassende Bereitschaft zu institutioneller Interaktion, zum Beispiel ihr Desinteresse am öffentlichen Gottesdienst und ihre Neigung zum Kirchenaustritt mit der Unfähigkeit zunimmt, im Ernst irgendeinen gesellschaftlichen Funktionswert von Kirche ausmachen zu können. Die Absenz eines Bewußtseins der sozialen Leistung des kirchlichen Systems verleiht dem privaten Nutzenkalkül ungehemmte Durchschlagskraft." (Die Fähigkeit zu religiöser Kommunikation und ihre systematischen Bedingungen in hochentwickelten Gesellschaften. In: Ders.: Theorie für die Praxis – Beiträge zur Theologie. München, 1982, S. 280).
20 Andreas Feige: Erfahrungen mit Kirche. Daten und Analysen einer empirischen Untersuchung über Beziehungen und Einstellungen Junger Erwachsener zur Kirche. Hannover, 1982, S. 106.
21 A. a. O., S. 107.

Aggressivität führt, die u. U. einem das Verlassen ‚dieses Vereins‘ nicht nur erleichtert, sondern unter Gruppeneinfluß als legitim, als konsequent erscheinen läßt"[22]. Der Gottesdienst wird in „seiner Regelform als etwas Fremdes, Nicht-Persönliches und Nicht-Gemeinschaftliches empfunden"[23]. Anders ist dies im Konfirmanden- und Religionsunterricht, sowie in der Jugendarbeit. Zugleich sei aber der Gottesdienst in der Eigenwahrnehmung der Kirche von höchstem Stellenwert.

Die Differenz der Eigen- und Fremdwahrnehmung der Kirche spitzt sich so besonders in bezug auf den Gottesdienst zu. Nicht nur, daß er verschieden wahrgenommen wird; es gibt auch eine deutliche Differenz in der Einschätzung der Wertigkeit dieses Unternehmens. Zugespitzt gesagt: Feige behauptet, daß in der Binnensicht der Kirche Gottesdienst die entscheidende Sprachhilfe für den Glauben darstelle – in der Außensicht jedoch stellt er das entscheidende Sprachhindernis dar! Volker Drehsen faßt diese These zusammen: „So erfüllt der Gottesdienst gemeinhin die Bedürfnisse nur ganz weniger, figuriert zugleich aber als die zentrale Veranstaltung kirchlicher Selbstdarstellung, ohne diesen Anspruch auch sozial einlösen zu können."[24]

Feige meint diese Thesen auf das Problem der Wahrnehmung von Kirche insgesamt übertragen zu können: sie sei zu selbstbezogen und wirke wie ein „closed shop". „Es ist das ihrer Wahrnehmung als ‚geschlossene Gesellschaft‘, wenn man sie als ‚Gemeinde der Heiligen‘ zu definieren gelernt hat und zu glauben aufgefordert wurde."[25] Wer auf diese Weise Kirche kennengelernt hat, der geht zu ihr auf Distanz. Gleichzeitig aber gibt es die Utopie von einer Kirche, die nach den Bedürfnissen der Menschen gestaltet ist und die auf persönlich akzeptierende, freie Gestaltung zielt. Man findet so durchaus „Farben der Freundlichkeit …, wenn auch gemalt in vorsichtiger Distanz"[26].

Feige konstruiert so eine Dichotomie in der Wahrnehmung von Kirche, zumindest in bezug auf den Gottesdienst. Dies sieht anders bei den Kasualien aus.[27] Generell jedoch bestätigen seine Thesen die Vermutung von der Zirkelhaftigkeit kirchlicher Wahrnehmung. Eine Untersuchung des „Göttinger Instituts für ange-

---

[22] A. a. O., S. 107.
[23] A. a. O., S. 44.
[24] Volker Drehsen: Das öffentliche Schweigen christlicher Rede. In: A. Feige: Erfahrungen mit Kirche, a. a. O., S. 318, hier S. 329.
[25] A. Feige, a. a. O., S. 157.
[26] A. a. O., S. 160.
[27] Die weitest reichende Gemeinsamkeit der Evangelischen mit ihrer Kirche sind die Kasualien. Vergl. Joachim Matthes: Lebenszyklus und Lebensgeschichte. In: Ders. (Hrsg.): Erneuerung der Kirche – Stabilität als Chance. Gelnhausen, 1975, S. 83. Wahrscheinlich resultiert die freundliche Erwartung an die Kirche nicht zuletzt aus ihrem Erleben, denn hier geht es ja um individuelle Bestätigung. Wieweit der theologische und pastorale Diskurs Kasualien jedoch anders wahrnimmt, steht auf einem anderen Blatt.

wandte Kommunikationsforschung" über die Wirkung kirchlicher Öffentlichkeitsarbeit bestätigt dies. Zwar könne man nicht klar zwischen einer binnenkirchlichen Teilöffentlichkeit und der außerkirchlichen Öffentlichkeit dichotomisieren,[28] aber der Eindruck einer „geschlossenen Gesellschaft" herrsche vor.[29] Die Nutzung kirchlicher Medien hängt deutlich von der Kirchennähe der Betreffenden ab.[30] Die Folgerung lautet, daß das Kommunikationsproblem der Kirche nicht durch einzelne Angeboten und deren Verbesserung gelöst werden kann, sondern vielmehr umgekehrt zu begreifen sei: „Es ist weitgehend der Akzeptanzverlust der Kirche selbst, der zur schwindenden Akzeptanz ihrer Kommunikationsangebote führt!"[31] Die Bedeutung von Kirche konstituiert sich mithin auch durch ihren eigenen Einfluß auf ihr Umfeld, das aber nur zum Teil von ihr gestaltet werden kann.

Wahrnehmung von Kirche geschieht nicht in einem geschlossenen Raum sondern in Prozessen soziokultureller Wechselwirkung, die Einflüssen verschiedener Art unterliegen. Die zitierten Autoren belegen dies. Sie konstruieren selbst Wahrnehmungsformen, die auch anders ausfallen könnten. Ihre Konstruktionen belegen aber zugleich, daß eine völlige Abgrenzung oder gar Abschottung gegenüber der jeweiligen Fremdwahrnehmung nicht möglich ist. Schließlich rekonstruieren sie die Welt des jeweils Anderen vermittels der eigenen Codes und bauen sie so in die eigene Sichtweise ein – wenn auch in der Form der Abwertung. Es mag sein, daß sich oft nur noch Spuren dieses Prozesses erkennen lassen. Aber selbst eine auch nur geringfügige Abweisung anderer Codierungen verweist immer noch auf deren Wahrnehmung.

Auch dies klingt banal. Allzuoft wird jedoch die Angewiesenheit der „Gegensatzpartner" aufeinander übersehen. Insofern läßt sich auch sagen: Kirche lebt vom Gegensatz der Wahrnehmung und wird gerade so auch immer wieder interessant.

Dies bedeutet: Ihre Fremdwahrnehmung durch die „Menschen auf der Straße" gehört immer auch zur Gestalt von Kirche dazu und wird in der Regel auch in ihr reflektiert. Es gibt keine Form von Kirche, die sich einseitig aus der Binnenkommunikation konstituieren würde, auch wenn es natürlich Kirchenmodelle gibt, die das pointiert so konzipieren. Um den Preis des Überlebens bildet auch kirchliche Kommunikation die gesellschaftliche Umwelt in ihrer eigenen Logik ab und konstruiert fortwährend Anpassungsprozesse. Daß es dabei zu Schwierigkeiten kommt, die von „außen" oft unverständlich erscheinen, liegt an der tra-

---

[28]   GIFAK: Akzeptanz und Nutzung der evangelischen Publizistik und Öffentlichkeitsarbeit in Niedersachsen. MS, Göttingen, 1989, S. 22.
[29]   A. a. O., S. 124.
[30]   Z. B. a. a. O., S. 74.
[31]   A. a. O., S. 21.

dierten theologischen Begrifflichkeit, mit der viele dieser Prozesse kommentiert werden. Da sie an traditionelle Sprachwelten anknüpft und so ihr Profil gewinnt, kommt es zu einer charakteristischen Diastase zwischen einem Binnen-Diskurs und unmittelbar praktischen Vermittlungsprozessen vor Ort. Der dogmatische Diskurs deutet Wirklichkeit vor dem Hintergrund der christlichen Tradition existentiell, schließt aber nur wenig an Fragen der allgemeinen Handlungskompetenz an. Damit entsteht das grundlegende Problem, zu operationalisierten Zielsetzungen für kirchliches – und auch im weiteren Sinne für christliches – Handeln zu kommen. Der Diskurs der Kirche bildet so nur einen Teilaspekt ihrer Wirklichkeit ab – man darf ihn folglich nie ganz wörtlich nehmen, will man das Funktionieren der Kirche erfassen.

2.2. Wahrnehmung – empirisch

Eine Vielzahl von empirischen Studien zur Situation der Kirchen in der BRD bieten aufbereitetes Material, das sich im Hinblick auf das beschriebene Problem auswerten läßt. Vor allem den beiden großen empirischen Studien der EKD geht es zentral um die Sicht der Kirche durch ihre Mitglieder und wiederum deren Interpretation durch die Kirche selbst. In der Sicht ihrer Mitglieder spiegelt sich die Praxis der Kirche wider. Ebenso aufschlußreich sind qualitativ verfahrende empirische Studien, die mikroskopisch kirchliche Realität zu erfassen suchen.

So geht es i. f. um das, was sich als „volkskirchliche Wahrnehmung" beschreiben läßt, und um den „seelsorgerlichen Blick" im Krankenhaus. Die Beispiele analysieren zwei Aspekte heutiger Erfahrung von Kirche: zum einen die große Perspektive und zum anderen der mikrosoziale Blick.

2.2.1. Volkskirchlicher Glaube

Das Verhältnis zur Kirche wird in der zweiten EKD-Studie vor allem mit dem Begriff der „Unbestimmtheit"[32] gedeutet. Damit ist gemeint, daß Glaubensformulierungen, die auf persönliche Betroffenheit zielen, außerhalb der kleinen Gruppe hochverbundener Kirchenmitglieder nur geringe Zustimmung finden.[33] Die Zustimmung zur Kirche geht über eine gewisse Allgemeinheit nicht hinaus: Akzeptation der Präsenz von Kirche und Pfarrer, Kasualien, christliche Werte

---

[32] Vgl. hierzu Joachim Matthes (Hrsg.): Kirchenmitgliedschaft im Wandel. Untersuchungen zur Realität der Volkskirche. Beiträge zur zweiten EKD-Umfrage „Was wird aus der Kirche?". Gütersloh, 1990.

[33] Was wird aus der Kirche? Ergebnisse der zweiten EKD-Umfrage, zur Kirchenmitgliedschaft. Herausgegeben von: Johannes Hanselmann, Helmut Hild und Eduard Lohse. Gütersloh 1984, S. 39.

usw. „Das Weitere, so erscheint es aus der kirchlichen Perspektive, bleibt in der Schwebe und unbestimmt."[34] So, wie die Kirche es erwartet, begreifen nur wenige ihr Verhältnis zur Kirche und zur Gemeinde.[35] Die Hochschätzung des Pfarrers resultiert in diesem Zusammenhang dann daraus, daß er als Experte in besonderen Lebenslagen die Unbestimmtheit von Fall zu Fall in Bestimmtheit überführen und so Entlastung bieten kann.

Die Studie bleibt in der Darstellung dieser Glaubensgestalt bei der Beschreibung der Ambivalenzen. Auf der einen Seite ist solcher Glaube Voraussetzung dafür, „daß die evangelische Kirche als Volkskirche auch unter den Bedingungen einer komplexen, in sich differenzierten und ,pluralistisch' verfaßten Gesellschaft existieren kann"[36]. Auf der anderen Seite formuliert sie: „Aus theologischer Sicht muß allerdings gefragt werden, ob ein unbestimmter Glaube nicht einen Widerspruch in sich selbst enthält. Er ist zumindest kein Glaube im reformatorischen Sinn."[37]

Diese Sätze sind zusammen kennzeichnend für die volkskirchliche Wahrnehmung. Sie bezeichnet so etwas wie permanente Zwiespältigkeit, Bewegung von der Unbestimmtheit zur Eindeutigkeit und umgekehrt. Viele volkskirchliche Debatten belegen praktisch, wie sich diese Bewegung vollzieht.[38] Die Bestimmtheit besteht folglich im Wechsel der Perspektiven – wenn es überhaupt eine Gesetzmäßigkeit gibt, dann besteht sie eben hierin.

Es zeigt sich nun, daß sich die diagnostizierte Unbestimmtheit genauer aufschlüsseln läßt. Das Bild, daß die Mehrheit der Bevölkerung von der Kirche hat, ist eben so geprägt, daß sie sich von ihr distanzieren kann. So gesehen erscheint Unbestimmtheit geradezu noch als deutliche Zustimmung zur Kirche. Denn zu erwarten wäre wesentlich mehr Ablehnung. So heißt es z. B.: „Die Mehrheit ist sich darin sicher, daß die Kirche vor allem da ist für die, die sie in irgendeiner Weise als Hilfe oder Stütze ,brauchen'. Sie soll dasein für die, die dem Ideal des berufstätigen Erwachsenen nicht mehr oder noch nicht entsprechen können."[39] Volkskirchliche Wahrnehmung hat so Gestalt in Form von Hilfe oder Stütze – nicht jedoch in den Idealen des berufstätigen Erwachsenen. Dessen Selbstbewußtsein beruht darauf, „daß man sich selbst helfen kann, selbständig und produktiv ist"[40]. Nur logisch, daß diese Gruppen Kirche als etwas für die „anderen"

---

[34] A. a. O., S. 41.
[35] A. a. O., S. 40.
[36] A. a. O., S. 43.
[37] A. a. O., S. 43.
[38] Vergl. z. B. die Bände „Zukunft der Kirche". Hrsg.: Hans May und Karin Lorenz: Locumer Protokolle, Loccum, 1986. Band 26: Moderne und Religion. Geistliche und strukturelle Folgen der Säkularisierung für die Kirche. Band 69: Pluralismus und Profil. Kirchenbild und Lebenswelt in der Volkskirche.
[39] Was wird aus der Kirche? a. a. O., S. 44.
[40] A. a. O., S. 44.

begreifen, „für solche Gruppen und Menschen, von denen man sich in der eigenen Vorstellung gerade abhebt". „Für den normalen Erwachsenen ist in diesem Rahmen eigentlich kein rechter Platz vorhanden – es sei denn, er wolle selbst die Rolle des Helfers übernehmen."[41] Dieses Bild gilt auch in der Umkehrung. Die Arbeitswelt, in der sich der Erwachsene täglich bewegt, hat nichts mit Kirche zu tun: „Der Kernbereich der normalen Erwachsenenwelt, Arbeit und Beruf – das erscheint als kirchenfreier Raum."[42]

Die vermeintliche Unbestimmtheit der volkskirchlichen Wahrnehmung von Kirche gewinnt durch diese Aussagen an Kontur. Sie besteht in der „Unsicherheit" darin, welchen Nutzen Kirche und Glauben für den Alltag der Menschen haben, d. h. für die soziale und kulturelle Normalität. Dabei ist „Unsicherheit" noch freundlich formuliert: im Grunde erkennt man keinen Nutzen – für sich selbst. Der Nutzen für Randbereiche wird gesehen – zur Lebensbewältigung jenseits des produktiven Lebensalters. Aber nicht der aktuelle Nutzen. Insofern können die meisten Menschen gegenüber Kirche bestenfalls als passive Förderer auftreten – und damit als vermeintlich unbestimmte Kandidaten. In Wirklichkeit jedoch hat diese Verhältnisbestimmung eine ganz eindeutige Kontur: Volkskirchliche Wahrnehmung verortet Kirche dort in der eigenen Lebenspraxis, wo sie „nützlich" ist.

Hierbei muß man nun freilich nicht stehen bleiben, sondern kann weiterfragen, wie sich Nützlichkeit selbst konstituiert. Diese Frage ist deswegen von Interesse, weil sie nichts Vorgebenes ist. Nützlichkeit ist nicht unabhängig von kulturellen Codierungen nach einem rein rationalen Nutzen / Kosten Schema zu erfassen.[43] Im Prinzip hat die Kirche, je nach der Größe ihrer kulturellen Kraft, auch Einfluß auf die Beantwortung der Frage, was als „nützlich" empfunden wird – christlicher Glaube formt Wahrnehmungen gerade auch in diese Richtung. Es sieht so aus, als habe die Kirche hier jedoch an Prägekraft verloren.[44]

Kirchliche Prägekraft ist jedoch bei einer kleinen Gruppe von Hochmotivierten erkennbar. Deren Habitus und manifestes Verhalten erscheint jedoch aus der Sicht

---

[41] A. a. O., S. 44.
[42] A. a. O., S. 96.
[43] Vgl. hierzu z. B. Marshall Sahlins: Kultur und praktische Vernunft. Frankfurt / Main, 1981. Sowie Albert O. Hirschman: Entwicklung, Markt und Moral. Abweichende Betrachtungen. Frankfurt a. M., 1993. Darin: Der Begriff des Interesses. Von der Beschönigung zur Tautologie. S. 132 ff.
[44] Daß dies nichts Neues ist, belegt eine Stelle bei Thomas Luckmann: Die unsichtbare Religion. Frankfurt a. M., 1991 (zuerst erschienen unter dem Titel: Das Problem der Religion in der modernen Gesellschaft. Freiburg, 1963!): „Allgemein gesagt korreliert der Grad der Beteiligung am Arbeitsprozeß der modernen Industriegesellschaft negativ mit dem Grad der Involviertheit in die kirchliche Religion." S. 64. Der Verlust von Prägekraft der Kirche kann freilich auch bedeuten, daß sich die von ihr vertretenen Vorstellungen dermaßen verallgemeinert haben, daß eine spezifische Prägung überflüssig wird.

der Mehrheit als unormal, da sie sich unattraktiven, ja freiheitswidrigen und aufgezwungenen Kommunikationsformen in der Kirche unterwerfen.[45]

Auf der anderen Seite hat das starke diakonisch-soziale Engagement der Kirche deutlich erkennbare, positive Rückkopplungswerte in der Wahrnehmung der Bevölkerung. Dort, wo die Kirche sich um die kümmert, die sie brauchen (und dazu gehören auch die Arbeitslosen, die Friedensbewegung, die Entwicklungshilfe u.v.m.) ist die Wahrnehmung stark und eindeutig. Kirche zieht hier nach wie vor hohe Erwartungen auf sich – im Unterschied allerdings zu ihren traditionellen religiösen Funktionen.[46]

In einer traditionell besonders entkirchlichten Region – der Stadt Wolfsburg – läßt sich eine Sichtweise belegen, die das, was der Kirche selbst wichtig ist – die im engeren Sinne religiösen Funktionen – deutlich abwertet und demgegenüber die sozialen als das betrachtet, was vorrangige Aufgabe von Kirche sein sollte.[47]

Die Symbiose, die Kirche und Glauben mit Formen der Lebensbewältigung eingeht, wird in der EKD – Studie auf diese Weise präzise herausgearbeitet. Eine – aus der Sicht der Kirche – unbestimmte Wahrnehmung entsteht immer dann, wenn eine solche Symbiose nur in Randbereichen des Lebens plausibel ist. Nur dann, wenn Kirche und Formen der Lebensbewältigung direkt ineinander greifen, wird die Wahrnehmung bestimmter, d. h. deutlicher formulierbar. Dies ließe sich an anderen Bespielen der Studie (vor allem der lebenszyklischen Verankerung von Kirche[48]) noch weiter belegen.[49]

2.2.2. Der seelsorgerliche Blick

Beim zweiten Beispiel gerät man unmittelbar in jene hilfreiche Praxis hinein, die die volkskirchliche Wahrnehmung der Kirche selbstverständlich – distanzierend zuschreibt. Es geht um eine ausdifferenzierte und professionalisierte seelsorgerliche Tätigkeit: die des Krankenhausseelsorgers. Petra Christian-Widmaier[50] hat

---

[45]   Eberhard Hübner: Theologie und Empirie der Kirche. Neukirchen-Vluyn, 1985, spricht deswegen von latenter Desintegration der Volkskirche, S. 213 ff.

[46]   Vgl.: „Was wird aus der Kirche?" a. a. O., S. 121 ff.

[47]   Hinrich Buß, Werner Läwen (Hrsg.): Kirche vor den Werktoren. VW und evangelische Kirche in Wolfsburg. Hannover, 1991.

[48]   Was wird aus der Kirche? a. a. O., S. 50 ff.

[49]   Den Schlußfolgerungen von Joachim Matthes kann ich im Hinblick auf eine präzise Bestimmung des Verhältnisses von Eigen- und Fremdwahrnehmung vollkommen zustimmen. Die Frage darf nicht sein: „Wie läßt sich das, was bislang als Unbestimmtheit erscheint, begreifen? – sondern vielmehr: Was führt dazu, das als Unbestimmtheit zu sehen, was so bezeichnet wird?" (J. Matthes: Unbestimmtheit: Ein konstitutives Merkmal der Volkskirche? Anmerkungen zu einem Thema der Diskussion um die EKD-Mitgliedschaftsstudien 1972 und 1982. In: Ders., a. a. O., S. 162) Warum benennen Theologen bestimmte Phänomene so? Das müßte deutlicher werden.

[50]   Petra Christian-Widmaier: Krankenhausseelsorger und todkranker Patient. Im Spiegel ihrer gegenseitigen Wahrnehmung. Berlin / Heidelberg / New York / London / Paris / Tokyo, 1988.

das Verhältnis von Krankenhausseelsorger und todkrankem Patienten im Hinblick darauf untersucht, welche Bilder sich die Interaktionspartner gegenseitig voneinander machen. Anders gesagt: Es geht um die gegenseitige Wahrnehmung und das Rollenverständnis, das jeder vom anderen hat. Gegenüber den groß und umfassend angelegten volkskirchlichen Untersuchungen bietet sich hier die Chance zu einem mikrosozialen Blick: Indem Seelsorger und Patient miteinander handeln, formieren sich interaktive Wahrnehmungsformen von Kirche.

Das Fazit, das Petra Christian-Widmaier zieht, belegt, daß sich auf der mikrosozialen Ebene der Begegnung zweier Menschen in einer existentiellen Situation ebenso deutliche Differenzen ergeben, wie in der Analyse der volkskirchlichen Wahrnehmung insgesamt. Sie beschreibt – ähnlich dem gegenläufigen Interesse in der volkskirchlichen Wahrnehmung – eher eine Kommunikationsstörung zwischen Seelsorger und Patient, als eine gelungene Einigung. So spricht sie von „lauter *Diskrepanzen* in der wechselseitigen Wahrnehmung von Klinikpfarrer und Patient", die mit einem „*differenten Wirklichkeitsbezug*"[51] der beiden zu tun haben. Praktisch notwendig werden so „mannigfaltige Aushandlungsprozesse … um die ‚richtige', d. h. für beide Seiten akzeptable Definition der Situation"[52]. Berücksichtigt man, daß die gemeinsame Definition dessen, worum es geht, erst der Ausgangspunkt der „eigentlichen" Seelsorge wäre, erscheint Krankenhausseelsorge zu einem äußerst aufwendigen und anstrengenden Unterfangen zu werden.

Unterstellt man, daß sich in dieser Arbeit auch die Wahrnehmung von Kirche artikuliert, so ist sie ganz und gar nichts Selbstverständliches. Sie könnte in keiner Weise vorausgesetzt werden. Solche Voraussetzungslosigkeit macht die Arbeit des Seelsorgers strukturell schwierig. Dies könnte in den Beobachtungen zum Interaktionsstil der Seelsorger zum Ausdruck kommen, den Christian-Widmaier mit „Zügen von Ambivalenz, Überdetermination und Labilität in ihrem beruflichen Selbstverständnis"[53] kennzeichnet. Die Wahrnehmung von Kirche in der Krankenhausseelsorge wäre folglich unsicher, unbestimmt. Sie teilt dies mit der volkskirchlichen Wahrnehmung.

Woran liegt diese Unsicherheit? Wie gesagt, folgert Christian-Widmaier sie aus der unterschiedlichen Wahrnehmung der Interaktionspartner. Während die Seelsorger ein professionelles Selbstbild und einen dementsprechenden Blick an den Tag legen, halten die Patienten dem „ihr seelsorgerliches Idealbild eines stützenden, Zuversicht und Optimismus ausstrahlenden Verbündeten entgegen …, den sie mit Sympathie oder Antipathie wahrnehmen"[54].

---

[51] A. a. O., S. 324.
[52] A. a. O., S. 326.
[53] A. a. O., S. 325.
[54] A. a. O., S. 326.

Der professionelle Blick ergibt sich aus dem beruflichen Selbst- und Fremd-verständnis des Seelsorgers. Dabei zeichnet P. Christian-Widmaier vier komplexe Fremdbildkerne der todkranken Patienten, die auf unterschiedliche Weise der Situationsdeutung dienen. Mit diesen Bildern hängt zusammen, was die Seel-sorger sehen und so erfahren. „Von der physischen Seite aus gesehen betrachten die Klinikpfarrer insbesondere das Gesicht und den Gesichtsausdruck, die Hände und deren Ausdrucksbewegungen, die Körperhaltung und Körperlage todkranker Menschen. Psychisch fielen ihnen am meisten ambivalente innere Vorgänge bei Sterbenskranken auf …" Es wird deutlich, wie sehr der Blick definiert. Er ist das Medium der Professionalität. Hinzu kommt die symbolische Einordnung der Sprache: „Auf der sprachlichen Ebene nahmen vor allem die evangelischen Klinikpastoren eine besondere symbolhafte ‚Sprache der Sterbenden' wahr."[55]

Demgegenüber steht die „Laiensicht" der Patienten. Alle nehmen den Seel-sorger – unprofessionell – in Kategorien von Sym- und Antipathie wahr. „Als ‚Sympathieträger' erwiesen sich hier die äußere Erscheinung (z. B. das strahlende Gesicht), das Wesen, das Temperament oder der Charakter des Kranken-hauseelsorgers (z. B. seine Kontaktfähigkeit oder seine Menschlichkeit), seine Handlungsweise (z. B. die behutsame und zugleich offensive Unterstützung bei der Bewältigung psychosozialer Probleme) und gemeinsame Referenz – und / oder Relevanzobjekte (z. B. die zufällige Entdeckung der Patenschaft eines Pati-enten bei einem Familienmitglied des betreffenden Pfarrers)."[56] Umgekehrt fin-det sich eine ähnliche Reihe von Antipathie – Merkmalen.

Gegenüber dem professionellen Blick bringt so die Laiensicht allgemein mensch-liche Züge in der Wahrnehmung des Pastoren zum Tragen: Er soll lebens-bejahend, zuversichtlich, gewandt sein. Dieses Bild trägt deutlich Züge eines älteren, erfahrenen Mannes „mit viel Verständnis und großem Einfühlungs-vermögen"[57]. Es ist habituell orientiert, während der professionelle Blick eher Rückschlüsse auf „innere" Vorgänge zieht. Die Seelsorger entsprechen diesen Kriterien – oder entsprechen ihnen nicht: Zentral für die Interaktion ist die Tat-sache, daß diese Züge in ihrem Selbstverständnis keine große Rolle spielen. Christian-Widmaier diskutiert die Frage einer gegenseitigen Durchdringung der Bilder nicht – so groß scheint die Diskrepanz zu sein.

Die Wahrnehmungsformen in der Krankenhausseelsorge haben damit ähnliche Strukturen wie die volkskirchliche Wahrnehmung auch. Auch in ihr begegnen sich bestimmte und – aus der Sicht des Seelsorgers – unbestimmte Wahrneh-mungsformen. Die daraus erwachsende Gestalt ist unsicher. Deutlich wird hier, wie sehr die Wahrnehmung von Kirche mit Formen der Lebensbewältigung ver-

---

[55]   A. a. O., S. 321.
[56]   A. a. O., S. 223.
[57]   A. a. O., S. 257.

bunden ist – und wie die subjektiven Formen dieser Bewältigung das Geschehen dominieren. Das gilt für Patienten, aber auch ebenso für die Seelsorger, deren berufliche Lebensbewältigung an die Ausbildung ihres professionellen Blicks gekoppelt ist.

Die beiden Beispiele belegen die empirisch faßbare praktische Problematik. Was hier beschrieben wird, ist von grundsätzlicher Bedeutung: Es läßt sich ein fundamentales Problem der Kommunikation von Kirche konstatieren. Sie wird in ihrem Handeln nicht selbstverständlich verstanden. Jeder ist in der Lage, ohne großen Aufwand wirtschaftliche, juristische oder auch künstlerische Vorgänge wahrzunehmen und sie von anderen zu unterscheiden. Aus solchen Unterscheidungen erwächst Erwartungssicherheit. Mit der Kirche scheint es jedoch anders zu sein.

2.3. Autonomie und Heteronomie des Glaubens

Wie wird diese Problematik theologisch beobachtet und bearbeitet? Bevor hierzu im Fortgang dieser Studie weiteres Material aufgearbeitet wird (vor allem in den Kapiteln 7 und 8), soll das Problem an einem kennzeichnenden Beispiel beleuchtet werden.

So ist die Debatte um die EKD-Studie „Christsein Gestalten" aufschlußreich. Diese Studie versuchte Mitte der achtziger Jahre angesichts der fortbestehenden Wahrnehmungsprobleme von Kirche eine Vermittlung zwischen praktischen Notwendigkeiten, theologischer Reflexion und gesellschaftlicher Funktion der Kirche zu leisten. Auf diese Weise konstruierte sie auch eine eigene Codierung der Wahrnehmung von Kirche im Feld der Auseinandersetzung um ihr Selbstverständnis und ihre Ziele.

Am prägnantesten argumentiert Michael Welker[58] gegen die sich seiner Meinung nach in der Unverbindlichkeit neuzeitlicher Subjektivität verlierende prinzipielle Relativität der EKD-Theologie. Während nämlich die EKD-Studie Glauben als letztlich nicht definierbar begreift,[59] beharrt Welker darauf, daß Glaube nicht ein Numinosum sei, das sich „menschlichem Beurteilen und theologischem Verstehen entzieht."[60] Einig sind sich beide darin, daß Glaube im Kern immer „unmittelbare Christusbeziehung"[61] sei. Aber die EKD schlußfolgert daraus, daß solche Beziehung sich eben „menschlichen Maßstäben und menschlicher Beurteilung

---

58 Michael Welker: Kirche ohne Kurs? Aus Anlaß der EKD-Studie „Christsein gestalten". Neukirchen-Vluyn, 1987. Vgl. auch: Ders.: Gottes Geist. Theologie des Heiligen Geistes. Neukirchen-Vluyn, 1992.

59 Christsein Gestalten. Eine Studie zum Weg der Kirche. Herausgegeben vom Kirchenamt im Auftrag des Rates der EKD. Hannover, 1986, S. 45.

60 Michael Welker: Kirche ohne Kurs? a. a. O., S. 53.

61 Christsein gestalten. A a. O., S. 45.

entzieht". Und weiter hält sie in dieser Beziehung folgerichtig fest: „In diesem Sachverhalt liegt auch eine Grenze für die Theologie, die den Glauben zu verstehen sucht und seiner Weitergabe dienen will, indem sie aus der unmittelbaren Christusbeziehung eine intellektuell vermittelte macht."[62] Deutlich wird daran, wie sehr der gelebte, individualisierte Glaube den Vorrang hat. Zugleich ist aber auch zu erkennen, daß sich solches Glaubensverständnis leicht gegen Kritik immunisiert. Was sich der menschlichen Beurteilung prinzipiell entzieht, entzieht sich auch möglicher Korrektur.

Aus diesem Gegensatz erwächst bereits eine unterschiedliche Konstruktion von Kirche und der Beziehung ihrer Innen- und Aussensicht. Während Welker die Notwendigkeit der theologischen Binnenklärung dessen, was Kirche ist, betont, erlaubt die EKD eine große Toleranz im Akzeptieren der Aussensicht.

Welker hält den EKD-Bestimmungen vor, daß sie die prinzipielle Bindung des Glaubens an Kreuz und Auferstehung Christi, die erst seine Freiheit begründen würden, zugunsten des Aufgehens des Glaubens im Prozeß neuzeitlicher Subjektivitätskonstitution vernachlässigen. Die vorgebliche Nicht-Objektivierbarkeit des Glaubens sei nicht biblisch gesichert, sondern lediglich Reflex bürgerlichen Freiheitsgefühls. Aus diesem Grund sei auch der – auch Welker sympathische – liberale und tolerante Stil, den die EKD im Umgang miteinander aus der Nichtbewertbarkeit des Glaubens ableitet, nicht wirklich gesichert. Denn biblisch setze er die je individuelle Gewißheit der eigenen Position coram deo voraus. Nur ausgehend von solcher Glaubensgewißheit kann ein sinnvoller Umgang miteinander begründet werden. Nicht also aus der Relativität aller Glaubensgestalten, sondern aus der Gewißheit der je eigenen Position erwachse Gelassenheit im Umgang mit den anderen. Glaube ist „doch an Christus und das Evangelium gebunden, und alle Freiheitsvorbehalte und Reserven und solche Veranstaltungen, die die Wahrheit des Evangeliums darniederhalten, können sich nicht auf eine *numinose* Unmittelbarkeit zurückziehen!"[63] Erst die wirkliche Auseinandersetzung mit dem Binnenverständnis der Kirche könne eine angemessene Wahrnehmung konstituieren.

Nur ein sich bewußt seiner Gründe versichernder Glaube begründe Freiheit. Welker verschärft diese Thesen noch in der Auslegung verschiedener Paulustexte, so z. B. Gal. 2. Sein Ergebnis besteht in klaren Aussagen darüber, was christlicher Glaube bewirke: „So ist die christliche Existenz *Festigkeit in einer Situation, die eigentlich Angst erzeugt, sich selbst zu verlieren. Ein Leben, das sich der Angst aussetzt, sich selbst zu verlieren, aber in dieser Situation Festigkeit beweist, ist ein Leben in der Hingabe.*"[64] Festigkeit, Hingabe, beständige Bereitschaft zur

---

[62] A. a. O., S. 45.
[63] Michael Welker, a. a. O., S. 53.
[64] A. a. O., S. 61.

Selbstveränderung und zur Selbstzurücknahme – dies sind Merkmale eines Lebens „in der Orientierung an der Herrschaft Christi"[65]. Damit sei eine „*klare Richtung, ein klares Maß*"[66] benannt, „das das Wachsen im Glauben und in der Erkenntnis vom Verfall oder von der Verdunkelung zu unterscheiden erlaubt"[67]. Der „trostlose Relativismus" werde so überwunden.

Diese Position ist an der immerwährenden Kritik des Glaubens und seiner Gestaltung in der Praxis der Kirche und des Christseins interessiert. Es geht um die Aufdeckung der „befreienden Kraft des Evangeliums", die in bestimmten definierten und erkennbaren Haltungen Gestalt gewinnt. Welche Formen kirchlicher Praxis dem z. Z. entsprechen und welche nicht – darüber schweigt sich der Autor jedoch aus, sieht man von seiner halbherzigen Verteidigung der Gemeindeaufbaubewegung ab,[68] die er in Zusammenhang mit der weltweiten Wiederentdeckung des „Erbarmensgesetzes"[69] bringt. Dieses Gesetz stelle „*Gottes Parteinahme zugunsten der schwachen, notleidenden, benachteiligten, bedrängten und ausgebeuteten Mitmenschen* in Aussicht"[70]. Hierin scheint Welkers Klarheit und Eindeutigkeit des Glaubens heute zu bestehen – abgesehen von der theologischen Arbeit, die auch eine Form von Glauben darstellen könne.[71]

Im Vergleichen der Positionen zeigt sich, daß nicht nur bezüglich der Wahrnehmung von Kirche unterschiedlich gedacht wird, sondern auch in der Sicht der Lebenswirklichkeit des neuzeitlichen Menschen. So betont die EKD-Studie als wesentliche Aspekte der Lebenswelt vor allem den „Zwang zur Selbstbestimmung"[72], Selbstverwirklichung, selektive und subjektiv gesteuerte Aneignungsprozesse von Bibel und Umwelt, Individualismus und hebt die Notwendigkeit der Versöhnung von neuzeitlichem Freiheitsbewußtsein und biblischen Kriterien für das Christsein hervor. Eben in dieser Versöhnung bestünde die Gestaltungsaufgabe heutigen Christseins.[73] Insofern wird eine Ausrichtung der kirchlichen Arbeit als „Angebot" für „Konsumenten" legitimiert.[74] Sie besteht folglich in der In-Beziehung-Setzung verschiedener Elemente aus der dann erst die Gestalt des Glaubens erwächst. Eine von vornherein klar und eindeutig definierte Gestalt läßt sich nicht deduzieren.

Dagegen hält Welker die neuzeitliche Vorstellung eines autonomen Individuums für eine Illusion. Es sei „*keineswegs das frei entscheidende und jede Zumutung*

---

[65] A. a. O., S. 61.
[66] A. a. O., S. 63.
[67] A. a. O., S. 63.
[68] A. a. O., S. 79 ff.
[69] A. a. O., S. 74.
[70] A. a. O., S. 75.
[71] A. a. O., S. 54 u. ö.
[72] Christsein gestalten, a. a. O., S. 36.
[73] A. a. O., S. 40.
[74] A. a. O., S. 110.

abwehrende Individuum, sondern das mitgerissene, mitgezogene, verwirrte und verängstigte Individuum, das hier zu erkennen, zu benennen und anzusprechen wäre[75]. Was heute erfahren würde, sei gerade nicht der Triumph des freien Willens, sondern seine Grenzen und das Ausgeliefertsein an andere Mächte, die das Individuum prägen und formen. Vor der Identifikation dieser Mächte schrecke aber die EKD-Studie zurück und würde damit nicht einmal ihrem eigenen Anspruch gerecht, das zu erfassen, was heute Menschen wesentlich bestimmt. Im Hintergrund scheint gerade an diesem Punkt der die Neuzeit einleitende Streit um den freien Willen des Menschen durch. Die Debatte hat folglich Tradition, und daß sie sich mit Folgerungen für die Gestalt der Kirche verbindet, ebenfalls.

Beide Positionen sind sich einig darin, daß Glaube historisch und sozial spezifische Gestalten gewinnt. Und sie beschreiben diese Gestalten auch aus ihren jeweiligen Perspektiven heraus. Für die einen gibt es sie nur in Symbiose mit geschichtlich gewordenen und sozialpsychologisch verankerten Persönlichkeitstrukturen bzw. organisatorischen Formen von Kirche. In ihnen steckt der Glaube und ist ohne sie nicht wahrnehmbar. In dieser Sicht ist die neuzeitliche Persönlichkeit nicht mehr aufgebbar: In ihr steckt das Christliche; gegen sie kann es nicht gestaltet werden. Sie ist sozusagen prinzipiell christlich akzeptiert.

Dagegen betont Welker die Erkennbarkeit einer christlichen Haltung im Gegenüber und in bewußter Absetzung von dieser Persönlichkeitsstruktur. Er scheint es so zu sehen, daß sich die Gestalt des Christlichen autonom konstituiert und zwar wohl vor allem in der theologischen Reflexion. Daß auch in dieser Sichtweise eine neuzeitliche Prägung des Glaubens vorliegt, die sich deutlich von vorneuzeitlichen Vorstellungen der Aufgehobenheit des einzelnen im Ganzen der Ordnungen Gottes unterscheidet, würde wohl auch Welker ernsthaft nicht bestreiten. Auch seine Position ist neuzeitlich-bürgerlich in der bewußten Angestrengtheit, mit der er das Selbstverständnis diese Zeit als Kriterium des Glaubens negieren will. Daß der sich seiner selbst bewußte und reflektierte Glaube seine Verstrickungen in die „Welt" erkennt, sich an ihnen abarbeitet, und Gestaltungskraft beansprucht, ist ein neuzeitliches Phänomen. Die Frage ist, was hier den Vorrang hat: die Bewußtheit und Reflexion als solche – als Stil des Glaubens und damit auch der Wahrnehmung i. S. eines gebildeten Habitus – oder der Glaube, der sich in Kreuz und Auferstehung als transzendentem Ort jeder kulturellen oder sozialen Gesetzlichkeit gebunden weiß, als solcher? Die EKD-Position erlaubt es, diese beiden Komponenten neuzeitlichen Glaubens – und damit die Innen- und Außenwahrnehmung – auseinanderzuhalten und als Aufgabe der Gestaltung von Kirche wieder zusammenzudenken. Welker hingegen scheint die symbiotische Gebundenheit seiner Argumentation zu bagatellisieren. Er pocht auf die Auto-

---

[75] Michael Welker, a. a. O., S. 39.

nomie des Glaubens, was heißt: auf den Primat einer theologischen Wahrnehmung von Kirche.

Aus einer anderen theologischen Richtung als Welker, aber in der Wirkung verwandt, werden die Alternativen, um die es hier geht, von Reinhard Slenczka[76] zugespitzt. Christlich-theologisch legitim ist für ihn nur ein vom Christusgeschehen her inhaltlich gefüllter Glaube in deutlicher Absetzung zu allen Formen eines anthropologisch begriffenen Glaubens, der sich beliebig inhaltlich füllen ließe und als „Gläubigkeit" bezeichnet werden kann. Den Unterschied zwischen beiden Formen beschreibt er mit Hilfe der Differenz von Bedürfnis und Bedürftigkeit. Gläubigkeit entspräche einem Bedürfnis: „Der Glaube bestätigt und vollendet sich dann nur noch im individuellen und gesellschaftlichen Wohlbefinden, ohne seine Bedürftigkeit aufzudecken und zu überwinden."[77] Die Annahme des Menschen durch Christus würde so verwechselt mit der Selbstannahme und an die Stelle der im Glauben ermöglichten Selbstverleugnung trete die pure Selbstbestätigung. Worum es jedoch ginge, sei grundlegende Änderung: „Damit wird aber verdeckt, daß es sich beim Glauben nicht zuerst um eine Entscheidung des Menschen selbst handelt, sondern um eine Entscheidung über den Menschen und an ihm, die nach dem biblischen Zeugnis nicht nur als Meinungsänderung, sondern durch den Wechsel vom Tod zum Leben, vom alten zum neuen Menschen und als Neuschöpfung beschrieben wird."[78]

Diese Gegenüberstellung beinhaltet weitreichende Konsequenzen für die Wahrnehmungsproblematik nicht nur der Kirche, sondern auch des Glaubens als solchem. Das Insistieren auf der inhaltlichen Eindeutigkeit des Glaubens wird bei Slenczka durch die Wahl der Worte gegenüber Welker noch gesteigert, denn der Wechsel vom Tod zum Leben läßt sich nicht mehr überbieten. Die Frage nach der Erfahrbarkeit oder gar der Gestaltbarkeit dieses Vorgangs wird damit aber nur umso deutlicher: Welche soziale und kulturelle Form nimmt dieser Wechsel an? Slenczka antwortet hierauf nicht direkt, sondern führt lediglich die Struktur seiner Argumentation weiter, wenn er sie vor allem mit der scheidenden und trennenden Funktion von Theologie, Kirche und Verkündigung beantwortet. D. h.: Die Binnenwahrnehmung soll die Wahrnehmung insgesamt dominieren.[79] Polemisch gesprochen kann man dies für eine Form von Autismus halten, weil nicht diskutiert wird, auf welche Weise diese Wahrnehmung überhaupt Fremdes wahrnimmt. Es scheint so, daß sie von vornherein kein Recht hat.

---

[76] Reinhard Slenczka: Art.: Glauben VI. In: TRE. S. 318.
[77] A. a. O., S. 361.
[78] A. a. O., S. 361.
[79] Vgl. hierzu die anders strukturierten Aussagen von Helmut Gollwitzer über die trennende Funktion von Kirche: „Das Wort ruft uns zum Bekenntnis, Bekenntnis ist Entscheidung, und wo Entscheidung geschieht, da geschieht auch Scheidung. Also muß, so scheint es, wer die Entscheidung will, auch die Scheidung wollen. Also muß man die Polarisierung vorantreiben, damit

Der Streit, der hier geführt wird, ist, neben dem sachlichen Gehalt, auch eine Auseinandersetzung darüber, was an Kirche und Glauben plausibel kommunizierbar ist und welche Voraussetzungen erfüllt sein müssen, um an kirchlicher Kommunikation überhaupt teilnehmen zu können.[80] Beruht sie auf der allseitigen *Unterstellung* von Glaubensgewißheit und Selbstverantwortlichkeit und problematisiert lediglich die Folgen des jeweiligen Tuns oder geht sie davon aus, daß solche Gewißheit erst als beständige, bewußt artikulierte Disposition *erarbeitet* werden muß? Dabei gibt es prinzipiell zwei Möglichkeiten: entweder in Form von „Dauerreflexion" oder als „Entscheidung" – jedenfalls aber unter Abzielen auf verbale Artikulationsfähigkeit. Die Wahrnehmung von Kirche wird auf diese Weise im Hinblick auf die Wahrnehmung habitueller Kennzeichen präzisiert.

Es soll nicht darum gehen, die Vor- und Nachteile dieser Positionen zu diskutieren. Lebensweltlich sind sie wohl eher künstlich stilisiert. Interessanter ist es, die Alternative als solche zu „verorten". Sie provoziert Fragen nach der Symbiose, die der Glaube eingeht. Wie wird ein angestrengter, selbstbestimmter Glaube von außen wahrgenommen? Wie nimmt er das „außen" wahr? Mit welchen Identitäts- und Bewußtseinsformen vermählt sich Glaube? Warum geschieht dies in dieser und nicht vielmehr in einer anderen Weise? Was ist der Glaube jeweils: Faktor, Rahmen, Wurzelgrund? Worin bestehen die Konstruktionsprinzipien der unterschiedlichen Diskurse des Glaubens?

2.3.1. Strenge und offene Formen

Die Debatte erinnert in dieser Form an ähnlich strukturierte Diskurse im kulturellen Bereich. Auch hier wird immer wieder, z. B. in Musik oder Malerei, der Anspruch auf Autonomie erhoben: Gegen die Verzweckung und Instrumentalisierung von Kunst gelte es ihre je eigenen Potenzen in bewußter Anstrengung zum Ausdruck zu bringen. Kunst sei nicht Funktion der Gesellschaft, mithin auch nicht für sie nützlich, sondern ihr Gegenüber.

---

die Wahrheit rein an den Tag komme, nicht getrübt durch Vermischungen oder falsche Verbrüderungen.

Aber die Schlußfolgerung ist falsch, sie ist die Schlußfolgerung der Selbstgerechtigkeit, oft auch der heimlichen Unsicherheit, der Angst vor Ansteckung, nicht die Schlußfolgerung des rechten Jüngergehorsams. Die Scheidung kann man nicht wollen, man kann sie nur erleiden als die von uns nicht gewollte Folge der Entscheidung und des Bekenntnisses, das wir nicht unterlassen können. Sie muß für uns lieber zu spät (aber wie sollte es hier ein zu spät geben können?) geschehen als zu früh. Sie muß uns von den anderen aufgezwungen, nicht von uns betrieben werden. Unserem Willen, den anderen zu suchen, ihm mit unserer Erkenntnis zu dienen, nach der Wahrheit in seinem uns fremden und ärgerlichen Verständnis des Evangeliums zu fragen, darf sie kein Ende setzen." H. Gollwitzer: Geleitwort. In: Bekenntnis ohne Kenntnis. Zur 5. Fassung der Berliner Ökumene Erklärung 1974. Herausgegeben vom PTA, Berlin, 1974, S. 2.

[80]   Einen ähnlichen Gegensatz macht die Auseinandersetzung von Rüdiger Schloz und Friedrich Hauschildt über konfessionelle Identität auf. In: LM. Heft 2. 1991, S. 75 ff. Hauschildt macht die Gewißheit der je eigenen Identität zur Vorraussetzung von Toleranz; Schloz deren Relativität. Aber: Kann dies wirklich eine sinnvolle, praktikable Alternative sein?

Als ein zufällig gefundenes Beispiel sei ein Text von Hans Zender[81] angeführt. Der Autor spricht sich hier gegen das gleichgültige, alle Stile relativierende Hörverhalten breiter Schichten aus. Auch das Erleben von Musik aus zweiter Hand – von der Schallplatte o. ä. – unterliegt seinem Verdikt. Dagegen besteht sein Ausweg in einer neuen Bewußtheit des Hörens: „Nach allem Gesagten ist es klar, daß der moderne Mensch nur die Chance hat, Musik wieder wirklich wahrzunehmen, wenn es ihm gelingt, seine Sinne zu reinigen von der unglaublichen Verschmutzung, die im Fall des Gehörsinnes nicht einmal primär durch den Lärm der modernen Zivilisation hervorgerufen wird, sondern durch das sanfte Gift dauernder akustischer Infiltration … Demgegenüber ist die Anstrengung, wieder bewußt zu hören, die Grundlage für alles weitere."[82] In diesem Akt der Bewußtheit distanziert sich das Individuum von den Reizen der Welt und findet so über den Umweg in die Fremdheit der Musik zu sich. Zender illustriert diesen Vorgang unter Aufnahme von Elementen buddhistischer Meditationspraktiken.

Zender entwickelt keine sonderlich originellen Gedanken, sondern artikuliert einen in der Kunstgeschichte und Kunsttheorie immer wieder auftauchenden Unterschied: dem von strenger und offener Form. Werner Hofmann hält ihn für den idealtypischen künstlerischen Unterschied überhaupt: „Die eine plädiert für Form als Gleichnis überpersönlicher Maßbeziehungen, die andere für Form als ein offenes, veränderliches Lebendiges. Wird dort die Welt denkend systematisiert, d. h. der Disziplin einer ‚ästhetischen Kunst' unterworfen, so wird sie hier gleichsam aktualisiert, in ein gefühltes, unscharf geahntes Gleichnis umgedeutet, das der Künstler in subjektiver Handlung hervorbringt."[83]

So fremd auch das Thema ist: Die Struktur des Diskurses ist in vielem der von Welker und Slenczka ähnlich. Gegen die Banalisierung und Trivialisierung des Glaubens, seiner Vergleichgültigung in die Nicht-Mehr-Bewertbarkeit, positiv: seiner Offenheit, steht die bewußte Distanzierung von der Welt und ihren Reizen – der Verzicht auf Vordergründigkeit und Gefallen. Dies alles aber nicht um des Rückzugs als solchen willen, sondern um dann – aus der Distanz heraus, und damit umso dringlicher – die Welt zu gestalten. Weder der Glaube bei Welker noch die Musik bei Zender sind ohne Anstrengung zu haben. Bevor sich jemand ihren ‚Nutzen' zu eigen macht, muß er sie in „sich selbst" begreifen.[84]

---

[81] Hans Zender: Was kann Musik heute sein? In: FR vom 1. Juli 1989, S. ZB 3.
[82] A. a. O., S. 3.
[83] Werner Hofmann: Die Grundlagen der modernen Kunst. Stuttgart, 1987, S. 165.
[84] Vgl. die strukturell ähnlichen Aussagen von Eilert Herms: Sport. Partner der Kirche und Thema der Theologie. Hannover, 1993, z. B. S. 101: „Eine bewußte Gestaltung der ethischen Dimension des Sports ist nur möglich, wenn und soweit alle Beteiligten *bewußt* mit dem Sport als Ausdruck jeweils einer Lebensüberzeugung umgehen." Die Formel vom „bewußten Umgehen mit" bezeichnet ein typisches Distanzsignal.

Womit haben wir es bei dieser Diskursstruktur zu tun? Ganz offensichtlich ist sie kein theologisches Spezifikum, sondern prägt öffentliche Auseinandersetzungen über die Legitimität und den Stil von Lebensformen. Das „offene" Gelten-Lassen banaler Nutzung von Kultur und Religion in allen möglichen Zusammenhängen und Zwecken steht in Kontrast zur bewußten Perzeption, der erst der wahre Gewinn versprochen wird. Möglich ist dies aber nur dadurch, daß eine besondere, knappe, Ressource mobilisiert wird: die der Bildung. Nur qua Bildung ist solche Bewußtheit überhaupt denkbar.[85]

Die strenge Form produziert Reflexion und Distanz. Die andere läßt leben.

Beide Diskursformen sind Binnendiskurse der Kirche. Während aber der EKD-Text die Außenwahrnehmung der Kirche in ihrem Selbstverständnis – Freiheit, Selbstverwirklichung – stehen läßt und „offen" akzeptiert, beharrt Welker darauf, die Binnenwahrnehmung zum Maßstab zu machen. Er definiert auf diese Weise die äußere Wirklichkeit inklusiv: Sie wird vom Theologen immer schon besser verstanden, als sie sich selbst versteht. Diese Problematik wird in dieser Arbeit noch häufiger zum Thema werden.[86]

2.4. Fazit: Das Kommunikationsproblem der Volkskirche.

Daß Kirche verschieden wahrgenommen wird – als etwas Verschiedenes und auf verschiedene Weise –, ist nicht besonders verwunderlich. Es entspricht der Alltagserfahrung einer individualisierten Lebensweise. Daß im Hinblick auf die Kirche jedoch in dieser Deutlichkeit Binnen- und Außenwahrnehmung differieren – das läßt doch erstaunen. In aller Vorläufigkeit läßt sich sagen: Das, was „die Menschen" an der Kirche als etwas Positives wahrnehmen, entspricht im großen und ganzen nicht dem, was in der Kirche selbst für wertvoll gehalten wird. Damit ist ein Kommunikationsproblem der Volkskirche gegeben. Das theologische

---

[85] Aus soziologischer Sicht macht Pierre Bourdieu: Die feinen Unterschiede. Kritik der gesellschaftlichen Urteilskraft. Frankfurt a. M., 1982, diese Differenz immer wieder zum Thema. Er beschreibt (S. 757 f.) den „Ekel vor dem ‚Leichtem'", den die Ästhetik des gebildeten Geschmacks kultiviert. Er führt zur Ablehnung all dessen, was ethisch oder ästhetisch unmittelbar zugänglich ist und konstruiert einen Gegensatz zwischen dem Schönen und dem Angenehmen. Der reine Geschmack sei teilnahmslos und distanziert. Der Volksgeschmack beteiligt und identifizierend. In der erkenntnistheoretischen und lebenspraktischen Stilisierung dieses Gegensatzes entdeckt Bourdieu ein verleugnetes gesellschaftliches Verhältnis, denn er beruht letztlich auf nichts anderem als auf der Erfahrung „eines gesellschaftlichen Verhältnisses der Zugehörigkeit und der Ausschließung". (S. 782)

[86] Zum Verständnis des weiteren Vorgehens sei hier angemerkt, daß es sich im Prinzip nicht um eine wirkliche Alternative handeln kann, denn die Fremdwahrnehmung wird immer gefiltert durch die Eigenwahrnehmung aufgenommen, Natürlich gilt dies auch für den EKD-Text. Es geht hier nur um den Nachweis, daß beide Texte sich auch sonst erkennbaren Diskursstilen zuordnen lassen, die jeweils differente Wirklichkeiten erzeugen.

Selbstverständnis greift nicht angemessen in das Verständnis der Klienten hinein, und umgekehrt – sieht man von kleinen Gruppen ab. Und doch ist man nicht nur aufeinander bezogen, sondern sogar angewiesen.

Es stellt sich die Frage nach den Gründen für diesen in keiner Weise befriedigenden Zustand. Handelt es sich um ein generelles Problem der Beschaffenheit von Wahrnehmung überhaupt? Oder deutet dieses Ergebnis auf ein Spezifikum der Kommunikation von Religion und Kirche in und mit der modernen Gesellschaft hin? Wie gesagt, ist aus grundsätzlichen Überlegungen nicht davon auszugehen, daß sich Eigen- und Fremdwahrnehmung von Kirche vollkommen losgelöst voneinander entwickeln könnten. Vorstellungen von der Gestalt des je anderen sind auf jeden Fall vorhanden und verändern sich in bezug aufeinander.

Eines scheint auf der Hand zu liegen: Die Binnen- und Außenwahrnehmung der Kirche differieren vor allem in ihrem Bezug zur praktischen Lebensbewältigung. Während der „Mensch auf der Straße" sich danach verhält, welche *praktischen Erfahrungen* er mit der Kirche macht, betreibt die Kirche einen Diskurs darüber, *auf welche Erfahrungen sie sich überhaupt beziehen will*. Auf diese Weise differieren die Erfahrungsformen mit einer gewissen Notwendigkeit, stehen aber genau so auch in einem Zusammenhang: Die praktisch-banale Fremdwahrnehmung ist – wie gering auch immer – davon beeinflußt, was überhaupt kulturell als bedeutsam definiert wird. Hierauf haben Religion und Kirche Einfluß – aber nur dann, wenn sie sich auch verständlich machen können. Und umgekehrt verarbeitet – wie verzerrt auch immer – der theologische Diskurs, auch in der angestrengten Distanzierung, die praktische Erfahrungstätigkeit der Menschen.

Es läßt sich eine erste Vermutung anstellen: Die Option für einen starken oder einen schwachen Bezug auf die jeweilige Eigen- und Fremdwahrnehmung hängt mit der Aktivierung reflexiver Kompetenz, d. h. von Bildung zusammen. Je mehr hiervon akkumuliert werden soll, desto eher akzentuiert sich die jeweilige Eigenwahrnehmung. Der Ernst und die Strenge bestimmter theologischer Diskurse werden als Elemente eines Lebensstils attraktiv. Umgekehrt muß sich eine Orientierung an der Fremdwahrnehmung von diesen Elementen abgrenzen, um gegenüber der Außenwahrnehmung „offen" zu sein.

3. Was ist Wahrnehmung? Erkenntnistheoretische Überlegungen

Bisher ist der Begriff der Wahrnehmung ungenau verwendet worden. Dies ist möglich, da er im alltäglichen Sprachgebrauch kaum von Begriffen wie Erfahrung, Erlebnis, oder auch Kommunikation unterschieden wird.[1] In einem nächsten Schritt soll er nun jedoch präzisiert werden.

Wahrnehmung soll i. F. im Sinne von Niklas Luhmann als Begriff für Formen *unspezifischer Informationsgewinnung* gebraucht werden. Das bedeutet, daß er dazu dient, elementare Prozesse der Erfahrung durch eine Individualität oder ein Kollektiv zu benennen. Er bezeichnet kein elaboriertes Medium der Kommunikation, sondern relativ simple Prozesse des Sich-Orientierens von Menschen. Nach Luhmann ist Wahrnehmung an die Anwesenheit des Wahrnehmenden und des Wahrzunehmenden gebunden – d. h., sie meint tatsächlich die Erfahrung von Menschen mit der „Kirche an der Ecke der Straße". Wie dieser Prozeß näher zu begreifen ist, wird im 4. Kapitel beschrieben. Hier geht es zunächst um allgemeine erkenntnistheoretische und philosophische Überlegungen, die als solche aber bereits ein erstes Licht auf das Verhältnis von Eigen- und Fremdwahrnehmung werfen.

3.1. Aufmerksamkeitsformen

Wenn auch unspezifisch und elementar, so unterliegen Wahrnehmungsprozesse grundsätzlich keinen anderen Bedingungen als hochentwickelte kommunikative Prozesse auch. In der Sicht der Systemtheorie sind sie systemisch angelegt, d. h., daß auch für sie das Verhältnis System/Umwelt konstitutiv ist. Ja, man kann sagen, daß sie diese Struktur besonders deutlich zum Ausdruck bringen: Sie bilden Umwelt im System ab und nehmen sie so mit jedem Akt in Anspruch.[2] Dies geschieht, um sich im direkten Zugriff orientieren und zielgerichtet handeln zu können.[3] Es geht nicht um Wissenserwerb oder um Reflexion. Die vielfältigen Eindrücke einer diffus erscheinenden Umwelt werden elementar reduziert. Wahrnehmung schlägt sozusagen „Schneisen" in die Wirklichkeit.

Um dies leisten zu können, verarbeitet Wahrnehmung Wirklichkeit anhand von Mustern. Im Vordergrund derartiger Prozesse sind „Aufmerksamkeitsstruktu-

---

[1]   Vgl. zu diesem allgemeinen Gebrauch z. B.: Rainer Guski: Wahrnehmung. Stuttgart/Berlin/Köln, 1989 und auch: Christian Hartmann: Technische Interaktionskontexte. Opladen, 1992.

[2]   Vgl.: Niklas Luhmann: Soziale Systeme. Frankfurt a. M., 1987, S. 266.

[3]   Vgl.: Rainer Guski, a. a. O., S. 12.

ren"[4] zu erkennen. Sie beantworten die Frage, auf was – unter der Bedingung, daß man nie alles wahrnehmen kann – Aufmerksamkeit gelenkt wird. Ihre Entdeckung steht in engem Zusammenhang mit der „Krise der Wahrnehmung", d. h. mit der Einsicht darin, daß wichtige Prozesse – z. B. physikalischer Art – der unmittelbaren Wahrnehmung nicht zugänglich sind. Sie lenkte den Blick zurück auf die Beschaffenheit der alltäglichen Wahrnehmung.

Aufmerksam ist mit Maurice Merleau-Ponty ein Bewußtsein, das „zu erfahren im Begriff befindlich ist": „das wissende Nichtwissen einer noch leeren und gleichwohl schon bestimmten Intention"[5]. Wahrnehmung ist elementar; sie schafft ein Feld, das sich erst im weiteren strukturiert. „Die erste Leistung der Aufmerksamkeit ist also die Schaffung eines ‚überschaubaren' … *Feldes* innerhalb dessen Bewegungen des erkundenden Organs und gedankliche Entfaltungen möglich sind, ohne daß das Bewußtsein immer aufs neue seine Erwerbe einbüßte und sich in den von ihm selbst hervorgerufenen Wandlungen der Situation verlöre."[6]

Die Begrifflichkeit für diese Strukturen variiert. Mal wird von Deutungsmustern, Codierungen, Typologien, Topoi, Lernformen gesprochen. Grundlegend ist der Gedanke, daß die wahrnehmende Tätigkeit des Menschen sich nicht als das bloße Sammeln von empirischen Beobachtungen begreifen läßt. Selbst, wo dies „von außen" so aussehen mag, geschieht diese Tätigkeit nicht spontan und im direkten Zugriff auf die Tatsachen, sondern unterliegt einer spezifischen „Grammatik", der sich in den letzten Jahren immer mehr die Aufmerksamkeit der Sozialwissenschaften zugewendet hat. Diese Grammatik setzt sich aus Schemata und Mustern zusammen, die die Wahrnehmung steuern. Sie bestimmen, was überhaupt wahrgenommen wird und was nicht – was im Zentrum steht und was am Rande.

Diese mehr oder minder kollektiv geteilten Gebilde stellen eine mittlere Ebene zwischen den unmittelbaren Eindrücken der Umwelt und dem „Zentrum" eines Subjektes dar. Wahrnehmung könnte sich anders nicht stabilisieren oder würde autistische Züge annehmen. Die Muster konstituieren damit die Objektwelt: Sie wird in der Wahrnehmung zugleich abgebildet und geschaffen. Bestimmte Muster funktionieren wie Hypothesen innerhalb eines mentalen Bezugssystems, das z. g. Z. existiert und in Teilbereichen bestätigt oder zurückgewiesen wird.

---

4   Vgl. zu diesem Begriff: Thomas Lauer-Kirschbaum: Sozialpolitische Entscheidungsprozesse als Problemtransformation. Hannover, 1991 (Diskussionspapiere und Materialien aus dem Forschungsschwerpunkt Sozialpolitik. Nr. 50), S. 13. Mit dem Begriff geht es in der politischen Wissenschaft um Antwort auf die Frage: „warum und unter welchen Selektionsleistungen im politischen System unter den Bedingungen der Knappheit von materiellen und zeitlichen Ressourcen die Aufmerksamkeit gerade auf diesen Sachverhalt gelenkt bzw. nicht gelenkt wird".

5   Maurice Merleau-Ponty: Phänomenologie der Wahrnehmung. Berlin, 1966, S. 49.
6   A. a. O., S. 50.

Menschen sind prinzipiell in der Lage, solche Überprüfungen vorzunehmen, da sie zwischen Reiz und Reaktion eine abwartende Zeit legen können, in der der Apparat der Wahrnehmung selbstreferentiell arbeitet. Dadurch ist eine relative Autonomie gegeben.

Im Normalfall sind dem einzelnen diese kollektiv geteilten Muster nicht bewußt.[7] Er lebt in und mit ihnen, ohne sie dauernd in Frage zu stellen. Er wäre sonst nicht handlungs- und erlebnisfähig. Das Beobachten dessen, was vor sich geht – und damit seine Relatvierung –, ist nur von einem anderen Standpunkt her möglich – im konkreten Vollzug muß gehandelt werden.[8]

Wahrnehmung wird von tätigen Subjekten vollzogen, die in ihre Lebenswelt eingebunden sind und sie gestalten. Sie erweckt den Eindruck einer elementaren „Deutung" der Wirklichkeit – worauf dann komplexere Formen von Handlung und Kommunikation aufbauen können.[9] Ohne geteilte Wahrnehmung im Hintergrund ist Kommunikation sehr aufwendig und schwierig. Der Weg, um zum Handeln zu kommen, wird dann sehr lang. Auf der anderen Seite tendieren Formen intimer Wahrnehmungsübereinstimmung im Erschöpfen gegenseitiger Bestätigung und damit in Regression. Aus diesem Grund bestehen Organisationen z. T. in der künstlichen Schaffung differenzierter Wahrnehmungsebenen.[10]

Diese Sicht von Wahrnehmung setzt die Möglichkeit der Rückkopplung voraus: Wenn sie im Interesse der Orientierung des Handlungsvollzuges geschieht, wird eine Stabilisierung von Handlungs- und Kommunikationsmustern auch zur Durchformung der Wahrnehmung führen. So hat z. B. Mary Douglas[11] diesen Prozeß als enge Kopplung von Institutionen und kognitiven Strukturen beschrie-

---

7 Wie komplex die Erklärung solcher Muster wird, erläutert Mary Douglas: Wie Institutionen denken. Frankfurt a. M., 1991 anhand von Kriterien von Jon Elster. „Ein institutionelles Muster oder ein Verhaltensmuster X ist durch seine Funktion Y für eine Gruppe Z dann und nur dann erklärt, wenn: 1. Y eine Wirkung von X ist; 2. Y nützlich für Z ist; 3. Y keine beabsichtigte Folge von Handlungen im Rahmen von X ist; 4. Y oder die Kausalbeziehung zwischen X und Y den Akteuren in Z verborgen bleibt; 5. Y über eine durch Z führende Kausalschleife die Aufrechterhaltung von X zur Folge hat."(S. 61) Während die Faktoren 1 und 2 in der Regel leicht zu identifizieren sind, wird es von 3 bis 5 immer komplizierter.

8 Man kann nicht nur funktional reden, wenn man eine Gruppe mobilisieren will: man muß überzeugen. Dies geht notwendig mit Bewertungen einher (Komplimente oder Abwertungen), die in einer funktionalen Sicht gerade eliminiert werden. Es ist wie in einer Spirale: die jeweils „höhere" Stufe von Bewußtheit storniert die Unbefangenheit auf einer tieferen.

9 In der Theologie ist diese Sichtweise in der Ausarbeitung von Praktischer Theologie als Handlungswissenschaft aufgenommen worden (Vgl. vor allem Karl-Fritz Daiber: Grundriß der Praktischen Theologie als Handlungswissenschaft. München und Mainz, 1977). Daß solch ein Handlungsbezug auch für die religiösen Deutungsleistungen der Predigt plausibel ist, zeigen die Bände: Karl-Fritz Daiber, Hans Werner Dannowski u. a.: Predigen und Hören. Band 1 und 2, München, 1980 und 1984.

10 Z. B. in Form einer betrieblichen Hierarchie.

11 Mary Douglas, a. a. O., S. 93 ff.

ben. Aus dieser Sicht sind es Verhaltensmuster, die diejenigen Selektionsprinzipien festlegen, die Motivation, Interesse und Werte stabilisieren. Je deutlicher sich ein solches Muster vor seinem Hintergrund abhebt, d. h., je mehr „Gestaltcharakter" es hat, desto stabiler ist die Wahrnehmung.

Dies betrifft besonders elementare Formen des Behaltens und Vergessens: Was wird wie erinnert? Was geht verloren? Ohne die Abstützung dieser für jede Form der Wahrnehmung zentralen Funktionen durch praktische Muster in der Lebenswelt bilden sich keine intersubjektiv geteilten und damit kommunizierbaren Formen heraus. „Ob schwach oder stark, das Gedächtnis wird von institutionellen Strukturen gestützt."[12] „Gesehen" wird also vieles – aber ob es eine „Bedeutung" hat, regelt das interne Programm, das in Bezug zur Handlungsorientierung steht.

Damit wird – auf einer allgemeinen Ebene – die Zirkularität der Wahrnehmung deutlich. Und sie entspricht ja auch der alltäglichen Erfahrung: Wer sich mit einer Sache besonders intensiv und lange beschäftigt, nimmt sie präziser wahr als andere, die dies nicht getan haben. Wer z. B. häufiger in der Bibel liest, schätzt sie als für sein Leben bedeutsamer ein als derjenige, der das nicht tut: „Hier wird deutlich, daß häufige Bibelleser vor allem die lebenspraktische Hilfe der Bibel in erheblich höherem Maße als gegeben betrachten als jene, die seltener oder gar nie in der Bibel lesen."[13] Zugleich läßt sich zeigen, daß der Umgang mit der Bibel eng mit eigenen Konversionserlebnissen und Erfahrungen im Elternhaus zusammenhängt.[14] Dies bedeutet, daß das Lesen der Bibel an es abstützende und schützende Randbedingungen gebunden ist, die es als Sozialgestalt bestätigen und zugleich die Fähigkeit zur Wahrnehmung eines „außen" beeinträchtigen – Bibellesen ist nur begrenzt eine Auseinandersetzung mit „der Wirklichkeit" – vielmehr läuft es beständig in sich selbst zurück.[15] Damit ist Bibellesen aber nichts Besonderes: Es ist lediglich ein treffendes Beispiel für die zirkuläre Struktur von Wahrnehmung überhaupt und damit auch ihrer Gefahren: des reinen Selbstbezugs. Das „Wissen", das in solchen Prozessen erzeugt wird, ist an derartige zirkuläre Vorgänge gebunden: es gibt kein Wissen über die Bibel als solche, das ihre Wertschätzung steuert. Erst auf der Basis ihrer wertschätzenden Wahrnehmung kann sich ein Diskurs über sie entfalten.[16]

---

[12] Mary Douglas, a. a. O., S. 133.
[13] Karl-Fritz Daiber / Ingrid Lukatis: Bibelfrömmigkeit als Gestalt gelebter Religion. Bielefeld, 1991, S. 106.
[14] A. a. O., S. 164.
[15] Vgl. a. a. O., S. 109 u. ö.
[16] Diese These wird auch in anderen Studien bestätigt. So Andreas Feige: Erfahrungen mit Kirche. Hannover, 1982, S. 98: Das Wissen über Kirche und das Beurteilen von Kirche ist verbunden. „Es ist dergestalt verknüpft, daß jene, die mehr Informationen haben, tendenziell positiver urteilen." So auch GIFAK: Akzeptanz und Nutzung der evangelischen Publizistik und Öffentlichkeitsarbeit in Niedersachsen. MS, Göttingen, 1989, S. 161: Wer in der Kirche aktiv ist, setzt sich mit ihr auseinander. Wer nicht, der nicht. Will Kirche Menschen interessieren, muß sie sich auf Aufmerksamkeitsformen einlassen, d. h. aus sich herausgehen. Da der Kreis derjenigen, die aktiv

Mit all dem soll deutlich geworden sein: Hinter jedem Akt der Wahrnehmung steht ein spezifisches Bedürfnis, das ihn steuert. Dieses ist jedoch – zumindest in der hier interessierenden Hinsicht – kein zufälliges oder „freies", sondern ist selbst in strukturierten Prozessen der Kommunikation und Handlung entstanden. Aus diesem Grund lassen sich in dieser zirkulären Sichtweise Bedürfnisse nicht als etwas Statisches, sondern selbst wieder als Instrumente, Konstruktionen begreifen, mit denen spezifische Ziele erreicht werden sollen (Einfluß, Macht, „gutes Leben" etc.), die soziale Relevanz haben.

Grundsätzlich lassen sich Wahrnehmungsvorgänge folglich in doppelter Hinsicht analysieren: zum einen als nach „außen" gerichtete, d. h. als Prozesse der Informationsverarbeitung. Zum anderen im Hinblick auf ihre zirkuläre Rückbindung. Für letzteres hat sich in neueren erkenntnistheoretischen Studien der Begriff der Autopoiese herausgebildet. Schließlich verweisen beide Prozesse auf ihre Verankerung in der Geschichte. Dem soll i. F. nachgegangen werden.

Exkurs: Gestaltwahrnehmung

Fragen der menschlichen Wahrnehmung sind oft im Zusammenhang mit dem Begriff der „Gestalt" diskutiert worden: Wahrnehmung sei zuerst und vor allem die Wahrnehmung von Gestalten der Wirklichkeit; Wirklichkeit sei als solche in Form von Gestalten gegeben – also nicht diffus, sondern von vornherein mit Bedeutung, vor allem ästhetischer Art, ausgestattet. Wenn man etwas „sieht", sieht man immer mehr als bloß das, was da ist (z. B. Ähnlichkeiten). Der Blick produziert.

Der Begriff der Gestalt wurde 1890 in einem damals Aufsehen erregenden Aufsatz von Christian von Ehrenfels „Über Gestaltqualitäten" definiert.[17] Sowohl die spätere Gestalt- psychologie als auch der Strukturalismus finden hier erste Ansatzpunkte.

Ehrenfels ging es darum, die Unmittelbarkeit von Eindrücken und ihre Unabhängigkeit von „jeglicher intellektuellen Verarbeitung durch das Subjekt"[18] hervorzuheben. Sein Interesse zielt auf eine elementare Erkenntnistheorie. Die Gegenposition, von der er sich absetzt, besteht darauf, daß komplexe Vorstellungen der Erlebniswelt erst intellektuell erzeugt werden müssten, mithin nicht unmittelbar gegeben wären. Vor allem anhand der Analyse von Tongestalten

---

sind, kleiner wird, stellt sich das Paradox ein: Da, wo Kirche Kirche ist, interessiert es wenige. Da, wo Kirche aber interessant ist, ist sie nicht mehr Kirche.

[17] In: Vierteljahresschrift für wissenschaftliche Philosophie, XIV 3, 1890, Abdruck in: Gestalthaftes Sehen. Ergebnisse und Aufgaben der Morphologie. Zum hundersten Geburtstag von Christian von Ehrenfels. Herausgegeben von Ferdinand Weinhandl, Darmstadt, 1960, S. 11.

[18] A. a. O., S. 11.

(Melodien) weist Ehrenfels nach, daß diese immer als komplexes Ganzes wirken und nie nur als Summe ihrer einzelnen Teile (Töne). Solche Tongestalten sind sogar dann noch als identische oder ähnliche zu identifizieren, wenn sich ihre tonalen Grundlagen ändern. Die Grundmelodie eines Liedes, wie z. B. „Muß i denn zum Städele hinaus …" wird auch dann erkannt, wenn sie in Fis-dur gespielt wird.[19] Dies bedeutet, „daß, wer sich an eine Melodie erinnert, etwas ganz anderes reproduziert als einen Komplex von Einzelvorstellungen: nämlich eine Tongestalt"[20]. Er definiert dann: „Unter *Gestaltqualitäten* verstehen wir solche positive Vorstel- lungsinhalte, welche an das Vorhandensein von Vorstellungskomplexen im Bewußtsein gebunden sind, die ihrerseits aus voneinander trennbaren (d. h. ohne einander vorstellbaren) Elementen bestehen."[21]

Wichtig an der Vorstellung der Gestalt ist, daß sie nur schwer begrifflich exakt zu bestimmen ist. Das, was jeweils die Identität oder Ähnlichkeit einer Gestalt ausmacht, ist nicht immer klar und deutlich zu beschreiben. Es handelt sich eben um eine Form der Erkenntnis, die vorbegrifflich und vorsprachlich funktioniert. „So erkennen wir den Angehörigen einer Familie an einer Ähnlichkeit, welche sein gesamtes physisches Wesen, sein ‚Habitus', aufweist, und welche sich der Analyse in die Gleichheit einzelner Bestandteile oft hartnäckig widersetzt."[22]

Mit Gestalt kann folglich ein zusammengesetztes Ganzes mit vielen möglichen internen und externen Relationen bezeichnet werden, das mehr als die Summe seiner Teile ist und als etwas Identisches perzipiert wird. Diese Gestalt bleibt wahrnehmbar auch dann, wenn sich Relationen oder Teile verändern; sie ist in einem bestimmten Rahmen transponierbar.

Der Gestaltbegriff überwindet die Vorstellung von einer aus verschiedenen Teilen zusammengesetzten Wirklichkeit, die entsprechend gestuft und differenziert reagieren würde, aber auch von einer prinzipiell ungeordneten Realität. „Die Pointe dabei ist, daß der Mensch seine Wahrnehmungswelt immer schon organisiert und strukturiert hat. Stets liegt dem eine Aktivität zugrunde, die mehr ist als das bloße Wirken oder die bloße Reproduktion von biologischen Gesetzen. Zugleich aber ist der eigentümliche Aufbau von Gestalten nicht das Resultat von intellektuellen Akten."[23] Der Gegenbegriff ist der der Summe: Mit ihr wird ein ungestalteter Zusammenhang bezeichnet, der dann nicht als ganzer perzipiert wird.

---

[19] A. a. O., S. 18.
[20] A. a. O., S. 20.
[21] A. a. O., S. 21. Wie sich der Begriff der Gestalt zur Beschreibung von Prozessen der Selbstorganisation in der Physik nutzen läßt, stellt dar: Anton Kramer: Die Bedeutung von Instabilitäten für die Entstehung neuer Strukturen. in: Karl W. Kratky und Friedrich Walker (Hrsg.): Grundprinzipien der Selbstorganisation. Darmstadt, 1990, S. 59, hier S. 73/74.
[22] Christian von Ehrenfels, a. a. O., S. 33.
[23] Heinz Paetzold: Ernst Cassirer. Eine Einführung. Hamburg, 1993, S. 44.

Ehrenfels hebt vor allem auf das Wahrnehmen von Gestalten ab. Dennoch gehört auch das Produzieren von Gestalten zum Gesamtbild hinzu. Auch hier wird gelten, daß sich das Schaffen einer Form, die als Gestalt wahrgenommen werden kann, nicht als bewußte konzeptionelle Umsetzung allein analysieren läßt. Das, was z. B. am Haus eines Architekten oder an der Kleidung eines Arbeitslosen Gestalt ist, entspringt in der Regel dem „Stil" seiner Autoren – d. h. einer Größe, die nicht einfach planbar ist. Dennoch ist das Produzieren von Gestalt etwas höchst absichtsvolles und gezieltes: Jeder einzelne Akt ist Schaffung von Wirklichkeit sui generis. Und es ist gerade diese Seite der Gestalt – die Gestaltung des Lebens –, die von Bedeutung ist.

Maurice Merleau-Ponty faßt in seiner „Phänomenologie der Wahrnehmung" die Thesen der Gestalttheorie zusammen. „Darauf eben hat die Gestalttheorie aufmerksam gemacht: daß das Gesichtsfeld, daß das System Eigenleib-Welt gleichsam von Kraftlinien eines Spannungsfeldes durchzogen ist, die es auf magische und verschwiegene Weise beleben, hier Drehungen, da Kontraktionen, dort Erweiterungen in ihm hervorrufend."[24] Ein Phänomen löst ein anderes durch eine Sinn-Verknüpfung aus, nicht durch ein objektives Wirkungsverhältnis, wie z. B. eine Motivation. Gestaltwahrnehmung ist ein präreflexives Geschehen, das durch Bewußtseinstätigkeit grundsätzlich nicht eingeholt werden kann. Insofern gilt, daß das Bewußtsein „niemals sich gänzlich selbst in Besitz seines eigenen Tuns zu setzen vermag."[25]

Die Wahrnehmung von Gestalten geschieht körperlich; alle Sinnesorgane sind daran beteiligt. Wichtig ist neben dem Hören vor allem auch das Sehen. „Blicke können töten" weiß der Volksmund und tatsächlich gibt es einen engen Zusammenhang zwischen der Kontrolle des Blickes und der Ausübung von Macht. Die Diffusität des Blickes hängt mit Handlungsdiffusität zusammen; seine Kontrolle mit Gestaltung.[26] Fremdes, Irritierendes wird an den Rand des Blickfeldes geschoben, aber nur desto deutlicher wahrgenommen. Welchen Blick konstituiert die Wahrnehmung von Kirche? Wie sehen religiöse Blicke aus?[27]

Der Begriff der Gestalt soll i. F. als Mittel dienen, um einer Antwort auf die gestellte Frage nach der Wahrnehmung der Kirche näher zu kommen. Auch Kirche wird als Gestalt wahrgenommen in einer identifizierbaren und produzierbaren Weise; wie diffus im einzelnen auch immer. Bilder von Kirche trägt jeder mit sich herum, und er erkennt sie auch in der Variation wieder. Wenn man so

---

[24] Maurice Merleau-Ponty: Phänomenologie der Wahrnehmung. Berlin, 1966, S. 72.
[25] A. a. O., S. 74.
[26] Vgl. z. B. Thomas Kleinspehn: Der flüchtige Blick. Sehen und Identität in der Neuzeit. Reinbek, 1989.
[27] Vgl. zu diesen Zusammenhängen z. B. Michel Foucault: Überwachen und Strafen. Die Geburt des Gefängnisses. Frankfurt a. M., 1977.

will besteht diese Gestalt zumindest aus zwei Elementen: der Kirche im Sinne einer Beziehung auf sich selbst, und dem „Umschlag" dieser Beziehung in der Lebenspraxis. Diese Elemente sind – und darin liegt eine Pointe des Gestaltbegriffs – in der Relation mehr als getrennt. Der Gestaltbegriff zwingt so dazu, Alternativen (nicht jedoch Differenzierungen) zurückzunehmen (so z. B. Vorstellungen von einer Dichotomie von Glauben und Handeln). Zu glauben, d. h. immer ganzheitliche Gestalt zu haben – und diese Gestalt hat Profil, wie jede Gestalt, vor allem an den „Rändern", mit denen sie sich von der Umwelt unterscheidet und mit ihr verbindet.[28]

Gefragt wird in der Perspektive der Gestalttheorie nicht primär nach theologischen Begründungen möglicher Gestalten der Kirche, sondern nach der Struktur der Relationen, die sie ausmachen: nach dem Gestaltungsprinzip ihrer Gestalt. Eine – vorhandene oder nicht vorhandene, mögliche oder unmögliche – theologische Begründung gilt immer als Bestandteil der Gestalt, nicht jedoch als etwas außerhalb von ihr Befindliches oder gar sie erst Ermöglichendes.

In der theologischen Debatte taucht die Frage nach der Gestalt bzw. nach der Gestaltung kennzeichnenderweise nach dem Zusammenbruch des Staatskirchenregiments 1919 auf. Vor allem Paul Tillich und die Berneuchener fragen nach der „Gestalt der Gnade" und dringen auf die konkrete – künstlerische, architektonische – Gestaltung der Kirche.[29] Die Freisetzung von Gestaltungsmöglichkeiten der Kirche durch den Staat zwingt zur selbstverantwortlichen Wahrnehmung dieser Möglichkeiten. Dabei geht es vor allem um symbolisches Gestalten – die Gestaltung von Lebenszusammenhängen als solchen kommt nur indirekt in den Blick. Gesucht wird eine plausible religiöse Symbolik.[30]

So hat Glaube Gestalt in Wort und Sakrament. Aber darüberhinaus gibt es seit alters her in der Kirche vielfältige Zeichenvollzüge, in denen sich der Glaube erkennt. „In solchen Gestalten kommt heraus, wie Menschen der Kirche und ihrer Botschaft begegnen, wieweit sie daran teilnehmen, was sie hervorheben und worin sie sich distanzieren, in welchen Maßstäben, in welchem Wertfühlen und in welchen Erfahrungen ein Echo zustandekommt, und wie den Erwartungen auch Proteste und Enttäuschungen gegenüberstehen."[31] Die Gestalt der Kirche

---

[28] Vgl. Herbert Muck: Die Gegenwärtigkeit der Kirche als Gestaltproblem. In: Anstöße. Festschrift für Rainer Volp, Darmstadt, 1991, S. 91. Freilich hat der Gestaltbegriff auch normative Implikationen. So kann z. B. behauptet werden, daß nur derjenige wirklich wahrnehmungsfähig ist, der selbst seine Gestalt gefunden hat. Unfertige Gestalten würden den „Fluß des Lebens" hemmen. Hier soll es jedoch ausschließlich analytisch eingesetzt werden.

[29] Vgl. Paul Tillich: Protestantische Gestaltung. Und: Der Protestantismus als kritisches und gestaltendes Prinzip. In: Ders.: Gesammelte Werke. Band VII, Stuttgart 1962. Vergl. zum ganzen Komplex: Hannelore Jahr: Theologie als Gestaltmetaphysik. Berlin und New York, 1989.

[30] Vgl.: Michael Kroeger: Schmerz der Gestaltlosigkeit. In: WuPKG. Jg. 64, 1975, S. 402.

[31] Herbert Muck, a. a. O., S. 92.

vereinigt folglich auch in dieser Sicht immer Eigen- und Fremdwahrnehmung. „Der Gestalt eignet ihr Privileg in der Wahrnehmung ... weil ... sie Erscheinung der Welt selbst, nicht Erfüllung, sondern Entstehung einer Norm, nicht Projektion eines Inneren ins Äußere, sondern Identität des Inneren und Äußeren" ist.[32]

3.2. Wahrnehmung als Informationsverarbeitung

In klassischen handlungstheoretischen Ansätzen wird Wahrnehmung als eine Stufe im Prozeß der Informationsverarbeitung mit dem Ziel der Steuerung des Handlungsvollzuges begriffen. So besteht z. B. nach Dieter Geulen ein Handlungsvollzug aus vier Schritten, die aspekhaft miteinander verknüpft sind:

- Wahrnehmung

- Zielorientierung

- Mittelwahl

- Handlungssystem und -schemata.[33]

Der eigentliche Wahrnehmungsvorgang steht folglich am Anfang. Er läßt sich selbst wiederum in zwei Schritte zerlegen: das Vorverständnis und die Realitätsprüfung. Das Vorverständnis wird zumindest von drei Faktoren beeinflußt:

- dem kategorialen System, das es erst ermöglicht, einen Gegenstand überhaupt zu definieren,[34]

- dem konkreten Wissen, das aus dem Anteil an einer Lebenswelt erwächst und im Hintergrund aller Bewußtseinakte steht,

- dem Gedächtnis.[35]

Jeder dieser Faktoren kann gestört sein, und dementsprechend auch die Fähigkeit des Subjektes zur Prüfung der Realität.[36]

Geulen konzipiert so ein Wahrnehmungssubjekt, das sich durch einen komplexen Transfer und die Verarbeitung von Informationen zu etwas in ein Verhältnis setzt, das außerhalb von ihm existiert. Es tut dies, um handeln zu können. Aufgenommen werden in dieser Hinsicht relevante Informationen der Außenwelt.

---

[32] M. Merleau-Ponty, a. a. O., S. 85.
[33] Dieter Geulen: Das vergesellschaftete Subjekt. Zur Grundlegung der Sozialisationstheorie. Frankfurt a. M., 1977, S. 169 ff.
[34] A. a. O., S. 180.
[35] A. a. O., S. 195.
[36] a. a. O., S. 196.

Deren Relevanz beruht auf einer Deutung, die das Subjekt zwar selbst vollzieht, die aber der Außenwelt angemessen sein muß. Sie besteht im Verhältnis zu:

„– der jeweils vorhandenen (aber veränderbaren) Situation";

„– der jeweils vorhandenen (aber wandelbaren) Konkurrenz mit anderen möglichen Deutungen",

„– dem sozialen Prozeß, in dem sie stattfindet"[37].

Ihre Gültigkeit sei immer geringer als ihr Geltungsanspruch.

Die Kriterien, denen die Deutung unterliegt, entstehen selbst aus kategorialer Arbeit. Sie können nicht der „Wirklichkeit" als solcher entnommen werden, sondern unterliegen der „vernünftigen" Synthese des Subjekts. Damit wird die Möglichkeit einer Entsprechung von Objekt und Wahrnehmungsbild bei „normalen" Lebensbedingungen, d. h. beim Gebrauch der Vernunft im interaktiven Diskurs, unterstellt.

Deutung ist jedoch nicht nur die Sache eines einzelnen, sondern geschieht in kommunikativen Prozessen, die sich geteilter Muster bedienen und sie weiterentwickeln. Eine elementare Beschreibung des kommunikativen Prozesses sieht folgendermaßen aus: Kommunikation ist „koordiniertes symbolisches Handeln mehrerer beteiligter Akteure unter Zuhilfenahme eines Mediums". Es beruht auf sechs Axiomen:

1. *Zwecksetzung:* Kommunikation dient dem koordinierten Handeln der beteiligten Akteure.

2. *Zielbindung:* Kommunikation unterliegt den Zielsetzungen der beteiligten Akteure.

3. *Verstehensgrundlage:* Kommunikation setzt ein Mindestmaß an gemeinsamer Verstehensgrundlage (Wissen, Konventionen) voraus.

4. *Metabezug:* Kommunikation kann sich auf den Kommunikationsprozeß selbst und auf seine Voraussetzungen beziehen (Metakommunikation).

5. *Erwartungsabhängigkeit:* Kommunikation ist stets mit Erwartungen an die betreffenden Akteure verbunden (Partnerbilder).

6. *Ökonomiebestreben:* Kommunikation unterliegt dem Bestreben nach ökonomischem Verhalten.[38]

---

[37] Bernhard Giesen: Die Entdinglichung des Sozialen. Eine evolutionstheoretische Perspektive auf die Postmoderne. Frankfurt a. M., 1991, S. 122.
[38] Christian Hartmann: Technische Interaktionskontexte. Wiesbaden, 1992, S. 170.

Damit wird noch einmal deutlich: Kommunikation setzt elementare Formen gemeinsamer Wahrnehmung voraus und kann dann als gelungen betrachtet werden, wenn es zur Entwicklung elaborierter Formen kommt. Sie übersteigt folglich die Ebene der Wahrnehmung und ist in der Lage, sie zum Thema einer Metakommunikation zu machen.

Der Prozeß der Wahrnehmung wird auf diese Weise im Verhältnis Subjekt-Objekt „stabilisiert", aber damit auch zum Problem. Es lassen sich nun zum einen die subjektiven Bedingungen der Erkenntnis untersuchen und systematisieren; sie können als autonome Strukturen stilisiert werden. Zum anderen existiert die Außenwelt, die sich als Natur oder als Gesellschaft darstellt. Der Mensch lebt in dieser Sichtweise idealtypisch in zwei Wahrnehmungsweisen: Die subjektive Wahrnehmung eines Sonnenuntergangs und die ihm zugrunde liegenden physikalischen Vorgänge sind nicht kommensurabel. Von zentraler Bedeutung werden erkenntnistheoretische Überlegungen. Sie müssen den Zusammenhang zwischen beiden Ebenen plausibel machen und aufzeigen können, wie Wahrnehmungsweisen des Subjektes ein solches Naturereignis verarbeiten. Über derartige Konstruktionen können Standards von Normalität nicht nur der Wahrnehmung selbst, sondern damit einhergehend auch von Identitätsformen, konstituiert werden. Nur ein sich im Gegenüber zum Gegenstand als beständig erfahrendes Subjekt kann eine angemessene Wahrnehmung leisten.[39]

An diesem Punkt treten jedoch Probleme auf. Die Ausdifferenzierung der modernen Gesellschaften bewirkt derartig differierende Wahrnehmungsformen, daß der Bezug auf ein einheitliches Modell nur schwer herstellbar ist. Wahrnehmung kann sich nur noch partiell auf identisch – festgestellte Strukturen beziehen, die „durchgehalten" werden. Identität ist weit eher als Verarbeitung von Unsicherheit, denn als Stilisierung von Beständigkeit zu begreifen.[40]

Diese Entwicklungen führen zur Relativierung des traditionalen Modells. In der Systemtheorie erfolgt die Umstellung am konsequentesten durch die Absage an „alteuropäische" Identitätsformen und ihre Ersetzung durch Möglichkeitspostulate sowie die Betonung der Differenz. Der Blick wendet sich um 180 Grad: es wird nicht mehr davon ausgegangen, daß sich Wahrnehmung durch den Bezug auf ein identisches Ganzes der Wirklichkeit strukturiert, sondern im Gegenteil aus Unterscheidungen heraus operiert. Wahrnehmung beginnt mit einer elementaren Teilung des Blickfeldes und entwickelt sich von hier aus weiter. Damit ist der Blick auf das Ganze von vornherein problematisiert.

---

[39]   Vgl.: Abschnitt 6 dieser Arbeit.
[40]   Vgl.: Monika Wohlrab-Sahr: Über den Umgang mit biographische Unsicherheit. Implikationen der „Modernisierung der Moderne". In: Soziale Welt, Jg. 43, 1992, Heft 2, S. 217. Sowie: Henning Luther: Identität und Fragment. Praktisch-theologische Überlegungen zur Unabschließbarkeit von Bildungsprozessen. In: Ders.: Religion und Alltag. Stuttgart, 1992, S. 160.

Die Tätigkeit des Unterscheidens, so kann gezeigt werden, hat sich evolutionär entwickelt und heute ein hohes Maß an Freiheit erreicht. Evolution wird begriffen als sich steigerndes Spiel der Optionen, d. h. als sich schubweise erhöhende Komplexität und damit verbunden der Möglichkeit zur Autonomie, weil Reduktionen von Vorgegebenheiten erreicht werden können.

3.3. Wahrnehmung als Autopoiese[41]

Damit betritt der Konstruktivismus die Szene: alle Wahrnehmung sei selbstkonstruierte Realität. Damit wird nicht die Existenz der Realität als solcher bestritten, „sondern lediglich, das aber konsequent, behauptet: Jede mögliche Aussage über die Realität ist im Erlebnisbereich des Individuums angesiedelt und wird von diesem konstruiert."[42] Es gebe keine kritischen Kategorien, die eine selektive oder reduzierte Wahrnehmung ausweisen könnten, sondern sie sei immer selbsterschaffen und damit eigensinnig. Auch alle „objektiven" Kriterien seien es. Wahrnehmung verändere sich durch die Variation ihrer Elemente – der Codes – selbst. Die Codes leisten dreierlei:

– Sie reproduzieren ihre Elemente untereinander (Autopoiese);

– Sie beobachten und steuern sich selbst (Reflexivität);

– Sie stellen sich selbst dar und bewerten sich selbst (Identität).[43]

Wesentlich für diese veränderte Sichtweise ist die Herausbildung eines „reflexiven Blickes" in den Sozialwissenschaften, vor allem der Ethnologie: der Forscher versucht sich selbst beim Beobachten zu beobachten – und entdeckt so, wie sehr seine Beobachtung seinen Intentionen und habituellen Fähigkeiten geschuldet ist. Heinz von Foerster spricht so paradox von den „observing systems": Systeme, die sich selbst beobachten, indem sie andere beobachten.[44]

Damit einher geht der Verlust des Anspruches auf Objektivität – schon gar nicht ist es möglich, eine irgendwie geartete „eigentliche" Realität vor dem Zustand ihrer Entfremdung oder – wichtig in der Ethnologie – vor der Kolonisierung zu erfassen. In positiver Hinsicht erlaubt dies eine große Freiheit des Forschers, selbstbewußt und selbstverantwortlich die Forschung zu gestalten. Er weiß um

[41] Vgl. zu grundsätzlichen Fragen der Autopoiese: Humberto R. Maturana: Erkennen: Die Organisation und Verkörperung von Wirklichkeit. Ausgewählte Arbeiten zur biologischen Epistemologie. Braunschweig und Wiesbaden, ²1985.

[42] Nobert Ammermann: Verum ipsum factum – Das Gemachte ist das Wahre. In: PTh. Jg. 83, S. 351, hier S. 352.

[43] Bernhard Giesen, a. a. O., S. 128.

[44] Vgl.: Lynn Segal: Das 18. Kamel oder die Welt als Erfindung. Zum Konstruktivismus Heinz von Foersters. München, 1988, S. 54 f. u. ö.

die eigene Kontingenz und das Stehen in Wechselbeziehungen und hat dies bei seiner Forschung immer mit im Blick.

In dieser Richtung bestimmt F. J. Varela Kognition als kreatives Hervorbringen einer Welt,[45] bzw. Nelson Goodman als eine Weise der Welterzeugung.[46] Der einzigen Bedingung, der diese Tätigkeit unterliegt, ist, daß sie effektives Handeln ermöglicht – d. h. den Bestand des jeweiligen Systems sichern muß.[47] Im Sinne der Evolutionstheorie ist das Überleben der eigenen Welt der alles bestimmende Bezugspunkt und Wahrnehmungsfähigkeiten koevolutionieren mit dieser Notwendigkeit. Freilich ist die jeweilige Bewertung dessen, was Überleben und effektives Handeln bedeutet, nur selbstreflexiv, unter Bezugnahme auf den eigenen Code zu klären. Eine normative Grundlage gibt es auch hierfür nicht. Die Kalkulation des „Nutzens" muß das System selbst jeweils neu vornehmen und vollziehen.

Varela und Goodman verabschieden auf diese Weise entschieden die Vorstellung von Wahrnehmung als Abbildung einer vorgegebenen Realität oder auch von Intelligenz als der Fähigkeit, vorgegebene Probleme zu lösen. Wahrnehmung besteht nicht in der Abbildung von etwas, sondern in der Problemkonstitution, d. h. in der Fähigkeit, ein Interesse zu entwickeln: „Die größte Kognitionsfähigkeit von Lebewesen besteht nämlich, grob gesagt, gerade darin, die jeweils relevanten Probleme zu *stellen*. Sie sind nicht vorgegeben, sondern werden vor einem Hintergrund *inszeniert* oder *hervorgebracht,* und als relevant zählt, was unser common sense – immer auf einen Kontext bezogen – für relevant hält."[48] Wahrnehmungsprozesse inszenieren in dieser Sichtweise ein „Selbst" in einer Wirklichkeit, die sich von anderen unterscheidet.

Wahrnehmung erzeugt und reguliert sich selbst, d. h., sie ist Teil eines Lebensprozesses und nicht ihm vor- oder nachgeordnet. Als solche muß sie auf „metaphysische" Absicherungen (wie z. B. kategoriale Klärungen oder Tests) verzichten: Alle Wahrnehmung ist grundsätzlich immer ins Voraussetzungslose gebaut – so auch die Wahrnehmung von Kirche und Religion.

Wird Wahrnehmung so konstruiert, so stellt sie eine zentrale Grundannahme des Alltags in Frage. Alltäglich wird davon ausgegangen, daß jedes Handeln Gründe nicht nur im Subjekt, sondern auch und gerade in der äußeren Welt hat, aus denen es sich motiviert. Zwar will *ich* den Holzklotz zerkleinern, aber dies ist eben nötig,

---

[45] Francisco J. Varela: Kognitionswissenschaft – Kognitionstechnik. Eine Skizze aktueller Perspektiven. Frankfurt a. M., 1990, S. 88 ff.
[46] Nelson Goodman: Weisen der Welterzeugung. Frankfurt a. M., 1990.
[47] Francisco J. Varela: Über die Natur und die Natur des Erkennens. In: Hans-Peter Dürr und Walter Chr. Zimmerli (Hrsg.): Geist und Natur. Bern / München / Wien, 1991, 1. Auflage der Sonderausgabe, S. 100, Hier S. 103.
[48] F. J. Varela, a. a. O., S. 100.

weil ich *Feuerholz* brauche. Auf diese Weise lassen sich Kausalketten konstruieren, die dem Aufbau einfacher sozialer Systeme in der Regel zugrunde liegen: aus „einfachen" Gründen erwachsen komplexe Gebilde. Autopoietisch sind diese Gründe jedoch schwer zu rekonstruieren. Sie liegen nur scheinbar in der Außenwelt: Tatsächlich motiviert sich ein System permanent selbst neu. Es ist folglich nicht leicht, die Frage nach dem „acting subject" in dieser Sichtweise zu beantworten. „Vielmehr muß Wahrnehmung so begriffen werden, daß das Gehirn aus den permanent vorliegenden neurologischen Signalen sich ein Bild von der umgebenden Wirklichkeit *errechnet*."[49] Sehr schwierig wird es auch, eine Unterscheidung zu treffen, wann ein System handelt und wann es behandelt wird.[50]

Die Folgen für die Analyse der Wahrnehmung von Kirche sind gravierend. Im Gegensatz zu normativ-theologischen Verfahren, die die Gestalt der Kirche mehr oder minder deduzierend bestimmen und dementsprechend die Wahrnehmung strukturieren wollen,[51] ist der Anspruch hier zugleich bescheidener und umfassender. Es geht zum einen nicht um eine Bewertung der Ansätze, sondern lediglich um eine Analyse ihrer selbstvermittelten Funktionsweise. Zu fragen ist nicht, ob ein spezifisches Interesse an der Gestaltung von Kirche legitim ist, sondern wie es hervorgebracht wird und sich entfaltet. Damit wird auf der anderen Seite allerdings das Maß der Selbstverantwortung des je eigenen Interesses umfassend. Anders gesagt: Die Wahrnehmung von Kirche wird so konsequent als sich selbst hervorbringend und selbst zu verantwortend begriffen. Jeder konstruiert sich seine Kirche selbst. Und jede dieser Konstruktionen ist immer auch ganz anders möglich.

Aus konstruktivistischer Perspektive müssen Religion und Kirche dauernd neu erzeugt werden und erzeugen in diesem Vorgang ihre eigene Reproduktionsweise jeweils mit. Sie bilden bestimmte Tätigkeitsrahmen und -felder aus und verändern sie. Es gibt kein Bedürfnis, das irgendwie „außerhalb" von ihnen liegen würde und auf das man sich beziehen könnte. Das Bedürfnis nach Religion wird vom System selbst erzeugt – und dies ist auch legitim. Sinnvoll kann lediglich gefragt werden, ob es sich evolutionär bewährt.

Das bedeutet, daß eine Analyse von Kirche darauf abzielt, welche Konstruktionen sich die kirchlichen Akteure von ihrem Handlungsfeld machen und welche

---

49 Nobert Ammermann, a. a. O., S. 354.
50 Es liegt auf der Hand, daß ein solches Verständnis von Erkenntnis unmittelbar religiöse Bezüge haben kann. Varela führt in dieser Hinsicht seine Sympathie mit dem Buddhismus aus: Francisco J. Varela, Evan Thompson (mit Eleanor Rosh): Der Mittlere Weg der Erkenntnis. Die Beziehung zwischen Ich und Welt in der Kognitionswissenschaft – der Brückenschlag zwischen wissenschaftlicher Theorie und menschlicher Erfahrung. Bern / München / Wien, 1992. Das Verhältnis von Theorie und Alltag wird vor allem im Rückgriff auf Überlegungen von Maurice Merleau-Ponty zur Rolle des menschlichen Körpers entwickelt (vergl. Abschnitt 3.4 dieser Arbeit).
51 So exemplarisch Eilert Herms: Erfahrbare Kirche. Beiträge zur Ekklesiologie. Tübingen, 1990.

Bedeutung diese Konstruktionen haben. Entscheidungen in der Kirche werden endogen analysiert, d. h. sie beziehen sich auf Vorentscheidungen in ihr selbst – auf nichts anderes.[52] „Allerdings wird hier auch deutlich, daß diesem Ansatz ein relativierender Impetus innewohnt bzgl. dessen, was das Individuum der Gemeinde als ‚Wahrheit des Glaubens‘ versteht – es legt sich auch der Verdacht nahe, daß ein solcher Ansatz letztlich nur nihilistisch sich verhalten könnte in bezug auf den Anspruch des Glaubens."[53] Theologisch wird man nicht umhin können, an einem Zusammenhang zwischen Abbild und Urbild oder zwischen Zeichen und tiefem Sinn festzuhalten.

Von Interesse ist in dieser Sichtweise folglich nicht, ob Kirche und Religion irgendwie objektiv-neutral die Wirklichkeit abbilden und vernünftig bearbeiten oder sich funktional auf sie beziehen, sondern lediglich, wie sie, sich selbst steuernd, je und je Wirklichkeiten konstruieren. Kritischer Maßstab kann dabei das Verhältnis zu anderen Konstruktionen sein: Werden sie als andere wahrgenommen, oder vollzieht sich alles Prozedieren nur im „Eigenzyklus"?[54]

Jede Konstruktion enthält nicht nur die Beschreibung zu erbringender „Eigenleistungen", sondern sucht auch immer die Wahrnehmung anderer zu beeinflussen oder gar zu steuern. Man möchte Kirche nicht nur für sich selbst so oder anders gestalten, sondern unternimmt auch Anstrengungen, damit dies auch andere so sehen. Zentral ist dabei die Anordnung von Motivationen und Interessen: Sie werden in primäre und sekundäre unterschieden, d. h. sie sollen sich auf das richten, was als das eigentliche Anliegen eines Konzeptes gilt. Sekundär-Motivationen („Kirche ist gut, weil der Kaffee billig ist!") werden davon deutlich unterschieden. Auf diese Weise wird eine spezifische Normalität kirchlichen Handelns und Lebens erzeugt und reproduziert.

Exkurs: Zirkuläre Begründungen kirchlichen Handelns

Eine immer wieder anzutreffende, sich selbst bestätigende, Form der Begründung kirchlichen Handelns ist die Konstruktion einer generischen Differenz zwischen einem früheren, besseren und einem heutigen, defizitären Zustand, aus der mit zwingender Notwendigkeit die Rechtfertigung bestimmter Arbeitsformen erwächst. (Natürlich ist diese Begründungsform nicht auf Kirche beschränkt!)

---

[52] Vgl. Thomas Lauer-Kirschbaum, a. a. O., S. 9.
[53] Nobert Ammermann, a. a. O., S. 358.
[54] Thomas Lauer-Kirschbaum, a. a. O., S. 13. In dieser Sicht können verschiedene Typen von Rationalität unterschieden werden, denen entsprechende Formen von Wahrnehmung zur Seite stehen: bürokratische, professionelle, legitimatorische und fiskalische Rationalität. Zudem kann Wahrnehmung gesteuert sein durch Bestandsinteressen, richtungspolitische Interessen und Interessen, den jeweiligen Prozeß zu kontrollieren.

Ein Beispiel hiervor ist ein Festvortrag, den Paul Gudowius zum vierzigjährigen Bestehen der Haushalterschaftsarbeit in der Ev.-luth. Landeskirche Hannovers 1992 gehalten hat.[55]

Der Autor beschreibt zunächst anhand von eingängigen Beispielen das Leben auf dem Dorf Anfang der sechziger Jahre. Sein Fazit: „Der einzelne war auf eine kleine Gemeinschaft bezogen. Es gab wenige, aber langandauernde Beziehungen. Man orientierte sich an gemeinsamen Gewißheiten und Werten. Der einzelne spürte seine Bedeutung durch das unmittelbare Echo, das er erlebte."[56] Heute nun aber – man kann es sich denken – ist das alles ganz anders: „Ein abgestuftes, ein differenziertes Beziehungsgeflecht fehlt. Es ist durch anonyme, institutionelle Sicherungen und durch telematische Beziehungsangebote weitgehend ersetzt worden. Der einzelne Mensch, höchstens ein Partner-Paar, steht dem Rest der Welt gegenüber. Das würde ich unter einer beziehungsarmen Gesellschaft verstehen."[57]

Es legt sich nahe, daß aus dieser Gegenüberstellung eine Begründung des Besuchsdienstes erwächst, die auf das Beheben des festgestellten Defizites abhebt. Es ginge folglich um Diakonie – nicht um Mission. Die Aufgabe bestünde darin, sich insbesondere um die Alten, Schwachen und Kranken zu kümmern, die besonders unter dieser Situation leiden würden. Auch die Starken müßten besucht werden, um zu sehen, welche Nöte sie haben[58] – auch hier also um eines Defizites willen.

Der Text läuft so beständig in sich selbst zurück: Ob es die behaupteten Defizite überhaupt gibt, wird ebensowenig geprüft, noch, ob der historische Vergleich stimmig ist. Die Referenz des Textes liegt nicht „außen", sondern in der Gruppe, deren Rechtfertigung produziert wird. Ohne derartige Wahrnehmungsformen könnte sie nicht sein. Eine Gruppe, die Hilfeleistungen erbringen will, konstruiert sich die Welt so, daß diese Leistung als absolut notwendig erscheint.

Aber: Dieses Verfahren ist nichts ungewöhnliches; es ist vielmehr der Normalfall. Dennoch lohnt es sich zu fragen, warum überhaupt und zu welchen Anlässen derartige Defizitkonstruktionen dominieren und wann umgekehrt mit positiven Zielbestimmungen, die in diesem Fall möglicherweise statt auf Diakonie auf Mission hinauslaufen würden, operiert wird. Aus einer solchen Analyse könnten wichtige Ergebnisse für die Bestimmung des Verhältnisses von Kirche und Gesellschaft hervorgehen.

---

[55] Paul Gudowius: Besuchsdienst in einer beziehungsarmen Gesellschaft, MS, Hannover, 1993.
[56] A. a. O., S. 4.
[57] A. a. O., S. 8.
[58] A. a. O., S. 15.

3.4. Phänomenologie der Wahrnehmung

Autopoietische Theoretiker haben in letzter Zeit die Entdeckung gemacht, daß sich der Bereich der alltäglichen – körpergebundenen Wahrnehmung auf der einen Seite als Musterfall ihrer Theorie eignet, da sich in ihr die beschriebenen zirkulären Prozesse vollziehen. Eben diese Vorgänge partizipieren aber auf der anderen Seite deutlich an übergreifenden Zusammenhängen, die das alltägliche Handeln traumhaft sicher machen, aber auch über den individuellen Vollzug von Unterscheidungen weit hinaus gehen. Dies führte zur Rückbesinnung auf die Thesen der Phänomenologen.

In Interpretation und im Anschluß an die Thesen Edmund Husserls hat Werner Marx den Grundgedanken der Phänomenologie als die Entdeckung des „naiven Weltglaubens" herausgearbeitet: „Glaubend gehe ich einfach davon aus, daß die Welt Seinsgeltung besitzt; glaubend trete ich mit diesem Anspruch an sie heran."[59] Um die Erforschung dieser „Urdoxa", die als „leibhafte Selbstgegebenheit"[60] gegeben ist, geht es dieser philosophischen Richtung.[61]

Neu entdeckt wurde der französische Phänomenologe Maurice Merleau-Ponty vor allem aufgrund seiner Untersuchung alltäglicher Wahrnehmungsprozesse als „Praktognosie".[62] Seine These ist, daß Wahrnehmung weder einseitig dem Subjekt noch dem Objekt i. S. einer Abbildungsvorstellung zuzurechnen ist, sondern: Jeder Wahrnehmungsakt habe immer schon Anteil an der Welt; Wahrnehmung ist „Kommunion".[63] Axel Honneth faßt seine Thesen folgendermaßen zusammen: „Als wahrnehmende Wesen bewegen wir uns immer schon im Horizont einer geradezu körperlichen Vertrautheit mit den uns umgebenden Dingen." Diese Vertrautheit erwächst nicht aus der reflexiv handhabbar gemachten Verfügung über Handlungsregeln, sondern es „muß ein gleichsam intuitives Beherrschen von Handlungsvollzügen sein". „Unsere alltäglichen Verrichtungen werden durch ein Wissen ermöglicht, das so sehr ein leibhaftes Können ist, daß es durch Regeln weder expliziert noch angeeignet werden kann; es hat seinen Sitz vielmehr in den

---

[59] Werner Marx: Die Phänomenologie Edmund Husserls. Eine Einführung. München, 1987, 2. Auflage, S. 26.

[60] A. a. O., S. 28.

[61] Vgl.: Edmund Husserl: Die phänomenologische Methode. Ausgewählte Texte I. Stuttgart, 1985; Phänomenologie der Lebenswelt. Ausgewählte Texte II. Stuttgart, 1986.

[62] Maurice Merleau-Ponty: Phänomenologie der Wahrnehmung. Berlin, 1966. Der Begriff der Praktognosie findet sich auf S. 170. Eine gute Einführung in seine Thesen bietet Axel Honneth: Leibgebundene Vernunft. Zur Wiederentdeckung Merleau-Pontys. In: Ders.: Die zerrissene Welt des Sozialen. Frankfurt a. M., 1990, S. 113. Das Gesamtwerk wird vorgestellt in: Alexandre Metraux / Bernhard Waldenfels (Hrsg.): Leibhaftige Vernunft. Spuren von Merleau-Pontys Denken. München, 1986.

[63] M. Merleau-Ponty a. a. O., z. B. S. 249, 251 und 370. Vgl. zur Frage der Wahrnehmung als Kommunion auch die Thesen von George Steiner: Von realer Gegenwart. München. 1990.

gekonnten Handlungsvollzügen selbst, die der Ausdruck einer direkten, ja mimetischen Vertrautheit mit den Dingen sind."[64]

Merleau-Ponty macht diese These u. a. am Verhalten eines Organisten plausibel. Es sei Unsinn, zu sagen, er analysiere beim Spiel, was er tut. Vielmehr gebe es einen unmittelbaren Bezug zwischen der Musik, dem Instrument und dem Leib des Spielers: „daß der Leib des Organisten und das Instrument nur mehr Durchgangsorte dieses Bezuges sind"[65]. Sie bilden eine Sinneinheit: „Die Erfahrung des Leibes aber gibt uns Einblick in eine Form der Sinnstiftung, die nicht die eines universalen konstituierenden Bewußtseins ist, und in einen Sinn, der bestimmten Inhalten selber anhängt."[66] „Leib sein, …, heißt an eine bestimmte Welt geheftet zu sein, und unser Leib ist nicht zunächst im Raum: Er ist zum Raum."[67]

Deutlich wird dies auch am Beispiel des Tanzes: „Heißt also etwa einen Tanz erlernen, auf analytischem Wege seine Bewegungsformel finden und ihn alsdann am Leitfaden dieser idealen Vorzeichnung mit Hilfe schon erworbener Bewegungen – denen des Gehens und Laufens – wieder zusammenzusetzen? … Der Erwerb einer Gewohnheit ist die Erfassung einer Bedeutung, aber die motorische Erfassung einer Bewegungsbedeutung."[68]

Infolgedessen gilt: „Wahrnehmen ist nicht das Erleben einer Mannigfaltigkeit von Impressionen, die zu ihrer Ergänzung geeignete Erinnerungen nach sich ziehen, sondern die Erfahrung des Entspringens eines immanenten Sinnes aus einer Konstellation von Gegebenheiten, ohne den überhaupt ein Verweis auf Erinnerungen nicht möglich wäre. … Wahrnehmung ist nicht Erinnerung."[69] Die Einheit des Aktes besteht weder allein im Bewußtsein, noch liegt sie in der Außenwelt: „Die Einheit eines Gegenstandes gründet sich auf ein Vorgefühl einer bevorstehenden Synthesis, die mit einem Schlage auf zuvor in der Umgebung nur latent sich stellende Fragen die Antwort gibt und ein Problem auflöst, das sich nur stellte in Form einer unbestimmten Unruhe."[70]

Mithin gilt nicht das Konzept der Deutungsmuster. Die Muster der Wahrnehmung stellen sich in der Situation ein; sie sind als solche aber nicht vorgegeben, sondern entspringen dem Sinn der Dinge. Dieser wiederum steckt immer schon im Körper. Insofern redet Merleau-Ponty von körperlicher Vernunft, die das alltägliche Verhalten bestimmt und es deutlich von der urteilenden Vernunft unterscheidet. „Wahrnehmen im vollsten Sinn des Wortes, nämlich im Unterschied zur Ein-

64 Axel Honneth, a. a. O., S. 117.
65 M. Merleau-Ponty, a. a. O., S. 175.
66 A. a. O., S. 177.
67 A. a. O., S. 178.
68 A. a. O., S. 172.
69 A. a. O., S. 42.
70 A. a. O., S. 37.

bildung, ist etwas durchaus anderes als Urteilen, nämlich Erfassen eines jedem Urteil zuvor dem Sinnlichen eigenen Sinnes. Im Phänomen der richtigen Wahrnehmung begegnet also eine den Zeichen innewohnende Bedeutung, dessen bloß fakultativen Ausdruck das Urteil bildet."[71]

In der Sichtweise Merleau-Pontys besteht Wahrnehmung folglich nicht im Wissen, sondern im Können: sie beruht elementar auf der körperlichen Motorik und ihrer Intentionalität. „Das Bewußtsein ist ursprünglich nicht ein ‚Ich denke zu …‘, sondern ein ‚Ich kann‘."[72] „Erlernt ist eine Bewegung, wenn der Leib sie verstanden hat, d.h. wenn er sie seiner Welt ‚einverleibt‘ hat, und seinen Leib bewegen heißt immer, durch ihn hindurch auf die Dinge abzielen, ihn einer Aufforderung entsprechen lassen, die an ihn ohne den Umweg über irgendeine Vorstellung ergeht."[73]

Kategorien leiten nicht die Wahrnehmung an, sondern sind mit ihr eins. Und die kategoriale Aktivität ihrerseits stellt, „ehe sie Denken oder Erkenntnis ist, eine bestimmte Weise des Weltbezuges und, korrelativ, einen bestimmten Erfahrungsstil" dar.[74] Dieser Gedanke hat Bedeutung für das Verständnis von Sprache: Sie ist mit den Kategorien gleichursprünglich. Die Gedanken werden beim Reden verfertigt.[75] Der Sinn hängt nicht äußerlich am Wort, sondern wohnt ihm selbst inne.[76] Das Wort ergreift folglich den Leib und formt ihn.

Gerade von der Sprache her kommt der Leib als geformter in den Blick. Er ist „unser beständiges Mittel, ‚Haltungen anzunehmen‘ und also uns Quasi-Gegenwarten zu verschaffen … der Leib verwandelt eine bestimmte motorische Wesenheit in Verlautbarung, entfaltet den Artikulationsstil eines Wortes in Klangphänomene, entfaltet eine einstige Haltung, die er erneuert, zum Panorama einer Vergangenheit, projiziert eine Bewegungsintention in wirkliche Bewegung, da er schlechthin das Vermögen natürlichen Ausdrucks ist"[77]. Die Entwicklung von Sprache ist folglich eng an die Formung der Körper gebunden – d.h. an die Möglichkeit, zu handeln.[78]

---

[71] A.a.O., S. 57.
[72] A.a.O., S. 166.
[73] A.a.O., S. 168.
[74] A.a.O., S. 226.
[75] A.a.O., S. 211, S. 213.
[76] A.a.O., S, 228.
[77] A.a.O., S. 215.
[78] Vgl. Oskar Negt und Alexander Kluge: Öffentlichkeit und Erfahrung. Frankfurt a. M., ²1973,: „Es ist anzunehmen, daß das aktuelle Sprechvermögen sich in dem Maße erweitert, wie gehandelt werden kann."

3.5. Wahrnehmung und Eingebundensein

Die autopoietischen Thesen sind sperrig gegen das Selbstverständnis von Kirche. Daß sich Kirche permanent selbst erzeugt und nicht nur für die Reproduktion ihrer Organisation, sondern auch für die Perpetuierung desjenigen Bedürfnisses zu sorgen habe, das sie befriedigen will, leuchtet in der Binnenwahrnehmung der Kirche nicht ein. Kirche begreift sich selbst als gestiftet und beauftragt, als abhängig von Gottes Heilshandeln und infolgedessen in der Variation ihrer Codes begrenzt. Kirchliche Wahrnehmung erfährt sich folglich im Sinne der phänomenologischen Thesen als eingebunden in Sinn-Zusammenhänge, die sie nicht selber schafft. Dies hängt vor allem auch damit zusammen, daß sie sich als in einer Tradition stehend begreift, die der je neuen Wahrnehmung vorgegeben ist.

Eben diese Erfahrung – nicht nur in der Kirche – bietet sich als Einwand gegen die konstruktivistischen Thesen an: der „Widerstand" des wahrzunehmenden Gegenstandes selbst. Er wird in der phänomenologischen Sicht deutlich herausgestellt und an das Funktionieren des Körpers gebunden. In der deutschen hermeneutischen Tradition findet er sich an prominenter Stelle als „Wirkungsgeschichte" artikuliert. Er läßt sich gut als Frage nach der Konstitution des „Selbst" fassen, von dem die Autopoiese ausgeht. Wie konstituiert sich das „Selbst" in einem sich-selbst-erschaffenden System? Das Wort ist bei näherer Betrachtung nichts weiter als Platzhalter für etwas, was nicht deutlich durchschaut ist.

In der Tat schließt sich z. B. Varela auf den ersten Blick nicht nur an Merleau-Ponty sondern auch an Hans-Georg Gadamers Thesen[79] an. Wie die Autopoiese sei das Gadamersche „Verstehen" zirkuläre Tätigkeit in dem Handeln und Erkennen, der Handelnde und das Erkannte, in einem nicht trennbaren Zusammenhang miteinander verbunden sind.[80] Er übersieht dabei aber, daß Gadamers Interesse das Weiterwirken des Gegenstandes (der Tradition, des Vergangenen) in der Situation des Verstehens ist. Es geht ihm gerade nicht um eine Neu-Schaffung durch Arbeit – diese Sicht will er ja gerade korrigieren[81] –, sondern um den Nachweis der Wirkungen der Geschichte auf uns: „Nicht, was wir tun, nicht, was wir tun sollten, sondern was über unser Wollen und Tun hinaus mit uns geschieht, steht in Frage."[82] Der Beobachter erlebt seine Wahrnehmungen und sich selbst als Teil der Geschichte der Selbstdurchsetzung der Bedeutungsgehalte.

Auch Varela weist darauf hin, daß sich z. B. das Alltagshandeln autopoietisch nicht vollkommen erfassen läßt, da die Komplexität der Hintergrundes unendlich

---

[79] Hans-Georg Gadamer: Wahrheit und Methode. Grundzüge einer philosophischen Hermeneutik. Tübingen, ⁴1975.
[80] F. J. Varela, a. a. O., S. 91.
[81] H.G.Gadamer, a. a. O., S. XXV.
[82] A. a. O., S. XVI.

zu sein scheint. Er stellt fest, „daß sogar die simpelste kognitive Handlung einen anscheinend unendlich großen Betrag an Wissen erfordert, den wir gewöhnlich stillschweigend voraussetzen."[83] Dieses Hintergrundwissen sei nach wie vor vollkommen unbeherrschbar. Es habe fundamental damit zu tun, „daß wir in einer Welt leben, die untrennbar ist von unserem Körper, unserer Sprache und unserer gesellschaftlichen Geschichte … wir finden uns stets in eine Welt eingebunden, in diese Welt hineingeworfen"[84]. Gleichwohl konstruieren wir unsere eigenen Gebilde und darauf käme es an. Die selbsterschaffenen Konstruktionen bleiben vor ihrem Hintergrund deutlich abgehoben und mit Eigensinn behaftet.

Gadamers Interesse bezieht sich hingegen gerade auf dieses konstitutive Einge-bundensein des wahrnehmenden Subjekts. Die Wirkungsgeschichte des „Objekts" sei keine Möglichkeit, zu der man sich verhalten könne, sondern sie sei in jedem Verhalten immer schon da. Ein distanzierender „Umgang mit" der Tradition sei deswegen gar nicht denkbar. Vor dem „Umgehen mit" etwas stünde immer die Erfahrung des Erleidens von etwas. Dabei macht Gadamer seine Inten-tionen sehr deutlich: „Es geht uns darum, wirkungsgeschichtliches Bewußtsein so zu denken, daß sich im Bewußtsein der Wirkung die Unmittelbarkeit und Über-legenheit des Werkes nicht wieder zu einer bloßen Reflexionswirklichkeit auf-löst, mithin eine Wirklichkeit zu denken, an der sich die Allmacht der Reflexion begrenzt."[85] Das Verstehen soll so selber nicht als eine Handlung der Subjekti-vität gedacht werden, sondern „als Einrücken in ein Überlieferungsgeschehen, in dem sich Vergangenheit und Gegenwart beständig vermitteln"[86].

Erfahrung sei somit nicht zuerst die Produktion des Subjektes, sondern das Erlei-den der Sache. Und sie wäre dies in einem gesteigerten Maße deswegen, weil alle Erfahrung im Kern immer die Erfahrung der Vergänglichkeit sei: „Erfahrung ist die Erfahrung der menschlichen Endlichkeit. Erfahren im eigentlichen Sinne ist, wer ihrer inne ist, wer weiß, daß er der Zeit und der Zukunft nicht Herr ist."[87] Wahrnehmung wäre dann so etwas wie eine „Abschattung" dieser Erfahrung: Auch in ihr müßten Spuren des auf uns wirkenden Vergangenen wirksam sein. Sie wäre dann „angemessen", wenn sie sich des Modus der Bemächtigung des Wahrgenommenen enthielte.

Diese Einsicht öffnet den Blick auf ein kennzeichnend anderes Verständnis der Selbsttätigkeit, als es im Konstruktivismus gesehen wird. Zentral ist der Begriff der „Zugehörigkeit". Das erkennende Subjekt ist an das erkannte Objekt rück-gebunden. „Vom Interpreten aus gesehen bedeutet ‚Geschehen', daß er nicht als

---

83 F. J. Varela, a. a. O., S. 94.
84 F. J. Varela, a. a. O., S. 96.
85 H.-G. Gadamer, a. a. O., S. 325.
86 A. a. O., S. 274.
87 A. a. O., S. 339.

Erkennender sich seinen Gegenstand sucht, mit methodischen Mitteln ‚herausbekommt', was eigentlich gemeint ist, wenn auch leicht behindert und getrübt durch die eigenen Vorurteile."[88] Vielmehr geht es um das „Insspielkommen, das Sichausspielen des Überlieferungsgeschehens"[89]. Es läßt sich gut denken, daß dies besonders deutlich in einfachen Erfahrungsformen, wie eben der Wahrnehmung, zum Tragen kommt. Sie könnte geradezu als jene Tätigkeit gedacht werden, die die Reflexion begrenzt und ihr vorausgeht. Wahrnehmung versichert uns unserer Zugehörigkeit, während Reflexion sie relativiert.

Nun zeigt Gadamers Wortwahl, daß auch er konstruiert. Er *will* Wirklichkeit so denken, daß damit eine bestimmte Sicht ins Spiel kommt. Seine Intentionen sind leitend, und er läßt sich offensichtlich nicht von irgendwelchen diffusen Kräften oder Wirkungen bestimmen. Instrumente der Konstruktion sind die Denkformen der Vernunft. Dennoch hält er fest, daß sein leitendes Interesse Teil der Überlieferungsgeschichte ist und insofern auch nur zirkulär begriffen werden kann. Das Konstruieren ist umfangen von der Welt, zu der der Forscher gehört. Sein Produkt hebt sich wesentlich weniger deutlich von einem Hintergrund ab, als das bei Varela der Fall ist.

Deutlich wird, wie sehr Gadamer der phänomenologischen Sichtweise verhaftet ist. Gadamer könnte der Sicht Merleau-Pontys über das Subjekt, das eingebunden in es umgebenden Sinn ist, zustimmen. Merleau-Ponty formuliert diesen Gedanken mehrfach. Zum einen ist das Verhältnis doppelseitig: „Wir wählen unsere Welt, und die Welt wählt uns."[90] Dann erinnert er aber auch an den amor fati: „Die Wahl unseres Lebens findet immer nur statt auf dem Grunde bestimmter Gegebenheiten."[91] Ich trage stets „mich umgebende Intentionen mit mir".[92] Sinn und Ziel meines Handelns und Erlebens sind nicht primär mein Produkt, sondern nehmen den Weltsinn auf: „Es gibt einen autochthonen Sinn der Welt, der sich im Umgange unseres inkarnierten Daseins mit ihm konstituiert und für jegliche Sinngebung vom Charakter einer Entscheidung erst den Boden hergibt."[93] Das Subjekt ist so in phänomenaler Sicht immer ein „kleines Ich" – als distanziert-reflektierendes ist es jedoch ein „monumentales, großes Ich". In der Kleinheit erlebt es sich gebunden und verhaftet – in der Monumentalität als frei.[94]

---

[88] A. a. O., S. 437.
[89] A. a. O., S. 437.
[90] Merleau-Ponty, a. a. O., S. 515.
[91] A. a. O., S. 517.
[92] A. a. O., S. 500.
[93] A. a. O., S. 501.
[94] Vor diesem Hintergrund wird deutlich, daß vieles eine andere Bedeutung hat, je nachdem, wie es akzentuiert wird: als großes oder als kleines Ich. Es ist denkbar, daß z. B. der Gegensatz von Lebenswelt und System, bzw. der von Gesellschaft und Gemeinschaft hierauf zurückzuführen ist. L. de Crescenzo: Also sprach Bellavista, Neapel, Liebe und Freiheit. Zürich, 1988 hat in einer populären Weise die Differenz von Liebe und Freiheit entsprechend entfaltet. Liebe, d. i.: Weisheit, kommunikative Sprache, Körper, Sich in Zusammenhänge einpassen, Bestätigung usw.;

In dieser Sichtweise vollzieht sich das Wahrnehmen immer schon, ehe es bewußt beginnt. Wenn dem so ist, dann rücken die Randbedingungen solcher Aktivität ins Zentrum der Aufmerksamkeit, denn sie sind das, was das Wahrnehmen ingang setzt. Gadamer rehabilitiert gegenüber dem wertfreien Methodismus des naturwissenschaftlich-positivistischen Ideals vor allem das Vorurteil und die Anwendung. Während das Vorurteil unablösbarer Ausgangspunkt jedes Aktes von Wahrnehmung ist, weil es die Art und Weise bezeichnet, wie das Subjekt an der Wirkung des Gegenstandes Teil hat, gilt für die Anwendung: „Applikation ist keine nachträgliche Anwendung von etwas gegebenem Allgemeinen, das zunächst in sich verstanden würde, auf einen konkreten Fall, sondern ist erst das wirkliche Verständnis des Allgemeinen selbst. Das Verstehen erweist sich als eine Weise von Wirkung und weiß sich als eine solche Wirkung."[95] Es geht folglich nicht um eine „reine" Abbildung des Gegenstandes, sondern um seine Hereinnahme in das eigene Verständnis von Wirklichkeit.

Angewendet auf Kirche würde dies bedeuten, daß sie sich in ihren Wirkungen selbst begegnet: Dort, wo Menschen Kirche in ihr Selbstverständnis integrieren, kommt sie zu sich selbst. Im Blick auf die Zirkularität des Geschehens liegen hier Parallelen zum autopoietischen Denken vor.

Gadamers Konzeption gipfelt in seiner Ontologie der Sprache als Medium der Kommunikation. Sprache sei nicht Abbildung der Wirklichkeit; Erfahrung sei nicht zunächst wortlos und werde erst sprachlich kommunikabel, sondern das Wort ist selbst Vollzug der Erkenntnis nach dem Modell der Inkarnation. Sprache ist „immer schon da" und nur methodenfixierte Abstraktion könne sich aus diesem prinzipiell sprachlichen Weltverhältnis lösen.[96] Damit wird das Gespräch zum Bezugspunkt des Gadamerschen Denkens. Es ist der Ort des Verstehens – sozusagen einer „sanften", anschmiegsamen Form von Kommunikation: „Verständigung im Gespräch ist nicht ein bloßes Sichausspielen und Durchsetzen des eigenen Standpunktes, sondern eine Verwandlung ins Gemeinsame hin, in der man nicht bleibt, was man war."[97] Das Gespräch ist ein Sich-Aussetzen der Fremdheit des Gegenstandes – also alles andere als die Selbsterschaffung einer Welt.[98]

Die Frage nach dem „Selbst" wird so verschieden beantwortet. Bei Varela und anderen erscheint es als Black Box: Zwar herrscht das Pathos der Selbsterschaf-

---

Freiheit, d. i.: formales Denken, Experiment, Geist, Theorie, Analyse, Ideenorientierung usw. Jeder lebt mehr oder minder in beiden Bereichen.

[95] A. a. O., S. 323.

[96] A. a. O., S. 451.

[97] A. a. O., S. 360.

[98] Vgl. Richard Rorty: Kontingenz, Ironie und Solidarität. Frankfurt a. M., 1989. Vgl. hierzu auch die Kritik von Jürgen Habermas an Gadamer: Qua Reflexion verändere sich die Wirkungsgeschichte, potentiell im Hinblick auf Emanzipation. So z. B. bei Detlev Horster: Jürgen Habermas. Stuttgart, 1991, S. 31.

fung – aber wie das Selbst „selbst" zu begreifen ist, fragt man vergeblich. Gadamer hingegen gelingt es durch die Vergeschichtlichung der Perspektive das Dunkel zu erhellen. Es löst sich in das helle Licht einer kommunikativen Gemeinschaft, in der ein zwangloses suum cuique herrscht.

Damit ergibt sich vom Ergebnis her eine erkennbare Gemeinsamkeit mit Varela: Auch ihm geht es um die geteilte Perspektive. Der Ausgangspunkt ist jedoch genau entgegengesetzt: Hier findet man sich in ihr immer schon vor – dort muß man sich erst in sie hinein konstruieren. Der eine steht in der Gefahr, Wirkungen mit unbegriffenen Zwängen und das Erleiden mit falscher Abhängigkeit zu verwechseln – der andere hat es schwer, den Verdacht zu widerlegen, daß die Grenze zwischen Autopoiese und Autismus recht schmal ist.

Beide Perspektiven lassen sich gegeneinander ausspielen. Darauf kommt es jedoch hier nicht an. Meine These ist: Der Unterschied zwischen Varela und Gadamer ist der zwischen System und Lebenswelt. Varela erfaßt über das Naturwissenschaftliche hinaus die Funktionsweise der funktional ausdifferenzierten Systeme der modernen Gesellschaft: Sie reproduzieren sich durch die Variation ihrer eigenen Elemente, konstruieren insofern ihre je eigenen Welten und sorgen für eine scharfe Bewachung ihrer Grenzen. Gadamer hingegen verweist auf das Jenseits der Systeme: auf die selbstverständliche, praktisch gelebte und geteilte Welt, aus der es kaum ein Entrinnen gibt. Zu ihr gehören wir immer schon dazu.[99] Jedes System gründet in praktischen Zwecken und damit in Formen der Lebensbewältigung und verselbständigt sich von ihnen. Diese Zwecke und Formen lassen sich nur historisch begreifen: Sie sind nicht primär funktional zu sehen, sondern Ausdruck einer Lebensweise.

Der Ansatz der Hermeneutik Gadamers bietet Möglichkeiten einer Analyse des Wahrnehmungsprozesses von Kirche, die auf ihre Eingebundenheit in die gegenwärtige und geschichtlich tradierte Lebenswelt abhebt. Grundsätzlich bietet dieser Ansatz die Möglichkeit einer Wahrnehmung von Kirche, die ihrem Selbst gerecht wird und eröffnet ihr Wege, dieses Selbst „im Gespräch" vor dem Hintergrund einer geteilten Lebenswelt „auszuspielen".

---

[99] In seiner Analyse moderner religiöser Kunst kommt auch Rainer Volp: Das Kunstwerk als Symbol. Ein theologischer Beitrag zur Interpretation der bildenden Kunst. Gütersloh, 1966, zu dem Ergebnis, daß es nach wie vor übergreifende Bedeutungsfelder gebe, die die Entwicklung der Kunst steuern und beeinflussen (S. 198). Er belegt damit zur einen Seite die Bedeutung der Wirkungsgeschichte i. S. Gadamers. Dann hält er aber auch fest, daß ein zunehmend gebrochenes Verhältnis zum Schatz überlieferter Motive festzuhalten sei (S. 199). Künstler rezipierten nicht mehr das Ganze der Tradition, sondern nur noch Teile und wollten doch auf diese Weise das Ganze erfassen: „Das Objektive kann immer nur aus einen Gesichtspunkt neu konzipiert, nicht jedoch ontisch naiv angenommen werden."(S. 201) Es läßt sich unschwer zeigen, daß diese Entwicklung seit 1966 weiter gegangen ist. Moderne Kunst will gar nicht mehr etwas außerhalb ihrer selbst abbilden, sondern höchstens darauf verweisen. Sie variiert Zeichen und gewinnt daraus Selbstbezug und -reflexivität. Auf diese Weise schafft sie sich ihr System und distanziert sich von der Lebenswelt.

3.6. Symbolische Wahrnehmung

Das Gespräch i. S. Gadamers ist eine höchst anspruchsvolle Kommunikationsweise, in der Innen- und Außenwahrnehmung miteinander vermittelt werden. Alltäglich wird die Wahrnehmung von Kirche kaum in dieser Weise stattfinden. Es gibt aber eine Wahrnehmungsweise, die auf einer einfacheren Ebene Ähnliches leistet: symbolische Wahrnehmung.[100] In ihr kommuniziert das Innen mit dem Außen – und zwar ganz selbstverständlich.

Nach Gadamer ist ein Symbol etwas, was durch „sein eigenes sinnfälliges Sein … Bedeutung" hat.[101] Diese Bedeutung hat es durch seine Partizipation an einer Wirkungsgeschichte. Von einem Kunstwerk unterscheidet es sich durch seine praktische Abzweckung. So erkennen sich die Mitglieder von Gruppen an Symbolen. Sie haben praktischen Sinn, sind aber nicht konstruierbar. Im jeweils Gegebenen wird ein „Mehr" an Möglichkeiten und Bedeutungen erkannt. Was ein solches Symbol ist, darüber entscheidet der Wahrnehmende.

Grundsätzlich läßt sich sagen, daß Symbole deswegen elementar mit Wahrnehmung zu tun haben, weil sie Fixpunkte der Aufmerksamkeit und der Bedeutungsfülle bilden, ohne der sprachlichen Übersetzung zu bedürfen. Wahrnehmung findet in ihnen „Orientierung".

Für die Kirche hat diese Form der Wahrnehmung besondere Bedeutung, da sie sich selbst als symbolisch konstituiert begreift: Sie versteht sich als nicht aus ihren praktischen Funktionen, sondern aus göttlicher Stiftung ableitbar. Dies bedeutet von vornherein, daß eine theologisch und kirchlich „angemessene" Wahrnehmung immer über das Vorhandene und Sichtbare hinausgreift und auf letzte Begründungen und übergreifende Bedeutungen verweist. Gerade für diesen Wahrnehmungsvorgang eignet sich der Begriff des Symbols in ausgezeichneter Weise.[102] Sie ist auf solche Formen angewiesen. Das Problem besteht jedoch darin, daß sie sie zugleich im Interesse elaborierter Kommunikation beständig überschreiten muß.

---

[100] Eine schöne Einführung in Symboltheorien bietet: Volkhard Knigge: Symbol und Symbolisierung in Kunst und Wissenschaft. In: Karl Ermert (Hrsg.): Die Sachen und ihre Schatten. Über Symbole und Symbolisierung in Kunst und Wissenschaft. Loccumer Protokolle. Band 1. 1991, S. 11–35.

[101] H.G. Gadamer, a. a. O., S. 68.

[102] Vgl. hierzu V. Knigge, a. a. O., S. 33: Der Bedarf nach Symbolen entspringt dem Mangel an Sein und dem Versprechen, diesen Mangel aufzuheben. „Dem Mangel entspringt – und das ist sein Geschenk – das Begehren, das Liebe und volles Sprechen – das heißt Subjekt sein – überhaupt erst ermöglicht: um den Preis aber, daß fortwährend etwas nicht aufgeht und offen bleibt." Vgl. auch Werner Hofmann: Die Grundlagen der modernen Kunst. Stuttgart, 1987, S. 91: „Für den, der in der Sinneswahrnehmung ‚ein anderes' sucht, ein Verborgenes erkennen will, hat jeder Wahrnehmungsinhalt doppelten Boden … sein Symbolbedürfnis läßt den Künstler die tatsächlichen Verhältnisse der Wahrnehmungswelt geringschätzen, es drängt ihn dazu, nach spezifisch symbolischen Gestaltungsweisen zu suchen."

Allerdings ist der Begriff des Symbols in sehr verschiedener Hinsicht akzentuierbar. Anders als Gadamer legt ihn z. B. eine ethnologische Sicht aus. Nach Hallpike sind Symbole, anders als Zeichen, affektive Schemata, die einen inhärenten Bezug zum bezeichneten Gegenstand haben.[103] Sie dienen der Organisierung von Erfahrung, nicht jedoch der Kommunikation über sie.[104] Sie haben keine Bedeutung an sich, sondern sind „durch ihre konkreten Assoziationen im Alltagsleben und in der Alltagserfahrung begründet"[105].

In dieser Hinsicht leisten sie anderes als Sprache: „Wenn man einen Gedanken in Worte faßt, macht man ihn dadurch oft affektiv unwirksam; wenn man etwas explizit darlegt, setzt man es Kontroversen und Mißverständnissen aus; ein konkretes Symbol dagegen hat oft eine Kraft, die dem flüchtigen Wort völlig abgeht."[106] Symbolische Kommunikation impliziert eine Form des Denkens, die relativ wenig anstrengend und wenig verbal ist und gerade deswegen gute Orientierung leistet.[107]

Das Symbol ist so ein Schlüsselbegriff für die Analyse von Erfahrungsprozessen. Dabei ist bereits im Grundsätzlichen eine Differenz von symbolischer *Kommunikation* und symbolischer *Wahrnehmung* erkennbar. Während erste ein hochanspruchsvolles Unternehmen ist, stellt die zweite eine primitive Erfahrungsform dar. Kommunikation bezieht sich auf sich selbst – symbolische Wahrnehmung auf etwas anderes. Erstere schlüsselt Symbole auf – zweite verfährt assoziierend und mittels Analogieschlüssen.

Hallpike arbeitet heraus, daß primitives Denken die Grundform der Kommunikation von Wirklichkeit darstellt: „Es scheint, daß die Erfahrung in nichtsprachlicher Form verarbeitet und organisiert sein muß, bevor die Sprache darauf angewandt werden kann."[108] Sprachlich organisierte Kommunikation kommt entwicklungsgeschichtlich erst später; sie deckt aber nie das gesamte Spektrum des Denkens ab. Sie kommt erst dann ins Spiel, wenn über den Rahmen einer Kette von Ereignissen und Anwesenden hinaus eine Verbindung geschaffen werden muß. In dieser Hinsicht ist primitives Denken Wahrnehmung.

Dies gilt gerade für Formen der Erfahrung der Lebenswelt: Was erlebt wird, ist nicht auf – verbal artikulierte – Ideen, sondern auf nahestehende Menschen bezogen[109]; Tätigkeiten werden vollzogen, sind aber nicht als Ganze im Blick der

---

[103] Christopher Robert Hallpike: Die Grundlagen primitiven Denkens. München, 1990, S. 166.
[104] A. a. O., S. 174.
[105] A. a. O., S. 274.
[106] A. a. O., S. 175.
[107] A. a. O., S. 31 unter Verweis auf den Begriff des präoperativen Denkens bei Piaget.
[108] R. Hallpike a. a. O., S. 43.
[109] A. a. O., S. 136.

Handelnden; Prinzipien werden nicht formuliert: „Was die Leute über ihren Glauben etc. sagen, ist deshalb oft absurd."[110]

Symbolisches Denken wird so als primitive Erfahrungsform begriffen. Angewendet auf die Wahrnehmung von Kirche würde dies bedeuten, daß sie lebensweltlich symbolhaft elementar erlebt werden kann – diese Wahrnehmung aber nicht verbal artikuliert wird. Damit ergibt sich eine Deutung der oben erwähnten Differenzen in der Krankenhausseelsorge: Während der Seelsorger vor allem verbal – wenn auch in seiner Sicht hochsymbolisch – operiert, weil sich auf dieser Ebene am ehesten religiöse Sprache anschließen läßt, beharren die Patienten in ihrer Vorstellung von einen freundlichen Pastorentyp als Partner gegen die Krankheit auf einer elementaren körperlichen Symbolik. Das Problem liegt in der Anschlußfähigkeit der elaborierten theologischen Sprache (und sprachlicher Symbolik) an die Lebenswelt.

Wir stoßen damit auf ein Verständnis von symbolischer Kommunikation, das übersprachlich angelegt ist – es überbietet die reflexive Ebene in Richtung Abstraktion. In dieser Sichtweise wäre Symbolik keine Wahrnehmung, sondern *Kommunikation.*

In diese Richtung zielen die Untersuchungen Ernst Cassirers zur Philosophie der symbolischen Formen. Cassirer begreift den Menschen als bestimmt durch seine Fähigkeit, Symbole zu bilden und so die Realität begreifen zu können. Das Faktische als solches sei immer symbolisch konstruiert und anders nicht zu haben, denn nur so hat es Bedeutung.

Gelungene symbolische Wahrnehmung erscheint bei ihm als „symbolische Prägnanz": „Unter ,symbolischer Prägnanz' soll die Art verstanden werden, in der ein Wahrnehmungserlebnis, als ,sinnliches' Erlebnis, zugleich einen bestimmten nicht-anschaulichen ,Sinn' in sich faßt und ihn zur unmittelbaren konkreten Darstellung bringt."[111] Im Gegensatz hierzu bestimmt er pathologische Formen der Wahrnehmung, die nicht durch das symbolisch-sinnliche Interaktionsspiel bestimmt seien. Günter Wilhelms hat die diesbezüglichen Äußerungen Cassirers zusammengestellt:[112] *Symbolische Prägnanz* hat die Merkmale der Einheit, der Tendenz zum Allgemeinen. Sie sei aktiv und selektiv, symbolisch – bedeutsam, behandle alles als Anschauungsraum. Hinzu kommt: die Fähigkeit zur Transformation, zum Denken von Möglichkeiten. Es ginge um eine mittelbare Form

---

[110] A. a. O., S. 101. Vergl. auch Pierre Bourdieu: Die feinen Unterschiede. Frankfurt a. M. 1982, S. 648 f., besonders S. 654 (fides implicita).

[111] Ernst Cassirer: Philosophie der symbolischen Formen. Dritter Teil: Phänomenologie der Erkenntnis. Darmstadt, [8]1982, S. 235. Vgl.: Heinz Paetzold: Ernst Cassirer zur Einführung. Hamburg, 1993.

[112] Günter Wilhelms: Sinnlichkeit und Rationalität. Der Beitrag Alfred Lorenzers zu einer Theorie religiöser Sozialisation. Stuttgart / Berlin / Köln. 1991, S. 118 / 9.

des Handelns, um repräsentative Geisteshaltung, um Handeln auf ein bloß vorgestelltes Objekt hin, um die Eröffnung der symbolisch-ideellen Sphäre, um produktive Einbildungskraft.

Demgegenüber sei die *symbolisch pathologische Wahrnehmung* gekennzeichnet durch den Zerfall, das passive und rezeptive Erfahren. Sie sei nur symptomatisch anzeigend und fände in einem bloßen Verhaltens- und Handlungsraum statt. Sie klebt an den individuell-sinnlichen Kohärenzerlebnissen, am tatsächlich Vorhandenen. Es geht um eine unmittelbare Form des Handelns, um präsentative Geisteshaltung, die Bindung an das Objekt, um das Haften am sinnlichen Eindruck und an den sinnlichen Gegenständen. Sie sei formelhaft und böte keinen Spielraum.

Diese Gegenüberstellung macht deutlich, welche Strukturen von Wahrnehmung als symbolische prämiiert werden. Es fällt auf, daß sie sicherlich nicht zufällig identisch mit dominanten Vorstellungen von dem sind, was in der westlichen Tradition attraktives Menschsein ausmacht: Es geht um den kreativen, verbindlichen, produktiven Typ im Gegensatz zum rein instrumentell- mechanischen. Damit wird ein Gegensatz aufgemacht, der die Kulturkritik des Jahrhunderts durchzieht.

Daß solcherart symbolische Wahrnehmung – gar in der Form generalisierter symbolischer Medien, wie z. B. theologischer Symbole (Credo, Vaterunser etc.) – kirchlich geschätzt wird, hat unmittelbare Plausibilität, läßt sich doch hieran sowohl religiöse als auch jede Form anderer Tätigkeit anschließen. Dem, der gelernt hat, symbolisch bewußt wahrzunehmen, der z. B. in jeder Kerze ein Symbol für Jesus Christus entdecken kann oder in jedem Handgriff eines Tiefbauarbeiters einen Hinweis auf die Schöpfung und die Treue Gottes erkennt, dem wird es auch nicht schwer, Kirche so wahrzunehmen, wie sie sich selbst versteht. Diese Beispiele zeigen schon, daß mit symbolischer Wahrnehmung etwas angesprochen ist, was doch nicht so selbstverständlich ist. Eine nach dem Muster Ernst Cassirers ausgebildete symbolische Aktivität setzt erhebliche kulturelle Kompetenzen voraus, die in der Regel nur über lange Ausbildungsgänge erworben werden.[113]

---

[113] Einen Mittelweg betritt Beate Stierle in der Rezeption psychoanalytischer Symboltheorie (B. Stierle: Symbole in der Predigt II. In: Karl-Fritz Daiber: Predigt als religiöse Rede. Homiletische Überlegungen im Anschluß an eine empirische Untersuchung. Predigen und Hören. 3. München, 1991, S. 404, hier S. 414). Sie macht plausibel, daß sich Triebbesetzungen in Symbolen abspielen, d. h. körperliche Prozesse in ihnen strukturiert werden. Freilich gilt dies nur für Ich-nahe Prozesse. Symbole sind „Konzentrate erlebter Erfahrungen, die dazu dienen, neue Erfahrungen zu strukturieren. Das können sie freilich nur, wenn sie variabel, nicht eindeutig festgelegt, also offen für das ambivalenten Gefühle, die bei Besetzungsvorgängen eine Rolle spielen, sich ausagieren zu lassen." (S. 415) Auf der anderen Seite steht das Klischee, das ein eindeutig festgelegtes Verhaltensmuster bezeichnet, das nach dem Reiz-Reaktions-Schema funktioniert. Folglich sind Symbole die Basis von persönlich -individueller Freiheit: „Symbole

Auch die Wahrnehmung von Kirche ist von dieser Differenz her unterlegt. Die „Unbestimmtheit" des volkskirchlichen Christen und sein Verhaftetsein an körperlich-"freundlichen" Habitusformen im Krankenhaus lassen ihn – aus der Sicht der Kirche – als fast schon pathologischen Fall erscheinen. Die Schematisierungen der Cassirerschen Tabelle würden dies bestätigen. Bevor solche Identifikationen vollzogen werden, könnte jedoch z. B. nach der sozialen Verankerung symbolischer Prägnanz gefragt werden.[114]

Die Theologie bearbeitet diese Problematik selbst. Als ein Beispiel sei Werner Jetter erwähnt. Er bestimmt Symbolisierung als Wahrnehmung von Wirklichkeit im „Ineinander von Ganzheit und Unterscheidung":[115] „Symbolisches Wahrnehmen ist also gestalthaftes, erfahrungsgesättigtes Sehen; die selektive Wahrnehmung eines Objektes, das man zugleich zusammenzieht mit vielem, was zu ihm gehört und in ihm schon widerscheint, sich aber noch nicht in ihm darstellt."[116] „Der expressive Überschuß des Symbolischen läßt sich nicht praktisch verrechnen. Bei ihm geht es offenbar mehr darum, in die Ausdrücklichkeit der erfahrenen Weltwirklichkeit einzustimmen, als darum, sie handhabbar zu machen."[117] Symbolische Kommunikation sei durch die Merkmale der Einfachheit, der Komplexität, des Übergreifenden und des Vorausgreifenden geprägt.[118] Das heißt: Sie integriert Momente des Elementaren mit denen der Komplexität und der Weite. Auf diese Weise kann sie grundlegende Bedeutung beanspruchen, denn es ist die Aufladung von Situationen mit Sinnhaftigkeit, die sie erst im Hinblick auf konkretes Handeln handhabbar machen. Dies sei Funktion der symbolischen Wahrnehmung. Wesentlich ist dabei die Konstitution des Selbst – eben dies könne nicht anders denn als Symbol dargestellt werden –, ebenso wie sein Gegenüber: Gott.

Die Fähigkeit zu solchem „Sehen" läge vor dem Erwerb anderer, praktischer Fähigkeiten und sei die elementare Form der Wahrnehmungstätigkeit: „Der Mensch sieht, ehe er denkt. Zuerst sieht man das Ganze, ehe man die Einzelheiten erfaßt."[119] Das synthetische Vermögen des Menschen sei ontogenetisch früher angelegt als das differenzierende. Diese Fähigkeit werde normalerweise nicht

---

erlauben einer Person, sich frei und selbstbestimmt zur Welt und zu anderen Menschen in Beziehung zu setzen. Die Beziehungsfähigkeit einer Person ist an Symbole gebunden." Gerade dies ist jedoch in der Sicht Hallpikes nicht der Fall: Symbole binden in die Gemeinschaft ein – sind folglich das Gegenteil – oder andersherum: die Voraussetzung – von Selbstbestimmung.

[114] Eben dies tut Pierrre Bourdieu: Zur Soziologie der symbolischen Formen. Frankfurt a. M., 1974, am Beispiel der Philosophie Ernst Cassirers. Günter Wilhelms, a. a. O., übernimmt sie jedoch relativ unkritisch für eine Theorie der Sakramente.

[115] Werner Jetter: Symbol und Ritual. Anthropologische Elemente im Gottesdienst. Göttingen, ²1986, S. 65.

[116] A. a. O., S. 66.

[117] A. a. O., S. 44.

[118] A. a. O., S. 49 ff.

[119] A. a. O., S. 66.

wieder verlernt, sodaß in differenzierenden Akten aller Art immer noch Bezüge auf das Ganze mit"gedacht" werden. Sie sind sozusagen instinktiv vorhanden, ohne, daß sie bewußt zum Tragen kommen. Jede Situation wird so von den Beteiligten mit einem Überschuß an Bedeutung versehen, der in keiner Weise in ihr aufgeht. „Symbolisierung meint also die spezifisch menschliche, genauer die sozusagen ‚doppelläufige' Fähigkeit, zusammen mit der wahrgenommenen Wirklichkeit sich selber in seinen Lebenszusammenhängen wahrzunehmen."[120] Auf diese Weise konstituiere sich das Menschsein im zugleich auswählenden und synthetisierenden Umgang mit der komplexen Umwelt und einem unbestimmten Selbst.

Jetter behauptet, daß solche Wahrnehmungsweise die christlich angemessene sei: „M. a. W. Symbolisierung ist also die ‚Sprache', die etwas Gegebenes nicht ausdeutet, sondern zur Andeutung macht, es nicht abgrenzt, sondern in seinem Verweisungscharakter aufschließt, es zeigen läßt, daß mehr im Kommen und zu erwarten ist, als sich schon zeigt. Solche ‚Sprache' muß für den christlichen Glauben als angemessen erscheinen."[121] Auch die Wahrnehmung von Kirche wäre entsprechend zu gestalten: Ihre konkreten Vollzüge würden über sich hinausweisen und andere Möglichkeiten der Wirklichkeit – oder auch: eine andere Wirklichkeit – erschließen.

Diese Überlegungen lassen sich mit den Thesen der autopoietischen Wahrnehmungstheoretiker verbinden. In der Symbolisierung kommt es zur Einheit des Beobachters mit dem Prozeß des Sich-Selbst- Beobachtens in seiner Beoachtungstätigkeit. Sie ist insofern selbstreferentiell. Zugleich findet sich auch der Wirkungs- geschichtler bestätigt: Der Beobachter erlebt sich schon vorbewußt und nicht – diskursiv als in Einheit stehend mit der gesamten Situation. Symbolisches Wahrnehmen wäre sowohl die Grundlage diskursiver Selbstreflexion als auch der Ausbildung des Selbst. Das Symbol i. S. Jetters wäre die vorreflexive Einheit der Wirklichkeit.

Die Frage ist allerdings, ob sich diese These plausibel machen läßt. Ein zentraler Einwand kann aus entwicklungspsychologischer und ethnologischer Sicht vorgetragen werden. Symbolische Wahrnehmung in der beschriebenen Form ist zum einen nicht elementar – elementar ist vielmehr das Handeln und seine Koordination.[122] Die Welt wird nicht durchs Sehen, sondern primär durch Handeln strukturiert.

Auf der anderen Seite ist ein sprachlich gesteuertes Verhältnis zur Welt – also eines, das Symbole verbal auflöst – leistungsfähiger. So ist symbolische Wahr-

---

[120] A. a. O., S. 68.
[121] A. a. O., S. 78.
[122] R. Hallpike a. a. O., S. 41.

nehmung als präoperative Entwicklungsstufe zwischen der reinen Handlungs-koordination und dem Erwerb sprachlicher Kompetenz angesiedelt. In dieser Hinsicht ist sie eine vollgültige, wenn auch primitive Form der Wahrnehmung von Wirklichkeit; vergleichbar mit dem „wilden Denken" bei Claude Levi-Strauss.[123]

Tut man nun Jetter Unrecht, wenn man unterstellt, daß er die erwähnte Situation im Krankenhaus so sehen würde, daß das Wahrnehmungsdefizit bei den Patienten läge, die zu einer symbolischen Sicht nicht in der Lage wären. Sie könnten deswegen die anspruchsvoll inszenierten Angebote der Seelsorger nicht wirklich nutzen. In Wirklichkeit nehmen sie lediglich symbolisch wahr.

Damit läßt sich als Ergebnis eine deutliche Differenzierung festhalten: Symbole sind in zweierlei Weise wahrnehmungsrelevant: zum einen sind sie *vorreflexive und nonverbale Bedeutungsträger* i. S. primitiven Denkens, das auf Anwesenheit beruht, d. h. sie sind Formen von Wahrnehmung. Die Kirche an der Straßenecke ist in dieser Hinsicht ein Symbol: Sie hat Bedeutung über ihre Materialität hinaus, ohne daß diese klar artikuliert werden könnte. Höchstens werden körperliche Formen mit ihr in Verbindung gebracht („Zur Kirche *gehen*" oder nicht als Symbol für Loyalität zur Kirche). Im Sinne von Theo Sundermeier handelt es sich hier um ‚primäre Religion'.[124]

Auf der anderen Seite gibt es eine Konstruktion von *bewußter Symbolik,* die Sprache „einfangen" und sie übersteigen will: Christlicher Glaube soll mit ihrer Hilfe zugleich lebensnah und abstrahierend sein. Symbole werden als das Mehr als Reflexion begriffen. Hier geht es folglich nicht um symbolische Wahrnehmung als solche, sondern um Kommunikation in und mit Symbolen. Sie werden als erfahrungsgesättigte, dichte Gebilde begriffen, an denen sich Identitätsstrukturen festmachen lassen, die damit zugleich flexibel und frei werden. Sundermeier würde von ‚sekundärer Religion' sprechen.[125]

Ähnlich wie im Fall von autopoietischer und wirkungsgeschichtlicher Wahrnehmung, läßt sich symbolische Wahrnehmung auf Lebenswelt beziehen, während symbolische Kommunikation vor allem selbstreflexiv systemische Notwendigkeiten akzentuiert. Das System Kirche muß die eigene Symbolik verbal artikulieren, um den Anschluß an andere Systeme zu behaupten. Und es tut dies, indem es die Dauerreflexion zu überbieten sucht.

Zumindest ansatzweise ist damit die Frage nach der Eigen- und Fremdwahrnehmung von Kirche weiter geklärt: Symbolische Wahrnehmung nimmt Kirche

---

[123] Vgl. Claude Levi-Strauss: Das wilde Denken. Frankfurt a. M., 1968.
[124] Vgl. Theo Sundermeier: Nur gemeinsam können wir leben. Das Menschenbild schwarzafrikani-scher Religionen. Gütersloh, ²1990, S. 273 ff.
[125] Sundermeier, a. a. O.

von außen – symbolische Kommunikation von innen wahr. Der Begriff des Symbols als solcher sagt folglich noch sehr wenig aus; die Frage ist, wie ein Symbol genutzt wird und im Kontext zu stehen kommt.

Exkurs: Wie nimmt die Theologie wahr? – Ein Beispiel

Wie funktioniert theologische Wahrnehmung? Worauf ist sie aufmerksam und worauf nicht? Bevor dieser Frage im Hinblick auf die protestantische Entwicklung nachgegangen wird, sei hier ein katholisches Beispiel eingeschoben. Es ist deswegen bemerkenswert, weil es um die theologische Bewertung einer spezifischen Medienwirklichkeit – der fiktionalen Fernsehunterhaltung – geht, die sonst kaum der theologischen Beschäftigung für wert gehalten wird. Mögliche Gründe für diese Nichtbeachtung wurden bereits oben (Abschnitt 2.3.1.) in der Differenz von Banalität und Autonomie identifiziert.

Peter Kottlorz macht sich daran, Fernsehunterhaltung – und zwar die Serien „Lindenstraße" und „Schwarzwaldklinik" sowie den Film „Apocalyse now" von F. F. Coppola auf ihre „ethischen Strukturen" hin zu untersuchen.[126] Damit ist bereits eine grundlegende Entscheidung für eine spezifische Aufmerksamkeitstruktur gefallen: Der Theologe beobachtet Verhalten im Hinblick auf die ihm impliziten ethischen Orientierungen. Dies sei dem Fernsehen besonders angemessen, da es dann die größte Aufmerksamkeit erzielt, wenn es Geschichten erzählt. Das Fiktionale habe ethische Kraft: „Die naturgetreue Wiedergabe der Geschichten und ihrer Moral durch Worte und bewegte Bilder schafft eine Sinnlichkeit, die in sehr eigener Weise kommunikativ ist."[127] „Die persönliche Ansprache und die Personalisierung von abstrakten Zusammenhängen tragen die Voraussetzung für eine Beschäftigung mit ethischen Themen in sich, bei der Herz und Verstand zusammen kommen können."[128] Kaum eine andere Institution in unserer Gesellschaft würde ein solches ethisches Potential bieten. Mit dieser Einschätzung ist das Beobachtungsfeld für eine theologische Analyse erschlossen.

Im weiteren fragt Kottlorz nach der Tradierungsproblematik christlichen Glaubens in der modernen Gesellschaft, deren Komplementär-Medium das Fernsehen sei. In einer doppelten formalen Hinsicht konvergieren christlicher Glaube und Fernsehen: darin, daß sie auf ethische Modelle und Vorbilder angewiesen seien und diese auch konstruieren würden. Damit ist ein Muster der Beobachtung geschaffen.

---

[126] Peter Kottlorz: Fernsehmoral. Ethische Strukturen fiktionaler Fernsehunterhaltung. Berlin, 1993.
[127] A. a. O., S. 145.
[128] A. a. O., S. 145/6.

Kottlorz' Fazit ist: „Die Theologie dürfte sich des Phänomens Unterhaltung annehmen, um einen elementaren Lebensbereich des Menschen in die entsprechende Zuordnung zu Gott und seinem Heilsgeschehen zu bringen."[129]

Kottlorz wendet nun dieses Muster in einer Sequenz-Analyse der betreffenden Filme an. In allen drei Fällen kommt er zu dem Ergebnis, daß christliche Ethik transportiert werde. Im Fall der „Lindenstraße" kann er zeigen, daß hier alle möglichen ethisch relevanten Fragestellungen zum Thema gemacht werden, „darunter die vier Kardinal- und die drei christlichen Tugenden". Es „kann dieser Serie durchaus das Attribut eines ethischen Alltagsbegleiters zugeschrieben werden"[130]. Die „Schwarzwald- klinik"· tendiert in eine ähnliche Richtung, präsentiert jedoch derart penetrant Moral total, daß der Zuschauer zu sehr vereinnahmt werde.[131] Der Coppola-Film konfrontiere demgegenüber die Zuschauer mit der Erfahrung des Bösen und setze so eine ethische Bewußtwerdung in Gang.[132]

Man merkt, wie der katholische Theologe mit einer relativ klaren Wahrnehmungsstruktur arbeitet, die er freilich inhaltlich nicht weiter ausweist. Man kann den Verdacht nicht ganz von der Hand weisen, daß die von ihm benutzten ethischen Kriterien letztlich recht konservativ sind. Dennoch ist die Sicherheit in der Deutung dessen, was beobachtet wird, beeindruckend. Die intern gewonnenen Kriterien können auch nach außen plausibel vermittelt werden. Diese Sicherheit beruht darauf, daß es offensichtlich eine gemeinsame Eingebundenheit der Filmemacher und des Theologen gibt, die der Theologe durch Deutung kommunikabel macht.

3.7. Fazit: Die konstitutive Differenz von Innen und Außen

Auf die Frage, wie Wahrnehmung funktioniert, kann doppelt geantwortet werden: Sie ist zur einen Seite hin Konstruktion „ins Voraussetzungslose"; sich je und je neu erschaffende und zu verantwortende Form der Wirklichkeitsgestaltung. Dies ist ihre Innenseite. In dieser Hinsicht ist sie auf sich selbst bezogen und operativ geschlossen. Zur anderen Seite basiert sie in dieser Tätigkeit auf Voraussetzungen, die mit Formen der praktischen Lebensbewältigung im Zusammenhang der überkommenen Lebensweisen, d. h. der Geschichte, gekoppelt sind. In dieser Hinsicht ist sie grundsätzlich abhängig. Das macht ihre Außenseite aus. In beiden Weisen steht sie im Zusammenhang mit der Frage der Handlungsgestaltung:

---

[129] A. a. O., S. 317.
[130] A. a. O., S. 229.
[131] A. a. O., S. 275.
[132] A. a. O., S. 299.

Wahrnehmung ist freies Spiel und zugleich integraler Bestandteil der Lebensbewältigung. Ihr Freiheit gewinnt sie auf der Basis ihrer Zugehörigkeit.

Diese Doppelheit wiederholt sich in der für die Kirche besonders wichtigen Frage nach dem Symbol als Medium der Erfahrung. Zur einen Seite akzentuiert gerade symbolische Wahrnehmung die vorsprachlich festgelegte Zugehörigkeit zu einer Gemeinschaft: Wird Kirche nicht mehr in dieser Hinsicht symbolhaft wahrgenommen, fällt sie auch aus der Kommunikation heraus. Auf der anderen Seite konstituieren Kirche und Theologie Formen symbolischer Kommunikation, die verbale Formen überbieten und sie in der Abstraktion „grundlegen" wollen. Auch dieser Vorgang ist unumgänglich für die Reproduktion des Systems Kirche. Die Frage ist, wie sich beide Prozesse zueinander verhalten.

Grundsätzlich läßt sich in Anwendung eines Zitates von Jürgen Habermas die Situation des Wahrnehmenden als Zirkel darstellen, „indem der Aktor beides zugleich ist – der *Initiator* zurechenbarer Handlungen und das *Produkt* von Überlieferungen, in denen er steht, von solidarischen Gruppen, denen er angehört …"[133]

Mit diesen Thesen wird die Struktur der doppelten Wahrnehmung der Kirche weiter aufgeschlüsselt. Die Differenzierung von System und Lebenswelt läßt einen veränderten Blick auf das Verhältnis von binnen- und außenkirchlicher Wahrnehmung zu. Es scheint so zu sein, daß die selbstreferentielle Binnenkommunikation des Systems Kirche/Religion *notwendig* anders ist als deren alltägliche Wahrnehmung von „außen". Ein Vergleich mit anderen Systemen, wie z. B. der Kunst, würde zu ähnlichen Ergebnissen führen.

Kirche erzeugt sich als System unter Bezug auf sich selbst immer wieder neu und reproduziert sich entsprechend. Sie steuert so auch ihre Wahrnehmung. Aber Kirche ist zugleich tief in der Lebenswelt verankert. Deswegen ist dieser Prozeß nur bis zu einer Grenze plausibel: der der Abkopplung von der Lebenswelt. Sie muß im System wahrgenommen und entsprechend bearbeitet werden – sonst entsteht Autismus. Dieser Vorgang soll nun näher im Hinblick auf Formen und Ebenen der Wahrnehmung von Kirche und Religion untersucht werden.

---

[133] Jürgen Habermas: Theorie des kommunikativen Handelns. Frankfurt a. M., 1981, Band II, 1. Aufl., S. 204/5.

4. Systemische und kommunikative Wahrnehmung Soziologische Überlegungen

Die erkenntnistheoretischen Überlegungen zum Problem der Wahrnehmung haben Hinweise auf die ihr eigentümliche Doppelheit ergeben. In der soziologischen Theoriebildung wird sie als Verhältnis von Lebenswelt und System, d. h. von kommunikativer und systemischer Wahrnehmung diskutiert.

4.1. Wahrnehmung in der Systemtheorie

In der Systemtheorie wird Wahrnehmung als eine evolutionär einfache Form der Erfahrungstätigkeit begriffen, die aber gleichwohl elementare systemische Charakteristika aufweist.

4.1.1. Einfache Interaktion und Wahrnehmung

Wahrnehmung ist in der Sicht Niklas Luhmanns das Medium der Erfahrungstätigkeit unter den Bedingungen einfacher Interaktionssysteme. Sie schließen alles ein, was als anwesend behandelt werden kann.[1] Ihre Reichweite ist folglich erheblich geringer als die elaborierter Systeme, wie Wirtschaft, Recht, Religion, da Anwesenheit ihre Bedingung und Grenze ist und sie so elementar an die Präsenz des Körpers gekoppelt sind. Aber auch in dieser Form sind sie autopoietisch erzeugte Gebilde, wie andere Systeme auch, und insofern autonom: Grenzen und Strukturen von Interaktion werden selbst gestaltet, Interdependenzen zurückgedrängt, z. B. durch die Etablierung von Führergestalten, die die Situation kontrollieren.[2] Interaktionen sind darüber hinaus aber besonders störanfällig, da sich niemand medial entziehen kann. Deswegen beinhalten sie Chancen zur Intensivierung der Kommunikation: Das Herstellen von Vertrautheit ist nur in face to face Situationen denkbar.[3]

Die vertraute Welt weist konventionelle Interaktionsstrukturen, d. h. zugrundeliegende Abfolgeschemata für Sprechhandlungen, auf. Damit dominiert in ihr die Vergangenheit über die Gegenwart: „Die integrative Kraft symbolischer Äuße-

---

[1] Niklas Luhmann: Soziale Systeme. Frankfurt a. M., 1984, S. 560. Vgl. zum Zusammenhang von Wahrnehmung und Anwesenheit: Peter A. Berger: Anwesenheit und Abwesenheit. Raumbezüge sozialen Handelns. In: Berl.J.Soziol. Heft 1. 1995, S. 99.
[2] A. a. O., S. 565.
[3] A. a. O., S. 563. Es läßt sich hier bereits folgern, daß Wahrnehmung in dieser Sichtweise einer „leibnahen Vernunft" folgt, wie sie Maurice Merleau-Ponty: Phänomenologie der Wahrnehmung. Berlin, 1966 beschreibt. Luhmann geht darauf jedoch nicht ein. Sein Interesse zielt nicht auf eine Analyse der Wahrnehmung, da sie evolutionär überholt sei.

rungen, die die Anschließbarkeit einer Handlung garantiert, ergibt sich dabei nicht allein aus dem ‚guten Willen' der beteiligten Individuen, sondern aus den konventionellen Strukturen, die im illokutiven Akt jeder Sprechhandlung gleichsam ‚eingebaut' sind."[4] Auf diese Weise reproduzieren sich normative Erwartungshaltungen. Wer sie enttäuscht, unterliegt der Gefahr der Ausgrenzung.

Grundlegend ist in der Sicht Luhmanns die Differenz von Interaktion und Gesellschaft. Zum einen sind Interaktionen „Episoden des Gesellschaftsvollzuges"[5]. Die Gesellschaft hält Möglichkeiten bereit, die durch die Interaktion reduziert werden,[6] indem sie in konkretisierte und kontingent bleibende Bezüge überführt werden. So realisiert sich Liebe immer konkret, wird jedoch als Möglichkeit medial kommuniziert. Auf der anderen Seite entlastet sie dadurch die Interaktion von der „Notwendigkeit, Gesellschaft zu sein"[7]. Sie ermöglicht Regression, Zweckfreiheit. „Die Differenz von Gesellschaft und Interaktion transformiert Bindung in Freiheit. Jeder Teilnehmer kann in der Interaktion Rücksicht darauf verlangen, daß er noch weitere Verpflichtungen zu erfüllen hat, und kann damit Distanz gewinnen."[8]

Der Begriff der Lebenswelt hat so keine herausgehobene Bedeutung. Luhmann weist aber darauf hin: „In je bestimmten Bezügen fungiert die Welt somit als ‚Lebenswelt'. Sie ist so zugleich das momentan Unbezweifelte, das Vorverständigtsein, die unproblematische Hintergrundsüberzeugung und diese tragende Meta-Gewißheit, daß die Welt irgendwie alles Auflösen und alles Einführen von Unterscheidungen konvergieren läßt."[9]

Bedingt durch die Anwesenheit der Interaktionspartner gilt für Interaktion in besonderer Schärfe der Satz Watzlawicks: „Man kann nicht nicht kommunizieren." Dies liegt nicht daran, daß in Interaktionen prinzipiell alle Teilnehmer an einem elaborierten Diskurs teilnehmen würden – dies ist gerade nicht der Fall –, sondern am Medium der wechselseitigen Wahrnehmung, das in Interaktionen den kommunikativen Bedürfnissen unterliegt. Auf der Basis von Anwesenheit wird umfassend wahrgenommen und dies kann jederzeit zum Anlaß von Kommunikation, d. h. von elaborierter Tätigkeit, werden.

Luhmann begreift aus diesem Grund Wahrnehmung als vierfach charakterisierbar:[10]

---

[4]   Christian Hartmann: Technische Interaktionskontexte. Wiesbaden, 1992, S. 228.
[5]   Luhmann, a. a. O., S. 553.
[6]   A. a. O., S. 569 ff.
[7]   A. a. O., S. 553.
[8]   A. a. O., S. 570. Vgl. die Bemerkungen zur historischen Entwicklung von Interaktionssystemen, a. a. O., S. 576 ff. Sie machen deutlich, daß die Chance, sich entziehen zu können, mit der Höhe des Sozialstatus verbunden ist.
[9]   N. Luhmann: Soziale Systeme, a. a. O., S. 106.
[10] A. a. O., S. 562 ff.

- Wahrnehmung weist bei hoher Komplexität der Informationsaufnahme eine geringe Analyseschärfe auf.

- Die Informationsverarbeitung geschieht schnell und gleichzeitig.

- Es herrscht eine hohe Sicherheit des Wissens um einen Informationsbereich.

- Kommunikation wird modalisiert, d. h. auf die Wahrnehmungsebene heruntergerechnet.

Wahrnehmung ist folglich eine unangestrengte Form der Erfahrungstätigkeit. Man nimmt vieles auf, kann aber dabei „passiv" bleiben. Zentral ist, daß sie vieles integrieren kann aber wenig trennscharf funktioniert. Sie orientiert sich an feststehenden Strukturen. Insofern hat sie große Ähnlichkeit mit den bereits angesprochenen Formen primitiven Denkens. Während Wahrnehmung letztlich auf vertraute Bezüge angewiesen ist und sie herstellt, auf direkten und konkreten Kontakt, beruhen die gesellschaftlichen Systeme auf der Entwicklung mediengesteuerter Kommunikationsformen, über die sie ausdifferenziert und gesteuert werden. Mittels Medien können jenseits der Interaktion elaborierte und leistungsfähige Systeme geschaffen werden, die die Engführungen der Anwesenheit überwinden.

Interaktionen haben systemtheoretisch folglich eine grundlegende Bedeutung: Sie sind die Basissysteme der Gesellschaft. Allerdings gilt dies i. S. der grundlegenden Differenz von System und Umwelt: im Verhältnis zu den gesellschaftlichen Systemen werden Interaktionen zur Umwelt. So tragen sie aber selbst nicht zum Funktionieren der dominierenden Systeme bei. Letztere nutzen allerdings die Ressourcen der ersteren zur Effektivierung eigener Prozesse. Dies kann auch dazu führen, daß sich die Lebenswelt sozusagen die Systeme „zurückerobert". Auf lange Sicht gesehen bedeutet dieser Prozeß jedoch, daß in der Konsequenz wesentliche Bereiche des Zusammenlebens auseinanderfallen: Der Eindruck, daß Menschen in verschiedenen Welten leben müssen, kann dann zunehmen.

Luhmann konstatiert diesen Sachverhalt lediglich. Eine Bewertung liegt ihm fern. Aber was im Verhältnis von Interaktion und Gesellschaft deutlich wird, gilt allgemein: Integration erfolgt nicht durch die Bezugnahme auf gemeinsame Werte und Normen, sondern durch die wechselseitige Beziehung der Teilsysteme aufeinander. Der Sinn des Ganzen wird zu einem Teilproblem unter anderen, und die Frage nach ihm hat keine prinzipielle Vorrangigkeit. Entsprechend läßt sich die Gesellschaft nicht als ein handlungsfähiger und steuerbarer Körper begreifen, in dem die Teile für das Ganze stehen.[11] Jeder Teil konstruiert unter Bezug auf sich

---

[11]   Eberhard Mechels: Kirche und gesellschaftliche Umwelt. Thomas – Luther – Barth. Neukirchen-Vluyn, 1990, S. 193.

selbst seine je eigene Umwelt und entwirft sich so ins Voraussetzungslose. Wahrnehmungsprozesse können die so entstehende Komplexität prinzipiell nicht einholen. Sie sind strukturell defizitär.

Luhmann verarbeitet mit diesen Thesen eine sich modernisierende Erfahrung von Welt. Ließe sie sich vormodern als Gehaltensein in einer umfassenden Ordnung beschreiben[12] – und wird eben diese Erfahrung theologisch auch weiterhin transportiert –, so fällt es zunehmend schwerer, sich selbst in solch einer universellen Ordnung zu begreifen.

4.1.2. Zum Ansatz der Systemtheorie Niklas Luhmanns

Luhmanns[13] Ausgangspunkt ist die Prämiierung der Differenz gegenüber der Einheit und der Möglichkeit gegenüber der Faktizität. Das Bewegliche wird nicht auf das Feste, sondern das Feste auf das Bewegliche gegründet. Der Horizont der Möglichkeiten bleibt gegeben. Neu ist bei ihm, „statt von einer als vorgebenem Faktum angesetzten Systemstruktur ausgehend nach den innerhalb dieser faktischen Struktur bestimmbaren Funktionen von Elementen zu fragen, vielmehr die *faktischen Systemstrukturen selber als aus dem Vollzug von Funktionen resultierend* zu denken"[14]. Soziale Einheiten sind nicht primär aus Elementen und Beziehungen konstituiert, die sich um ein identisches Zentrum organisieren, sondern funktionieren durch die Differenz von System und Umwelt. „Jedes System arbeitet mit einer eigenen Bestimmung dessen, was für es Umwelt ist, und diese Bestimmungen sind untereinander unvergleichbar."[15]

Bereits aus diesen grundlegenden Überlegungen folgt die Notwendigkeit einer doppelten Wahrnehmung: „Für die Systemoperationen wird dann in erster Linie eine Unterscheidung relevant, die man durch die Differenz von Selbstreferenz und Fremdreferenz markieren kann. Diese Unterscheidung ist, da sie das Selbst des Systems engagiert, in allen Systemoperationen vorausgesetzt – und nicht so, wie die Unterscheidung von hell und dunkel, groß und klein, Himmel und Erde, fröhlich und traurig, manchmal anwendbar und manchmal nicht." Systeme können mit Hilfe dieser Differenz eine universalistische Orientierung entwickeln,

---

12 Niklas Luhmann: Brauchen wir einen neuen Mythos? In: Ders.: Soziologische Aufklärung. Band 4, Opladen, 1987, S. 272.

13 Eine sehr treffende, verblüffende Einführung in die Systemtheorie Luhmanns, die zugleich den Standpunkt des Systemtheoretikers deutlich macht („Ich sehe was, was Du nicht siehst!") liefert Patrick Bahners am Beispiel der Fernsehserie „Lindenstraße", in: FAZ vom 31. August 1991, S. 25 (Nr. 202).

14 Eilert Herms: Das Problem von „Sinn" als Grundbegriff der Soziologie bei Niklas Luhmann. In: Ders: Theorie für die Praxis – Beiträge zur Theologie. München, 1982, S. 189 f., hier S. 193. Herms kritisiert, daß diese Sicht zur Leugnung von Faktizität überhaupt führen kann.

15 Niklas Luhmann: Gesellschaftsstruktur und Semantik. Studien zur Wissenssoziologie der modernen Gesellschaft. Band 3, Frankfurt a. M., 1989, S. 268.

aber es handelt sich dabei immer „um eine durch Systembedingungen konditionierte Universalität"[16].

Zentraler Begriff der Systemtheorie ist der des ‚Sinns'. Soziale Systeme beziehen sich auf ihre Umwelt in Form von Sinn; oder anders gesagt: Die elementare Operation der Setzung der Differenz von Umwelt und System läßt sich als Konstitution von Sinn begreifen. Die kleinsten Einheiten sozialer Systeme sind Sinneinheiten, die untereinander relationiert werden. Mit Sinn ist gemeint, daß jeder Gegenstand und jede Situation in einem Horizont stehen, der als Möglichkeitshorizont zwar wahrgenommen aber nicht thematisiert wird. Auf diese Weise verweist Sinn auf einen stets gegebenen Überschuß an Möglichkeiten und hält ihn offen, während er zugleich reduziert wird.[17]

Solcher Sinn ist immer schon gegeben, es fragt sich nur, wie er jeweils organisiert wird. Luhmann schließt sich insbesondere an Husserl und dessen Vorstellung vom intentionalen Bewußtsein an, das immer schon an Gegenstände gebunden ist.[18] In dieser Sichtweise löst der Begriff die klassische Dichotomie von Subjekt und Objekt ab: Es geht nicht darum, daß ein als weltlos gedachtes Subjekt sich seinen Gegenstand sucht und ihm Sinn verleiht, sondern alles Geschehen ist immer schon von Sinn umgeben. Es gibt folglich keine sinnlosen Prozesse; nur Differenzen im Selektionsstil der Systeme.[19]

---

16 N. Luhmann a. a. O., S. 266. Natürlich funktioniert auch das System Religion / Kirche auf diese Weise. Luhmann beschreibt dies sehr schön am Beispiel des Begriffs der Sünde, der ja nicht zuletzt den Sinn hat, eine Differenz in der Wahrnehmung der Umwelt von Kirche und Religion zu beschreiben. „Die Einsicht, daß das System die Sünde selbst produziert und daß es damit auf seine eigene Verständnislosigkeit reagiert, ist im System selbst blockiert. Sie würde, in die Selbstbeobachtung des Systems übernommen, eine strukturelle Paradoxie bloßlegen, und die Aktivitäten des Systems zum Stillstand bringen." S. 291. Dies gilt natürlich für jedes System: Jedes erzeugt seine Umwelt selbst und damit ist als grundlegender Mechanismus eine Paradoxie gegeben, die sich nur um den Preis der Zerstörung aufheben läßt.

17 Weitere Ausführungen hierzu – insbesondere zur Herkunft dieses Sinn-Begriff aus der Lebenswelt-Phänomenologie Edmund Husserls – finden sich bei: C. Hartmann, a. a. O., S. 238 ff

18 An diese Tradition knüpfen auch Pierre Bourdieu und Jürgen Habermas an; allerdings mit anderen Interessen. Luhmann will das Funktionieren selbstreferentieller Systeme erklären; Bourdieu fragt nach dem sozialen Sinn: dem Wirken der praktischen Vernunft in allen symbolischen und systemischen Prozessen (vgl. z. B. Ders.: Sozialer Sinn. Frankfurt a. M., 1987, S. 93 f.). Beiden ist mit der phänomenologischen Tradition gemeinsam, daß sie die Gebundenheit des Subjekts, bzw. seine Nicht-Existenz, betonen. Habermas dagegen verfolgt eine andere Richtung: Er will konstruktiv Möglichkeiten der humanen Verständigung erschließen und das Subjekt in der Lebenswelt stärken.

19 Hier erhebt sich natürlich der Protest des Theologen. Eilert Herms, a. a. O. S. 205 stellt fest, daß Sinn bei Luhmann zur Funktion wird. Die freie Selektivität der sinnhaften Tätigkeit sei aber immer schon passiv synthetisiert. Danach aber könne Luhmann nicht fragen: Wenn Sinn eine Funktion ist, was ist dann der Sinn von Funktionen? Der Theologe fragt so nach dem „großen Sinn" – dem Sinn der Welt, während Luhmann den „kleinen" operativen Sinn beschreibt. Luhmann findet das theologische Fragen „ebenso verständlich wie fragwürdig" (N. Luhmann, Sozialstruktur und Semantik, a. a. O., S. 352). Und in der Tat zeigt sich hier ein strukturelles Problem der Theologie: Sie sucht die Ebene der konkreten Verfahrensweisen durch Pathos zu übersteigen – verliert aber so auch den Blick für sie und ist dann schwer rekonkretisierbar.

Diese Gedanken haben Folgen für die Sicht des Menschen. Er bildet keinen Teil der Gesellschaft, sondern ihre Umwelt.[20] Damit bricht Luhmann mit der humanistischen Tradition, die den Menschen in den Mittelpunkt stellte. Die Basis der Gesellschaft in einem Begriff des guten Lebens zu begreifen, von dem her normative Impulse zur Steuerung des Ganzen ausgehen,[21] sei nicht mehr möglich. Der Vorteil dieser Situation besteht darin, daß die Umwelt eines Systems – also in diesem Fall der Mensch – höhere Freiheitsgrade hat, als das System selbst. Der Mensch kann so komplexer und ungebundener begriffen werden als die Gesellschaft: „Dem Menschen werden so höhere Freiheiten im Verhältnis zu *seiner* Umwelt konzediert, insbesondere Freiheiten zu unvernünftigem und unmoralischem Verhalten. Er ist nicht mehr das Maß der Gesellschaft."[22] Zwischen soziale und personale Systeme, also zwischen Mensch und Gesellschaft, treten Mechanismen wechselseitiger Indifferenz, „die einerseits persönliche Motivierungen neutralisieren und andererseits soziale Determinierung so weit abbremsen, daß der einzelne genug Spielraum hat, um eine persönliche Verhaltenslinie zu entwickeln."[23] Direkte, normative Verhaltenserwartungen verlieren an Bedeutung für das Selbstverständnis. Die Figur des Sich-Zurückhaltens in der sozialen Interaktion gewinnt an Gewicht; Indifferenz beherrscht das Feld.

Die Systemtheorie erklärt das Funktionieren sichselbststeuernder Systeme. Sie sind späte Produkte der Evolution und setzen eine Reihe komplexer und hoch entwickelter Fähigkeiten voraus.[24] Durch die Steigerung interner Komplexität erreichen sie qualitativ neue Freiheitsgrade sowie Fähigkeiten zur Reflexion von Zielen und Interaktionsformen mit anderen Systemen.[25] Solche Steigerungen beruhen auf strategischen Reduktionen von Komplexität in basalen Prozessen, auf denen sich dann eine expandierende Differenziertheit aufbauen läßt. Beispiele sind die Reduktion von Person auf Rolle oder von fließender Zeit zu Systemzeit.[26]

---

[20] Vgl. i. F. Niklas Luhmann: Soziale Systeme. Grundriß einer allgemeinen Theorie, Frankfurt a. M., 1984, S. 286 f.
[21] A. a. O., S. 287.
[22] A. a. O., S. 289.
[23] So faßt Frithard Scholz: Freiheit als Indifferenz. Alteuropäische Probleme mit der Systemtheorie Niklas Luhmanns. Frankfurt a. M., 1982, zusammen, S. 20.
[24] Vergl. Helmut Willke: Systemtheorie. Stuttgart und New York, 1991, 3. Aufl. S. 59.
[25] Die höchste Stufe ist mit der Autopoiese erreicht. Vgl. als typische Kritik an Luhmann: Richard Münch: Autopoiese per Definition. In: Protosoziologie, Heft 3, Juli 1992, S. 42, besonders S. 48 ff. Er kritisiert, daß Luhmann mittels seiner Einordnung der Codes und Systeme in ein evolutionäres Schema die empirischen „Kämpfe um Differenzierung heute" ideologisch verkleistern würde. „Luhmanns systemische Codes sind nichts als historisch spezifische Vorstellungen einer richtigen Organisation rechtlicher, politischer und ökonomischer Entscheidungsabläufe." Über ihre Geltung müßte erst ein umfassender Diskurs entwickelt werden. „Die Theorie der autopoietischen Systeme ist einer von vielen Beiträgen zu diesem Diskurs über den Sinn des modernen Lebens und über die Definition von Codes, um das Leben rund um bestimmte Problembereiche zu organisieren. Sie ist ein konservatives Argument, weil sie historisch sehr spezifische Definitionsformen von Codes für die Organisation des sozialen Lebens als evolutionäre Universalien legitimiert." (S. 50)
[26] Helmut Willke: Systemtheorie. Stuttgart / New York, 1991, 3. Auflage, S. 64 f.

Systeme können sich von der sozialen Zeit abkoppeln und eigene Zeitläufte bilden, indem Außenbezüge im System ruhig gestellt und Reaktionen aufgeschoben werden.[27] Dies funktioniert im Interesse der Selbsterhaltung, d. h. um Anschlußmöglichkeiten in der Umwelt immer wieder neu zu schaffen und die eigene Funktionsfähigkeit zu verlängern. Fortdauernde Selbstbeobachtung, Selbstreflexion und Selbstdefinition sind für jedes System überlebensnotwendig. Sie stabilisieren nicht direkt das Verhalten, sondern „Erwartungserwartungen": Man kann erwarten, daß ein bestimmtes Verhalten erwartet wird.

Derartige Systeme operieren nicht direkt, sondern über generalisierte symbolische Medien (Recht, Schönheit usw.), da nur so für Anschlußfähigkeit gesorgt und die hohe Unwahrscheinlichkeit von Kommunikationen reduziert werden kann. Das Wirtschaftssystem hat dementsprechend seine Plausibilität aus der Reduktion auf Zahlungen und funktioniert auf dieser Basis, ohne daß in jedem Akt auf die Identität des Ganzen abgehoben werden müßte.[28] Systemische Integration beruht auf der strukturellen Indifferenz der Leistung gegenüber der sie erbringenden Handlung, bzw. der Person. Nur so ist sie frei verfügbar und kann medial genutzt werden. Die Mitgliedschaft in derartigen Systemen organisiert nicht die ganze Person, sondern lediglich diesen Leistungs-, d. h. Kommunikationsaspekt.[29]

All dies unterscheidet Systeme vom Alltag. In ihm werden Medien nur gering genutzt. Entscheidender als der indirekte bleibt der direkte Kontakt. Persönliche Anwesenheit und persönliches Einstehen ist von großer Bedeutung. So läßt sich z. B. eine Familie völlig abstrakt medial nicht steuern.[30] Die Zeit des Alltags hebt auf Unmittelbarkeit und schnelle Reaktion ab. Und so ist auch ein Gewinnen von Zeit durch das Distanzieren vom Alltag nur bis zu einem gewissen Grad tolerabel.

Strukturen des Alltags erscheinen aus der Sicht der Systemtheorie als überholte Entwicklungspunkte der Evolution. So beschreibt sie Luhmann z. B. grundsätzlich als evolutionär unterlegene Form im Rückblick, z. B. hinsichtlich der Zeiterfahrung: Die tägliche Orientierung im Mittelalter wäre ohne nennenswerte qualitative Differenzierung von Vergangenheit, Zukunft und Gegenwart ausgekommen[31] – eine Bestimmung, die möglicherweise ganz grundsätzlich für all-

---

27   A. a. O., S. 65. Zentral für die Herausbildung der westlich-protestantischen Kultur ist das Muster der aufgeschobenen Bedürfnisbefriedigung.

28   Vgl. diesbezüglich z. B. Niklas Luhmann: Die Wirtschaft der Gesellschaft. Frankfurt a. M., 1988 und Dirk Baecker: Information und Risiko in der Marktwirtschaft. Frankfurt a. M., 1988.

29   Vgl. C. Hartmann, a. a. O., S. 107 Eben dies ist jedoch für Religion sehr schwierig. Sie wird plausibel über Personen kommuniziert und ist davon nur schwer ablösbar.

30   Insofern ist es problematisch zu sagen, Komplexität müsse personal reduziert oder repräsentiert werden. Komplexität wird medial repräsentiert. Solch ein Medium kann die Person als Rolle sein. Als Person kommt sie im Alltag zum Tragen (vgl. z. B. Karl-Fritz Daiber: Predigt als religiöse Rede. München, 1991, S. 158).

31   Niklas Luhmann: Funktion der Religion. Frankfurt a. M., 1982, S. 159.

tägliche Vollzüge gilt. Und weiter heißt es an anderer Stelle: „Die Konstruktion bestimmbaren Sinnes dürfte ursprünglich sehr nah und sehr konkret an Kommunikation in sozialen Interaktionen gebunden gewesen sein. Die Gewißheitssicherungen werden noch nicht ‚individualisiert'; sie bleiben unmittelbar von sozialer Resonanz abhängig. In älteren Gesellschaften werden deshalb soziale Beziehungen mehr oder weniger in die gesamte Welt projiziert."[32] Eben dies scheint im Alltag bis heute zu gelten.

Für Religion und Kirche geht mit diesen Entwicklungen die doppelte Tendenz einher, den Gottesbegriff zur einen Seite hin so zu verallgemeinern, daß er keine sinnvolle Konkretion und damit auch kaum Kommunikation ermöglicht. Das „Tragende" der Gesellschaft hat zwar eine deutliche Funktion ist aber nicht der Ort für Bekenntnisse. Anders gesagt: Das Wort Gott ist allseits plausibel, weil man unterstellen kann, daß es das ist. Sobald man aber anfängt, zu problematisieren, oder gar zu konkretisieren, wird Unsicherheit erzeugt. Das klingt banal; weist aber darauf hin, daß das eigentlich Religiöse in der modernen Gesellschaft zwar wichtig, aber nur im Hintergrund der Kommunikation relevant ist. In den Worten Luhmanns: „Religion löst nicht spezifische Probleme des Individuums, sondern erfüllt eine gesellschaftliche Funktion … Für individuelle Menschen ist sie entbehrlich, nicht jedoch für das Kommunikationssystem Gesellschaft."[33]

Zur anderen Seite hin steigert das System Kirche seine Ansprüche; kann diese aber nur noch auf sich selbst beziehen: „Je anspruchsvoller die religiösen Muster gestaltet werden, desto stärker beziehen sie sich nur noch auf das Religionssystem selbst."[34] Denn jede Anspruchssteigerung geht notwendig mit zunehmender Indifferenz der Umwelt einher.[35] Es entwickelt sich eine auf sich selbst bezogene theologische Produktion. Dies ist auf der einen Seite ein notwendiger Prozeß des Gewinnens von Unabhängigkeit. Auf der anderen Seite stellt sich aber umso deutlicher die Frage, wie die Theologie in der Lage bleibt, mit anderen Bereichen der Gesellschaft zu kommunizieren. Dies ist die Frage nach dem Kommunikationsmedium Kirche, d. h. nach dem Verhältnis ihrer Eigen- und Fremdwahrnehmung.

4.2. Kommunikative Wahrnehmung

Wenngleich er nicht das Thema Wahrnehmung als solches behandelt, so implizieren doch Jürgen Habermas Analysen zum Verhältnis von Lebenswelt und System dieselbe Problematik. Allerdings ergibt sich eine kennzeichende begrif-

---

[32] A. a. O., S. 94.
[33] N. Luhmann, Sozialstruktur und Semantik. a. a. O., S. 349 f.
[34] Detlef Pollack: Religiöse Chiffrierung und soziologische Aufklärung. Die Religionstheorie Niklas Luhmanns im Rahmen ihrer systemtheoretischen Voraussetzungen. Frankfurt a. M., 1988, S. 124.
[35] A. a. O., S. 137.

fliche Verschiebung im Vergleich zu Luhmann: Interaktion ist nicht mit Lebenswelt gleichzusetzen. Während erstere ein soziales System bezeichnet, ist Lebenswelt bei Habermas die jeweilige „Hintergrundsüberzeugung", die Individuen oder Kollektive zwanglos teilen. Sie ist so der „Schatten", der allen systemischen Operationen anhängt und nicht eine Ebene der Gesellschaft. Ihre Funktion besteht darin, daß sie der Bereich der Bildung und der Kommunikation moralischer Normen ist: Erkenntnisleitende Interessen – auch für die Gestaltung der Systeme – entspringen der Lebenswelt.

Demgegenüber gilt für die Systeme, daß sie sich mittels der Ausbildung von Medien „ihre eigenen normfreien, über die Lebenswelt hinausragenden Sozialstrukturen"[36] schaffen. Die Lebenswelt wird dann für die Koordination von Handlungen nicht länger benötigt und in die Umwelt abgedrängt.[37]

4.2.1. Lebenswelt und System

Es liegt auf der Hand, daß in der Gegenüberstellung von Lebenswelt und System Wertungen eingebaut sind: Es sei die Lebenswelt, die die Humanität gegen den Zugriff der Systeme sichere.[38] So artikuliert Habermas auch eine Utopie: Er setzt seine Hoffnung auf die Rationalisierung der Lebenswelt. Entsprechend führt er den Begriff der Lebenswelt als Kritik der Systemtheorie ins Feld.[39] Dabei geht es ihm um das Festhalten einer humanistischen Perspektive, die den Menschen nach wie vor als im Zentrum der Gesellschaft stehend begreift. Von diesem Interesse her rückt er die Lebenswelt in den Vordergrund, da sich nur in ihr die Konstitution von handlungsfähigen Subjekten vollzöge.

Habermas will deshalb Gesellschaften gleichzeitig als System und Lebenswelt konzipieren.[40] Dabei ist es sein Ziel, mit dem Begriff der Lebenswelt eine Art von zwangloser Integration der Gesellschaft zu erfassen, wie sie z. B. im Sprechen einer gemeinsamen Sprache zum Ausdruck kommt. Sprache bildet einen Hintergrundkonsens ab, der sich in der zwanglos einigenden Kraft argumentativer Rede Gewicht verschafft. „Menschliche Kommunikation funktioniert – so Habermas – mit Hilfe einer Unterstellung, die im Alltag selten eingelöst wird und doch jedesmal vorgenommen werden muß, damit ein kommunikativer Prozeß überhaupt in Gang kommen kann."[41] Ebenso ist lebensweltliches Handeln ver-

---

[36] Jürgen Habermas: Theorie des kommunikativen Handelns. Band 2: Zur Kritik der funktionalistischen Vernunft. Frankfurt a. M., 1981, S. 273.
[37] A. a. O., S. 273. Die Formulierung ist pejorativ: „abgedrängt". Bei Luhmann würde dieser Vorgang neutral beschrieben werden. Die Umwelt hat eine klare Funktion.
[38] Detlev Horster: Jürgen Habermas. Stuttgart, 1991, S. 28.
[39] Jürgen Habermas, a. a. O., S. 171 f. : Zweite Zwischenbetrachtung: System und Lebenswelt.
[40] A. a. O., S. 180.
[41] C. Hartmann, a. a. O., S. 197. Jeder Kommunikationsakt setzt nach Habermas zunächst blindes Vertrauen voraus!

ständigungsorientiert und impliziert damit Normen, die sich diskursiv explizieren lassen. Sprache hat in sich das Ziel der Verständigung und entfaltet es.

Demgegenüber sehe die Systemtheorie diese elementaren Vorgänge nur „von außen" oder „von oben". Die Logik des Systems gewährleistet die funktionale Verknüpfung von Handlungsfolgen durch entsprechende Medien; aber sie schaffe nicht die Handlung selbst. Systemische Prozesse sind per Definition abgeschnitten von den subjektiven Intentionen. Der Sinn der Handlungen sei nicht phänomenologisch zu erfassen, sondern erschließt sich erst durch teilnehmende Beobachtung „von innen". Während also das System durch die Differenz deswegen bestimmt ist, weil es „beobachtet", lebt die Lebenswelt von der Identität, weil sie „teilnimmt". Die Prozesse in den beiden Bereichen sind verschieden: Das System steigert seine Komplexität – die Lebenswelt rationalisiert sich. Die Eliminierung des Subjektes durch die Systemtheorie lasse auch die Frage nach praktischer Herrschaftsausübung nicht mehr zu: Wenn das Ganze funktioniert, ist es gleichgültig, wer am meisten profitiert. Für die subjektive Wahrnehmung der Beteiligten sei es das jedoch ganz und gar nicht. Und auf sie käme es in einer emanzipatorischen Perspektive aber gerade an.

Ähnlich argumentieren jene Kritiker, die der Systemtheorie eine „mangelnden Akteursbezug" unterstellen. „Damit ist gemeint, daß Personen als Akteure mit ihren eigenen Präferenzen, Strategien und Absichten nicht ausreichend Beachtung finden gegenüber der anonymen Dynamik des Systems und der Logik seiner Operationsweise."[42] Willke will dieser Kritik damit begegnen, daß er auf die im System bedingte Abdrängung der Person in die Umwelt des Systems verweist, die dieser höhere Freiheitsgrade ermöglichte – auch gegenüber dem System. Die Frage bleibt, wie sich diese Freiheit praktisch realisieren läßt.

Habermas erweitert seine kritische Sicht dadurch, daß er nach den Grenzen systemischer Prozesse fragt: Sie würden Pathologien dadurch erzeugen, daß sie in Bereiche der Lebenswelt vordringen und deren Funktionsweise behindern. Dies sei im Bereich der kulturellen Reproduktion, der sozialen Integration und der Sozialisation der Fall.[43] Die verständigungsorientierte Funktionsweise der Lebenswelt leide unter der Zunahme der „Realabstraktionen", „wenn kommunikatives Handeln von mediengesteuerten Interaktionen abgelöst, wenn Sprache, in ihrer Funktion der Handlungskoordinierung, ersetzt wird durch Medien wie Geld und Macht"[44]. Habermas schließt mit dieser Sichtweise ausdrücklich an

---

[42] H. Willke, Systemtheorie, a. a. O., S. 137.
[43] J. Habermas, a. a. O., S. 548.
[44] A. a. O., S. 549. Allerdings gibt es auch – und dies kommt bei Habermas nicht vor – einen permanenten Gegenangriff der Lebenswelt auf die Systeme. Er führt zur Domestizierung der Systeme. Vgl. hierzu: Hans van der Loo / Willem van Reijen: Modernisierung. Projekt und Paradox. München, 1992, S. 143.

die Forschungstradition der Kritischen Theorie an.[45] Zugleich aktualisiert sich hier ein alter, kulturkritischer Gegensatz: der von Gesellschaft und Gemeinschaft.[46]

Habermas' Interesse an der Lebenswelt ist nicht nur das an einer kritischen Barriere gegen die Systeme, sondern positiv an gelingender Kommunikation. Er identifiziert in der Lebenswelt Maximen eines auf Verständigung angelegten Handelns: ihr Prinzip sei normativ. Ihre Implikationen erlaubten deswegen die Rekonstruktion von Basisannahmen für kommunikatives Handeln. Habermas erläutert diese These mit einer Gegenüberstellung der strukturellen Komponenten der Lebenswelt mit den Reproduktionsfunktionen verständigungsorientierten Handelns.[47] Während die Lebenswelt Deutungsschemata, interpersonelle Beziehungen und Interaktionsfähigkeiten in einer legitim geordneten Weise sichern würde, funktioniere das verständigungsorientierte Handeln als Überlieferung, Kritik und Erwerb von kulturellem Wissen, als Koordinierung von Handlungen über intersubjektiv anerkannte Geltungsansprüche und als Identitätsbildung. Habermas parallelisiert so beides und will damit sagen: Was den Kern der Alltagswelt ausmacht, macht humanes Handeln als solches aus.

4.2.2. Lebenswelt als Horizont der Wahrnehmung

Im Unterschied zu Luhmann besteht Habermas darauf, daß gesellschaftliche Integration nur in Einheit von sozialer, lebensweltlicher und systemischer Entwicklung zu gewährleisten ist. Moral, Lebenswelt und System gelten für ihn aus diesem Grund als koevulativ, d. h., daß auch in modernen Gesellschaften so etwas wie lebensweltlich verankerte Solidarität existieren muß. Sonst zerfallen sie in Anomie.[48]

Dabei erfaßt nur die Analyse der Lebenswelt die Perspektive der Teilnehmer der Gesellschaft, während sie die systemische Betrachtungsweise von außen – aus der Perspektive des Beobachters – sieht.[49] Entsprechend sind „Gesellschaften *gleichzeitig* als System und als Lebenswelt zu konzipieren"[50]. Die Lebenswelt ist mithin „der Horizont in dem sich die kommunikativ Handelnden ‚immer schon'

---

[45] J. Habermas, a. a. O., S. 554.
[46] Vgl. hierzu: Manfred Riedel: Gesellschaft, Gemeinschaft. In: Geschichtliche Grundbegriffe. Historisches Lexikon zur politisch-sozialen Sprache in Deutschland. Band 2, Stuttgart, 1975, Sp. 801–862. Auch: Karl-Siegbert Rehberg: Gemeinschaft und Gesellschaft – Tönnies und wir. In: Micha Brumlik und Hauke Brunkhorst (Hrsg.): Gemeinschaft und Gerechtigkeit. Frankfurt a. M., 1993, S. 19. Vor allem aber Ferdinand Tönnies: Gemeinschaft und Gesellschaft. Leipzig, ³1919.
[47] Habermas, a. a. O., S. 214 ff.
[48] A. a. O., S. 223.
[49] A. a. O., S. 179.
[50] A. a. O., S. 180.

bewegen"[51]. „Aus der situationszugewandten Perspektive erscheint die Lebenswelt als ein Reservoir von Selbstverständlichkeiten oder unerschütterten Überzeugungen, welche die Kommunikationsteilnehmer für kooperative Deutungsmuster besitzen."[52] Dies bedeutet: die Lebenswelt bezieht sich nicht auf etwas, denn „die kommunikativ Handelnden bewegen sich stets *innerhalb* des Horizonts ihrer Lebenswelt; aus ihr können sie nicht heraustreten"[53]. Teilnehmer der Lebenswelt wissen um das Risiko, daß sie ständig neue Situationen bewältigen müssen, aber: „Diese Situationen können das naive Vertrauen in die Lebenswelt nicht erschüttern."[54] Unvereinbar mit der Lebenswelt ist mithin die Luhmannsche Grundvorstellung, daß alles auch ganz anders sein kann.

„Kommunikative Handlungen sind nicht nur Interpretationsvorgänge, bei denen kulturelles Wissen einem ‚Test an der Welt' ausgesetzt wird; sie bedeuten zugleich Vorgänge der sozialen Integration und der Vergesellschaftung."[55] In diesem Sinne hat die kulturelle Reproduktion der Lebenswelt die folgenden Funktionen:

— Sicherung der Kontinuität der Überlieferung

— Kohärenz des Wissens

— Koordinierung von Handlungen

— Verstetigung von Identitäten

— Sicherung generalisierter Handlungsfähigkeit und Zurechenbarkeit

— Verbindung individueller Lebensgeschichten mit kollektiven Lebensformen.[56]

Es wird deutlich, daß lebensweltliche Wahrnehmung anspruchsvoller als bei Luhmann gedacht wird. Entsprechend spricht Habermas auch von Kommunikation. Die Frage ist jedoch, in welcher Hinsicht dies pausibel ist, denn ein im Hintergrund sich vollziehender Vorgang wird ja gerade nicht verbal artikuliert, sondern eben „nur" wahrgenommen.[57]

---

[51] A. a. O., S. 182. Dies wird von Habermas am Beispiel einer Szene von Bauarbeitern expliziert, S. 189 ff.

[52] A. a. O., S. 189.

[53] A. a. O., S. 192.

[54] A. a. O., S. 200.

[55] A. a. O., S. 211.

[56] A. a. O., S. 213. An dieser Liste kann bereits deutlich werden, wie eng Lebenswelt mit Religion gekoppelt ist. Religion leistet eben dies – vgl. Kapitel 5.

[57] Vielfach ist deswegen die Kritik geäußert worden, daß eine vollständig durchschaute und rationalisierte Lebenswelt keine mehr wäre, sondern ein System. Vgl. z. B. Klaus-Michael Kodalle: Versprachlichung des Sakralen? In: Allgemeine Zeitschrift für Philosophie, Jg. 12, 1987, S. 213.

4.2.3. Zum Ansatz von Jürgen Habermas

Habermas' anspruchsvolle Sicht der Lebenswelt wird verständlich vor dem Hintergrund seiner Grundannahmen. Sie hängen vor allem mit seinem humanistischem Interesse zusammen, das sich in seiner Vorstellung einer Rationalisierung der Lebenswelt verdichtet. Sie würde die verselbständigten Systeme, wenn nicht in die Kapazität der Individuen zurückbinden, so doch ihre Strukturbildung beeinflussen. „Die systemtheoretische Perspektive wird also durch die Annahme relativiert, daß die Rationalisierung der Lebenswelt zu einer gerichteten Variation der den Systembestand definierenden Strukturmuster führt."[58] „Dahinter steht aber die allgemeine Idee eines Zustandes, wo die Reproduktion der Lebenswelt nicht mehr nur durch das Medium verständigungsorientierten Handelns *hindurchgeleitet,* sondern den Interpretationsleistungen der Aktoren selber *aufgebürdet* wird."[59] Eben dies wäre dann eine rationalisierte Lebenswelt. Sie wäre nicht konfliktfrei, aber „die Konflikte träten unter ihrem *eigenen* Namen auf, würden nicht länger durch Überzeugungen kaschiert, die einer diskursiven Nachprüfung nicht standhalten können."[60] Näherhin bedeutet dies eine reflexive Brechung der symbolischen Reproduktion der Lebenswelt, die dreierlei leisten müßte:

— Dauerrevision verflüssigter, reflexiv gewordener Traditionen,

— Abhängigkeit jedweder Ordnung von formalen Verfahren,

— Schaffung stabiler, hochabstrakter Ich-Identitäten.[61]

Jede dieser drei Funktionen hat natürlich nicht nur Folgen für die Konstitution des einzelnen, sondern für die jeweils verfaßte Gesellschaft insgesamt. Gesellschaften begreift Habermas als „*systemisch stabilisierte* Handlungszusammenhänge *sozial integrierter* Gruppen"[62]. D. h.: Der Lebenswelt kommt ein Prä zu. Sie entwickelt sich zwar zu einem Bereich unter anderen, behält aber besondere, nicht ersetzbare Funktionen: „Gleichzeitig bleibt die Lebenswelt das Subsystem, das den Bestand des Gesellschaftssystems im ganzen definiert. Daher bedürfen die systemischen Mechanismen einer Verankerung in der Lebenswelt."[63] Die Entwicklung der Systeme bleibt so an die Rationalisierung der Lebenswelt angekoppelt: „Komplexitätssteigerungen sind ihrerseits von der strukturellen Differenzierung der Lebenswelt abhängig. Und dieser Strukturwandel, wie immer

---

[58] J. Habermas, a. a. O., S. 223.
[59] A. a. O., S. 219.
[60] A. a. O., S. 219.
[61] A. a. O., S. 220/1.
[62] A. a. O., S. 228. Vgl: Simone Dietz: Lebenswelt und System. Widerstreitende Ansätze in der Gesellschaftstheorie Jürgen Habermas'. Würzburg, 1993. Ihre These ist, daß keine wirkliche Vermittlung zwischen System und Lebenswelt erfolgt.
[63] A. a. O., S. 230.

seine Dynamik erklärt werden mag, gehorcht wiederum dem Eigensinn einer kommunikativen Rationalisierung."[64] Krisen entstehen immer dann, wenn sich System und Lebenswelt auseinanderentwickeln. Angestoßen durch Entwicklungen in der Lebenswelt kann so eine Steigerung der Systemkomplexität erreicht werden, die so „hypertrophiert, daß die losgelassenen Systemimperative die Fassungskraft der Lebenswelt, die von ihnen instrumentalisiert wird, sprengen"[65].

Die Lebenswelt läßt sich deswegen rationalisieren, weil sie im Prinzip rational angelegt ist. Sie baue nämlich auf zwanglos rational nachprüfbaren Geltungsansprüchen auf. Solche Ansprüche lägen im Kern allen kommunikativen Handlungen zugrunde. „Im Alltag stellen wir Behauptungen auf und erheben damit stets einen Wahrheitsanspruch, den wir zu begründen versuchen."[66] Die latente Argumentationspraxis der Lebenswelt sei auf diese Weise auf Konsens angelegt und, d. h., sie hätte die Struktur eines Diskurses: „Dies bedeutet, daß jede, auch die alltägliche Äußerung, prinzipiell auf einen Diskurs angelegt ist, d. h., daß sie so gemacht wird, daß sie grundsätzlich in einem Diskurs überprüft werden könnte."[67] Soziales Handeln ist in dieser Sicht Befolgung von Normen, d. h., „daß ein Subjekt nur die Handlungen ausführen kann, deren Intention es grundsätzlich beschreiben kann"[68]. Gesellschaft sei so ein „Netzwerk kommunikativer Handlungen", d. h., ein Gefüge von Subjekten, die sich mit ihren Bedürfnissen in eine prinzipiell unabgeschlossene Normendiskussion einbringen.

Im Hintergrund dieser Vorstellung steht die Konzeption einer Diskursethik: „Die Diskursethik stellt den Grundsatz auf, daß nur diejenigen Normen Geltung beanspruchen dürfen, die die Zustimmung aller Betroffenen als Teilnehmer eines praktischen Diskurses finden könnten."[69] So illusionär diese Maxime ist: sie macht ernst damit, daß Verständigung nur möglich ist, weil eine ideale Situation unterstellt werden muß, wenn sich die Sprecher nicht selbst widersprechen wollen. Diese Unterstellung ist kontra- faktisch – sie erfordert dauernde Metakommunikation über die nicht idealen faktischen Kommunikationsbedingungen, d. h. Dis-

---

[64] A. a. O., S. 259.

[65] A. a. O., S. 232/3 Wie sich System und Lebenswelt koevulativ herausgebildet haben, wird in einem langen Exkurs dargelegt: S. 247 ff.

[66] D. Horster, a. a. O., S. 94.

[67] A. a. O., S. 96. Vgl. die Kritik von Niklas Luhmann: Habermas mache klar, „daß ein Individuum, das sich auf verständigungsorientierte Kommunikation einläßt, zwanglos prüfen *kann,* ob es Gründe als allgemein verbindlich anerkennen *kann.* Aber wird es das *tun?*" (Luhmann: Soziale Systeme. A. a. O., S. 352) Der Diskurs muß nicht zu einer Entscheidung führen. Erfahrungen, gerade auch in der Kirche, zeigen, daß ein Diskurs auch zu gleichwertigen Optionen führen *kann,* und die Entscheidung dann aufgrund zweitrangiger Kriterien erfolgen muß.

[68] J. Habermas: Zur Logik der Sozialwissenschaften. Frankfurt a. M., 1982, 5. Aufl., S. 189.

[69] Ebda, S. 57, Zitat von J. Habermas: Moral und Sittlichkeit. In: Merkur. Heft 442. Dez. 85, S. 1041.

kurs. Seine Funktion besteht darin, die nicht idealen, aber faktischen Bedingungen bewußtzumachen und an ihrer Verbesserung zu arbeiten.[70]

Es geht Habermas um die Rückgewinnung einer ethischen Steuerungsmöglichkeit der Systeme – also gerade um etwas, was Luhmann längst ad acta gelegt hat. Man könnte meinen, daß er gerade hierzu religiöse Potenzen für wertvoll halten würde, aber das Gegenteil ist der Fall: Religiöse Lebenswelt hätte nur Geltung unter der Bedingung beschränkter Kommunikation. Sie wird folglich im Zuge der Erweiterung diskursiver Möglichkeiten marginal.

Gleichwohl verarbeitet Habermas' Ansatz im Vertrauen auf die grundsätzlich schwache Kraft zwanglos gebildeter, intersubjektiv geteilter Überzeugungen gegen die übergroße Macht von Gewalt und Organisation zumindest *auch* religiöse Tradition. Und gerade in der Betonung des verbal ausgearbeiteten Arguments als Kriterium des wahren Lebens verbirgt sich auch protestantisches Erbe.[71] Grundsätzlich redet der biblische Theologe jedoch kaum von herrschaftsfreien Räumen, sondern von Befreiung, die als Herrschaftswechsel begriffen werden muß und das Leiden impliziert.

Die Kritik entzündet sich an den idealen Konstruktionen diskursiver Ethik, wie Habermas sie entwickelt. Er denke vom Ergebnis her: Was sich idealtypisch als Voraussetzungen freier Kommunikation und Identitätsentwicklung denken läßt, würde von ihm in die Lebenswelt zurückprojiziert. Was logisch gedacht dem Diskurs vorausgehen müßte, müßte auch tatsächlich vorher entwickelt werden.

---

[70] Vgl. die Kritik von Michael Walzer: Kritik und Gemeinsinn. Drei Wege der Gesellschaftskritik. Frankfurt a. M., 1993, S. 20: Habermas verlangt, „daß wir uns tatsächliche Unterhaltungen vorstellen, aber nur unter Bedingungen die sorgfältig so konstruiert sind, daß der Diskurs vornherein über die Niederungen ideologischer Konfrontation erhaben ist".

[71] Vgl. zur Differenz Habermas/Luhmann am Beispiel des Rechts: „Jeder, der beansprucht, über Recht nachzudenken, muß sich zu Beginn wenigstens über dreierlei Rechenschaft geben: Was ist Recht? Was bedeutet die Existenz eines Rechtssystems, und weshalb soll ich verpflichtet sein, den in ihm enthaltenen Normen zu folgen? Habermas und Luhmann sind sich einig, daß in Rechtssätzen Verhaltenserwartungen zur Sprache kommen. Ein Sollensatz wird in der Erwartung formuliert, daß der Adressat ihm folgt. Damit ist die Übereinstimmung der Denker allerdings bereits erschöpft. Habermas benutzt die von ihm schon früh philosophisch weiterentwickelte linguistische Sprechakttheorie, um zu begründen, daß dem Sollensatz eine verpflichtende Dimension eignet. Sie entströmt der Intention des Sprechers, mit seiner Äußerung einen Geltungsanspruch zu formulieren, auf den der Angesprochene sich einlassen muß, wenn er an der Verständigung teilnehmen will. Luhmann bearbeitet die im Sollensatz zum Ausdruck kommende Verhaltenserwartung mit den Mitteln einer von ihm soziologisch weiterentwickelten psychologischen Lerntheorie. Ein Rechtssatz ist die Konsequenz aus dem Umstand, daß der normativ Angesprochene sich lernunwillig verhält. Denn hätte er sich lernend verhalten und wäre der verpflichtenden Zustimmung gefolgt, hätte es des Satzes nicht bedurft. Für Habermas ist dies eine „empirische Umdeutung", die die „spezifische Bindungswirkung" der Norm zum Verschwinden bringt. Für Luhmann handelt es sich um eine funktionale Erklärung, die nichts verschwinden läßt, es sei denn eine Illusion." (Dieter Simon: Die Einheit des Rechts in der Vielheit der Systeme. In: FAZ vom 8.12.92, S. L13. Nr. 285)

Nicht nur Mary Douglas hat Habermas' Verfahren des Ermittelns logischer Implikationen als eine Art fehlgeschlagenen Gottesbeweises kritisiert.[72] Rein logische Folgerungen erlauben nicht den Rückschluß auf die tatsächliche Existenz eines solchen verständigungsorientierten Handelns. Faktisch sei die Lebenswelt eher das Gegenteil: sie sei durch Verhaltensmuster gerade so strukturiert, daß Verständigung überflüssig wird. Alles Wesentliche ist in der Lebenswelt banal – und die Regeln des Banalen entscheiden über Leben und Tod, über Behalten und Vergessen.[73] Aus dieser Sicht ist die Lebenswelt kein Ort der Freiheit, sondern der Macht. Erst der Blick von „außen" eröffne Spielräume der Gestaltung, die die Beteiligten gerade nicht sehen könnten. Dies hängt mit ihrem Verhaftetsein an praktische Interessen zusammen. Ziel des Alltags ist nicht die freie Kommunikation, sondern die Bewältigung des Lebens und sie vollzieht sich in eingefahrenen Routinen, Institutionen und Ritualen. Sie begrenzen die Möglichkeiten des Lebens und konstituieren in Form einer Rückkopplungsschleife vertraute Wirklichkeit: „Geschichte entsteht als nicht intendierte Gestalt aufgrund von Aktivitäten, die auf unmittelbar praktische Ziele ausgerichtet sind."[74] Die Habermas'schen Konstruktionen unterstellen Strukturen von Beständigkeit und Egalität, die späte Produkte der Evolution sind und sich gerade in der Lebenswelt nur schwer identifizieren lassen werden. So soll die Teilnahme am Diskurs wesentlich formal motiviert sein, d. h. unter Absehung von Inhalten erfolgen. Das bedeutet natürlich auch, daß jede Art von Identifikation („Wir-Gefühl") problematisch ist. In dieser Weise funktionieren jedoch eher Systeme als lebensweltliche Strukturen.[75]

Exkurs: Wirklichkeitskonstruktion in Predigten und ihre Fremdwahrnehmung

Wie läßt sich hierin die kirchliche Praxis einordnen? Folgt sie eher systemischen oder lebensweltlichen Regeln? Wie bereits zu sehen war (Exkurs zur zirkulären Begründung kirchlicher Arbeitsfelder) ist sie durchaus systemisch verfaßt. Wie aber verhält es sich mit dem Predigen?

In ihrer Selbstwahrnehmung ist für das Funktionieren von evangelischer Kirche Predigt konstitutiv. Der Pfarrer vollzieht mit und in ihr Deutungen der erlebten Wirklichkeit unter Inanspruchnahme eines mehr oder minder deutlichen Geltungsanspruchs. Die Predigt markiert eine Schalt- und Schnittstelle zwischen

---

[72] Mary Douglas: Wie Institutionen denken. Frankfurt a. M., 1991, S. 187.
[73] A. a. O., S. 179.
[74] A. a. O., S. 114. Vgl. hierzu Monika Wohlrab-Sahr: Über den Umgang mit biographischer Unsicherheit – Implikationen der „Modernisierung der Moderne". In: Soziale Welt, Jg. 43, Heft 2, 1992, S. 217.
[75] Sibylle Tönnies: Nahrung, die Hunger macht. In: FAZ vom 25.8.93, S. 32 meint deswegen nicht ganz zu Unrecht, daß die Habermas' Konstruktion ein durch Paradoxie gebildetes Nichts sei.

der Eigentätigkeit des Systems Kirche – in Form theologischer Referenz – und der Fremderwartung der Hörer. Sie kommuniziert insofern das „Selbst" der Kirche. Entsprechend kann gefragt werden: Wie nehmen Prediger Wirklichkeit wahr und wie werden sie beim Predigen wahrgenommen?

Karl-Fritz Daiber unterscheidet zwischen dem nichtexplizierten und dem explizierten Wirklichkeitsbezug der Predigt, sowie der Funktionszuweisung dieses Bezugs.[76] Im ersten Fall werden Erfahrungen hochgeneralisiert zur Sprache gebracht. Auf diese Weise expliziert sich das Selbstverständnis sozusagen „pur". Im zweiten Fall fällt Daiber auf, daß relativ wenig politische Aspekte und Fragen der Arbeitswelt angesprochen werden. Stärker dreht sich die Predigt um Fragen des individuellen Lebens. Hinsichtlich der Funktionszuweisung unterscheidet Daiber insgesamt sieben Kategorien, die sich jedoch in zwei Gruppen aufteilen lassen. Die erste Gruppe geht davon aus, daß sich in der Predigt das Einrücken des Hörers in die Relation zu Gott vollziehen soll. Dementsprechend kommt der alltäglichen Erfahrung von Wirklichkeit wenig Gewicht zu; sie setzt folglich eine Einheit der Wahrnehmung voraus. Die andere Gruppe orientiert sich daran, daß es einen Bezug zwischen alltäglicher (Fremd-)Erfahrung und dem Glauben gibt und sucht ihn in unterschiedlicher Weise aufzuspüren. Auf diese Weise läßt sie sich auf Fremderfahrung ein.

Für die Predigt wird ein Wirklichkeitsbezug jedoch nur dadurch konstitutiv, daß er sich in einem Zusammenhang von gegenwärtiger Erfahrung und biblischem Wort entwickelt. Nur wenn das biblische Wort Überzeugungskraft entfaltet und sich mit elementarer religiöser Erfahrung verknüpfen läßt, erschließt sich eine neue Sicht der Wirklichkeit. Der Hörer kann dann entscheiden, ob er diese Erfahrungen teilt oder nicht.[77]

In diesem Prozeß der Verarbeitung des alltäglichen und des biblischen Materials setzt der Prediger auch neue Wirklichkeit; handelt also nicht nur reaktiv.

In ähnlicher Weise hat die empirische Untersuchung „Predigen und Hören"[78] zwischen zwei Predigttypen unterschieden: dem dogmatisch-bezeugenden und dem persönlich-dialogischen.[79] Die Differenzierung erfolgt hier vor allem aufgrund einer Analyse der Sprechakte, d.h., daß die Beziehungsebene zwischen Prediger und Hörer im Vordergrund steht. „Im persönlich-dialogischen Typ läßt der Prediger Unsicherheiten zu, nimmt Einwände auf und zeigt alternative Hand-

---

[76] Karl-Fritz Daiber: Der Wirklichkeitsbezug der Predigt. In: PTh, Jg.73, 1984, S. 488.
[77] A. a. O., S. 499.
[78] Karl-Fritz Daiber/Hans Werner Dannowski/Wolfgang Lukatis/Klaus Meyerbröker/Peter Ohnesorg/Beate Stierle: Predigen und Hören. Ergebnisse einer Gottesdienstbefragung. Band 1: Predigten. Analysen und Grundauswertung. München, 1980; Band 2: Kommunikation zwischen Predigern und Hörern. Sozialwissenschaftliche Untersuchungen. München, 1983.
[79] Predigen und Hören, Band 2, S. 256 ff.

lungsmöglichkeiten. Der Prediger spricht in diesem Zusammenhang von seinen eigenen Zweifeln, aber auch von seinem eigenen Glauben. Im Prozeß der Predigt versucht er, die Relevanz der biblischen Überlieferung mit dem Hörer zusammen ausfindig zu machen.

Der Typ der dogmatisch-bezeugenden Predigt setzt den Konsens der am Kommunikationsprozeß Beteiligten hinsichtlich der Geltung der christlichen Überlieferung voraus. Er konstatiert, stellt klar, gibt klare Direktiven. Unsicherheiten und Handlungsalternativen kommen weniger oder kaum zur Sprache, die Person des Predigers tritt in der Predigt zurück, die ‚Sache‘ steht eindeutig im Vordergrund."[80] Mit dieser Einordnung wird zugleich das Selbstverständnis und die Eigenwahrnehmung der jeweiligen Prediger deutlich.

Fragt man nun nach der Fremdwahrnehmung dieser beiden Typen, so stellt sich heraus, daß sich der persönlich-dialogische Typ zwar durch größere Lebensnähe auszeichnet, der dogmatisch-bezeugende jedoch durch seine Nähe zur Hörererwartung. Auch kirchlich-Distanzierte zeigen keine eindeutige Präferenz für den „offeneren" Typ.[81] „Die Orientierungsleistung des dogmatisch-bezeugenden Typs vermittelt stärker als die eher offenen, zum Dialog nötigenden Aussagen des persönlich-dialogischen Typs den Eindruch der Beweiskraft, der Richtigkeit, der Zustimmungsfähigkeit."[82] Dies gilt auch gerade für Akademiker: Sie nehmen solche Predigten als Diskussionsthesen wahr. Generell zeigt sich, so ein Ergebnis der Studie, daß die verschiedenen Hörergruppen in eigenständiger Weise die Predigt wahrnehmen und ihren Nutzen selbständig definieren. Die Wahrnehmung von Predigten erscheint folglich wenig konditionierbar zu sein.

Dies kann jedoch nur geschehen, wenn die Kommunikation gelingt. Hierzu hält die Studie ein positives Ergebnis fest: „Prediger und Hörer treten sich nicht als Fremde gegenüber, sie kommunizieren in einem vertrauten Sprachraum."[83] Und weiter: „Je stärker sich ein Hörer mit der Kirche identifiziert, desto mehr stimmt er auch den Predigeraussagen zu. Dabei wird eine deutliche Präferenz für den dogmatisch-bezeugenden Typ erkennbar."[84]

Es zeigt sich, daß die interne Differenzierung von Predigttypen vergleichsweise wenig Einfluß auf ihre Fremdwahrnehmung hat. Eine sich selbst offen verstehende Predigtweise wird nach „außen" nicht notwendig besser verstanden, als eine „geschlossene". Wichtiger als derartige Faktoren ist die Eingebundenheit des Gesamtprozesses von Kirche, Gottesdienst und Predigt in die alltägliche Wahrnehmung der Menschen. Zugespitzt gesagt: Auf jeden Fall gilt für das Predigen,

---

[80] A. a. O., S. 269.
[81] A. a. O., S. 353.
[82] A. a. O., S. 348.
[83] A. a. O., S. 357.
[84] A. a. O., S. 348.

daß die interne systemische Ausdifferenzierung für Kirche gegenüber ihrer lebensweltlichen Verankerung insgesamt vergleichsweise unwichtig zu sein scheint! Kirche – jedenfalls in dieser Hinsicht – kann sich nicht von der geteilten Lebenswelt lösen.

4.3. Fazit: Eigen- und Fremdwahrnehmung als System und Lebenswelt

Gemeinsam ist Habermas und Luhmann, bei aller Unterschiedlichkeit in der Gewichtung, der Nachweis eines Bereiches sozialen Lebens, in dem selbstverständliche und vertraute Lebensmuster kultiviert werden. Es scheint so zu sein, daß dieser Bereich nach wie vor Relevanz hat. Ohne ihn läßt sich offensichtlich schlecht leben.

Unterschiedlich ist seine Einordnung: Während Luhmann ihn als evolutionär primitiv – in dieser Primitivität aber als notwendig – erachtet, hält Habermas ihn als solchen für entwicklungsfähig. Für den ersten ist es der Ort notwendiger Regression – für den anderen der der Aufklärung. Vereinfacht gesagt: Luhmann läßt den Stammtisch in Ruhe; für ihn ist nur wichtig, daß er existiert und eine Funktion hat. Habermas jedoch nimmt die Geltungsansprüche des Stammtischs – die ja enorm sein können, wie man weiß – ernst und will ihn diskursiv weiterentwickeln.

Grundsätzlich haben auf den ersten Blick beide Sichtweisen ihr Recht; je nach dem sozialen Interesse des Beobachters. Luhmann beobachtet – da ist Habermas zuzustimmen – von außen. Er schaut über die Schulter und beschreibt, was er sieht. Der Ansatz der Lebenswelt will jedoch von innen her die Perspektiven der Teilnehmer erfassen. Ein Stammtisch läßt sich sowohl als soziales System als auch als Lebenswelt wahrnehmen. In der ersten Sicht ist seine Kommunikation etwas Kontingentes, die auch ganz anders sein könnte; in der zweiten Sicht bringt er die lebensgeschichtlichen Perspektiven der Teilnehmer zum Tragen und hat infolgedessen keine Alternativen. Sein Geltungsanspruch ist im ersten Fall gering, da er nur wenig auf der Nutzung von Medien basiert; im zweiten Fall hoch, da gerade in ihm die Teilnehmer ihre eigenen lebensgeschichtlichen Logiken entfalten können.

Man kann die Differenz von lebensweltlicher und systemischer Wahrnehmung auch am Beispiel der Raumerfahrung erläutern.[85] Ein Raum wird lebensweltlich

---

[85] Vgl. die Begrifflichkeit bei Anthony Giddens: Konsequenzen der Moderne. Frankfurt a. M., 1995, S. 33: Embedding / Disembedding, deutsch: Einbettung und Entbettung. Systeme wären dann als „entbettete" Lebenszusammenhänge zu begreifen; sie sind aus ortgebundenen Interaktionszusammenhängen herausgehoben.

als mehr oder minder bereichernde Konditionierung des eigenen Verhaltens erfahren. Er suggeriert ein bestimmtes Verhalten, ja eine Haltung, bestimmt Gefühle. Dann, wenn er gestaltet werden soll, wird er systemisch wahrgenommen: Reflexion kommt in Gang und erwägt Möglichkeiten, vergleicht, geht auf Distanz, schaltet von konditionierter Haltung auf Möglichkeit um.[86] Die systemische Sicht betont die sich über Medien vollziehende Autonomisierung der Strukturen; die lebensweltliche Sicht ihre Zugehörigkeit zu überkommenen Geltungsmustern. Damit stoßen wir wiederum auf die Doppelstruktur der Wahrnehmung.

Die theoretischen Perspektiven lassen sich nicht harmonisieren, denn sie umgreifen jeweils die ausgeschlossene Sicht der anderen. Die Lebenswelt kann auch als System untersucht werden und stellt in dieser Sichtweise dann nicht dessen Außenseite dar. Wenn ich im Folgenden zwischen Lebenswelt und System unterscheiden will, dann entscheide ich mich folglich für die Sicht Habermas'. Freilich geschieht dies nur in formaler Hinsicht.

Denn es fällt ein kritisches Licht auf die bereits oben kritisierten Grundannahmen Habermas'. Er identifiziert in der Lebenswelt – obwohl auch er sie als Ebene der Wahrnehmung erfaßt – verbal artikulationsfähige, kommunikative Potentiale. Aus diesem Grund muß er auch unterstellen, daß die Teilnehmer der Lebenswelt über die Gründe ihres Handelns Auskunft geben können; ja mehr noch: daß sie moralischen Maximen folgen würden. Dies ist jedoch ein Widerspruch in sich: Entweder die Lebenswelt ist die jeweils latente Hintergrundswelt, die eben so die Wahrnehmung bestimmt, oder sie ist Gegenstand der Kommunikation. Dann aber ist sie nicht mehr latenter *Hinter-*, sondern bewußter *Vordergrund*.

Aus diesem Grund soll im weiteren zwar an die Habermassche Differenz von Lebenswelt und System angeknüpft werden. Sie bringt prinzipiell eine breitere Möglichkeit der Analyse von Gesellschaft zum Tragen als die reine Unterscheidung von Interaktion und Gesellschaft. Zugleich aber soll Lebenswelt als Ebene der vorsprachlichen, praktisch handlungsbezogenen und i. S. des primitiven Denkens symbolischen Erfahrung: also als Ebene der Wahrnehmung begriffen werden.[87] Sie ist rekonstruierbar auf der Basis von Anwesenheit, d. h., daß sie zumindest den Eindruck erweckt, vieles sei vom Handeln der individuellen Sub-

---

[86] Vgl. Werner Hofmann: Die Grundlagen der modernen Kunst. Stuttgart, 1987, S. 41: „In der Reflexion wird dem Kunstwerk eine neue Dimension gewonnen, wird sein Tatbestand, bisher fraglos hingenommen oder von bestimmten Zweckanweisungen legitimiert im hegelschen Sinne, vernünftig'. Der zwischen Betrachter und Werk gelegte Filter der Reflexion reinigt dieses von seiner bestürzenden sinnlichen Unmittelbarkeit, das Denken rechtfertigt post eventum die Wirklichkeit, indem es sie sich präpariert. … Die Reflexion ist nicht bloß die Brücke, die über das Kunstwerk hinwegführt, sie versucht auf eigenmächtige Weise, sich dieses anzueignen."

[87] Vgl. hierzu die Beschreibung der Situation der mythischen Erfahrung bei Wolfgang Nethöfel: Theologische Hermeneutik. Neukirchen-Vluyn, 1992, S. 54.

jekte abhängig – anders als in den mediengesteuerten Systemen. Aber dieses Handeln ist selbstverständliches Handeln, in das sich – zugespitzt formuliert – Normen zwar „einlesen" lassen, das aber in Wirklichkeit völlig anders als normorientiert abläuft.[88]

Aus der Sicht eines Systems, wie z. B. des hier interessierenden Systems Kirche / Theologie, ist die Lebenswelt Umwelt und folglich etwas Fremdes. Sie wird vom System beobachtet und erscheint als kontingente Größe. In der umgekehrten Sichtweise – sie wird durch Habermas zwar nicht angemessen gedeutet, aber zumindest zum Thema gemacht – erscheinen die Systeme als mehr oder minder organisierte Welten, deren Sprachen zu erlernen sind und die sich vom Selbst unterscheiden. Kompetenz entwickelt sich in der Aneignung dieser Sprachen, Identitätsbildung bleibt an Lebenswelt gebunden.

Ob Kirche eher als System oder als Lebenswelt erfahren wird, variiert mit den Interessen des Wahrnehmenden. Immer ist er dabei in aller Eingebundenheit gestaltend. Im Akt der Wahrnehmung werden immer Selektionen vollzogen. Aus diesem Primärakt der Wahrnehmung erwachsen zwei Möglichkeiten: Entweder die assoziierende Wahrnehmung richtet sich auf die Identifikation der Gegenstände – oder aber sie fragt nach der Logik der Gegenstände selber. Im ersten Fall tendiert das Wahrnehmen zum Nachahmen, zur Verknüpfung von Gegenständen. Im zweiten Fall geht es um die Sache als solche, ihre Geltung von innen heraus.[89]

Interessant ist die Frage, wie sich der Übergang von lebensweltlicher zu systemischer Wahrnehmung beschreiben läßt. I. S. Luhmanns setzt er dann ein, wenn eine ansatzweise Beobachtung der eigenen Beobachtungsweise erfolgt, d. h., wenn Handeln selbstreflexiv wird. Dies ist dann der Fall, wenn Interesse an der Gestaltung von Situationen erwacht. Dieter Claessens hat in dieser Richtung die Struktur eines „Heraustretens aus der Masse" untersucht.[90] Mit dieser Figur begreift er jenen Vorgang, mit dem sich jemand zum Organisator profiliert. Als entscheidende Voraussetzung eines derartigen Schrittes nennt er das „Verfolgenkönnen des Kontextes",[91] d. h. die Fähigkeit zur Beobachtung des eigenen Tuns im Zusammenhang des Ganzen. Das richtige Wort zu richtiger Zeit ist entscheidend. Der Organisator verläßt das warme Nest der Lebenswelt, ja überhaupt des

---

88 Vgl. D. Horster, a. a. O., S. 3: Bei Habermas dient der Begriff der Lebenswelt geradezu als der einzige Zugang zum Problem der Normen.

89 Vgl. zu dieser Gegenüberstellung: Werner Hofmann, a. a. O., S. 474: Die Anfänge der Formhandlung.

90 Dieter Claessens: Heraustreten aus der Masse als Kulturarbeit. In: Klaus Eder (Hrsg.): Klassenlage, Lebensstil und kulturelle Praxis. Theoretische und empirische Beiträge zur Auseinandersetzung mit Pierre Bourdieus Klassentheorie. Frankfurt a. M., 1989, S. 303

91 A. a. O., S. 307

Sich-Begnügens, und begibt sich in einen größeren Zusammenhang, den er selbst zu verantworten und zu gestalten hat.[92]

Im nächsten Kapitel soll aufgezeigt werden, welche Mechanismen die so konstruierte Lebenswelt strukturieren. Es wird sich zeigen, daß das zentrale Moment der Lebenswelt, das zugleich wahrnehmungsbestimmend ist, mit dem Begriff des Körpers erfaßt werden kann.[93]

---

[92] Dieser Vorgang ist mit Unruhe verbunden. Sie treibt zur Systembildung. Solche Unruhe liegt quer zur Erfahrung der Gelassenheit des Glaubens, auch wenn Jürgen Moltmann: Kirche in der Kraft des Geistes. München, 1975, S. 17, meint: „Im Grunde aber hat sie (sc. die Kirche, G. W.) ihre ‚Unruhe' in sich selbst, in dem gekreuzigten Christus, auf den sie sich beruft, und in dem Geist, der sie treibt. Die Unruhe der Zeit weist sie auf diese ihre innere Unruhe hin ... Die theologische Lehre von der Kirche wird sich darum von der inneren Unruhe leiten lassen, die die Kirche bewegt."

[93] Vgl. W. Nethöfel, a. a. O. S. 54. Er beschreibt als mythische Situation eine körpernahe Situation.

5. Lebenswelt: Die Eingebundenheit des Systems

Der Reichweite der Lebenswelt ist der Bereich körperbezogenen Handelns. In Situationen sind Menschen als körperlich wahrnehmbar, und nicht bloß als medial vermittelt, inszeniert. Jede Kommunikation, sofern sie auf Anwesenheit beruht, muß folglich die Gesetze der Lebenswelt respektieren, was nicht zuletzt die Befriedigung körperlicher Bedürfnisse bedeutet. Der Körper erzwingt seine Zeitlichkeit, seine Rhythmik, seine „leibhaftige Vernunft".[1] „In allen Momenten unseres Wachlebens ist die Welt dadurch gegenwärtig, daß wir uns mit unserem Körper auf sie verlassen."[2] Auf seiner Wirkung beruht das lebensweltlich implizite Wissen, das uns Orientierung ermöglicht. Systeme entwickeln sich aus dieser Lebenswelt heraus und bleiben doch an sie gebunden.

5.1. Die grundlegende Differenz: Alltag und Wissenschaft

„Der Gegenbegriff zu ‚Lebenswelt', der die erste Prägung des neuen Begriffs auslöste, ist ohne Zweifel die ‚Welt der Wissenschaft'."[3] Sie ist es, die systemische Prozesse vorantreibt. In der Moderne wird Alltag und Wissenschaft differenziert: Wissenschaft wird aus dem Zweifel an der Gültigkeit der Alltagsmuster gewonnen. Sie zerstört Gewißheiten und Unmittelbarkeiten und lebt aus dem Gegensatz zu ihnen. Dieser Prozeß kommt in der Konstruktion selbstreflexiver Formen von Wissenschaft zu einem Höhepunkt, denn hier wird die eigene Praxis Gegenstand der Analyse: Der Wissenschaftler beobachtet sich selbst beim Beobachten.[4]

---

[1]   Wie der Körper als Instrument in den Blick kommt, macht meisterhaft Robert Gernhardt in seinem Gedicht „Siebenmal mein Körper" deutlich: „Mein Körper ist ein schutzlos Ding,/ wie gut, daß er mich hat./Ich hülle ihn in Tuch und Garn/ und mach ihn täglich satt.// Mein Körper hat es gut bei mir,/ ich geb ihm Brot und Wein./Er kriegt von beidem nie genug,/ und nachher muß er spein.// Mein Körper hält sich nicht an mich,/ er tut, was er nicht darf./ Ich wärme mich an Bild, Wort,Klang,/ ihn machen Körper scharf.// Mein Körper macht nur, was er will,/ macht Schmutz, Schweiß, Harn und Horn./ Ich wasche und beschneide ihn/ von hinten und von vorn.// Mein Körper ist voll Unvernunft,/ ist gierig, faul und geil./ Tagtäglich geht er mehr kaputt,/ ich mach ihn wieder heil.// Mein Körper kennt nicht Maß noch Dank,/ er tut mir manchmal weh./ Ich bring ihn trotzdem übern Berg/ und fahr ihn an die See.// Mein Körper ist so unsozial./ Ich rede, er bleibt stumm./ Ich leb ein Leben lang für ihn./ Er bringt mich langsam um." In: Ders.: Körper in Cafes. Zürich, 1987, S. 62
[2]   So die zentrale These von Michael Polanyi: Implizites Wissen. Frankfurt a. M. 1975, S. 23.
[3]   So Hans-Georg Gadamer: Die phänomenologische Bewegung. In: Ders.: Kleine Schriften III: Idee und Sprache. Tübingen, 1972, S. 150, hier S. 167. Vgl. auch: Werner Marx: Die Phänomenologie Edmund Husserls. München, [2]1987, S. 111: „Die Lebenswelt ist in dem Sinne ursprünglich und universal, weil auf sie – ... – alles Wahrsein der Welt einschließlich aller höherstufigen Wahrheitsgehalte der Wissenschaften als auf den letzten Boden zurückverwiesen werden."
[4]   Vgl. zum Verhältnis Lebenswelt und Wissenschaft: Paul Janssen: Lebenswelt, Wissen und Wissenschaft – Möglichkeiten ihrer Konstellation. S. 3 und: Alexander Ulfig: Lebenswelt und Reflexion. S. 19, beides in: Protosoziologie, Heft 3 Juli 1992.

Das je eigene Alltagswissen kommt aus der Distanz in den Bereich der Kritik. Daraus erwächst dann das Problem der Wiederzusammenfügung der zerteilten Elemente im Interesse der Handlungsfähigkeit und des Kompetenzerwerbs.[5] Alltag muß selbstreferentiell konstruiert werden und wird dabei in seiner Konstruktion durchschaubar – ein Regreß, der irgendwann abgebrochen werden muß. Wissenschaft kommt an ihre Grenzen.

Hans-Georg Soeffner hat das Verhältnis von Alltagsverstand und Wissenschaft als generische Differenz beschrieben. „Das ‚Leben‘, die Alltagspraxis, ist ein autonomer Bereich sui generis, den die Wissenschaft ex post deutend bearbeitet, dessen Autonomie sie jedoch – aufgrund ihrer distanzierten Haltung – niemals gefährden kann und will."[6] Diese These ergibt sich aus unterschiedlichen Wirklichkeitskonzepten: „Das Wirklichkeitskonzept des Alltagsverstandes besteht in der Unterdrückung des vorhandenen Zweifels: im Vertrauen auf ‚sichere‘ Daten (die ‚Wirklichkeit‘) und in dem Versuch, ein System von Gewißheiten und sicheren Reaktionen zu konstituieren."[7] Wissenschaft dagegen hält den Zweifel an der Wirklichkeit aufrecht und fragt nach den Bedingungen ihrer Konstitution. Sie kann dies allerdings nur, da sie dem unmittelbaren Handlungsdruck der Praxis entzogen ist und ihn aus der Distanz erfassen will. Es herrscht ein unterschiedlicher Stil: *„Die wissenschaftliche Haltung konstituiert ein anderes Konzept von Wirklichkeit als der kognitive Stil der Praxis."*[8] Alltagshandeln beruht zentral auf der Prämisse, „daß nicht alles gesagt oder gefragt werden muß. Man setzt ein tacit knowledge voraus, das heißt, daß man etwas weiß, ohne daß man sagen muß oder sagen könnte, was man weiß."[9] Auf diese Weise wird Normalität konstruiert, ohne daß der Konstruktionscharakter noch deutlich werden müßte. Alltagswissen läßt sich so auch als „System von Glaubenssätzen"[10] verstehen, wobei der Glaubensbegriff hier darauf abhebt, daß es sich um ungeprüfte, selbstverständliche – und so auch immer z. T. um illusionäre – Annahmen handelt.

Bei aller Betonung der Autonomie der Praxis und dem Respekt vor ihr seitens der Wissenschaft läßt sich bei Soeffner ein gewisses Defizitdenken nicht übersehen. Der Alltag „unterdrücke" etwas; er sei sich dessen nicht bewußt, was er tut; in ihm wird nur geglaubt, statt wirklich überprüft. Letztenendes bleibt in diesem Konzept wirkliches, vollwertiges und bewußtes Handeln und Leben doch von der Wissenschaft abhängig, da nur sie Gründe aufdecken kann und Vernunft etabliert.

---

6 Hans-Georg Soeffner: Alltagsverstand und Wissenschaft. Anmerkungen zu einem alltäglichen Mißverständnis von Wissenschaft. In: Ders.: Auslegung des Alltags – Der Alltag der Auslegung. Frankfurt a. M., 1989, S. 10, hier S. 39.
7 A. a. O., S. 37.
8 A. a. O., S. 32.
9 A. a. O., S. 19.
10 A. a. O., S. 20.

114

5.2. Die Logik des Körpers.
Pierre Bourdieus Konstruktion des sozialen Sinnes

Ähnlich argumentiert Pierre Bourdieu. Er geht davon aus, daß die theoretische Sicht der Praxis etwas völlig anderes ist als das praktische Verhältnis zur Praxis.[11] Vor allem ist der Zeitbegriff der Theorie dem der Praxis entgegengesetzt: „Die Praxis rollt in der Zeit ab und weist alle entsprechenden Merkmale auf, wie z. B. die Unumkehrbarkeit, die durch Synchronisierung beseitigt wird; ihre zeitliche Struktur, d. h. ihr Rhythmus, ihr Tempo und vor allem ihre Richtung, ist für sie sinnbildend: Wie bei der Musik nimmt jede Manipulierung dieser Struktur, und sei es bloß eine Veränderung der Tempi in Richtung auf Allegro und Andante eine Entstrukturierung an ihr vor ..."[12] Bourdieu illustriert diese eigene Logik der Praxis am Spiel: „Ein Spieler, der im Spiel aufgeht, vom Spiel gepackt ist, stellt sich nicht auf das ein, was er sieht, sondern auf das, was er vorhersieht, was er in der unmittelbar wahrgenommenen Gegenwart bereits vorausblickend erfaßt ..."[13] Er handelt sofort: „Und dies, wie es heißt, ‚auf der Stelle‘, augenblicklich und in der Hitze des Gefechts, d. h. unter Bedingungen, unter denen Distanzgewinnen, Zurücklehnen, Überschauen, Abwarten, Gelassenheit ausgeschlossen sind."[14]

Dem steht nun aber die Theorie und die ihr entsprechende Haltung nicht nur gegenüber, sondern sie beinhaltet sogar die Gefahr, diese eigene Logik der Praxis zu zerstören, wenn sie ihr übergestülpt wird. Theorie tendiert dazu, die Zeit zu ignorieren. Sie lebt vom „*Privileg der Totalisierung*, d. h. die Fähigkeit, sich und anderen die synoptische Sicht der Totalität und Einheit der Beziehungen zu gestatten, welche die Voraussetzung der angemessenen Entzifferung ist"[15]. Die Theorie will und muß das Ganze sehen – die Praxis sieht immer nur das, was vor ihr liegt. Alles andere wäre hier nicht nur überflüssig, sondern würde unter Umständen die Handlungsfähigkeit beeinträchtigen. Der Theoretiker sucht so Antworten auf Fragen, die er selbst stellt – aber nicht die Praxis. Ihre Eigentümlichkeit besteht gerade darin, daß sie solche Fragen ausschließt.[16] Die totalisierende Sicht impliziert auch zugleich eine Neutralisierung der praktischen Funktionen der Praxis zugunsten der Nutzung von „Verewigungsinstrumenten",[17] d. h. der Schrift.

---

[11] Pierre Bourdieu: Sozialer Sinn. Kritik der theoretischen Vernunft. Frankfurt a. M., 1987, S. 148.
[12] A. a. O., S. 149.
[13] A. a. O.
[14] A. a. O., S. 150. Vgl. zum unterschiedlichen Zeit-Gebrauch im Alltag und in der Wissenschaft: Gunter Gebauer und Christoph Wulf: Zeitmimesis. Über den alltäglichen und wissenschaftlichen Gebrauch von Zeit. In: Dies. (Hrsg.): Praxis und Ästhetik. Neue Perspektiven im Werk Pierre Bourdieus. Frankfurt a. M., 1993, S. 292.
[15] Bourdieu, a. a. O., S. 151.
[16] A. a. O.
[17] A. a. O., S. 152.

In der Praxis waltet folglich eine Ökonomie der Logik, „die dafür sorgt, daß nicht mehr Logik aufgewendet wird als für die Bedürfnisse der Praxis erforderlich"[18]. Die Prinzipien, die die praktische Vernunft heranzieht, müssen nicht nur schlüssig sein, sondern immer auch „praktisch im Sinne von bequem, d. h. leicht zu beherrschen und zu handhaben"[19]. Die theoretisch-reflektierende Erklärung aber „verwandelt ein praktisches Nebeneinander in eine Abfolge der Vorstellung, eine auf einen objektiv als Anforderungstruktur gebildetenä Raum (Dinge, die ‚getan' werden müssen) ausgerichtete Handlung in eine beliebig umkehrbare Operation, ausgeführt in einem kontinuierlichen und homogenen Raum"[20]. Die Praxis drückt nichts aus, was außerhalb von ihr liegen würde – in ihr gewinnt nichts Gestalt, was woanders konzipiert ist, sondern sie ist selbst Gestalt von Leben; strukturierende Struktur.

Akzeptiert man diese These, dann wird es sinnlos, der Praxis vorzuhalten, sie würde z. B. nicht die Standards theoretischer Konzeptionen einhalten, bzw. diese würden in der Praxis zu Schlagworten oder Trivialitäten verkommen. So ist z. B. das Einhalten von Konzeptionen in der Praxis mit Schwierigkeiten verbunden, da die Zeit zu ihrer Kontrolle knapp ist. Die Praxis setzt aus sich heraus andere Probleme, als die Theorie unterstellt, daß sie sie hätte.[21]

So deduziert im Alltag niemand sein Handeln aus bewußten Prinzipien.[22] Die die Praxis beherrschenden Prinzipien werden ausagiert und in der Zeit entfaltet, brauchen aber in keiner Weise bewußt zu sein.[23] Man darf folglich Theorie und Praxis nicht verwechseln und vermischen, dann zerstört man sie: „Alles weist darauf hin, daß der Handelnde, sobald er über seine Praxis nachdenkt, und sich damit sozusagen theoretisch in Positur wirft, keine Chance mehr hat, die Wahrheit seiner Praxis und vor allem die Wahrheit des praktischen Verhältnisses zur Praxis zu formulieren: Die wissenschaftliche Fragestellung verführt ihn, gegenüber seiner eigenen Praxis einen Standpunkt einzunehmen, der nicht mehr der des Handelns

---

[18] A. a. O., S. 158.
[19] A. a. O.
[20] A. a. O., S. 165.
[21] Praxis i. S. von Lebenswelt ist selbstverständlich strukturierte Praxis. Ein Konzept wird erst dann nötig, wenn sie in die Krise kommt, wobei die Feststellung, daß sie krisenhaft ist, von der Wahrnehmung der jeweiligen (Selbst-)Beobachter abhängt. In diesem Zusammenhang werden Konzeptionen von denen eingefordert, die sich durchsetzen wollen. Diejenigen jedoch, die über Macht verfügen erleben Konzeptionen eher als hinderlich. Der Zusammenhang ist durchaus dialektisch i. S. des Hegelschen Herr-Knecht-Verhältnisses, denn die, die sich durchsetzen wolle, verfügen über Zeit, um Konzeptionen zumindest einfordern, zumeist auch ausarbeiten zu können. Die, die Macht haben, haben hierzu keine Zeit, weil sie unter Entscheidungsdruck stehen. In dieser Dialektik entwickelt sich auch das Verhältnis von Theologie und Kirchenleitung.
[22] Vergl. zum Beleg: Günter Burkart: Biographische Übergänge und rationale Entscheidungen. In: Bios, 8. Jg., 1995, Heft 1, S. 59. Ihm geht es um den Nachweis, daß Entscheidungen wie Ehebildung und Kinderwunsch nicht mit Modellen rationaler Entscheidungsbildung zu erfassen sind. Oft ist eher eine ‚basale Mativation' treibend: ein effektiv, körperbezogener Wunsch (S. 62).
[23] A. a. O., S. 165.

ist, ohne deswegen der Standpunkt der Wissenschaft zu sein."[24] „Schon weil er über Begründung und Daseinsgrund seiner Praxis befragt wird und sich selbst befragt, kann der Handelnde das Wesentliche nicht mehr vermitteln: das Eigentümliche der Praxis ist gerade, daß sie diese Frage gar nicht zuläßt."[25]

Im Kern ist die Logik der Praxis eine Logik des Leibes. Seine habituellen Schemata sind das, was den Spieler in das Spiel verortet. Anders gesagt: Die Sozialstruktur gewinnt Gestalt im menschlichen Körper. „Sozusagen als leibliche Absicht auf die Welt ... leitet der praktische Sinn ‚Entscheidungen‘, die zwar nicht überlegt, doch durchaus systematisch und zwar nicht zweckgerichtet sind, aber rückblickend durchaus zweckgerichtet erscheinen."[26] Im Körper gewinnt der „praktische Sinn" Gestalt und er „sorgt dafür, daß Praktiken in dem, was an ihnen dem Auge der Erzeuger verborgen bleibt ... *sinnvoll*, d. h. mit Alltagsverstand ausgestattet sind"[27]. Die Lebenswelt der Menschen ist leiblich strukturiert; sie ist keine Begriffskultur – Wörter gewinnen ihre Bedeutung vielmehr durch ihren Bezug zum Körper.[28]

Es ist dies eine „stumme" Erfahrung der Welt als einer sinnvoll – selbstverständlichen und diese Beziehung nennt Bourdieu „Glauben". Der Begriff bezeichnet die ursprüngliche „illusio", den Spieleinsatz, wie Bourdieu es nennt, der beim Mitspielen in den sozialen Feldern gefordert wird. Er ist entscheidend dafür, ob man zu einem Feld gehört oder nicht. „In seiner vollkommensten, also *naivsten* Form, d. h. bei angeborener ursprünglicher Zugehörigkeit von Geburt, steht er in diametralem Gegensatz zum ‚pragmatischen Glauben‘, ... also zur willentlich, um handeln zu können, übernommenen Hypothese."[29] „Einen Glauben, der mit Existenzbedingungen, die von den eigenen grundverschieden sind, d. h. mit ganz anderen Spielen und Einsätzen zusammenhängt, kann man nicht wirklich *leben* und noch weniger andere allein durch den Diskurs nacherleben lassen."[30]

Pointiert formuliert Bourdieu: „Der praktische Glaube ist kein ‚Gemütszustand‘ und noch weniger eine willentliche Anerkennung eines Korpus von Dogmen und gestifteten Lehren (‚Überzeugungen‘), sondern, wenn die Formulierung gestattet ist, ein *Zustand des Leibes*."[31] Das Verhältnis zu ihm ist unmittelbar und nicht

---

[24] A. a. O.
[25] A. a. O., S. 157.
[26] A. a. O., S. 122.
[27] A. a. O., S. 127.
[28] Vgl. mit einer theologischen Perspektive: Wolfgang Nethöfel: Theologische Hermeneutik. Vom Mythos zu den Medien. Neukirchen-Vluyn, 1992, S. 171 ff.
[29] Bourdieu, a. a. O., S. 124.
[30] A. a. O., S. 125.
[31] A. a. O., S. 126. Vgl. zu dieser Verwendung des Begriff des Glaubens die Husserlsche Formel vom „Seinsglauben". Dargestellt in: Klaus Held: Einleitung. In: Edmund Husserl: Die phänome-

auf ein reflektiertes Verhältnis zu einem Bild des Leibes zu reduzieren – denn zum Leib kann es keine reflexive Distanz geben: „Was der Leib gelernt hat, das besitzt man nicht wie ein wiederbetrachtbares Wissen, sondern das ist man."[32] „Der Leib glaubt, was er spielt: Er weint, wenn er Traurigkeit mimt. Er stellt sich nicht vor, was er spielt, er ruft sich nicht die Vergangenheit ins Gedächtnis, sondern agiert die Vergangenheit aus, die damit als solche aufgehoben wird, erlebt sie wieder."[33] Alles dies spielt sich außerhalb jeder Form von Distanz ab. Es beruht auf dem Erlernen körperlicher Reaktionsschemata, die in vielfältiger Weise soziale Bedeutung transportieren: „Man ahmt nicht ‚Vorbilder' nach, sondern Handlungen anderer. Die leibliche Hexis spricht unmittelbar die Motorik als Handlungsschema an, das einzigartig und systematisch zugleich ist, weil mit einem ganzen System von Objekten im Verbund stehend und mit einer Fülle von Bedeutungen und sozialen Werten befrachtet."[34] Auf diesem Weg werden „Schemata von Praxis auf Praxis übertragen" ohne je den Weg über Bewußtsein und Diskurs zu nehmen.[35] In jeder Kommunikation wird folglich das Wesentliche, also das, was sie bestimmt (implizite Axiome, Regeln etc.), ausgelassen. Es zeigt sich allerdings dann, wenn die Kommunikation mißlingt.[36]

Wenn man so will parallelisiert Bourdieu Theorie und Alltag mit Kopf und Körper. So wenig, wie sich der Körper distanzieren kann, kann dies der Alltag. Und: Alltagspraxis ist zentral körperliche Praxis. Der Körper strukturiert sie, und die Sprache ist seine Funktion. Wahrnehmung geht hier folglich eine Gestalt mit Leiblichkeit ein: Sie ist ein Zustand des Leibes und damit alles andere als eine ungeprüfte Hypothese, vielmehr eine bewährte konditionierte Struktur.[37]

---

nologische Methode. Ausgewählte Texte. 1. Stuttgart, 1985, S. 5, hier S. 31. Husserl betont, wie Merleau-Ponty auch, daß das Sein nie selbst zum Thema werden kann, wenn gehandelt wird. Held hebt hervor, daß „das Vertrauen, daß trotz einzelner Enttäuschungserlebnisse das intentionale Erleben nie völlig ins Leere geht" nie selbst zum Thema wird (ebd, S. 35). Anders dann in der Reflexion: „Die Reflexion beruht auf einer Haltung, die darin besteht, daß der Phänomenologe sich von dem seinsgläubigen Verschlossensein in die thematischen Gegenstände befreit." (ebd, S. 35).

[32] P. Bourdieu, a. a. O., S. 135.
[33] A. a. O.
[34] A. a. O., S. 136.
[35] A. a. O.
[36] Theologisch läßt sich dieser Gedanke auf das Kreuz Christi beziehen: es bezeichnet ein extremes Scheitern der Kommunikation und legt so ihre Strukturen als erlösungsbedürftig offen. Vgl. z. B. Hans-Ruedi Weber: Kreuz. Überlieferung und Deutung der Kreuzigung Jesu im neutestamentlichen Kulturraum. Stuttgart, Berlin, 1975.
[37] N. Luhmann fragt: „In welchem Sinne wird die Komplexität des Körperseins und Körperverhaltens im sozialen System zur Ordnung eigener Zusammenhänge in Anspruch genommen?" (Soziale Systeme, S. 331 f.). Seine Antwort fällt recht kurz aus: „Die soziokulturelle Evolution nimmt nicht die Richtung von Materie zu Geist, von Energie zur Information. Sie führt aber zu zunehmend anspruchsvolleren, aspekthaften Kombinationen von Körperlichkeit und funktionsspezifischer Kommunikation." (S. 338) Der Prozeß läuft in die Richtung: weniger Beliebigkeit, aber mehr Freiheit, weniger rituelle Festlegung, aber mehr Disziplinierung (S. 339).

Es wird deutlich, wie sehr Bourdieu die Gedanken Merleau-Pontys weiter-entwickelt, freilich ohne immer angemessen auf diese Quelle hinzuweisen. Seine Spitze findet Bourdieus Rezeption der „Praktognosie" in der Konzeption des Habitus: In ihm hat Merleau-Pontys „inkarnierter Sinn", sein Leib als Gedächt-nis, seine soziologische Operationalisierung gefunden.[38]

Exkurs: Merleau-Pontys „Praktognosie" und die Theologie

An mehreren Stellen seines Werkes lehnt Merleau-Ponty eine theologische Anschließbarkeit seiner Überlegungen explizit ab.[39] Er versteht seine Ansatz als konsequent materialistisch.

Dennoch weist sein Verständnis von Wirklichkeit gerade für eine betonte Wort-Theologie eine Reihe interessanter Überlegungen auf, die m.W. noch kaum zur Kenntnis genommen worden sind.[40]

Das beginnt mit der Grundannahme der Phänomenologie, nicht die Aktivität oder die Reflexion an den Anfang zu setzen, sondern die aller Erfahrungstätigkeit vor-ausliegende, geteilte Welt. Vor aller Thematisierung sei Welt immer schon gege-ben: „Die Welt ist nicht, was ich denke, sondern das, was ich lebe, ich bin offen zur Welt, unzweifelhaft kommuniziere ich mit ihr, doch ist sie nicht mein Besitz, sie ist unausschöpfbar."[41]

Insofern sind Reflexion und Handeln passiv konstituiert. Nicht der Zweifel steht am Beginn,[42] sondern Gewißheit. Die natürliche Wahrnehmung ist der

---

[38] Vgl. die Darstellung des Habitus-Konzeptes von Bourdieu bei Gerhard Wegner: Alltägliche Distanz. Hannover, 1988, S. 104 ff. Eine Bemerkung zur Theologie: Eilert Herms meint, daß die Gewinnung von Identität notwendig über „den kommunikativen Aufbau umfassender, weltan-schaulich-religiöser Sinnhorizonte" verlaufe. (In: Ders: Die Fähigkeit zu religiöser Kommuni-kation und ihre systematischen Bedingungen in hochentwickelten Gesellschaften, in: Ders: Theo-rie für die Praxis. München, 1982. S. 265) Nein! Identität konstituiert sich fundamental körperlich. Sie ist auf die Bestätigung der Anwesenden angewiesen. Vgl. hierzu neuerdings: Axel Honneth: Kampf um Anerkennung. Zur moralischen Grammatik sozialer Konflikte. Frank-furt a. M., 1992, S. 107 ff.: „Die Struktur sozialer Anerkennungsverhältnisse."

[39] Maurice Merleau-Ponty: Phänomenologie der Wahrnehmung. Berlin, 1966, S. 449, S. 411.

[40] Eine Ausnahme bildet Eilert Herms: Sport. Partner der Kirche und Thema der Theologie. Hannover, 1993. Freilich nimmt er die Herausforderung nicht wirklich an, sondern hebt allzu-schnell auf die Überzeugungen derjenigen ab, die Sport treiben, um das Thema für theologische Überlegungen anschlußfähig zu machen. In seiner Sicht ist Kirche ein „ethisches Orientie-rungssystem", das dieses Orientierungswissen kommuniziert (z. B. S. 52 f.). Natürlich ist dies nicht zu bestreiten! Die lebensweltliche Perspektive läßt allerdings nach Kirche als einer kör-perlichen Größe fragen – nach dem kirchlichen Habitus. Die Kommunikationsschwierigkeiten zwischen Kirche und Sport liegen sicherlich (auch) auf dieser Ebene! Eine weitere Ausnahme ist die wenig bekannte Arbeit von Edward Farley: Ecclesial Man. A social Phenomenology of Faith and Reality.Philadelphia, 1975. Er bietet eine Übersucht über phänomenologisches Denken in protestantischer und katholischer Philosophie (S. 235 ff.)

[41] A. a. O., S. 14.

[42] A. a. O., S. 67.

„Urglaube, der uns an die Welt wie an eine Heimat bindet; das Sein des Wahrgenommenen ist ein vorprädikatives Sein, das unsere gesamte Existenz polarisiert"[43].

Wahrnehmung setzt im Kern Vertrauen, Glauben voraus: „In jeder Erfahrung einer wahrgenommenen Wahrheit mache ich die Präsumtion der künftigen Bewährung der bislang erfahrenen Stimmigkeit auch bei genauerer Beobachtung; ich vertraue der Welt. Wahrnehmen, d. h.: mit einem Schlage eine ganze Zukunft von Erfahrungen in einer Gegenwart engagieren, welche uns jener nie bindend versichert, es heißt: glauben an eine Welt."[44] Dieser „vorbewußte Weltbesitz im präreflexiven cogito" gründet im Körper,[45] der Teil der Welt ist. „Ich, der ich das Blau des Himmels betrachte, stehe nicht ihm *gegenüber* als ein weltloses Subjekt, ich bin nicht gedanklich in seinem Besitz, entfalte nicht in ihm zuvor eine Idee von Blau, die sein Geheimnis mir entschlüsselte; ich überlasse mich ihm, ich versenke mich in dieses Geheimnis, es ‚denkt in mir‘, ich bin der Himmel selbst."[46]

Merleau-Ponty kommt von diesen Überlegungen her zu einem (katholischen) „sakramentalen" Verständnis von Wahrnehmung. Wahrnehmung funktioniere weder als freies Subjekt noch als träge passive Masse, die nur etwas abbildet. Vielmehr ist sie „ein Vermögen, das mit jedem Existenzmilieu ineins entspringt und mit ihm sich synchronisiert." Und das heißt: „So wie das Sakrament das Wirken der Gnade nicht in sinnlicher Gestalt symbolisiert, sondern darüber hinaus die wirkliche Gegenwart Gottes ist, diese einem Stück des Raumes einwohnen läßt und denen vermittelt, die das geweihte Brot essen, wenn sie innerlich darauf bereitet sind, ebenso hat das Sinnliche nicht allein motorische und lebensmäßige Bedeutung, sondern *ist* es nichts anderes als eine je bestimmte Weise des Zur-Welt-Seins, die sich von einem Punkte des Raumes her sich uns anbietet und die unser Leib annimmt und übernimmt, wenn er dessen fähig ist: Empfindung ist buchstäblich eine Kommunion."[47]

Und noch deutlicher: „Insofern ist jede Wahrnehmung Kommunikation oder Kommunion, Aufnahme und Vollendung einer fremden Intention in uns, oder umgekehrt äußere Vollendung unserer Wahrnehmungsvermögen, und also gleich einer Paarung unseres Leibes mit den Dingen."[48]

Entsprechend begreift Merleau-Ponty auch die Sprache. Sie ist nicht primär Medium der Reflexion, sondern kreatives Organ. Dinge zu nennen, heißt, sie zu schaffen; eine Fähigkeit, die im vorwissenschaftlichen Denken

[43] A. a. O., S. 372.
[44] A. a. O., S. 345.
[45] A. a. O., S. 346.
[46] A. a. O., S. 252.
[47] A. a. O., S. 249, s. auch S. 251.
[48] A. a. O., S. 370.

Gott zukommt.[49] „Ein Redner denkt nicht, ehe er spricht, ja nicht einmal während er spricht; sein Sprechen ist vielmehr sein Denken."[50] Vermittelt ist so auch das Sprechen über den Leib, seinen Stil, seinen Habitus: Der Leib ist das Gedächtnis der Sprache.

Das Wort wirkt folglich nicht primär auf andere Wörter, ist also kein Begriff, sondern trifft auf den Körper: „Plötzlich merke ich, wie das Wort in meinen Körper hineinschnappt."[51] Der Körper schwingt mit dem Wort mit und verleiht ihm so Bedeutung. Das Wort „graupeln" z.B. ist „eine bestimmte Modulierung meines Leibes als Zur-Welt-Seins, und seine Allgemeinheit ist nicht die einer Idee, sondern die eines Verhaltensstils, den mein Leib ‚erfaßt', insofern er selbst das Vermögen der Bildung von Verhaltungen und insbesondere von Phonemen ist."[52] Die Wirkung des Wortes besteht folglich in der Organisation des Leibes – und erst in der Folge in der Reflexion.

Es liegt auf der Hand, daß in dieser Sichtweise Gott durchaus in der Nachahmung präsent sein kann: „Der Gott ist da, wenn die Gläubigen sich von der Rolle, die sie spielen, nicht mehr unterscheiden, wenn ihr Leib und ihr Bewußtsein ihm nicht mehr ihre undurchdringliche Besonderheit entgegensetzen, vielmehr gänzlich mit dem Mythos verschmolzen sind."[53]

Probleme hat Merleau-Ponty dann, wenn er von der körperlichen Wahrnehmung her die Koexistenz mit den anderen konzipieren will. Die Körperbezogenheit tendiert zu einem „erlebten Solipsismus, der unüberwindlich bleibt"[54]. An dieser Stelle stellt sich die Frage nach Gott. „In Gott vermag ich Bewußtsein vom anderen wie von mir selbst zu haben, andere zu lieben wie mich selbst;"[55] so die These der Theologie als Antwort auf die Sünde des Solipsismus. Aber diesen Gedanken lehnt Merleau-Ponty ab: Er würde nur dann stimmen, wenn meine Liebe zu Gott nicht mir selbst entstammte, sondern aus Gott käme, mit der er durch mich sich selbst liebt. Das erscheint Merleau-Ponty jedoch als Beweis der Nichtexistenz von Liebe überhaupt und infolgedessen als gedankliche Unmöglichkeit. Er hätte Luther lesen müssen.

Genau so ist jedoch das Wort des Evangeliums, das ein wirkendes Wort ist, indem es die Körper berührt, gültig: eben, indem es Liebe schafft. Anders ist auch phänomenologisch Liebe kaum zu denken. Merleau-Ponty sagt selbst: „Und ebenso ziele ich, wenn ich sage, ich kenne jemanden oder ich liebe ihn, jenseits aller

[49] A.a.O., S. 211.
[50] A.a.O., S. 213.
[51] A.a.O., S. 275.
[52] A.a.O., S. 458 f.
[53] A.a.O., S. 196.
[54] A.a.O., S. 409.
[55] A.a.O., S. 410.

seiner Eigenschaften auf einen unerschöpflichen Grund seines Seins, der eines Tages das Bild sprengen könnte, das ich mir von ihm machte. Um diesen Preis nur gibt es für uns Dinge und Andere, nicht auf Grund einer Illusion, sondern aufgrund eines gewaltsamen Aktes, der eben die Wahrnehmung selbst ist."[56] Auch liebevolle Wahrnehmung ist gewaltsam – eine Erkenntnis, die theologisch in der Meditation des Kreuzes bestätigt werden kann. Soll Liebe jenseits von Gewalt real sein, muß sie das Kreuz umfassen. Liebevolle Wahrnehmung stammt aus Gott.

5.3. Praktische Vernunft und physisches Milieu: der Ansatz von Anthony Giddens

Daß die „Positionierung des Körpers in sozialen Begegnungen"[57] von wesentlicher Bedeutung für das gesellschaftliche Leben ist, ist einer der Ausgangspunkte der Soziologie von Anthony Giddens. Körperlichkeit bedeutet auch örtliche Bezogenheit des Alltagslebens: das „physische *Milieu*" ist wesentlich. Es wird als Routine erworben. Alltag ist routinisiertes Leben: Nur so ist die Aufrechterhaltung eines Gefühls von Vertrauen und „Seinsgewißheit"[58] möglich. Die Routine „treibt einen Keil zwischen den potentiell explosiven Inhalt des Unbewußten und die reflexive Steuerung des Handelns, die Handelnde entwickeln"[59]. Sie ist die Bewegungsform der „praktischen Vernunft" womit Giddens eine nichtdiskursive Form von Reflexivität bezeichnet: „Dieses praktische Bewußtsein (practical consciousness) umfaßt all das, was Handelnde stillschweigend darüber wissen, wie in den Kontexten des gesellschaftlichen Lebens zu verfahren ist, ohne daß sie in der Lage sein müßten all dem einen direkten diskursiven Ausdruck zu verleihen."[60] Giddens begreift das praktische Bewußtsein als Steuerungsebene menschlichen Verhaltens und polemisiert gegen seine Abwertung: „Dort, wo das Wissen von Handelnden über das, was sie tun, auf das beschränkt wird, was sie, in welcher diskursiven Form auch immer, darüber sagen können, wird ein äußerst weiter Bereich ihrer Bewußtheit einfach außer Acht gelassen."[61] Es gibt eine praktische Bewußtheit, die sich nicht notwendig sprachlich und auch nicht als Kenntnis von Gründen und Ursachen äußert, sondern: „Das praktische Bewußtsein besteht aus der Kenntnis der Regeln und Taktiken, aus denen sich das Alltagsleben aufbaut und über Raum und Zeit hinweg immer wieder aufgebaut wird

---

56   A. a. O., S. 414.
57   Anthony Giddens: Die Konstitution der Gesellschaft. Grundzüge einer Theorie der Strukturierung. Frankfurt und New York, 1988, S. 38.
58   A. a. O., S. 37.
59   A. a. O., S. 37.
60   A. a. O., S. 36.
61   A. a. O., S. 44.

… Die in die praktischen Tätigkeiten, die die Hauptmasse des Alltagslebens bilden, eingebundene Bewußtheit, ist … ein konstitutives Merkmal der sozialen Welt."[62] Ob dieses Bewußtsein gültig ist, ergibt sich daraus, ob mit ihm Handelnde ihr Verhalten so koordinieren können, daß der angestrebte Zweck erfüllt wird.[63]

Die Entwicklung des praktischen Bewußtseins geht mit der Entwicklung des Ichs einher, wie Giddens in Aufnahme von Thesen der Ich-Psychologie, vor allem Eriksons, herausarbeitet. Er setzt sich damit gegen die objektivistische Eliminierung des Subjekts zur Wehr, die dem Unbewußten das Prä einräume und die reflexive Steuerung des Handelns für vernachlässigbar hält.[64] In der Entwicklung des Kindes seien es vor allem Voraussagbarkeit, Kontinuität und Gleichartigkeit, die dem Kind „ein rudimentäres Gefühl von Ich-Identität"[65] vermitteln. Sie beziehen sich zunächst und elementar auf körperliche Vorgänge und entwickeln Formen seiner reflexiven Kontrolle. Der Spracherwerb „hängt von der Entwicklung der ‚praktischen Intelligenz' des Kindes ab"[66]; „die Beherrschung der syntaktischen Sprache *konvergiert* mit der Ausdehnung der praktischen Fähigkeiten in der Schlüsselphase der Entwicklung"[67].

Damit kommt dem Konzept der Routinisierung zentrale Bedeutung zu. Subjektivität wird denkbar als Bewegung des Körpers durch die Routinen des Alltags – und so bildet sich auch Persönlichkeit.[68] Im Alltag findet sich „eine Seinsgewißheit, die sich auf die Möglichkeit der autonomen Kontrolle des eigenen Körpers innerhalb vorhersehbarer Routinen und Begegnungen gründet"[69]. Auf diese Weise wird mit dem Alltag zugleich Gewißheit reproduziert. Wie bei Bourdieu ist eine Konsequenz entscheidend: Nur wenig im Alltag kann als direkt motiviert gelten. „Es besteht vielmehr eine generalisierte motivationale Bindung an die Integration gewohnheitsmäßiger Praktiken über Raum und Zeit hinweg."[70]

---

[62] A. a. O., S. 144.
[63] A. a. O., S. 145. Freilich muß an dieser Stelle vor der Mythisierung des praktischen Bewußtseins gewarnt werden. Christopher Robert Hallpike: Die Grundlagen primitiven Denkens. München, 1990, S. 66, kritisiert diesbezüglich Mary Douglas (ob zu Recht, ist allerdings eine andere Frage): „Die Meinung, ein Problem könne, nur weil es ‚praktisch' sei, allein auf der Grundlage von Handlung und Motivation gelöst werden, ohne spezifische kognitive Fähigkeiten und grundlegende (wenn vielleicht auch implizite) Annahmen über die Welt und die Stellung des Menschen in ihr (so wie ‚Kerle auf dem Meeresboden, die gemeinsam vorwärtskommen', in der besten Tradition des britischen Pragmatismus), ist tatsächlich ein verzweifelter Ausweg, um eine Theorie der sozialen Determiniertheit des Denkens zu retten."
[64] Giddens, a. a. O., S. 102.
[65] A. a. O., S. 104.
[66] A. a. O., S. 109.
[67] A. a. O., S. 110.
[68] Giddens, a. a. O., S. 111.
[69] A. a. O., S. 116.
[70] A. a. O., S. 116.

5.3.1. Raum[71] und Zeit

Das Alltagshandeln weist harte Grenzen auf, da der Körper unteilbar und endlich ist. Entsprechend untersucht Giddens Räumlichkeit und Zeitlichkeit der Routinen. Hinzu kommt die begrenzte Fähigkeit menschlicher Wesen, an mehr als einer Aufgabe auf einmal teilzunehmen, da jede Aufgabe Dauer hat. Und schließlich haben Raum und Zeit begrenzte Fassungsvermögen: „Es können nicht zwei menschliche Körper denselben Ort zur selben Zeit einnehmen."[72]

Vor diesem Hintergrund entfaltet Giddens sein Verständnis von Macht. Er begreift Macht als generatives Medium, d. h. als Gestaltungsprinzip der körperlichen Zwänge. Sie leistet das, was Giddens Regionalisierung nennt, nämlich das Aufteilen von Raum und Zeit in routinisierte Zonen[73] und die damit verbundene Strukturierung sozialen Verhaltens über Raum und Zeit.[74] Regionalisierung hängt mit dem Zusammenkommen-Können von Menschen zusammen, das erst seit historisch kurzer Zeit nicht mehr auf körperliche Präsenz angewiesen ist. Sie beinhaltet zugleich die Formung der Interaktionskontexte: „Regionalisierung bedeutet das Einhegen von Zonen von Raum und Zeit; dieses Einhegen erlaubt die Aufrechterhaltung der Unterscheidung zwischen ‚vorder'- und rückseitigen Regionen, welche die Akteure für die Organisation der Handlungskontextualität und für die Aufrechterhaltung der Seinsgewißheit in Anschlag bringen."[75] Vorder- und Rückseite – Gesicht und Hintern – strukturieren sowohl die körperliche Wahrnehmung als auch die soziale Aufteilung von Raum und Zeit. Rückseitige Regionen sind z. B. in Betrieben Pausenräume, Toiletten usw., die die Arbeiter zur Aufrechterhaltung ihrer Autonomie innerhalb der Struktur des Betriebes nutzen.[76] Die semantische Verwendung von Regionalisierung liegt auf der Hand.

In routinisierten Zonen entwickeln sich die Möglichkeiten zur Entfaltung der Körper. Sie sind nicht einfach Zwänge von außen, sondern werden vom Körper reflexiv ausagiert. Die Körper üben so selbstbezogen elementare Macht aus. „Macht ist die Fähigkeit, Ergebnisse herbeizuführen ... Macht als solche ist kein Hindernis für Freiheit und Emanzipation, sondern deren Medium."[77] Sie besteht

---

[71] Vgl. zur Raumerfahrung und -gestaltung, insbesondere kirchlicher Räume: Herbert Muck: Der Raum. Baugefüge, Bild und Lebenswelt. Wien, 1986.

[72] A. Giddens, a. a. O., S. 163.

[73] A. Giddens, a. a. O., S. 171.

[74] A. a. O., S. 174. Man könnte hier gut den Begriff der „Stimmung" anfügen. Er bezeichnet jene kaum faßbare, atmosphärische Größe, die sozusagen vor jeder Arbeit und Aktivität – oder auch jeder Passivität – die Menschen immer schon umfängt. Giddens macht deutlich, daß ihre Konstitution nicht von Machtprozessen zu trennen ist.

[75] A. a. O., S. 177.

[76] A. a. O., S. 180.

[77] A. a. O., S. 314. Freilich wirft diese Sicht auf den Alltag einen Schatten auf jede rein ästhetische Betrachtungsweise: Alltag ist immer auch ein Zwangs- und Konditionierungsverhältnis. Nur eine rein betrachtende Sicht kann dies ausblenden. Entsprechend kann sich auch religiöse Bindung im Alltag verhängnisvoll entwickeln.

in der Verfügung über Ressourcen, die in nichts anderem bestehen als in der Formung von Raum und Zeit (=allokative und autoritative Ressourcen[78]). Raum und Zeit können in „Behältern" gespeichert werden, wie Giddens es metaphorisch ausdrückt.[79] So ist z. B. die Schule solch ein Behälter.[80] Solche „Behälter" bilden die Strukturierungen der Gesellschaft.[81]

Der Ansatz von Giddens läßt explizite Anschlußmöglichkeiten für die Wahrnehmung von Kirche und Religion zu. Während Soeffner und Bourdieu in unterschiedlicher Weise direkt den Begriff Glauben verwenden, redet Giddens von Vertrauen und Seinsgewißheit, das sich aus der Interaktion des Alltags ergibt und ihr immer schon vorausliegt. Solche Gewißheit wird als autonome, vollwertige und grundlegende Leistung der praktischen Vernunft analysiert. Damit sind Alltagsformen angesprochen, die sich mit der Wahrnehmung von Kirche verbinden lassen und auch entsprechend verbunden werden. Sie unterliegen allerdings einer unterschiedlichen Akzentuierung – je nachdem, ob sie binnenkirchlich gewendet sind.[82]

Exkurs: Formen praktischer Vernunft

Praktische Vernunft fächert sich milieuspezifisch auf – sie gestaltet sich verschieden, je nach Lebenslage und Interessen der Beteiligten. Weder Giddens noch Bourdieu leisten jedoch diese Differenzierung, sodaß zur ihrer Darstellung auf Untersuchungen mit anderer Terminologie zurückgegriffen werden muß. Mathias Frindte hat in dieser Richtung Lebenswelten von Arbeitern analysiert.[83] Um deren fremde Lebensformen zu begreifen, konzipiert Frindte eine fundamentale Handlungs- (oder besser: Lebens-) theorie, mit den zwei Stationen Aktion und Bedürfnis. Jede Handlungskette läßt sich als Abfolge beider Größen beschreiben:

---

[78] A. a. O., S. 316.
[79] A. a. O., S. 319.
[80] A. a. O., S. 188.
[81] Mit diesen Kategorien ist nicht gesagt, daß sich Raum- und Zeitformen in jedem Fall hierarchisch angeordnet finden und so eine „Ordnung" bilden, in der die Menschen leben. Gesagt ist nur, daß Leben nur in solchen Formen möglich ist. Insofern ist der Ansatz von Giddens durchaus für „postmoderne" Kritik offen. Vgl. z. B.: Thomas Ziehe: Optionen und Ohnmacht. Zur Modernisierung jugendlicher Lebenswelten. In: Loccumer Pelikan, Nr. 2, 1993, S. 9. Ziehe betont, daß Jugendliche heute in Partialwelten lebten, die sich um kein Zentrum mehr gruppierten.
[82] Es lohnt sich, an dieser Stelle darauf hinzuweisen, daß weder bei Giddens, noch bei Bourdieu und schon gar nicht bei Merleau-Ponty die Betonung der körperlichen Vernunft in irgendeiner Weise konservativ oder gar restaurativ zu verorten ist. Vgl. nur, wie Merleau-Ponty die körperlichen Aktionen beschreibt, die zur Revolution führen und die schwache Rolle, die die reflektierenden Intellektuellen dabei spielen: a. a. O., S. 505–507. Oskar Negt und Alexander Kluge haben später diesen Abschnitt zur Begründung einer modernen Revolutionstheorie zitiert: Dies.: Öffentlichkeit und Erfahrung. Frankfurt a. M., 1973, S. 406.
[83] Matthias Frindte: Verkehrung wirklichen Lebens. Eine Studie über soziale Bedingungen und Inhalte der Kommunikation von Arbeiterfamilien und deren volkskirchlicher Metakommunikation. Frankfurt a. M., 1980.

Aktion-Bedürfnis-Aktion-Bedürfnis usw. In der Praktizierung – und vor allem der Deutung – solcher Handlungsvollzüge ist es entscheidend, an welcher Stelle der Anfangsakzent gesetzt wird: Beginnt man bei der Handlung oder beim Bedürfnis? Je nachdem ergeben sich zwei grundverschiedene Handlungsformen: Aktion-Bedürfnis-Aktion (ABA) oder Bedürfnis- Aktion-Bedürfnis (BAB). Im ersten Fall resultiert aus einem Tun ein Bedürfnis, das dann wieder durch ein Tun reduziert wird. So kauft sich jemand ein Auto und stellt dann fest, daß er auch eine Garage braucht; kauft sich dann auch diese usw. Das Tun dominiert das Geschehen, und dies kann so sein, weil es unproblematisch ist und sich sein Sinn in der Lebenswelt von selbst ergibt. Diese Form der Handlungskette entspricht der praktischen Vernunft i. S. Giddens.

Sie wird allerdings in der Außenwahrnehmung als defizitär erlebt, da sie über ihre Beweggründe keine Auskunft geben kann und dies auch nicht in ihrem Interesse liegt. In der Theorie erscheint sie deswegen folgerichtig aus der Sicht des BAB-Modells heraus betrachtet. In dieser Bewegungsform steht das Bedürfnis im Vordergrund der Aufmerksamkeit: Erst muß es abgeklärt sein, dann kann gehandelt werden – so suggeriert es dieses Modell. Jede Form intellektueller Praxis funktioniert – zumindest in ihrem Selbstverständnis – eben so. Formen von Bildungsarbeit setzen in der Regel so an, da sie bei einem Einpassen in ABA-Konzepte ihre Autonomie verlieren würden. Damit werden elementare Bezüge der praktischen Vernunft – Essen und Trinken, Sich-Geben usw. – zugunsten der vermeintlich wichtigeren und höherwertigen Reflexion dessen, was man will, abgewertet.

Mathias Frindte verortet die beiden Handlungsformen auf soziale Schichten: Arbeiter tendieren zur ABA-Kette, höhere soziale Schichten praktizieren das BAB-Modell. Schichtenspezifische Forschungen bestätigen diese These, wenn auch die Begrifflichkeit, mit der die Differenz der Lebensformen beschrieben wird, unterschiedlich ist. So hört sich das Ergebnis, das G. Brandt u. a.[84] ziehen, ähnlich an. Sie vergleichen das Erziehungsverhalten von Arbeitern mit dem von Angestellten und zwar im Hinblick auf normativ verankerte Familienbilder, die in diesen Schichten vorhanden sind.

In den Angestelltenfamilien sei „normativ ein Familienbild verankert, nach dem die Gemeinsamkeit auf der Freiwilligkeit und auf affektiver Zuwendung der einzelnen beruht. Das erfordert von den Familienmitgliedern, daß sie sich wechselseitig aufeinander beziehen und ihre emotionale Befindlichkeit berücksichtigen. Da Gemeinsamkeit in diesem Familienbild als Ergebnis von Freiwilligkeit gedeutet wird, muß auch die Beziehung zum Kind als ein primär affektives Verhältnis

---

[84]   Sozialisationsrelevante Situationsdeutungen familialer Interaktion und ihre Bedeutung für Elternbildungsangebote. Elternbriefe. Forschungsbericht Berlin, 1980.

gedeutet werden, in dem nicht Zwang, Verbote und Sanktionen eine Übereinstimmung sichern, sondern die affektive Zuwendung, die auf der Anerkennung
der Bedürfnisse und des freien Willens des Kindes basiert. Eine solche Deutung
der Qualität der Familienbeziehung und des Eltern-Kind-Verhältnisses geht einher mit psychologischen Verstehensleistungen, mit antizipatorischer Empathie
gegenüber dem Kind, durch die dessen Motive und subjektive Befindlichkeit
erschlossen werden."[85] Diese Erziehung sei stark auf Internalisierung gerichtet
und das Verhältnis der Eltern zu ihren Kindern sei als „pädagogisches Verhältnis" zu charakterisieren.[86] Es wird nur selten unmittelbar reagiert, sondern im
Idealfall zunächst sondiert, wie die anderen und besonders das Kind empfindet.
Erst dann sucht sich der Akteur empathisch-kontrolliert in ein Verhältnis zum
anderen zu setzen.

Anders demgegenüber die Arbeiterfamilien. Familie wird von ihnen sehr viel
weniger als freier Zusammenschluß definiert, sondern als selbstverständliche
Vorgegebenheit. „In Arbeiterfamilien bildet die familiale Gemeinsamkeit den
Bezugsrahmen, von dem her sich die Ehepartner definieren. Diese Gemeinsamkeit genießt eine große und zugleich selbstverständliche Bedeutung. Nach eher
formalen Gleichheitsgesichtspunkten und entlang praktischer Erfordernisse
werden die Belastungen aufgeteilt und Freiräume selbstverständlich zugestanden. Ein solches pragmatisches und egalitäres Handlungsprinzip erfordert nur
geringe Empathieleistungen der Familienmitglieder, denn es erlaubt eindeutige
Orientierungen. Die psychologische Befindlichkeit des anderen wird deshalb nur
wenig antizipiert und gedeutet. Vielmehr überwiegt eine reaktive Form, Inter-
essenbekundungen des anderen nachzugehen."[87] Und weiter: „Weil das Familien-
leben nicht wesentlich von Vorstellungen über die affektive Integration aller Mitglieder bestimmt ist, sondern sich eher entlang praktischer Erfordernisse
entwickelt, kommt der Erziehung keine gesonderte und für das Familienklima
funktionalisierte Bedeutung zu."[88] Zeit und Interesse für Selbstreflexion aus der
Distanz ist nicht vorhanden. Sie erfolgt unmittelbar angekoppelt an praktische
Prozesse: eben als praktische Vernunft.

Mir geht es mit der Darstellung dieser Differenzen nicht um die Affirmation einer
überholten Klassentheorie, sondern um das Aufzeigen der Differenz zwischen
stärker alltäglichen und stärker systemischen Verhaltensweisen. Die der Unterschicht zugerechneten Formen lassen sich auch in anderen Schichten finden.

Es wird deutlich, welche spezifischen kulturellen Leistungen jeweils erbracht
werden. So ist z. B. das reflektierte Formulieren einer Meinung und dem-

---

[85] A. a. O., S. 377.
[86] A. a. O., S. 381.
[87] A. a. O., S. 357.
[88] A. a. O.

entsprechend auch die Bestimmtheit von Frageverhaltensweisen lebensweltlich durchaus ungewöhnlich. Eine Meinung zu haben, lohnt sich im Alltag nicht unbedingt, schon gar nicht eine von der anzunehmen ist, daß sie auch noch Folgen für das Handeln hat.

5.4. Körper und Sozialstruktur: Mary Douglas

Der Sinn von Prozessen in der Lebenswelt ist anders zu erfassen, als es in der wissenschaftlichen Rekonstruktion der Fall ist. Faßt man ihn abstrakt als Intention von Redeakten i. S. von Habermas, so kommt man dem spezifisch Körperlichen nicht auf die Spur. Lebenswelt bedeutet, daß sich die Sinnhaftigkeit des Tuns und Erlebens geradezu auf die Körper aufgeprägt hat und aus diesem Grund nicht zwischen Botschaft und Person zu trennen ist.[89]

Bereits in der Darstellung der Thesen Bourdieus und Giddens ist die enorme Bedeutung deutlich geworden, die der Präsentation und sozialen Positionierung des Körpers zukommt. Beide Autoren konvergieren in ihrem Interesse am Körper mit Studien von Mary Douglas. Ihre These lautet, daß der Körper Abbild der Gesellschaft sei[90] und es sich „bei der Körperkontrolle um einen Ausdruck der sozialen Kontrolle handelt". Ihr Interesse zielt darauf, die Entsprechung zwischen Körperformung und Gesellschaftsformung in verschiedenen Gesellschaften aufzuzeigen. „Der menschliche Körper ist das mikrokosmische Abbild der Gesellschaft, ihrem Machtzentrum zugewandt und in direkter Proportion zum zu- bzw. abnehmenden gesellschaftlichen Druck ‚sich zusammennehmend' bzw. ‚sich gehenlassend'."[91] Die Einheitlichkeit des körperlichen Verhaltens kommt im Stil zum Ausdruck, den einer an den Tag legt – er koordiniert sämtliche Kanäle durch die der Körper kommuniziert.[92]

M. Douglas illustriert diese These damit, daß sozialer Umgang in jedem Fall bestimmte körperliche Vorgänge ausschließt. Solche Ausschließungsprozesse faßt sie in ihrer Gesamtheit als „universelle Reinheitsregel"[93]. Je komplexer ein Gesellschaftssystem ist, desto mehr wird angenommen, sozialer Austausch sei im Grunde ein „Verkehr zwischen körperlosen Geistern"[94]. Dies kann z. B. in Formalität zum Ausdruck kommen. Sie ist „ein Index für soziale Distanz, für

---

[89] Vgl. Wolfgang Nethöfel: Vom Mythos zu den Medien. Theologische Hermeneutik. Neukirchen-Vluyn, 1992, S. 99 f. über die Gestalt Jesu.
[90] Mary Douglas: Ritual, Tabu und Körpersymbolik. Sozialanthropologische Studien in Industriekultur und Stammesgesellschaft. Frankfurt a. M., 1981, S. 106.
[91] A. a. O., S. 109.
[92] A. a. O., S. 102.
[93] A. a. O., S. 109.
[94] A. a. O.

wohldefinierte, allgemein sichtbare und voneinander abgehobene Rollen; und entsprechend ist informelles Verhalten ein Index für Rollenverwischung, Familiarität und Intimität"[95]. Dabei bedeutet Formalität strikte Körperkontrolle bis hin zur Körperverleugnung.

Douglas bringt das Verhältnis Gesellschaft-Körper auch mit Religion in Zusammenhang und zwar, indem sie es parallelisiert. So stehen klar strukturierte Gesellschaften mit ritualistischer Religion und weniger klar strukturierte mit „Begeisterungs-Religion"[96] in Zusammenhang. Es sei die „Unartikuliertheit der sozialen Organisation selbst, die in Zuständen der körperlichen Dissoziation ihren symbolischen Ausdruck findet"[97]. Die religiöse Symbolik und Aktivität wiederhole das soziale Erleben – sie ist deswegen auch nicht dessen Kompensation, denn dann müßte sie ja gerade das Gegenteil sein.[98]

Douglas bezieht ihre Ergebnisse auch auf das Verhältnis von moderner Gesellschaft und Religion. Sie nutzt hierzu vor allem die Analyse von Familien- und Sprachformen von Basil Bernstein. Der von ihm beschriebene restringierte Code der Arbeiter gestattet es „seine Identität als unmittelbar gegebenen Teil seiner sozialen Umwelt aufzufassen" und „durch den symbolischen Gebrauch des menschlichen Körpers" kommt die „solidarische Geschlossenheit des sozialen Körpers aktiv zum Ausdruck"[99]. Demgegenüber korrespondiere dem elaborierten Code der Mittelschicht ein entkörperlichter Körpergebrauch. Man kann erwarten, „daß hier der Körper als eine fremde und äußerliche Hülle gilt, von der das Innere des Menschen sich befreien muß, als ein Etwas, dessen Nöte und Bedürfnisse man nicht zu ernst nehmen sollte und über das man hinauskommen muß, wenn es dem Individuum gelingen soll, sein persönlich einmaliges Erlebnispotential zu verwirklichen"[100].

Douglas verfolgt diese Körperformen in den Bereich theologischer Vorstellungen hinein und analysiert so Glaubengestalten im Übergang zum theologischen und kirchlichen System. Kein Symbol, das einen Standpunkt in einer theologischen Kontroverse markiert, sei willkürlich gewählt.[101] Der Leib bzw. das „Fleisch" vertrete das Ganze der Gesellschaft, während der Geist für das Individuum stehe. Wenn man dem Geistigen den Vorrang vor dem Materiellen einräume, ginge es folglich immer um die individuelle Freiheit. Das Gegenteil behafte den einzelnen bei seiner Verankerung in der Gesellschaft und daran, daß er nur „ innerhalb

---

[95] A.a.O., S. 107.
[96] A.a.O., S. 112/3.
[97] A.a.O., S. 113.
[98] A.a.O., S. 120 f.
[99] A.a.O., S. 217.
[100] A.a.O., S. 218.
[101] A.a.O., S. 223.

der von ihr vorgegebenen Formen frei sein kann"[102]. Der Glaube an die Auferstehung des Fleisches habe so mit der Einstellung zur politischen Macht zu tun: Wer sie im Credo ablehnt, lehne aus individualistischer Befangenheit auch die Ergreifung der Macht ab.[103]

Douglas stellt so, wenn auch spekulativ, Zusammenhänge von Alltagsformen und der Wahrnehmung von Kirche, bis hinein in theologische Codierungen, her. Zu fragen ist, ob sie in der Verhältnisbestimmung der Größen nicht zu einlinig verfährt. Bei ihr läuft alles auf Parallelisierungen hinaus – und ihr Lieblingsausdruck ist: Etwas ist „Ausdruck von" etwas anderem. Die wirklichen Verhältnisse werden komplexer sein. Daß es jedoch solche Anschlußcodierungen gibt – daran kann kein Zweifel bestehen. Wahrnehmung von Kirche erfolgt im Anschluß an praktische, d. h.: körperlich wahrnehmbare, Formen.

5.5. Die Dialektik der Alltagsformen

Nach der Diskussion grundlegender Bestimmungen der Lebenswelt soll nun seine Struktur aufgeschlüsselt werden. Die allgemeinen Bestimmungen geben für die Analyse der Wahrnehmung der Kirche recht wenig her und tendieren zu einer unkritischen Identifikation religiöser Wahrnehmung mit lebensweltlicher Seinsgewißheit überhaupt. Dies liegt daran, daß die von Habermas angemahnte Dialektik zwischen System und Lebenswelt kaum zum Tragen kommt.

Dies ist jedoch in der Studie: „Theorie des Alltags" von Hans Gerd Prodoehl[104] nicht der Fall. Sie wird in der Diskussion um Alltagsverhalten erstaunlich wenig zur Kenntnis genommen,[105] zeichnet sich aber dadurch aus, daß sie konkrete Strukturen des Alltags herausarbeiten kann. Dabei wird jede Form als in Bewegung befindlich verstanden. Sein Ansatzpunkt ist nicht systemtheoretisch, sondern marxistisch. Die konkrete Analyse bietet jedoch ähnliche Ergebnisse.

Prodoehls Vorgehen ist auf den ersten Blick deduktiv-kausal. Er bestimmt „Societätsformen der bürgerlichen Gesellschaft".[106] Sie stellen „den Komplex objektiver Handlungsbedingungen dar, der als Korrelat der wesentlichen Funktionsgesetze und Strukturmerkmale dieser Gesellschaftsform den gesamten Lebensprozeß der Individuen grundiert"[107]. Diese Societätsformen konditionie-

---

[102] A. a. O., S. 223.
[103] A. a. O., S. 228.
[104] Hans Gerd Prodoehl: Theorie des Alltags. Berlin, 1983.
[105] Eine Ausnahme bietet Hennig Luther: Die Zwiespältigkeit des Alltags. Perspektiven der neueren Diskussion zu „Alltag" und „Lebenswelt": Ein Literaturbericht. In: Ders.: Religion und Alltag. Stuttgart, 1992, S. 184, Hier S. 191.
[106] A. a. O., S. 70 ff.
[107] A. a. O.

ren den Lebensprozeß der Subjekte in widersprüchlicher Weise,[108] eben so, wie die bürgerliche Gesellschaft als Bewegungsform eines allgemeinen Widerspruchs (z. B. zwischen privater Form und allgemeiner Vergesellschaftung) begriffen werden kann. „Die Sozietätsformen sind von daher nicht mit der Lebenspraxis der Individuen identisch, sondern stellen eine soziale Tiefenstruktur dar, die stets von den Individuen nach Maßgabe ihrer subjektiven Dispositionen in konkrete Praxisformen transformiert bzw. transformiert werden muß."[109] Aus ihnen – und hier löst sich der Eindruck der Deduktion auf – läßt sich also der Alltag nicht einfach ableiten. Er wird vielmehr in der Wechselwirkung[110] zwischen Verhaltenskonditionierung und Subjektivität geschaffen.

Ein Beispiel für die Funktionsweise der Sozietätsformen ist das unter dem Begriff „Partialisierung" verhandelte Verhältnis von abstraktem und konkretem Individuum.[111] Gefordert wird in der bürgerlichen Gesellschaft die Erfüllung abstrakter Handlungsimperative, unter denen individuelle Lebensäußerungen nur als abhängige Variable zum Tragen kommen können.[112] Dies führt zu einem strukturellen Dilemma: „Verhalte ich mich nämlich gegenüber meinen subjektiven Lebensäußerungen nicht funktionalistisch, sondern nehme sie als Selbstzweck, so beziehe ich mich auf sie im Verhältnis der *Identifikation*, nicht aber im Verhältnis *gleichgültiger distanzierter Reserve*. Als derart emotional und moralisch engagiertes, bedürftiges Individuum bin ich den Kalkulationen anderer wehrlos ausgesetzt, die diese meine konkreten Lebensäußerungen nicht mit gleicher Münze vergelten, sondern zum Mittel ihrer Privatinteressen herabdrücken."[113] Moralität als solche ist ruinös – aber Moral als Verkaufsmittel eingesetzt erhöht den Profit.[114] Auf diese Weise beschreibt Prodoehl treffend den Übergang von der Lebenswelt zum System.

Prodoehls Ansatz ist kritisch angelegt. Allerdings nicht in dem Sinne, daß er Maßstäbe „von außen" an den Alltag heranführen würde, sondern indem er seine innere Widersprüchlichkeit aufzudecken sucht. Der Alltag ist die Lebensebene, auf der jeder mit den Widersprüchen der Gesellschaft fertig werden muß. Er ist keine statische, selbstverständliche Größe mit affirmativer Grundstruktur,

---

[108] A. a. O., S. 71.
[109] A. a. O., S. 67.
[110] A. a. O., S. 64.
[111] A. a. O., S. 83.
[112] A. a. O., S. 85.
[113] A. a. O., S. 87 Vgl. hierzu die Bemerkungen von Sigrid Brandt: Religiöses Handeln in moderner Welt. Talcott Parson's Religionssoziologie im Rahmen seiner allgemeinen Handlungs- und Systemtheorie. Frankfurt a. M., 1993, S. 282, über Feindesliebe und die „Christianisierung der Welt" bei Parsons. Religiöse Kommunikation sei immer auch Kommunikation von Affekten. Wer aber so kommuniziere, sei in besonderer Weise verletzlich, „da er sich in die Gefahr begebe, daß seine positiven Gefühle und Zuwendungen unbeantwortet bleiben und sie aus Enttäuschung in Aggression und Haß umschlagen". Eben hierauf reagiere das Gebot der Feindesliebe.
[114] A. a. O., S. 88.

sondern Bewegungsform von Gegensätzen. Solch ein Gegensatz gilt auch für das Verhältnis von systemischer und lebensweltlicher Orientierung: die Dominanz des abstrakten, systemischen Verwertungsinteresses verdeckt, daß autonomes Leben nur als konkretes zu entwickeln ist.[115] Moralische Werte sind in dieser Perspektive nicht nur Hülsen des Verwertungsinteresses der Systeme, sondern unmittelbare Maximen eines gelungenen Lebens (Solidarität, Vertrauen etc.).

Die in den Widersprüchen, Restriktionen und Zufälligkeiten der bürgerlichen Gesellschaft lebenden Individuen müssen Formen entwickeln, um die sie treffenden divergierenden Erwartungen und Ansprüche zu reduzieren. Sie würden sonst direkt den Dissonanzen ihrer Erfahrungen ausgesetzt sein. Aus diesem Grund bilden sie „spezifische, neuartige Mechanismen zur Konfliktreduktion … Sie konstituieren in ihrer Gesamtheit einen sozialen und individuellen Lebensbereich … den Alltag."[116] Mit dem Begriff der Reduktion ist nicht gemeint, daß es nur um den Abbau von Konflikten ginge. Gerade das Austragen von Konflikten kann in dem Sinne eine Reduktion sein, daß konfliktträchtige Reibungsflächen abgeschliffen werden.[117] Zudem wird jede Form der Reduktion immer wieder durch das grundlegende Wirken der Sozietätsformativen konterkariert.

Prodoehl unterscheidet vier Strukturen des Alltagslebens: die utilitaristische Synthese, die normative Bereichsabgrenzung, die Wirklichkeitsgestaltung und die Wirklichkeitsmodulation. Was ist damit im einzelnen gemeint?

– Die utilitaristische Synthese

Mit diesem Begriff bezeichnet Prodoehl den Versuch der Individuen, bestimmte abgegrenzte Bereiche des Lebens mittels einer gezielten utilitaristischen Praxis zu bewältigen. Dabei wird der gesetzte Rahmen des Handelns anerkannt, aber versucht, einen Bereich nach den Maximen des eigenen Nutzens zu organisieren. Prodoehl formuliert pointiert: „Sie bedienen sich also der Verhältnisse, in die sie als Dienende eintreten."[118] Eigene Handlungsperspektiven werden dabei elastisch und frei von moralischen Sentiments gehalten, um den schwankenden Marktchancen gerecht werden zu können.[119] Erzwungene abstrakte Selbstinstrumentalisierung wird unter Maßgabe der Durchsetzung des eigenen Nutzenkalküls akzeptiert.[120] Formen emotional-moralischer Betroffenheit werden zu Mitteln der Selbstinszenierung.[121]

[115] A. a. O., S. 90 ff.
[116] A. a. O., S. 126.
[117] A. a. O., S. 128.
[118] A. a. O., S. 131.
[119] A. a. O., S. 132.
[120] A. a. O., S. 133.
[121] A. a. O., S. 134.

In dieser Alltagsform dreht sich die Auseinandersetzung um drei Ressourcen: *Geld, Macht* und *Reservate*. Geld ist die utilitäre Ressource par excellence. Macht begreift Prodoehl in diesem Zusammenhang als Möglichkeit der privaten Realitätskontrolle und der Gestaltung von Interaktionszusammenhängen.[122] Reservate schließlich „sind all diejenigen sachlichen Handlungsgegenstände, Handlungsmittel und Handlungsräume, deren Benutzung und Ausgestaltung in der Regie von Privatleuten erfolgt ... Der Reservatbesitzer hat somit die Möglichkeit, sich als Subjekt auf bestimmte dingliche Lebensbedingungen – sei es im Arbeits- oder Nichtarbeitsbereich – zu beziehen."[123] Dazu zählen so verschiedene Dinge wie Hobbys, Eigenheime, Autos, feste Arbeitsplätze usw.

– Die normative Bereichsabgrenzung

Mit dieser Bezeichnung erfaßt Prodoehl das, was herkömmlich unter dem Begriff der Gemeinschaft verhandelt wird. Gemeinschaften resultieren aus wechselseitigen Verpflichtungsverhältnissen ihrer Mitglieder, die wesentlich moralisch begründet sind. „Der Bestand einer Gemeinschaft steht und fällt mit der wechselseitigen moralischen Verbindlichkeit von Konventionen."[124] Mit ihrer Hilfe wird ein Bereich des sozialen Lebens abgegrenzt und in diesem Bereich die Gesetze der bürgerlichen Gesellschaft suspendiert. Gemeinschaft meint selbstzweckhaftes Miteinander, und sie kann daher „als ein Versuch der bürgerlichen Individuen begriffen werden, vorbürgerliche Mechanismen der Konfliktreduktion"[125] aufrechtzuerhalten. Gemeinschaften bilden Plausibilitätsstrukturen aus, d. h. Formen gemeinschaftlicher Realitätskontrolle,[126] deren Prinzip „gerade in der Suspension von Interessenantagonismen, moralischer Indifferenz, konkurrenzhaftem Gegeneinander und zufälligen Marktschwankungen bzw. Fremdsteuerungen besteht."[127] So bilden sie eine Gegenwelt zu den sozietätsformativen Anforderungen[128], und es liegt auf der Hand,

---

[122] A. a. O., S. 142.
[123] A. a. O.
[124] A. a. O., S. 146.
[125] A. a. O., S. 151.
[126] A. a. O., S. 147.
[127] A. a. O., S. 152.
[128] Vgl. zu dieser Bestimmung: Bernhard Giesen. Die Entdinglichung des Sozialen. Frankfurt a. M., 1991, S. 176 ff. Giesen fasst Gemeinschaft unter dem Oberbegriff der „Inklusionen", d. h. einer sozialen Unterscheidung zwischen Innen und Außen, zwischen Fremden und Angehörigen einer gesellschaftlichen Gemeinschaft. „Von entscheidender Bedeutung für die Anwendung des Inklusionscodes ist der Umstand, daß nicht zwischen der *Person* der Akteure einerseits und ihren *Handlungen* andererseits differenziert wird. Der Inklusionscode schreibt vor, eine Handlung deswegen zu akzeptieren, weil die Person des Akteurs zur Gemeinschaft gehört, und nicht, weil die Handlung bestimmten personunabhängigen Kriterien oder Standards genügt." (S. 182) Gemeinschaften neigen zur Aufrechterhaltung dieser emotional bestätigenden Struktur dazu, die Grenzen gegenüber Außenstehenden geschlossen zu halten. Ihre Außenwahrnehmung ist deswegen unterentwickelt und Anpassungstechniken sind kaum entwickelt. In der Perspektive der Systemtheorie

daß sie vielfachen Bedrohungen ausgesetzt sind. Es ist vor allem das instrumentelle Wertkalkül, das über die Artikulation von Interessen Gemeinschaften zerstört. Sie können dem nur durch Erhöhung ihrer Befestigungswälle gegenüber der Außenwelt begegnen[129], was aber wiederum den Aktionsradius der Mitglieder mindert.

Prodoehl listet eine Reihe von Strukturmustern solcher Gemeinschaften auf. Im Bereich der Sprache kommt es z. B. zu konventionalisierten Formen des Sprechens, zwingenden Abfolgen von Sprechakten; der Festlegung von kontextabhängigen pragmatischen Bedeutungen und der Zementierung selbstverständlich-vertrauter Ausdrücke. „Der einzelne konstituiert u. a. durch das Medium der Sprache im Freundeskreis, wo seine persönlichen Andeutungen verstanden werden … einen abgegrenzten Lebensbereich, in dem er langfristig auf die intersubjektive Gültigkeit spezifischer Sprach- und Handlungsnormen sowie Realitätsinterpretationen vertrauen kann."[130] Mittels Raum- und Zeitgestaltung werden Plausibilitätsräume geschaffen, die das abstrakte Raum- und Zeitschema der Systeme verlassen: Man fühlt sich wohl.

– Die Wirklichkeitsgestaltung

Aus der Spannung zwischen den beiden dargestellten Alltagsformen entwickelt sich das Bedürfnis, Wirklichkeit zu gestalten und sie nicht nur zu erleiden. Eine Gruppe von Menschen, die dieses Ziel verfolgt, wird als „Verband" bezeichnet. „Der Bestandszweck von Verbänden besteht also in der Verfechtung von Interessen, die auf die Ausweitung der selbst- bzw. mitbestimmten Wirklichkeitszonen und Handlungsbedingungen im Lebensprozeß der Verbandsmitglieder ausgerichtet sind."[131] Der Verband schützt so nicht nur vor Konflikten, er zielt ausdrücklich auf ihre Reduktion im sozialen Bereich und damit auf die Subjekt-Werdung seiner Mitglieder in bestimmten Bereichen.[132] Sie sind so zugleich Instrument als auch Zweck.[133] Verbände tragen so über sich hinaus zur Gestaltung der Gesellschaft bei.

– Die Wirklichkeitsmodulation

„Modulierte Wirklichkeitsregionen (Phantasiewelten, Spiele, Exkursionen) sind als in sich sinnhafte Eigensphären jenseits der Realitätszonen angesie-

---

sind Gemeinschaften Träger von Mythenbildungen: Der Mythos codiert Vertrautheit und Fremdheit der Welt und konstruiert so Inklusion und Exklusion. Wie eine Gemeinschaft die Welt sieht, stellt für einen Beobachter lediglich ihre Disposition dar – für die Gruppe jedoch weit mehr. Vgl. hierzu: Niklas Luhmann: Brauchen wir einen neuen Mythos? In: Ders.: Soziologische Aufklärung. Band IV, S. 254.

[129] H.G. Prodoehl, a. a. O., S. 155.
[130] A. a. O., S. 167.
[131] A. a. O., S. 172.
[132] A. a. O., S. 174.
[133] A. a. O., S. 185.

delt.“[134] Andere Formen des Alltags fungieren nur noch als Symbole. Ihre Funktion liegt in der zeitweiligen Entlastung der Subjekte;[135] sie dienen als Refugium und machen Spaß. Eine Maximierung der Modulation kann zur Gefährdung der Handlungsfähigkeit führen.[136]

Prodoehls Analyse macht die Zerbrechlichkeit und Wandelbarkeit des Alltags deutlich. Er leistet Konfliktreduktion, ohne jedoch die Individuen wirklich befriedigen zu können.[137] Denn die Konflikte selbst thematisiert er nicht. „In ihrem Alltagsleben sichern sich die Individuen ihre gegenwärtige und damit auch zukünftige Handlungsfähigkeit dadurch, daß sie ihr Leiden an konflikthaften Verhältnissen, deren Veränderung nur auf einem langwierigen und steinigen Weg erfolgen kann, im Hier und Jetzt abmildern … Sie müssen ein Genügen an jenen objektiven Lebensbedingungen entwickeln, deren Umgestaltung zugleich von ihnen die Ausbildung und Bewahrung eines Ungenügens erheischt.“[138] Das Alltagsbewußtsein[139] leistet eben dies. Grundsätzlich kann man fragen ob anthropologisch etwas anderes überhaupt denkbar ist. Aus theologischer Sicht beschreibt Prodoehl realistisch Menschsein überhaupt. Und auch in der Sicht Luhmanns ist die Notwendigkeit, Komplexität zu reduzieren, fundamentale Bedingung für jedes Handeln und Erleben.

Die Stärke des Ansatzes von Prodoehl liegt in der konkreten Durchdringung des Alltags. Alltag ist die alles penetrierende, selbstverständliche Weltgrundlage, aber er ist es nur als Bewegungsform des Konfliktes. Gewißheit kann zwar geschaffen werden, ist aber in keiner Weise vorgegeben. Hinsichtlich der alltäglichen Wahrnehmung von Kirche und Religion liegen die Dinge kompliziert. Leicht ergeben sich Möglichkeiten, sie unter der Form der Gemeinschaft zu verstehen – und gerade so das Dilemma zu erfahren, daß sie nicht die ganze Wirklichkeit erfassen können und Bereiche der Erfahrung mit Notwendigkeit ausblenden müssen. Auf der anderen Seite läßt sich Kirche auch an Formen der Wirklichkeitsgestaltung, des Verbandes, anschließen, was ihrer tatsächlichen Funktion sicherlich am ehesten entspricht.

Dennoch bleibt bei solchen Anschluß-Versuchen ein ungutes Gefühl zurück. Dies hängt damit zusammen, daß Prodoehl den Alltag grundsätzlich als Reduktionsebene bestimmt. Ganz gleich wie Wahrnehmung hier zum Tragen kommt: sie wäre immer einer reduzierten Erfahrung der Wirklichkeit verhaftet und damit notwendig – bei aller lebenspraktischen Plausibilität – der Kritik ausgesetzt. Sie

---

[134] A. a. O., S. 187.
[135] A. a. O., S. 191.
[136] A. a. O., S. 207.
[137] A. a. O., S. 215.
[138] A. a. O., S. 216.
[139] A. a. O., S. 219 ff.

bliebe eine abhängige Variable jener Bereiche der Gesellschaft, in der die Konflikte entstehen, die der Alltag reduziert. Diese Bereiche benennt Prodoehl mit Krisen, Krieg und Revolutionen – also Umbruchssituationen, in denen der Alltag außer Kraft gesetzt ist.[140]

Mir scheint diese Auskunft nicht befriedigend zu sein. Zum einen widerspricht sie den vielfältigen Bewegungsformen des Alltags, die Prodoehl herausarbeitet. Hier geschieht doch deutlich mehr als daß nur Konflikte exekutiert werden würden, die irgendwann einmal in einer besonderen historischen Situation entstanden sein sollen. Seine eigene Analyse widerspricht im Kern seiner These, der Alltag würde nur *reduzieren*. Nein: Konflikte werden im Alltag *artikuliert* – Wirklichkeit wird gestaltet. So ist der Alltag auch nicht die Ernüchterung der Revolutionäre,[141] sondern die alles entscheidende Bewegungsform des Lebens. Daß Prodoehl zu solchen reduktiven Aussagen kommt, hängt mit seiner deduktiv-kausalen Vorgehensweise zusammen. Sie läuft als solche notwendig darauf hinaus, Strukturen, Kräfte außerhalb des konkreten Individuums anzusiedeln, die dieses dann auf irgendeine Weise exekutiert (wie modifiziert auch immer). Das konkrete Handeln der Menschen wird so leicht zum bloßen Schein.

Die analysierten Gestalten des Alltags haben großen Wert, wenn man sie als Bewegungsformen der praktischen Vernunft begreift. In ihnen vollzieht sich die Dialektik von System und Lebenswelt. Sie bilden Ansatzpunkte der Evolution der Systeme aus der Lebenswelt. Als solche haben sie ihren Stellenwert in der Lebenswältigung – und unterliegen natürlich andererseits der wissenschaftlichen Kritik. Wahrnehmung kann an diese Formen anschließen und sich von ihnen her ausdifferenzieren.

Prodoehl betont, daß der Alltag eine Bewegungsform ist, die sich in Macht und Herrschaftsstrukturen ausgestaltet. Sie hat von sich aus wenig mit egalitärer Kommunikation im Sinne von Habermas zu tun; viel jedoch mit sozialem Druck, Nötigung, Konditionierung. Lebensbewältigung ist Gestaltung von Lebensräumen im Interesse der eigenen Reproduktion. Es gibt Hinweise, daß sie in ihren Formen Gesetzen der Evolution unterliegt.[142] Unter diesen Bedingungen – und nur so – generiert sie Gewißheit.

Alltag ist nicht das Gegenteil von Ungleichheit, Macht und Zwang, sondern eher ein fragiler Gleichgewichtszustand – eine Art von Fließgleichgewicht –, dessen Aufrechterhaltung die alles entscheidene Kulturleistung ist.[143] Alltag ist der

---

[140] A. a. O., S. 210.
[141] A. a. O., S. 216 ff.
[142] Vgl. z. B. M. Douglas: Wie Institutionen denken. A. a. O., S. 196 ff.
[143] Wozu natürlich ebenso das beständige Unterlaufen von Macht und Herrschaft gehört. Nur wenig läßt sich im Alltag exakt in die Alternative Herrschaft / Widerstand oder Macht / Ohnmacht zwingen; die meisten Interaktionen laufen dazwischen ab, ohne deswegen auf einer Basis der Ega-

Bereich dessen, was einfach geschieht (nicht jedoch, was „funktioniert" wie ein System funktioniert – denn dies festzustellen setzt den Blick von außerhalb voraus, der im Alltag gerade nicht, in den Systemen jedoch notwendig, existiert) und die Suche nach Motiven und Normen ist in ihm aussichtslos. Deswegen ist er auch nicht diskursiv aufzuheben, geschweige denn zu gestalten. Die besten Lösungen sind in der Regel das „Ausbalancieren" und das Finden von „Aushilfen".

5.6. Der Alltag als Integration von Gelegenheiten

Man kann zusammenfassen: Alltag ist nicht der Prozeß der Mündigwerdung oder der Bewußtseinsentwicklung sondern der Integration von Themen, Ideen, Erfahrungen in den laufenden Prozeß des Lebens und Überlebens. Im Alltag fehlt die Zeit zur Distanz – bzw. die Struktur der Zeit selbst ist anders. Teilnehmer des Alltags erzeugen durch Interaktionen den Eindruck von Ordnung, in der sie sich zirkulär wiederfinden und die sie so bestätigen. Innovationen sind nicht Schöpfungen des einzelnen, der aus der Distanz frei handelt, sondern Änderungen des Kontextes und abhängig von Gelegenheiten. Entscheidungskriterien sind nicht handlungsleitende Maximen, sondern „in Wahlhandlungen manifeste spezifische Erwägungen", die an konkrete Bedingungen gebunden sind.[144] Sie oszillieren in Abhängigkeit von gelegenheitsgeleiteten Präferenzen und Möglichkeiten.[145] Regeln sind nie direkt handlungsleitend, sondern selbst auslegungsfähig und Gegenstand des Aushandelns.[146]

Im Gegensatz zu Habermas wird damit gesagt, daß die Lebenswelt nicht der Raum der Freiheit oder die Zeit kommunikativen Aushandelns ist, sondern im Gegenteil einen machtförmigen Charakter aufweist. Die Konstruktion von Gelassenheit, die er leistet, steht hierzu in keinem Gegensatz: Gelassenheit ist das Produkt machtgeregelter Verhältnisse. Lebenswelt erwächst nicht aus Bedürfnissen, die ihr voraus liegen und ihre Beschaffenheit kontrollieren, sondern sie konstituiert erst diese Bedürfnisse.

Praktische Vernunft ist in dieser Perspektive „opportunistische Rationalität", d. h., daß die Ziele des Handelns im Alltag jeweils der Richtung angepasst wer-

---

lität zu geschehen. Herrschaft macht Mühe – besonders für den Herrschenden und besonders dann, wenn die Herrschaft Prinzipien folgt. Zielt sie auf Fügsamkeit und Anerkennung, dann sind bereits kleine Formen von Frechheit, des Sich-Nichtbedankens usw. störend. „Was kann der Höhere weniger ertragen, als wenn der Geringere ihn nicht hört?" Vergl. hierzu: Alf Lüdtke: Vorwort. In: Ders.(Hrsg.): Herrschaft als soziale Praxis. Göttingen, 1991, S. 51.

[144] So Karin Knorr-Cetina: Die Fabrikation von Erkenntnis. Zur Anthropologie der Wissenschaft. Frankfurt a. M., 1984, S. 79. Sie versucht den erstaunlichen Nachweis zu führen, daß sich die Logik des Alltags von der des naturwissenschaftlichen Labors im Kern nicht unterscheidet.

[145] A. a. O., S. 80.

[146] A. a. O., S. 88.

den, die sich „ergibt": „Ursprüngliche Entscheidungsargumente geraten dabei ins Schwanken und kippen nicht selten in ihr Gegenteil um."[147] Ziele kommen folglich zirkulär zustande: nicht zuletzt deshalb, weil sie funktionieren.[148] Ideen werden „durch die Umstände (wörtlich: das, was herumsteht) hervorgerufen."[149] Dabei ist natürlich klar, daß mit Opportunismus ein spezifischer Prozeß und nicht Individuen gekennzeichnet werden.

Von zentraler Bedeutung sind im Alltag individuell kontrollierbare Ressourcen – Räume, Zeiten, Möglichkeiten. Handlungsfähigkeit erwächst auf der Grundlage ihrer Verfügung.[150] Damit einher geht ein elementares Interesse an Distinktion: Qua Unterscheidung von den anderen behaupte ich meinen Raum.

Lebensweltliche Wahrnehmung ist im Kern Analogie. Situationen werden auf Ähnlichkeiten hin befragt und Sicherheit entsteht, wenn sie gefunden werden können, weil dann Beherrschbarkeit als möglich erscheint.[151] Alltag ist somit durchaus eine Art von Gleichmacherei: „Analogieübertragungen liefern einen festen Boden für ein solcherart kontrolliertes Risiko, da sie Lösungsmöglichkeiten mobilisieren, die sich in einem anderen Kontext bereits bewährt haben."[152] Verifikation erfolgt durch Wiedererkennen.

Exkurs: Der Alltag als Gestalt

Alltag ist etwas ziemlich Banales und Grundlegendes zugleich: „Die im Alltag wirksamen Formen der Verwandlung treten erst zutage, wenn wir Ernst damit machen, intensiv zu beschreiben, was beim Fernsehen, Putzen, Autofahren, beim Lesen, Arbeiten, Hundeausführen alles zur gleichen Zeit vor sich geht. Da müssen wir schnell auf die Klischees von Passivität, Entspannung, Selbstverwirklichung verzichten. Hinter solchen Namen verbergen sich kunstvolle Produktionen, in deren Gehege sich weltbewegende Dramen abspielen."[153] Mit diesen Sätzen läßt sich die Grundthese der Alltagspsychologie von Wilhelm Salber zusammenfassen. Vermittlung und Lernen im Alltag geschieht nicht in der Form von Wissen, sondern durch Gestalten. Der Lehrer wirkt im Alltag nicht durch seine Wissensvermittlung, sondern als Lehrer-Gestalt.[154]

---

[147] A.a.O., S. 82.
[148] A.a.O., S. 79.
[149] A.a.O., S. 68.
[150] A.a.O., S. 85 ff. Drastisch deutlich wird dies bei Menschen, die im KZ überlebt haben. Vgl. hierzu: Barrington Moore: Ungerechtigkeit. Die sozialen Ursachen von Unterordnung und Widerstand. Frankfurt a. M., 1987, S. 106.
[151] K. Knorr-Cetina, a.a.O., S. 94.
[152] A.a.O., S. 112.
[153] Wilhelm Salber: Der Alltag ist nicht grau. Alltagspsychologie. Bonn, 1989, S. 32.
[154] Vgl. hierzu W. Nethöfel, a.a.O., S. 267, zu Paulus als Lehr-Gestalt und der Frage nach dem Christusparadigma als guter Gestalt, S. 285.

Alltag ist eine kunstvolle praktische Produktion, die nicht etwas ausdrückt, dessen Quelle es woanders gibt, sondern die die Verlaufsform des Lebendigen, des Seelischen ist. Salber kommt als Psychologe dort mit den soziologischen Thesen überein, wo die Tätigkeit des Alltags als nicht mit dem aktiven Tun eines Ich oder eines Willens gleichgesetzt wird.[155] „Der Betrieb der Alltags-Wirklichkeit bewegt sich ‚wie von selbst‘."[156] „Die Beschreibung von Tagesläufen – … – zeigt, daß unser Verhalten und Erleben aus einem (in sich verständlichen) Entwicklungszusammenhang hervorgehen: Etwas kommt auf und greift aus, stockt, wird behindert, dreht sich, um weiterzukommen; es breitet sich aus, schwillt an, nimmt mit, schließt sich zusammen."[157] Es bildet so seine wandelbare Gestalt. Das Seelische hat gestalthafte Struktur – unsere Gedanken werden nicht durch das Denken eines Subjektes gemacht, „sie kommen heraus aus den Gestalt-Bildungen beim Rasieren, beim Verdauen, beim Spazierengehen."[158] Dies ist das Banale – und es ist das Komplizierte.[159] „Die Alltagsformen sind sinnlich-lebendige Handlungswelten (Werke), und sie sind zugleich Verwandlung. Sie sind ein dichtes Gewölle und Gewebe, sichtbar, faßbar und tätig, und sie sind zugleich märchenhaft."[160] „Wenn man das als banal abtun will, dann übersieht man, daß hier ‚Welten‘ ausgestaltet werden – jeder Augenblick ist dadurch bestimmt, daß hochorganisierte Baupläne entwickelt, durchgehalten oder auch umgebildet werden."[161]

Das „Ziel" des Alltags, wenn man überhaupt so reden kann, liegt nicht in einer Idee „da draußen", sondern in der Ausgestaltung einer Lebens-Gestalt. „Um welche Lebensinhalte es dabei geht, läßt sich durch einen Vergleich mit der Völkerwanderung herausstellen. Bei der ‚großen Völkerwanderung‘ zu Beginn der christlichen Zeitrechnung bahnte sich eine Umgestaltung der Welt an, weil Völker aus Asien und aus Osteuropa in Bewegung gerieten. Sie brachen auf in andere Welten, die ihnen Entwicklung versprachen. Sie brachen auf, weil sie von anderen Völkern bedrängt wurden oder weil sich zuviele die alten Plätze teilen mußten. Sie versuchten neue Plätze zu finden, die sie ausbauen konnten; aber sie gerieten auch in eine Weiterbewegung, aus der sie nicht heraus wollten – andere Völker kreuzten ihren Weg, sie hielten das Land besetzt, es kam zu Kämpfen, zu Verbrüderungen, zu Unterwerfungen. Immer wieder tauchte wie ein Versprechen auf, daß alles anders gehen könne und daß sich neue, ungeahnte Möglichkeiten

---

[155] Wilhelm Salber, a. a. O., S. 45 u. ö.
[156] A. a. O., S. 53.
[157] A. a. O., S, 45.
[158] A. a. O., S. 73.
[159] A. a. O., S. 102.
[160] A. a. O., S. 212.
[161] A. a. O., S. 225. Eine sehr schöne Einführung in ästhetische Überlegungen zur Gestalt des Alltags findet sich bei Silvia Bovenschen: Über Empfindlichkeit – Idiosynkrasie und Alltagsästhetik. Vortrag auf dem Kongreß „Die Aktualität des Ästhetischen". Hannover, 1992, MS.

verwirklichen würden."[162] Dies ist die gleiche Dramatik, wie sie auch im Alltag zu finden ist. Nichts darin ist sinnlos – alles ist praktisch.[163]

5.7. Fazit: Die lebensweltliche Konstruktion von Gewissheit und die Wahrnehmung von Kirche.

Die in Abschnitt 4 und 5 analysierten Ebenen und Formen lebensweltlichen und systemischen Handelns und Erlebens haben Folgen für die Wahrnehmung von Kirche. Sie liegen auf zwei Ebenen:

– Zum einen unterliegt diese Wahrnehmung der funktionalen Ausdifferenzierung des kirchlichen Systems. Es hat keinen funktionalen Primat in der Gesellschaft, da es im Vergleich zu anderen Systemen zu wenig Komplexität reduziert. Die Rolle des Glaubens wird funktional durch das Geld ersetzt: es macht zu jeder Zeit und an jedem Ort Wirklichkeit verfügbar. Damit kann man sagen: „Es macht das Gerücht lokalisierbar, daß Gott tot und der Mensch entfernt sei."[164]

– Zum anderen läßt sich nach wie vor Religion auf der Ebene des Alltags – und damit universell – plausibel anschließen. Dabei kommt es zu einer Form der notwendigen Gleichzeitigkeit des Ungleichzeitigen: der Alltag transportiert nach wie vor Gewißheitsstrukturen, die der systemischen Welt-Erfahrung nicht kompatibel sind. Sie schließen unmittelbar an körperlich gebundene Formen der praktischen Vernunft an und unterliegen damit einer möglichen Sprachlosigkeit. Wird Religion hieran angeschlossen, so funktioniert sie als selbstverständlicher Garant von Gewißheit und Verständigung und gerade so im Unterschied zur Wissenschaft, die den Zweifel und die Distanz kultiviert. Ein Bedürfnis, sie zu „verstehen" oder zu deuten ist in der Lebenswelt selbst gering. Sie ist in dieser Hinsicht freilich körperlich konstituiert, d. h. als Habitus wahrnehmbar, damit immer implizit. Wenn der Alltag gestaltet wird, diffe-

---

[162] A. a. O., S. 227.

[163] Wie sehr christlicher Glaube aus sich heraus eine Veränderung der Gestalt des Alltags, eine Umkehrung intendiert, macht u. a. deutlich Christian Möller: Charisma als Begeisterung für das Alltägliche. In: Trutz Rendtorff (Hrsg.): Charisma und Institution. Gütersloh, 1985, S. 452. Er meint, die christliche Gemeinde leiste dies, „indem sie als *Geliebte* schenkt und nicht schenkt, um geliebt zu werden, als *Ausgeruhte* arbeitet und nicht arbeitet, um ausruhen zu können, als *Gerettete* dient und nicht dient, um gerettet zu werden." (S. 464) Er macht allerdings nicht deutlich, wie diese Umkehrung praktisch zu erreichen ist. Auch kann man fragen, ob die Gegenüberstellung dem erfahrenen Alltag wirklich angemessen ist. Die Thesen von Salber weisen darauf hin, daß das „Christliche" möglicherweise immer schon da ist, als Gelassenheit. Die theologische Reflexion hat es lediglich durch ihre Tendenz zur Abstraktion aus dem Blick verloren. Vgl. hierzu weiter Teil 6.2. dieser Arbeit.

[164] Eberhard Mechels: Kirche und gesellschaftliche Umwelt. Neukirchen-Vluyn, 1990, S. 202.

renziert sich Kirche und Religion aus den Selbstverständlichkeiten aus und wird abstrakt.

Die bereits festgestellte Dichotomie in der Wahrnehmung der Kirche und in der Wahrnehmung überhaupt setzt sich so auf der Ebene der Handlungsmuster fort. Kirche differenziert sich notwendig als System aus und entwickelt entsprechende Handlungsmuster, die Wahrnehmungsgrenzen beinhalten. Auf der anderen Seite bleibt sie in der alltäglichen Lebenswelt deswegen plausibel, weil und solange sie ihre Gewißheitsstrukturen verarbeitet. Ihre Wahrnehmung beruht somit auf strukturierten Wirkungen in der Lebenswelt – aber sie ist auch offen für Gestaltung. Zu fragen ist, wie sich diese Dialektik gestaltet. Was aus der praktischen Vernunft greift die kirchliche Selbstreflexion auf – und was weist sie ab? Wie strukturiert sich der begründende Diskurs hierüber?

Von dieser Lebenswelt kann sich Kirche nicht lösen. Sie kann sich mit ihren Operationen – auch ihrer Theologie – nur auf sie beziehen. Glaube entsteht in der Lebenswelt – nicht im System. Das Wort, das den Menschen verändert, kann nur eines sein, was den Körper trifft und ihn „verwundet" oder „heilt". Der theologisch bearbeitete Glaube beruht folglich auf Voraussetzungen, die er sich nicht selbst schaffen kann. Kirche und Theologie bleiben elementar an Gottes Präsenz in der selbstverständlichen Gewißheit des Alltags gebunden. Das Unangenehme und Befremdende hieran ist, daß sich Glaube in Strukturen inkarniert, die machtgeformt und konditioniert sind. Diese Erkenntnis widerspricht einer allzu schnellen Symbiose von Diskurs und Glauben. Sobald man meint, Glauben im Diskurs erst stiften zu müssen, ist es schon zu spät. D. h., daß die Erfahrung von Religion und Kirche weniger von einzelnen Aktivitäten des Systems abhängt. Sie beruht auf grundsätzlichen, lebensweltlichen Gebundenheiten. Anders wäre es, wenn das System Kirche und Religion gesellschaftlich Führungskapazität gewinnen könnte. Dies ist aber eher unwahrscheinlich. Mit dieser Situation angemessen umzugehen: Darin besteht das Kommunikationsproblem der Kirche.

Kirche muß sich selbst steuern und selbstreflexiv ihre Komplexität beständig erhöhen – sie kann dies aber nur, indem sie sich auf den Alltag bezieht. Mittels eines Begriffes von Religion, der den Bezug zur praktischen Vernunft realisiert, könnte dies geleistet werden. Als ein Fazit der soziologischen Überlegungen erweist sich, daß das Problem der Konstitution – und der Kommunikation – von Gewißheit für diese Frage zentral ist. Freilich unterliegt man sofort eine falschen Alternative, wenn diese Frage als Gegensatz zur Problematik der Macht begriffen wird.[165]

---

[165] An diesem Punkt liegen die entscheidenden Irrtümer Drewermanns. Seine Ideologie lebt von der Stilisierung eines grundsätzlichen Gegensatzes zwischen der religiösen Gelassenheit und Freiheit und der Macht. In der Ausarbeitung dieses Gegensatzes stabilisiert er seine charismatische Herrschaft (Vgl. 9.1.2. dieser Arbeit).

Die Problematik der doppelten Wahrnehmung von Kirche hat sich somit verkompliziert. Es ist nicht nur so, daß sie einer unterschiedlichen Eigen- und Fremdwahrnehmung unterliegt, je nachdem, ob sie als sich selbst steuerndes System oder unter dem Aspekt der Zugehörigkeit betrachtet wird. Es scheint vielmehr so zu sein, daß sie in sich selbst System und Lebenswelt ist: Sie entwickelt Züge eines sozialen Systems, das sich durch die Ausbildung von Medien aus der Lebenswelt herauslöst. Dieser Prozeß scheint jedoch nicht wie bei anderen Systemen in Richtung einer völligen Autopoiese des kirchlichen Systems vorangetrieben werden zu können. Er bleibt an die Lebenswelt angekoppelt. Die theologische Selbstreferenz allein kann die Reproduktion von Kirche nicht gewährleisten.

Dies hängt damit zusammen, daß die Ausbildung von Kirche als sozialem System nur über eine plausible mediale Codierung denkbar ist – und gerade hier liegt ihr Problem. Wieweit läßt sich Religion und Glauben codieren? Eine Kirche, die nur als Reflexion existiert, kann es nicht geben. Sie muß unterhalb davon spezifisch wahrnehmbar sein. „Gott" kann nicht deduziert werden; er ist ein erstes Datum, das sich aufdrängt, Teil einer Lebensform. Hier ist sie auf Religion angewiesen. In dieser Hinsicht könnte sie so etwas wie eine Meta-Lebenswelt sein, in der Grundstrukturen der Lebenswelt kultiviert werden. Auf jeden Fall vergewissert sich Kirche mit der Thematisierung von Religion ihres realen, nämlich in der Lebenswelt ruhenden Bezugspunktes.[166]

---

[166] Die Verhältnisbestimmung zwischen alltäglichen Formen der Stabilisierung von Gewißheit und Ordnung und der Binnenreflexion von Kirche, die ich hier im Blick habe, läßt sich mit der von Theo Sundermeier geprägten Formel von primärer und sekundärer Religionserfahrung präzisieren. Vgl. Theo Sundermeier: Nur gemeinsam können wir leben. Das Menschenbild schwarzafrikanischer Religionen. Gütersloh, ²1990, S. 273 ff.

6. Konstituierung der Wahrnehmung: Religion[1]

Schon umgangssprachlich lassen sich bestimmte Formen von Wahrnehmung als religiöse qualifizieren. Ganz gleich, was damit näher gemeint ist, so besteht doch im allgemeinen Konsens: jedenfalls etwas von grundlegender Bedeutung, was das Gesamt der Wirklichkeit betrifft. In dieser Richtung äußert sich z. B. Karl-Fritz Daiber: ein religiöses Einverständnis, um dessen Darstellung und Erarbeitung es der Kirche ginge, sei „ein Einverständnis in Grundfragen des Lebens, in den Grunddeutungen, in der tragenden emotionalen Basis, in den Handlungsweisen, die als unaufgebbare Bestandteile das Leben prägen sollen. Religiöses Einverständnis meint Einverständnis in der Frage eines letzten, das Leben bestimmenden und deshalb die Verantwortung herausfordernden Grundes."[2] In der Gestalt spezifischer Religionen haben solche Grundorientierungen eine Geschichte und sind deshalb mehr als subjektives Überzeugtsein.[3] Sie stellen Entwürfe von Wirklichkeit dar, an denen das Subjekt beteiligt ist und die zugleich sozial konstruiert sind. Sie erfassen Aspekte, die in anderen Entwürfen der einen Wirklichkeit nicht zum Tragen kommen und zwar besonders im Hinblick auf das Erleben von Einheit und Ganzheit.[4]

Grundsätzlich sei religiöse Erfahrung vorsprachlich organisiert. Das eigentlich religiöse Erlebnis ist nicht auf Vermittlung angelegt: „Als Gefühl gründet offenbar Religion im religiösen Erlebnis, in jenem besonderen Augenblick, in dem sich die Augen öffnen und nach dem Verstummen langsam Sprache gefunden wird."[5] Die poetisierende Sprache belegt: Hier geht es um etwas, was die Kapazität des Begriffs sprengt.

---

[1] Vgl. insgesamt zur Frage der Religion vor allem aus soziologischer Sicht: Karl-Fritz Daiber und Thomas Luckmann (Hrsg.): Religion in den Gegenwartsströmungen der deutschen Soziologie. München, 1983.
[2] Karl Fritz Daiber: Predigt als religiöse Rede, Homiletische Überlegungen im Anschluß an eine empirische Untersuchung. Predigen und Hören 3. München, 1991, S. 224. Diese Bestimmung erscheint zunächst zu kognitiv zu sein. Daibers weitere Aussagen bieten dann allerdings ein anderes Bild.
[3] A. a. O., S. 226.
[4] A. a. O., S. 287.
[5] A. a. O., S. 291. Vgl. auch: Henning Luther: Religion als Weltabstand. In: Ders.: Religion und Alltag. Stuttgart, 1992, S. 22, hier S. 25: „Religiöse Fragen beziehen sich nicht auf etwas in der Welt, sondern auf die Welt selbst. In ihnen ist nicht einzelnes in der Welt fraglich, sondern die Welt selber und das In-der-Welt-Sein sind hier fraglich." Siehe auch Dietrich Rössler: Die Institutionalisierung der Religion. In: Wenzel Lohff und Lutz Mohaupt (Hrsg.): Volkskirche – Kirche der Zukunft? Hamburg, 1977, S. 41, hier S. 45: „Was den religiösen Institutionen als Bedürfnis zugrunde liegt ... ist die Abhängigkeit selbst ... Das religiöse Bedürfnis ist die Bedürftigkeit des Menschen."

Über einen allgemeinen Konsens hinaus ist jedoch kaum ein Begriff so komplex und die Definitionsangebote so breit gestreut, daß es schon schwer ist, nur einen Ausgangspunkt für die Behandlung dieses Themas festzulegen.[6]

6.1. Der Religions-Begriff als „Drehpunkt" der soziologischen Analyse

In der klassischen soziologischen Tradition ist Religion ein Schlüsselbegriff für die Analyse von Gesellschaftsformen. Ähnlich wie mit anderen soziologischen Grundbegriffen – die durchaus mit Religion konkurrieren können – wie z. B. Gesellschaft, Rolle, Habitus, Kultur kann mit Religion der handlungs- und erfahrungsrelevante „Drehpunkt" zwischen Struktur und Praxis bezeichnet werden. Religion ist dann nicht nur etwas nützliches, wie z. B. Geld oder gute Freunde, sondern sie ist *nützlichkeitskonstituierend*: das „Apriori einer Kommunikationsgemeinschaft" – das, was Handlungsfähigkeit durch die bedeutsame Interpretation der Wirklichkeit erst ermöglicht.[7] In dieser Hinsicht müßte Religion nicht erst ihre jeweilige Nützlichkeit erweisen. Sie könnte auch schlecht von anderen Größen her abschließend beurteilt werden, da sie selbst erst die Möglichkeit jeder Beurteilung setzt.

Auf den ersten Blick scheint diese These vermessen zu sein und eine ganze Tradition der Religionskritik zu ignorieren. Sie wird aber dann einsichtig, wenn man sich klar macht, daß sich die Maßstäbe jedweder Religionskritik von einem allgemeinen Religionsbegriff her wieder als Religion begreifen lassen. So gibt z. B. Franz-Xaver Kaufmann zu bedenken, ob nicht der Gesellschaftsbegriff selbst das leiste, was eigentlich Religion zu leisten hätte: die Integration der Wirklichkeit[8] und damit illegitimerweise an die Stelle der Religion getreten sei.

---

[6] Vgl. nur die umfassende Studie: Falk Wagner: Was ist Religion? Gütersloh, 1986.

[7] Vgl. hierzu z. B. den Beitrag Franz-Theo Gottwald: Religion oder Diskurs? Zur Kritik des Habermas'schen Religionsverständnisses. In: Zeitschrift für Religions- und Geistesgeschichte, Jg. 37, 1985, S. 197: Religion ist erst das, was Sprache schafft und Handeln so möglich macht. Aus diesem Grund sei die Vorstellung von Habermas, daß Religion vorsprachlich sei, zwar richtig, aber kein Grund, sie abzuwerten. Religion ist diskursiv nicht einzufangen und nicht zu begründen (S. 201). In diese Richtung weisen auch Studien zur empirischen Untersuchung von Religiösität. Dietrich Engels: Religiösität im Theologiestudium. Stuttgart / Berlin / Köln, 1990 begreift sie als „spezielle Form der Reproduktion personaler Identität" (S. 67), die sich unter Bezug auf ein „Heiliges" konstituiert, d. h. den Rahmen der Wahrnehmung des Selbst und der Welt durch eine spezifische Verdopplung in Heilig / Profan bildet. Seine Studie zur Religiösität von Theologiestudenten kommt unter Zugrundelegung dieser Definition zu dem Ergebnis, daß damit eine tiefsitzende und früh ausgebildete Persönlichkeitskomponente codiert wird. Sie erweist sich gegenüber situationsvariablen Einflüssen als wenig veränderungsfähig (S. 225). Ihre spezifische Leistung besteht in der Stiftung von Kontinuität. Sollte solche Form von Religion grundlegend sein, so liegt auf der Hand, daß sie deutlich anders als nur funktional zu begreifen wäre. Sie wäre in der Konstitution dessen, was den Kern einer Person selbst ausmacht, verankert und so stark inhaltlich geprägt.

[8] Franz-Xaver Kaufmann: Religion und Modernität. Tübingen, 1989, S. 17 ff.

Mit dieser Bestimmung ist natürlich noch nichts über den Charakter der jeweiligen Religion gesagt. Sie kann bedeutungs- und integrationsstiftend sein und z. B. i. S. einer Intellektuellenreligion[9] den Geist der Freiheit und der Liberalität ausströmen – sie kann aber auch den Charakter von Zwangsneurosen annehmen. Das wesentliche der jeweiligen Bedeutungsfelder bleibt dabei unterhalb und außerhalb des öffentlichen Diskurses. Das, was jedoch – z. B. qua Kirche – öffentlich definiert und diskutiert wird, wird somit immerhin kommunikabel – und damit in bestimmten Situationen möglicherweise auch veränderbar. Von vornherein nicht zu erwarten ist allerdings, daß sich grundlegende religiöse Veränderungen qua Diskurs vollziehen könnten.[10] Solche Veränderungen sind eher als Folge sich wandelnder sozialer Konditionierungsmechanismen zu erwarten (dazu gehört heute in erste Linie die Veränderung der medialen Kommunikation).

Dennoch ist Religion natürlich in keiner Weise selbstverständlich. Genauere Begriffsbestimmungen sind umstritten. Die Frage, welcher Definition man zuneigt, sieht bei der Fülle der Beiträge nach einer Geschmacksfrage aus. Karel Dobbelaere und Jan Lauwers[11] widersprechen jedoch der These, daß „definitions of religion … ‚de gustibus‘ “[12] entschieden würden. In einer Analyse der beiden großen religionssoziologischen Strömungen – der funktionalen und der substantiellen Religionsbestimmung – zeigen sie, daß sich allein innerbegrifflich die Debatte nicht entscheiden läßt. Auch innerhalb der beiden Strömungen würde vieles unterschiedlich begriffen. So drehe sich eine substantielle Definition in der Regel um das Heilige. Aber das Heilige „is defined by some as supernatural, by other as not. This depends upon their position, their situational context and historical facts.“[13] Ebenso ist es bei den funktionalen Bestimmungen. Hier steht z. B.

---

9   Vgl.: Hans.G. Kippenberg: Intellektuellelen-Religion. In: Die Religion von Oberschichten. Religion – Profession – Intellektualismus. Herausgebeben von: Peter Antes und Donate Pahnke, Marburg, 1989, S. 181.

10 Man kann dieses Verhältnis auch positiv als Prozeß der Selbstregulierung begreifen und hat dann die Möglichkeit, den Anteil von Theorie – Diskurs, Sprache – am Aufbau von selbsttätigen Verhältnissen zu untersuchen. Dies tun Oskar Negt und Alexander Kluge: Geschichte und Eigensinn. Frankfurt a. M., 1981, S. 45 ff.: „Wenn einer freitags nach Betriebsschluß nach Hause fährt, so ist er noch nicht im strukturierten Zuhause und nicht mehr im strukturierten Betrieb, er könnte eine zeitlang bei sich sein, hat eine *Haltung*.
    Brecht beschreibt das gleiche anläßlich einer Reifenpanne. Ich will nicht da sein, wo ich hinfahre, sagt er, ich will nicht dort sein, wo ich herkomme, was treibt mich so zur Eile?
    Eben noch Kämpfe im Zwangsrahmen der Front, danach 6 Tage Weihnachtsurlaub, erfüllt vom privaten Lärm, jetzt auf der Rückfahrt zur Front. Der Soldat findet sich zwischen zwei Zwangszusammenhängen und verfügt über *beobachtende Haltung*.
    Dies alles ist der Versuch, den Sitz von orientierender Theorie zu umschreiben.“ (S. 84) Der Diskurs hat dort Relevanz, wo die Anziehungskräfte der Praxis sich neutralisieren: am abarischen Punkt.

11 Karel Dobbelaere / Jan Lauwers: Definition of Religion – A Sociological Critique. In: Social Compass, Jg. 20, 1973, S. 535.

12 A. a. O., S. 536.

13 A. a. O., S. 546.

die Frage im Raum, ob prophetische Sekten sozialintegrativ funktional seien oder nicht. Aus der Sicht einer integrativen Position wird dies oft bestritten; eine „kritische" Soziologie tut dies jedoch nicht. Auch hier spielen außerbegriffliche – kontextuelle – Gründe eine entscheidende Rolle.

Dobbelaere und Lauwers kommen auf diese Weise zu dem Ergebnis, daß die Definition von Religion nicht am Beginn einer Untersuchung stehen kann, sondern Teil dessen ist, was es zu untersuchen gilt: „It is in itself an element of the changing social reality which is being investigated."[14] Soziologisch kann es dann nur um das Begreifen existierender Formen von Religion gehen und ihrer Selbstdefinitionen. Religionssoziologie muß dann „try to define the social context of these definitions, and show how these definitions are supported and realized in society by concrete social positions"[15].

Eine solche Forschung müßte nicht notwendig bestimmten Positionen widersprechen. Sie könnte geradezu als Ausarbeitung einer besonderen – auch der christlichen – Religion begriffen werden. Aber sie fragt nach den kontextuellen Bedingungen und vor allen den Interessen jeder Position und zwar besonders solcher, die diese Fragen nicht stellen. Hier gilt Niklas Luhmanns Forderung: „Eine gute Ideologie muß sich selbst reflektieren, das heißt darstellen können, weshalb sie nur von einigen und nicht von anderen angenommen wird und weshalb dies zu sozialen Konflikten führt."[16]

Die Folgerung lautet, daß sich Religion nur aus bestimmter Sicht definieren läßt. Sie wird dann so bestimmt, daß sie für bestimmte Zwecke bearbeitet werden kann. Zugleich befindet sich eine solche Definition im Dauerstreit mit anderen Bestimmungen anderer Interessenten. Grundsätzlich gilt dies auch für Kirche, die Religion als ihre spezifische Umwelt begreifen kann – und sie so auch konstituiert.

Dies bedeutet, daß auch Definitionen von Religion einer zirkulären Struktur nicht entgehen können. Sie sind zudem nicht einfach vorgegeben, sondern vielmehr umstritten und werden zu Instrumenten in der Auseinandersetzung um Gestaltungsmöglichkeiten. Das kirchliche System ist darauf angewiesen, eigene Muster der Beobachtung von Religion zu entwickeln, mit dem es zugleich Religion als solche konstituiert. Eine Definition von Religion als Eigen- oder Fremdwahrnehmung von Kirche kann nur in ihr selbst erfolgen. Und sie muß eben so erfolgen, daß das System Kirche und Theologie an sie anschließbar ist. So ist immer wieder deutlich zu machen, ob und wie sich diese und jene Situationen religiös begreifen lassen. Gerade so leistet sie ihren Beitrag zum Begreifen der Wirklichkeit und schafft Möglichkeiten des Anschlusses anderer Systeme. Sie kann

---

[14] A. a. O., S. 549.
[15] A. a. O., S. 551.
[16] Niklas Luhmann: Die Wirtschaft der Gesellschaft. Frankfurt a. M., 1988, S. 175.

sich allerdings auch dieser Aufgabe entziehen, indem sie die Nutzung des Begriffs Religion verweigert, z. B. durch den Hinweis, daß das Kreuz Christi das Ende jeder Religion ist. Dann jedoch braucht sie andere Begriffe, z. B. Glauben, die dieselbe Funktion erfüllen müssen. Die Frage ist aber dann, ob sie anschlußfähig sind, d. h. u. a. ob sie überhaupt verstanden werden.

Ein Beispiel für eine derartige Definition von Religion ist die Formel von Eilert Herms: Religion ist die „jeweils in einer Gesellschaft relevante Weise, die ontologische Frage kommunikativ zu bearbeiten"[17]. „Religiöse Sinndeutungen strukturieren die unendliche Vieldeutigkeit und Offenheit konkreter Situationen so, daß diese zunächst in einen stabilen Erwartungshorizont treten. Dadurch werden sie als ein Inbegriff von bestimmten Möglichkeiten planvollen Handelns für Individuen durchsichtig und können von diesen jeweils als ihre eigene Lebenssituation angenommen werden."[18] Kirchliche und theologische Diskurse können unmittelbar hieran anschliessen und herausarbeiten, wie sich Christliches darstellen läßt. Freilich leidet die Formel unter ihrem kognitiven Gefälle; ist aber so für Theologie gut brauchbar.

I. F. soll der Versuch unternommen werden, Religion so zu begreifen, daß sie als an lebensweltliche Formen anschließbar gedacht werden kann. Daß dies möglich ist, wurde im vorherigen Kapitel aufgezeigt: Die Lebenswelt sichert Gewißheitstrukturen, allerdings nicht im Gegensatz zur Macht sondern in Einheit mit ihr. Glaube entsteht hier – und gerade deswegen ist die Wahrnehmung dieser Strukturen entscheidend.

Dies bedeutet:

– Zum einen, daß ein spezifisch theologischer Diskurs nicht notwendig aus Formen der Lebenswelt hervorgeht. Er muß sich vielmehr selbstreferentiell begründen. Theologie strebt nach autonomen Konstruktionen und versucht sich so der Frage nach der Nützlichkeit für die Lebenswelt zu verweigern. ‚Von selbst' kommt deswegen Plausibilität nicht zustande – auch nicht im Hinblick auf Religion.

– Zum anderen muß jedoch erwiesen werden, daß solche Plausibilität, wenn nicht zwingend, so doch möglich ist. Dies soll im Durchgang durch sozialwissenschaftliche Religions-Definitionen als denkbar aufgezeigt werden. Religion gibt es allgemein und überall – allerdings ist sie in dieser Hinsicht abstrakt und in der Wahrnehmung diffus. Kommunikativ bearbeitbar wird sie erst, wenn sie in spezifischen Handlungsweisen (in Form religiöser Organi-

---

[17] Eilert Herms: Die Fähigkeit zu religiöser Kommunikation und ihre systematischen Bedingungen in hochentwickelten Gesellschaften. Überlegungen zur Konkretisierung der Ekklesiologie. In: Ders.: Theorie für die Praxis – Beiträge zur Theologie. München, 1982, S. 262.
[18] A. a. O.

sationen) Gestalt gewinnt. Sie ist weit mehr als Kirche – aber sie bleibt aufgrund dieser Struktur immer an sie gebunden.

Religion soll in Formen von Wahrnehmung dann identifiziert werden, wenn Vorstellungen von richtigen Ordnungen – gerichteter Zeit, richtigem Zusammenhangs, guten Lebens – deutlich werden. Damit ist Religion das, was Wahrnehmung „von innen" qualifiziert.[19] Sie besteht in elementaren Aufmerksamkeitsstrukturen. Dabei bestimmt sie nicht nur, worauf die Aufmerksamkeit gelenkt wird, sondern konstituiert selbst erst Aufmerksamkeit. Sie hat eine Doppelstruktur: zum einen ist sie ein „Muster, das verbindet"; zum anderen entsteht sie dort, wo es um den Einbruch des ganz anderen, des Chaos oder auch des Heiligen geht.[20]

Exkurs: Theologische Religionskritik

Die Verabschiedung von Religion als Medium des christlichen Glaubens geschieht in prominenter Weise in der Religionskritik Karl Barths.[21] So arbeitet z. B. Okko Herlyn[22] aus Karl Barths Theologie eine Alternative von Religion und Gebet heraus, muß aber natürlich auch für Barth zugeben, daß „das Gebet offenbar von Hause aus zu den selbstverständlichsten *religiösen* Phänomenen

---

[19] Ein Beispiel: Geburtstag zu feiern, heißt in Teilen der christlichen Kultur, am Tag der Geburt zu feiern. Aus diesem Grund gibt es die Notwendigkeit, am Abend vorher mit dem Austausch von Geschenken bis 24.00 Uhr zu warten. So öde dieses Ritual oft ist – es wird in der Regel mit einiger Gewalt selbst dann durchgesetzt, wenn es sich nur um zwei Teilnehmer handelt. Fragt man nach Gründen für dieses seltsame Verhalten, so wird man erfahren, daß man das eben so macht. Ein Verstoß dagegen würde eine Schwelle überschreiten, die Unheil – in welcher Form auch immer – anziehen würde. Dies ist Religion.

[20] Vgl. zu diesen Formeln Gregory Bateson: Geist und Natur. Eine notwendige Einheit. Frankfurt a. M., 1987. Grundsätzlich stimme ich Sigrid Brand: Religiöses Handeln in moderner Welt. Frankfurt a. M., 1993, S. 302, zu: „Religion kann demnach weder allein als eine Funktion der äußeren, empirisch wahrnehmbaren Welt bzw. der genetischen Disposition des Menschen verstanden werden noch als eine sich selbst organisierende Manifestation religiöser Ideen und Werte." Theorien über Religion müssen deswegen multireferentiell angelegt sein.

[21] Vgl. zum Gesamten: Hans-Joachim Kraus: Theologische Religionskritik. Neukirchen-Vluyn, 1982. Zentral ist die These: *„Die Überwindung der Religion wird sich in Gerechtigkeit und im Dasein-für-andere ereignen und erweisen."* (S. 250) Und auch: *„Begegnung und Kooperation der Religionen ereignen sich zuerst und vor allem überall dort, wo gemeinsam für Gerechtigkeit und Frieden, Menschlichkeit und Versöhnung gearbeitet und gekämpft wird."* (S. 264) Natürlich läßt sich die verwendete Begrifflichkeit aus der Sicht eines funktionalen Religionsbegriffs als Religion wieder einholen. Interessanter scheint mir jedoch zu sein, daß Kraus mit dieser Begrifflichkeit versucht, christlichen Glauben universal zu codieren, d. h. das systemische Feld der Religion zu verlassen und den Anspruch erhebt, über Gerechtigkeit und Frieden mit anderen Systemen kommunizieren zu können. An diesem Anspruch müßte sein Ansatz gemessen werden: was trägt der christliche Glaube zur Klärung der Frage der Gerechtigkeit bei? Ist es mehr als eine religiöse Dimension? Falk Wagner, a. a. O., S. 559 ff. spricht davon, daß auf diese Weise die Offenbarung als Motivationsquelle funktionalisiert wird und ihre Plausibilität von den Erfolgen oder Mißerfolgen des so ausgestatteten Bewußtseins abhängig gemacht würde.

[22] Okko Herlyn: Religion oder Gebet. Karl Barths Bedeutung für ein „religionsloses Christentum". Neukirchen-Vluyn, 1979.

gehört"[23]. Dennoch veranschauliche Barth gerade in dieser Mitte der Religion ihre Überwindung.[24] Das Gebet wisse um seine Grenze – die darin besteht, daß es Zeugnis und Antwort ist, während die Religion sie nicht wahrhaben will. Das Gegenüber des Gebets sei real, das der Religion fiktiv: „Ihr Gegenüber ist vielmehr selbst erdacht, ein Ersatz allenfalls."[25] Dagegen bezieht sich das Gebet auf das Wort. In diesem Sinne ist das Gebet unreligiös und realitätsbezogen.

Diese Alternative hängt mit den Barthschen Definitionen zusammen. Gebet sei theologisch nichts anderes als Einstimmen in die Sache Gottes. Das Gebet folgt dem Geschehen Gottes. „Nur, wer um die Sache Gottes zu beten beginnt, darf und soll dann auch um seine eigene Sache zu beten fortfahren. Wer aber wirklich *so* beginnt, der wird dann seine eigene Sache *als* Sache Gottes zur Sprache bringen."[26] Demgegenüber sei das religiöse Verfahren genau umgekehrt. Der Grund der Religion liegt nicht im vorangehenden Wort Gottes, sondern – bestenfalls – in der Not des Menschen. Die Religion verwechsle den „Signalcharakter" des menschlichen Tuns mit dem „Realcharakter" des göttlichen Tuns.[27] Religion erzeuge so Glaube als menschliches Tun und entwickle von daher das Geschehen der Offenbarung. Der Glaube hingegen muß sich als Geschenk Gottes von der Offenbarung herkommend begreifen. „Will der Glaube z. B. von Gott reden, so wird er dabei nicht auf die der allgemeinen Sprache ‚eigenen', sondern die ihr ‚zugemuteten' Möglichkeiten rekurrieren müssen … Indem der Glaube von Gott redet, läßt er sich also seine allgemeine Sprache ‚sozusagen' von Gott ‚erobern'."[28] Der Unglaube der Religion äußert sich darin, „daß man Gott seine *Selbstdarstellung* nicht glaubt. Stattdessen versucht der religiöse Mensch selber, Gott darzustellen."[29]

Religionssoziologisch könnte man die Barthschen Unterscheidungen gegen ihre Intention als innerreligiöse Differenzierungen begreifen. Dabei ließen sich die Barthschen Vorstellungen von Religion einer funktionalistischen Religions-

---

[23] A. a. O., S. 125.
[24] Eine andere Interpretation des frühen Barth trägt Manfred Josuttis: Die Praktische Theologie vor der religionsgeschichtlichen Frage. In: Ders.: Der Kampf des Glaubens im Zeitalter der Lebensgefahr. München, 1987, S. 122, vor. Barths Religionskritik sei von einem spezifisch religiösen Interesse geprägt (S. 162). Er zitiert Karl Barth: Der Römerbrief. Bern, 1919, S. 236: „Religion markiert den Punkt, wo alle menschlichen Möglichkeiten in das Licht der göttlichen treten. Sie vertritt das Göttliche, sie ist seine Delegation, sein Abdruck, sein Negativ – außerhalb des Göttlichen selbst." und stellt fest: „Eine höhere Wertschätzung der Religion … kann es für theologisches Denken nicht geben." (S. 163) Und weiter: „Religion ist gerade nicht Ausdruck menschlicher Habgier, zu welcher sie in der bürgerlichen Welt deformiert ist, sondern Erfahrung jener Spannung, die zwischen dem Wunsch der Begierde und ihrem Verbot besteht."(S. 167) Eben diese Linie versucht Josuttis auszuarbeiten (Vgl. Abschnitt 8.2.3.).
[25] O. Herlyn, a. a. O., S. 127.
[26] A. a. O., S. 116.
[27] A. a. O., S. 69.
[28] A. a. O., S. 52.
[29] A. a. O., S. 56.

definition zuordnen: Die Gegenstände der Religion werden von ihrem Nutzen her konstruiert. Die Barthsche Gegenvorstellung würde demgegenüber eher substantiell zu verorten sein: Wahrer Glaube bzw. wahre Religion sei nur diejenige, die an die Inhalte der christlichen Offenbarung gebunden sei.

Die Barthsche Position ist durch ein spezifisches Interesse gesteuert – Herlyn erwähnt z. B. die Barthsche Abwehr gegen Formen kirchlicher Feierlichkeit – und zugleich auf konkretes Handeln bezogen. Da dies aber nicht in seiner Relativität reflektiert wird, unterliegt Barth dem Luhmannschen Ideologieverdacht in negativer Weise (= schlechte Ideologie). Die Gegenüberstellung von Religion und Gebet ist nur innerhalb der Barthschen Begrifflichkeit plausibel – sie ist eigensinnig. Hinsichtlich der Alltagspräsenz von Religion und Kirche ist sie wenig plausibel und nur in hochkomplexen Handlungsbildungen (Diskurs, Bildung) lebbar, die sich in Distanz zur alltäglichen Lebenswelt konstituieren, ohne nach ihrer medialen Vermittlung zu fragen. Die Emanzipation der Theologie wird um diesen Preis erkauft. Sie akzentuiert so die Differenz von Theologie und Volkskultur.

Exkurs: Die sozialwissenschaftliche Verdrängung von Religion und Theologie. Ein Beispiel.

So wie sich bei Barth die Theologie selbstreferentiell von der mit anderen geteilten Welt loslöst, weigern sich auch Sozialwissenschaftler, theologische und religiöse Begrifflichkeit in ihrem Diskurs konstituierend zu verwenden. Erstaunlich ist aber auch hier, wenn darüber hinaus darauf verzichtet wird, eine entsprechende Symbolik auf ihre grundsätzliche Leistungsfähigkeit für die Identitätskonstitution und die Integrationsprobleme moderner Gesellschaften wenigstens zu prüfen. Dabei ist deutlich, daß viele entsprechende sozialwissenschaftliche Konzepte, Religion und Theologie „im Erbe" mit sich tragen, ohne sich dessen jedoch bewußt zu sein.

Ein aktuelles Beispiel hierfür ist die Arbeit von Axel Honneth über die moralische Grammatik sozialer Konflikte.[30] Er begreift das treibende Moment sozialer Konflikte unter Aufnahme von Thesen des jungen Hegel als *Kampf um Anerkennung*. Bereits hier fällt auf, daß jeder Hinweis auf die ursprünglich religiös und theologisch verarbeitete Anerkennungsproblematik, konstitutiv z. B. in den Rechtfertigungslehren der Reformation, fehlt. Damit fallen von vornherein Möglichkeiten aus, die Bedeutung religiöser Symbolik in der Verarbeitung der Anerkennungsproblematik zu diskutieren. Daß sie jedoch gerade hiermit zu tun haben, kann schwer geleugnet werden.

---

[30] Axel Honneth: Kampf um Anerkennung. Zur moralischen Grammatik sozialer Konflikte. Frankfurt a. M., 1992.

Dieser Mangel wird besonders deutlich, wenn Honneth auf das Problem inter-
subjektiver Anerkennung eingeht und idealtypische Bedingungen konstruiert,
unter denen sie gelingen kann. Dazu gehört die Erfahrung des Kindes, Aggres-
sionen ohne Rache des Liebesentzugs leben, d. h. die Erfahrung der fortwähren-
den Existenz einer zuverlässigen Mutter machen zu können.[31] Nur so entwickle
sich Selbstvertrauen und die Fähigkeit zum Alleinsein. Honneth folgert dann, daß
„jene Grundschicht einer emotionalen Sicherheit … zu der die intersubjektive
Erfahrung von Liebe verhilft … die psychische Voraussetzung für die Entwicklung aller weiteren Einstellungen der Selbstachtung" bildet.[32] Anerkennung
bezeichnet so „den doppelten Vorgang einer gleichzeitigen Freigabe und emotionalen Bindung der anderen Person; nicht eine kognitive Respektierung,
sondern eine durch Zuwendung begleitete, ja unterstützte Bejahung von Selbständigkeit"[33].

Es ist kein Wunder, daß Honneth in der Umsetzung dieser Perspektiven in den
rechtlichen Bereich dazu kommt, sozusagen die Rechtfertigungslehre soziologisch zu rekonstruieren. Grundbedingung einer angemessenen Rechtsordnung
sei die Differenz zwischen Wertschätzung der Eigenarten und Fähigkeiten eines
Menschen, die anhand eines Mehr und Weniger zu bestimmen seien, und der
Anerkennung des Menschen als Person: „Daß wir einen Menschen als Person
anerkennen können, ohne ihn in seinen Leistungen oder seinem Charakter wertschätzen zu müssen"[34], sei für das moderne Rechtsystem konstitutiv. Dies hätte
Honneth auch schon bei Luther nachlesen können.

Honneth fragt weder, ob seine Konstruktionen interkulturell tragfähig sind, noch
nach den grundlegenden anthropologischen Bedingungen solcher Liebestätigkeit. Stattdessen behauptet er, daß Religion nur in vormodernen Gesellschaften
als metasoziale Bezugsgröße im kulturellen Selbstverständnis verankert sei.
Sobald aber „ethische Verpflichtungen als das Resultat innerweltlicher Entschei-
dungsvorgänge durchschaut waren"[35] (Von wem?, G. W.), wäre Religion überflüssig geworden. Diese These verkennt jedoch die Struktur zumindest protestantischer Theologie, die Gottes Anerkennung seit der Reformation nicht mehr
als fixe kulturelle Bezugsgröße bestimmt hat.

Honneth hat Recht, wenn er sagt: „Insofern hängt die Freiheit der Selbstverwirklichung von Voraussetzungen ab, die dem menschlichen Subjekt nicht
selber zu Verfügung stehen."[36] Und es leuchtet ein, „daß es sie allein mit Hilfe

---

[31]   A. a. O., S. 167/8.
[32]   A. a. O., S. 172
[33]   A. a. O., S. 173.
[34]   A. a. O., S. 181.
[35]   A. a. O., S. 201/2.
[36]   A. a. O., S. 279.

seiner Interaktionspartner zu erwerben vermag". Aber, daß es jenseits von dieser Bedingung, die tatsächlich eine Überforderung sein kann, die Möglichkeit gibt, das Problem in religiöser Symbolik aufzuheben und zu bearbeiten, wird schlicht verdrängt. Warum? Gerade im Hinblick auf die von Honneth diskutierten Formen posttraditionaler Solidarität, die darauf zielen müssen, „eine radikale Erweiterung von Beziehungen der Solidarität"[37] zu erzeugen, wäre eine Klärung des christlichen Gehalts derartiger Vorstellungen hilfreich. Honneths Wahrnehmung der Problematik ist, „von innen" gesehen, durchaus christlich-religiös qualifiziert.

6.2. Religion in systemischer Perspektive

Bestimmt man Religion von der Innenwelt der Wahrnehmung her – und d. h. nicht als aparten Teilbereich der Wirklichkeit, sondern als sie begründend –, so legt es sich nahe, zunächst eine Auseinandersetzung mit jener religionssoziologischen Position zu führen, die sie „von außen" – als soziales System – analysiert. Eine derartige Sichtweise ist in anspruchsvoller Weise mit dem Namen Niklas Luhmann[38] verbunden.

Die Ausgangsbeobachtung ist, daß Religion in der Moderne ein eigenes Feld bildet, ein System, das eine spezifische Logik entfaltet. Zugleich bezeichnet sie einen umfassenden Horizont der Gesellschaft: Das Teilsystem nimmt gesamtgesellschaftliche Funktion wahr. Im Hintergrund dieser Bestimmungen steht ein Evolutionsmodell sozialer Formen. Von einfachen, heute noch rudimentär als Alltag vorhandenen Strukturen unmittelbaren Erlebens, entwickeln sich soziale Systeme über stratifizierende hin zu funktional ausdifferenzierten Formen, deren Spitze das sich selbst organisierende, autopoietische System ist.

Evolution bedeutet in dieser Sicht nicht das „Überleben des Stärkeren" sondern ist eine Art Spiel mit Formen sich steigernder, organisierter Komplexität.[39] Zwar behaupten sich diese Systeme auch in ihrer Umwelt, aber entscheidend ist, daß sie durch die Steuerung ihrer internen Kombinatorik von Teilen, Prozessen und Funktionen gegenüber ihrer Umwelt „qualitativ neue Freiheitsgrade zu verwirklichen vermögen"[40]. Um dies zu erreichen müssen eine große Zahl von Voraussetzungen erfüllt sein. Solche Systeme sind mithin späte Produkte der Evolution.

---

[37] A. a. O., S. 287. Vgl. als Aufnahme u. a. dieser Gedanken: Gerhard Wegner: Solidarität als Exponat. Hannover, 1993.

[38] Vgl. zu diesem Komplex Traugott Schöfthaler: Religion paradox: Der systemtheoretische Ansatz in der deutschsprachigen Religionssoziologie. In: Karl-Fritz Daiber und Thomas Luckmann (Hrsg.): Religion in den Gegenwartsströmungen der deutschen Soziologie. München, 1983, S. 136.

[39] Helmut Willke: Systemtheorie. Stuttgart, New York, 1991, S. 98.

[40] A. a. O., S. 60.

Helmut Willke definiert: „Ein autonomes System ist mithin ein System, das auf der Grundlage autopoietischer Selbststeuerung spezifische, durch seine Leitdifferenz und seinen Operationsmodus vorgezeichnete Umweltbeziehungen unterhält."[41] Die Kommunikationen zwischen solchen Systemen sind schwierig; Willke zitiert das bekannte Wort Luhmanns von der „Unwahrscheinlichkeit der Kommunikation". Gerade in hochkomplexen Gesellschaften steigern sich die Probleme, auf der Grundlage geteilter Schemata und Muster Beziehungen zu gestalten. Die autonomen Systeme produzieren je für sich Kommunikationsmedien und suchen so ihre Prozesse an andere Systeme „anzuschließen". Aber eine Steuerinstanz für das ganze fehlt: Die „Welt" als Horizont aller Systeme und der Gesellschaft bleibt unbestimmt; sie ist eine offene Welt.

Auf dieser grundsätzlichen Ebene setzt Luhmanns Definition von Religion an. Die Konstruktion von Systemen als funktionale Lösungen setzt die Selektion von Sinn voraus. Die Welt als solche weist unendlich viele Möglichkeiten auf: „durch den Gebrauch von Sinn wird ‚Welt' konstituiert als derjenige Gesamthorizont, in dem das System sich selbst auf seine Umwelt und seine Umwelt auf sich selbst bezieht."[42] Damit bleibt ein Überschuß an Horizonten erhalten, der nicht formulierbar, aber präsent ist. Und genau auf dieses Problem bezieht sich Religion: „Jede Strukturbildung verfährt selektiv und appräsentiert dabei ‚anderes'. Diese Appräsentationen können ihrerseits repräsentiert werden. Religiöse Qualität gewinnt ein solches Nachrepräsentieren nur, wenn es die Selektivität der Strukturbildung selbst zu kompensieren versucht."[43] D. h., wenn evolutionäre Selektionen durch Chiffrierung sowohl stabilisiert als auch offen gehalten werden. Dies kann z. B. durch die Chiffre Gott geleistet werden.

„Religion hat demnach, …, für das Gesellschaftssystem die Funktion, die unbestimmbare, weil nach außen (Umwelt) und nach innen (System) hin unabschließbare Welt in eine bestimmbare zu transformieren, in der System und Umwelt in Beziehung stehen können, die auf beiden Seiten Beliebigkeit und Veränderung ausschließen. Sie hat, mit anderen Worten, zu verantworten und tragbar zu machen, daß alle Typisierungen, alle Selbst-Identifikationen, alle Kategorisierungen, alle Erwartungsbildungen reduktiv verfahren müssen und widerlegbar bleiben."[44] Sie stellt so eine paradoxe Typisierung dar, indem sie sie zugleich konstituiert und transzendiert.

Religion ist auf diese Weise mit der Ausbildung von Systemen vermittelt. Wenn die Erfahrung einer einheitlichen Wirklichkeit nicht mehr möglich ist und sich viele Wirklichkeiten auf der Grundlage kontingenter Entscheidungen entwickeln,

---

[41] A. a. O., S. 49.
[42] A. a. O., S. 22.
[43] Niklas Luhmann: Funktion der Religion. Frankfurt a. M., 1990, 2. Aufl., S. 25.
[44] A. a. O., S. 26/7.

bleibt sie als Horizont dieser Möglichkeiten erhalten. Sie ist die letzte Unterscheidung von Notwendigkeit und Nicht-Notwendigkeit und eröffnet so Freiheitsräume.

Religion transportiert als grundlegende Reduktion von Kontingenz damit ein „Zugleich von Unbestimmtheit und Bestimmtheit",[45] dessen Reibungsflächen religiöse Symbolsysteme evolvieren lassen. Religiöse Chiffren haben ihren Sinn so nicht in einem Bezug zu etwas anderen, sondern nur in sich selbst: „Was durch sie verdeckt wird, bleibt Leerhorizont; es hat keine Realität, nicht einmal negierbare Realität, aber es wird miterlebt als das, was kontingente Form notwendig macht."[46] D. h.: Religion ist jener Letztbezug unseres Erlebens, mit dem in einer grundsätzlich offenen Welt Strukturen eingezogen werden und zwar in Form der „Simultaneität von Unbestimmbarkeit und Bestimmtheit (oder: Transzendenz und Immanenz)". Hinsichtlich dieser Funktion habe Religion keine funktionalen Äquivalente.[47]

Diese grundsätzlich funktionale Definition von Religion ist gesellschaftsübergreifend. Zugleich ist deutlich, daß ihre Form in verschiedenen Gesellschaftsformen variiert. In primitiven Gesellschaftsformen absorbiert Religion Unsicherheit und Unbestimmbarkeit durch Mythenbildung.[48] Später wird die religiöse Produktion selbstreflexiv: „Die Gewißheit des Glaubens an den Glauben wird zum Problem."[49] Schließlich differenziert sich Religion als gesamtgesellschaftliche Funktion in einem Teilsystem aus und ist nun besser in der Lage, Gesellschaft und sich selbst zu beobachten und zu versuchen, auf Horizontdefinitionen und grundlegende Reduktionsentscheidungen „von außen" Einfluß zu nehmen.[50] Damit einher geht allerdings, daß diese Ausdifferenzierung die Plausibilität von Religion erheblich reduziert. Sie muß deswegen durch Problematisierung von Situationen erst wieder geschaffen werden: „Anlässe müssen sozusagen den Weg zur Religion erst finden, Erlebnisse und Handlungen müssen in das Religionssystem hineinproblematisiert werden."[51]

Luhmann betont mehrfach, daß diese Bestimmung von Religion funktionalformal ist. Wie die Chiffren im einzelnen inhaltlich aussehen, entzieht sich soziologischer Einsicht. Soziologie könne die Adäquanz religiöser Sinnformen untersuchen, ohne jedoch die Ebene des religiösen Erlebens als solche zu erreichen.[52]

---

[45] A. a. O., S. 30.
[46] A. a. O., S. 33.
[47] A. a. O., S. 46. Luhmann verweist hier aber darauf, daß „am ehesten noch die Ambivalenzen der Komik und Ironie" einen Bezug zur Grundfunktion der Religion haben. Vergl. auch a. a. O., S. 47.
[48] A. a. O., S. 37.
[49] A. a. O., S. 41.
[50] A. a. O., S. 51.
[51] A. a. O., S. 52.
[52] A. a. O., S. 71.

Religion als Chiffrierung von Kontingenz ist etwas anderes als subjektive Festigkeit des Glaubens oder gar moralische Handlungsmotivation. Würde man Religion so definieren und entsprechend messen, könnte Evolution nur heißen: Glaubensverlust und Ende der Religion.[53] Dieser Perspektive gegenüber macht die funktionale Deutung klar, daß das Religiöse nicht von spezifischen Formen und Strukturen abhängt. Vielmehr gilt, daß jede systemische Bewältigung von Komplexität durch die Konstruktion von Typen und Erwartungen ihr eigenes Risiko verarbeiten muß. Im Hintergrund dieses Prozesses funktioniert Religion.[54] Sie ist für das Ganze – aber nicht für alles zuständig[55] – so könnte Luhmann, wie auch Lübbe, formulieren.

Allerdings macht der Prozeß der Ausdifferenzierung der Religion Probleme. Sie leidet unter „Redundanzverlust"[56]. „Das Religionsystem sieht sich einer gesellschaftsinternen Umwelt gegenüber, die anderen, nichtreligiösen Belangen folgt."[57] Religion wird von anderen beobachtet und muß auf Fragen antworten, die sie nicht selbst gestellt hat. So verliert das Religionssystem an gestaltender Kraft.

In modernen Gesellschaften kompliziert sich das Problem der Religion durch die Konkurrenz mit anderen Systemen. Ein jedes System baut seine Komplexität auf der Basis einer Leitdifferenz auf, die sich als binäre Codierung in den entsprechenden symbolischen Kommunikationsmedien[58] abbildet. „Unter Code wollen wir eine Struktur verstehen, die in der Lage ist, für jedes beliebige Item in ihrem Relevanzbereich ein komplementäres anderes zu suchen und zuzuordnen."[59] Luhmann identifiziert für das Religionssystem in dieser Hinsicht die Differenz von Transzendenz / Immanenz. Es liegt jedoch auf der Hand, daß ihre Handhabbarkeit wesentlich weniger plausibel ist als z. B. eine Codierung nach schön / häßlich oder Zahlung / Nichtzahlung mittels der die Systeme der Kunst und der Wirtschaft operieren. Diese Frage hat auch Bedeutung dafür, ob sich „Glaube" als adäquates Kommunikationsmedium von Religion plausibel codieren läßt.

Binäre Codierungen lassen sich frühneuzeitlich religiös gut nachvollziehen: Mittels der Duale Heil / Unheil und Sünde / Gnade bildet das Religionsystem eine eigene professionelle Praxis aus, die anschlußfähig an andere Systeme ist. Sie

---

53   A. a. O., S. 44.
54   A. a. O., S. 249.
55   Sehr schön lautet in dieser Hinsicht ein Fazit von Luhmann: Religion kann nicht sagen, wie man seine Kinder am besten erziehen soll. Aber: wenn man sie erziehen will, geht es nicht ohne Religion! (Niklas Luhmann: Beobachtungen der Moderne. 1992, S. 127/8).
56   N. Luhmann: Sozialstruktur und Semantik. Band 3, Frankfurt a. M., 1989, S. 259.
57   A. a. O., S. 262.
58   Eine übersichtliche Einführung in die Theorie der symbolischen Kommunikationsmedien findet sich bei Niklas Luhmann: Macht. Stuttgart, 1975, S. 31 ff.
59   A. a. O., S. 33.

überholt damit die archaische Differenzierung von Sakral/Profan.[60] Später jedoch müssen auch diese Duale weiter differenziert werden, da sie sich nicht mehr mit irdischem Wohlergehen verrechnen lassen können: „Die Glaubenssicherheit muß … auf einer Metaebene rekonstruiert werden."[61] Es braucht eine Formel um die Einheit der Duale zu begründen.[62] Als solche bietet sich der Gottesbegriff an und zwar als der, der gut handelt, indem er die Differenz von gut und böse aus sich selbst setzt, ohne selbst böse zu sein.[63]

Die Schwierigkeit besteht darin, diese Einheit plausibel handlungsrelevant zu codieren. Luhmann fordert die Theologie auf, dieses Problem zu reflektieren, sich damit grundlegend auf das Komplexitätsproblem moderner Gesellschaft einzulassen und nach den Invarianten zu fragen, die die Organisation von Komplexität betreffen „und worauf überhaupt die Gesellschaft sich einläßt, wenn sie sich auf Bestimmung des Unbestimmbaren in der Form von Komplexität … einläßt"[64]. Religiöse Formeln sind paradoxe Formeln: Nur so können sie in letzter Instanz diese Leistung erbringen.[65]

In dieser Hinsicht ist die Frage nach der grundsätzlichen Codierung von Religion zu stellen.[66] Das symbolisch generalisierte Kommunikationsmedium ist „Glauben". Aber Glaube ist im Gegensatz zu anderen Medien, wie z.B. Geld, unspezifisch, d.h., er kann kaum reduzierte Komplexität übertragen.[67] Anders gesagt: Er

---

[60] A.a.O., S. 195.
[61] A.a.O., S. 198.
[62] A.a.O., S. 201.
[63] A.a.O., S. 205.
[64] A.a.O., S. 255.
[65] Hierin ist sich Luhmann mit Gregory Bateson, Mary-Catherine Bateson: Wo Engel zögern. Unterwegs zu einer Epistemologie des Heiligen. Frankfurt a.M., 1993, S. 280, einig. Vgl. auch Tony Edwards: Play, ritual and the rationality of religious paradox. In: Method and Theory in the Study of Religion, Vol. 5–1, 1993, S. 7. Das notwendige Sicheinlassen auf Kontingenz und Komplexität ist bei Luhmann das, was Religion ausmacht – nicht umgekehrt: Dieses Sicheinlassen geschieht nicht mit den Mitteln der Religion, die man dann ehr traditionell definieren könnte. Gegen Sigrid Brandt: Religiöses Handeln in moderner Welt. Frankfurt a.M., 1993, S. 337, die Luhmann vorhält, daß das, was in jedem Kommunikationsprozeß in Anspruch genommen werden würde, mehr sei, als eben Religion. Es ist vielmehr so, daß Luhmann hier an den umfassenden Religionsbegriff der klassischen Soziologie anknüpft. Vgl. N. Luhmann: Funktion der Religion. a.a.O., S. 78/9: Die Transformation von unbestimmter in bestimmte Komplexität, damit die Schaffung von „Andersheit" überhaupt ist Religion, bzw.: „Kulturelle Strukturen mit genau diesem Funktionsbezug sind Religionen. Die Funktion der Religion bezieht sich auf die Bestimmbarkeit der Welt." In der Anmerkung hierzu heißt es dann: „Hier liegt ein feiner aber wichtiger Unterschied zur Religionsauffassung von Parsons." Er sei genötigt, sie als Teilsystem des sozialen Systems auf eine Teilumwelt zu beziehen. Gerade darum ginge es Luhmann aber nicht!
[66] Vgl. N. Luhmann, Sozialstruktur, a.a.O., S. 312.
[67] Diese Schwierigkeit zeigt sich plastisch in den immer wieder unternommenen Versuchen, die Luhmannsche Systematik in Form einer Tabelle darzustellen, in der die Systeme mit den ihnen komplementären Formen des Handelns und der binären Schematismen und Codes aufgelistet werden. Es gibt dann das ausdifferenzierte Teilsystem Religion mit seiner Kontingenzformel „Gott" – aber es gibt weder einen Code noch einen binären Schematismus, noch gar einen speziellen Typ des Handelns und Erlebens. Vgl. hierzu z.B. Gerhard Preyer: System-, Medien und

ist nicht plausibel handhabbar. Dieser Befund „zwingt nicht zu dem Schluß, daß es kein spezifisch religiöses Kommunikationsmedium geben könne. Aber er besagt, daß ein religiöses Medium nicht speziell für die Übertragung riskanter, unwahrscheinlicher Selektionsleistungen geeignet sein kann, sondern sehr viel fundamentaler die Erfahrung der Selektivität als gemeinsame kommunikationsfähig macht."[68] D. h., Glaube bezieht sich auf grundlegende existentielle Wahrnehmungen, leistet aber als Entscheidungshilfe in der konkreten Situation wenig. Hier greift man besser auf praktikablere Methoden zurück. Er unterliegt in dieser Sicht mithin einer notwendigen Steigerung in die Abstraktion.

Dies ist mit anderen Medien anders, z. B. mit Geld. Es stellt sich die Frage, ob sich das Religionssytem in die Richtung entwickeln kann, Glaube diesen Medien anzugleichen. In gewisser Hinsicht ist dies bereits geschehen: Glaube ist von bestimmten Inhalten abgelöst. „Das Medium ermöglicht also, religiöse Kommunikation auch dann zu führen, wenn von einer Kongruenz der Inhalte nicht ausgegangen werden kann. Voraussetzung für das Gelingen der Kommunikation ist jedoch, daß das Medium hinreichend unspezifiziert ist und daß Kommunikationsteilnehmer die entsprechende Unspezifiziertheit in einer gewissen Bandbreite akzeptieren. Das heißt, das Gelingen der Kommunikation setzt voraus, daß nicht gänzlich unspezifiziert bleibt, was mit Glaube gemeint sein kann, daß aber andererseits Glaube nicht zu hoch spezifiziert ist, so daß ein grundlegender Dissens a priori in die Kommunikation eingebaut ist."[69] Die Bandbreite liegt zwischen Indifferenz und Fundamentalismus. Damit ist Glaube universell nutzbar, aber nicht operationalisierbar. Sein Informationsgehalt geht gegen null.

Für die Kirche selbst bedeutet dies, daß bei hinreichender Unspezifität des Mediums Glauben zwar der Fortbestand der Kommunikation und damit des Systems sichergestellt ist.[70] Schwierig wird die Situation jedoch dann, wenn Entscheidungen getroffen werden müssen, die einen Rückbezug auf Inhalte des Glaubens nötig machen, um plausibel zu sein. Glauben ist zu wenig anschlußfähig; man weiß nicht, was man sich dafür konkret „kaufen" kann. Mit Geld läßt sich kalkulieren, und es läßt sich unmittelbar auf konkrete Entscheidungen beziehen. Aber Glaube leistet die Respezifizierung in der Regel nicht. Ihm fehlt die plausible Anbindung an gängige Deutungsmuster der Situation, d. h. die Kopplung mit praktischer Vernunft.[71]

Evolutionstheorie. Zu Niklas Luhmanns Ansatz. In: Protosoziologie. Heft 3. Juli 1992, S. 61, hier S. 73. Man könnte von hier aus fragen, ob sich Religion überhaupt sinnvoll als soziales System begreifen läßt.

[68] N. Luhmann, Funktion der Religion, a. a. O., S. 125.
[69] Hans-Ulrich Dallmann: Das Kontingenzproblem bei Niklas Luhmann im Blick auf Religion, Kirche und Gemeinde. Heidelberg, 1992, S. 81.
[70] Vgl. N. Luhmann, Sozialstruktur, a. a. O., S. 35.
[71] A. a. O., S. 83 Genau andersherum liegt das Problem im Fall der Technik. Auch sie bietet umfassende kommunikative Möglichkeiten, ist aber aufgrund ihrer Anbindung an praktische Vernunft

Luhmann analysiert die Prozesse der Ausbildung eines religiösen Systems – und zeigt die Schwierigkeiten auf, die Religion hat, an lebensweltliche Prozesse Anschluß zu halten. Andere Systeme leisten dies durch die kommunikativen Vermittlungsleistungen der Medien, auf denen sie aufbauen. Mit Geld läßt sich vieles machen – Glauben hat eine zugleich weitere als auch praktisch sehr viel geringere Reichweite. Das zeigt sich z. B. in der populären Forderung, Kirche solle sich so gestalten, daß möglichst alle ihre Vollzüge subjektiv angemessen wahrnehmbar seien. D. h.: Sie soll auf eine Innen- und Außendifferenz verzichten. Natürlich ist dies nicht zu leisten und es sind gerade die Medien, die den einzelnen von der Notwendigkeit, alles selbst erfahren zu müssen, entlasten. Nur so läßt sich unter komplexen Bedingungen kommunizieren. Daß eine solche Forderung überhaupt aufkommen kann, zeigt, daß der Prozeß der Codierung von Religion schwach entwickelt ist.[72]

Im Grunde überraschend bestätigt Luhmann die grundlegende Funktion von Religion für die Wahrnehmung – sie steht bei ihm im Zentrum derjenigen Reduktionen, die die Wahrnehmungstätigkeit nicht nur qualifizieren, sondern erst ermöglichen. Religion steht an der Schnittstelle zwischen Innen und Außen, weil sie erst derartige Zuordnungen der Welten überhaupt ermöglicht. Wenn Sinn gegeben ist, so müßte man sagen, ist immer auch Religion gegeben.

Zugleich wird die Problematik deutlich, die sich eben damit für die Wahrnehmung von Kirche verbindet. Wie sieht das Medium aus, mit dem ein gesellschaftliches Teilsystem plausibel gesamtgesellschaftlich tragende Reduktionen kommunizieren kann?

6.3. Religion als Konstitution von „Bedeutung"

Während Luhmann Religion als Qualifizierung der Wahrnehmung von „außen" analysiert, begreift Thomas Luckmann Religion von der Lebenswelt her.[73] Religion sei anthropologisch konstanter Faktor in der Lebensführung des einzelnen:

---

nicht in der Lage, ein eigenes symbolisches Schema zu entwickeln. Obwohl ebenso universal präsent wie Religion, ist Technik ebensowenig in der Lage, sich zum sozialen System zu entwickeln. Bestrebungen hierzu (Entwicklung einer Berufsethik für Techniker, Institute für technische Metakommunikation – Technikfolgenabschätzung, Appelle an die Selbstverantwortlichkeit von Ingenieuren usw.) gibt es allerdings.

72 Vgl. hierzu z. B. Matthias Kroeger: Die Lebenswelt der Gegenwart und die Bedeutung dogmatischer Profile von Kirche. In: Loccumer Protokolle, Band 69/86, Pluralismus und Profil. Herausgegeben von Hans May und Karin Lorenz, Loccum 1987, S. 33–80, und: Ders.: Profile und Vollzüge religiösen Verhaltens unter den Bedingungen von Modernität. In: Loccumer Protokolle Band 26/86, Herausgegeben von dens., S. 31–57, besonders deutlich S. 40 ff.

73 Thomas Luckmann: Die unsichtbare Religion. Frankfurt a. M., 1991, zuerst erschienen unter dem Titel: Das Problem der Religion in der modernen Gesellschaft. Freiburg, 1963.

„Eine einheitliche Perspektive auf das Problem der individuellen Lebensführung wird durch die soziologische Theorie der Religion eröffnet."[74] Denn es ginge bei jedem einzelnen um die Frage nach der Einheit und Bedeutsamkeit seiner je eigenen Biographie, insofern um sein Selbst, und die Antwort auf diese Frage sei per Definition die Funktion der Religion. Das Transzendieren der Natürlichkeit ist das, was aus einem Organismus einen handlungsfähigen Menschen macht – und dies sei der grundlegende religiöse Vorgang.[75] Sie objektiviere sich in einer Weltansicht, einem objektiv verpflichtenden Kosmion, der es ermöglicht, sinnvolle Biographien zu konstruieren.[76] Solche Weltansicht „läßt sich bestimmen als die *grundlegende Sozialform der Religion*, eine Sozialform, die in allen menschlichen Gesellschaften zu finden ist"[77].

Es zeigt sich, wie sehr dieser Begriff der Religion mit dem des Habitus konkurriert. Ebenso wie er sei Religion nicht notwendig etwas Bewußtes, sondern „läßt sich als Formierung eines individuellen Denk- und Handlungs‚stils' beobachten, der nicht von den Eigenheiten der jeweiligen Situation abhängt und den man deshalb nur dem ‚Charakter' einer Person zuschreiben kann."[78] Die Sozialform verfestigt sich – bei beiden Begriffen – sowohl körperlich als auch in der Sprache. Luckmann bezieht sich auf Humboldts Vorstellung einer „inneren Sprachform", die ein umfassendes Modell des Universums darstellt.[79]

Es geht Luckmann folglich nicht um einzelne – und schon gar nicht notwendig bewußte – Deutungsschemata, sondern um die Sinnmatrix als ganze. Sie bildet ein Netz religiöser Repräsentationen, „ein subjektives System letzter Relevanzen und alles überragender Motive". Diese Schicht des individuellen Bewußtseins „dient sozusagen der ausdrücklichen Legitimation und Rechtfertigung des Systems subjektiver Vorlieben, das ein konstitutives Element der persönlichen Identität ist"[80]. Religion konstituiert letzte Bedeutungen und Zusammenhänge; sie erschafft das „Selbst" und macht so Autonomie und Selbsttätigkeit möglich.

In seinem Nachwort zur Neuauflage seines Buches von 1963 bestätigt Luckmann noch einmal diese These: „Es ist nach wie vor meine Ansicht, daß die grundlegende Funktion der ‚Religion' darin besteht, Mitglieder einer natürlichen Gattung in Handelnde innerhalb einer geschichtlich entstandenen gesellschaftlichen Ordnung zu verwandeln."[81] Ganz gleich, wie die konkrete Religion inhalt-

---

[74] A. a. O., S. 48.
[75] A. a. O., S. 88 ff.
[76] A. a. O., S. 89.
[77] A. a. O., S. 90.
[78] A. a. O., S. 90.
[79] A. a. O., S. 92.
[80] A. a. O., S. 110.
[81] A. a. O., S. 165 (Nachtrag). Vgl. auch: Th. Luckmann: Nachbemerkung. In: Ders. und Karl-Fritz Daiber (Hrsg.): Religion in den Gegenwartsströmungen, a. a. O., S. 221, Antwort auf die Frage, wie es in der Religionssoziologie weitergeht: „Die Vermutung ist also: weiterhin Religions-

lich auch immer aussehen mag – und sie ist in der modernen Gesellschaft nur zu einem Bruchteil von den Kirchen repräsentiert –, immer wird die gewöhnliche menschliche Wirklichkeit mit etwas in Beziehung gesetzt, von dem her sie Bedeutung erhält und sich so transzendiert. Solche Transzendenzerfahrungen sind die Keimstoffe der Religion. Sie sind verklammert mit und bezogen auf Zeichen, Symbole und Rituale, in denen „letzter" Sinn präsentiert wird.[82]

Luckmanns Interesse an der Ausbildung dieses Begriffs von Religion ist die Überwindung einer rein kirchenbezogenen Religionssoziologie und die Wiederanknüpfung an die großen Traditionen eines Emile Durkheim und Max Weber. Er will die religiöse Dimension der modernen Gesellschaft aufdecken, in der die Kirchen nur noch Randbereiche mit Bedeutung besetzen können. Religion privatisiert; Bedeutungshorizonte lösen sich individuell auf und lassen sich nicht mehr institutionell organisieren.[83] Wenn man so will, wertet Luckmann die luthersche Begrifflichkeit („Woran du dein Herz hängst, das ist dein Gott!") in einem allgemeinen Sinne um und entzieht so den Kirchen die Herrschaft über die religiösen Konstruktionen. Zugleich bietet er mit seinem weit gefaßten Begriff von Religion auch Anknüpfungspunkte für die Kirche: „Wir müssen uns fragen, was die Menschen heute *wesentlich* bestimmt, was ihre ‚Religion' ist, in welche Situation also unsere Mission trifft. Nur wenn wir dies verstehen, kann es uns gelingen, die christliche Botschaft mit der Lebenswelt der Menschen zu vermitteln, ihren Zuspruch, ihren Anspruch und ihren Einspruch geltend zu machen."[84] Der Begriff bietet eine Brücke der Wahrnehmung, eine gemeinsame Codierung.[85] Allerdings unterliegt Religion in dieser Sichtweise dem Schicksal der Privatisierung – d. h., gesamtgesellschaftliche Bedeutung kommt ihr nur noch sehr begrenzt zu.

---

soziologie so ähnlich wie bisher. Einmal als allgemeine Gesellschaftstheorie, die sich mit der Integration von Symbolwelten und der Veralltäglichung und Institutionalisierung von Transzendenz in verschiedenen Gesellschaften befaßt ... Und als kirchliche Sozialforschung ..." (S. 223 f.).

[82] A. a. O., S. 174 ff.

[83] Ebd., S. 117 ff. und 178 ff.

[84] Martin Kruse: Vorwort zu: Christsein gestalten. Eine Studie zum Weg der Kirche. Herausgegeben vom Kirchenamt im Auftrag des Rates der EKD. Gütersloh, 1986, S. 10.

[85] Wie anregend der Religionsbegriff Luckmanns in den achtziger Jahren wieder wurde, zeigt der Sonderband 6 der „Sozialen Welt": Kultur und Alltag. Hrsg: Hans-Georg Soeffner, Göttingen, 1988. Fast alle Beiträge dieses Bandes befassen sich mit dem, was Luckmann als Religion begreift, z. T. auch unter expliziter Verwendung dieser Begrifflichkeit. Der Bogen spannt sich von der Kaffeefahrt über das Fernsehen bis hin zum Umgang mit Haustieren und vielem mehr. Sehr schön kommen bedeutsame Aspekte des Alltagslebens zum Tragen, die in dieser Form systemtheoretisch nicht gesehen werden würden. Zugleich zeigt sich aber auch, daß der Luckmannsche Religionsbegriff überzeugend nur in gewisser Abstraktionshöhe ist. Wenn es um die konkreten Bedeutungsfelder des Alltags geht, greift doch eine andere Begrifflichkeit. So kommt niemand auf die Idee, die Beziehung zu Haustieren oder die Geselligkeit bei Kaffeefahrten unter Religion zu subsumieren, obwohl hier tiefgreifende Wertehierarchien deutlich werden. Da wird dann eher von kulturellen Handlungsmustern u. ä. gesprochen. Offensichtlich ist der Religionsbegriff vorderhand zu pathetisch.

Mit der Luhmannschen Sicht kommt Luckmann darin überein, daß sich Religion in der Qualifizierung der Wahrnehmung artikuliert. Wahrnehmung beruht auf Bedeutungen: sie schafft die Religion.[86]

6.4. Religion als Akzeptanz des Nicht-Änderbaren

Aus einem philosophischen Interesse entwickelt Hermann Lübbe seine These, daß Religion zu den nicht aufhebbaren Vorrausetzungen der Moderne, insbesondere der Aufklärung, gehöre.[87] Religion ist das, was den Umgang mit prinzipieller Unsicherheit und Kontingenz gestalte. Insofern steht sie im Hintergrund jeder Stabilität – sei es der Gesellschaft oder des Praktizierens der Vernunft. Sie verschafft Gewißheit – aber ohne Informationsgehalt.[88]

„So oder so ist ohne Religion und somit ohne stabile Kultur der Akzeptanz dessen, was unabwendbar ist wie es ist, Aufklärung gar nicht dauerhaft lebbar, und zwar umso weniger, je prekärer unsere Lage angesichts dessen, was ist, sich darstellt, und je unübersehbarer wird, das zu dem, was ist, orientierungskrisenträchtig auch dieses gehört zu wissen, daß man nicht zureichend weiß, was man wissen müßte, um die Lage verläßlich meistern zu können."[89] Die gesellschaftlich zunehmend erzeugte Komplexität erzeugt einen übergroßen Bedarf an „Vertrauen" in nicht kontrollierbare Prozesse. Ohne solches Vertrauen würden Anomien grassieren.

Religiöse Lebenspraxis ist Kontingenzbewältigungspraxis:[90] „Daseinskontingenz, soweit sie religiös thematisiert wird, ist in Handlungssinn prinzipiell nicht transformierbare Kontingenz."[91] D. h.: Religion macht die Anerkennung dessen möglich, was nicht zu ändern ist. Sie arbeitet deswegen an den Grenzen der Weltbeherrschung und trägt auch nur wenig zu ihrer Effektivierung bei. Die Kontingenzerfahrung, um die es hier geht, ist die Unverfügbarkeit des je eigenen Lebens: zu sein, jetzt zu sein und dieser zu sein – dies anzuerkennen und zu bejahen –, das verändere nicht die Wirklichkeit, sondern mich. „Die hier gemeinte Aner-

---

[86] In diese Richtung zielt auch die berühmte Religionsdefinition von Clifford Geertz (Religion als kulturelles System. In: Ders.: Dichte Beschreibung. Beiträge zum Verstehen kultureller Systeme. Frankfurt a. M. 1991, 2. Auflage, S. 44). Religion ist „(1) ein Symbolsystem, das darauf zielt, (2) starke, umfassende und dauerhafte Stimmungen und Motivationen in den Menschen zu schaffen, (3) indem es Vorstellungen einer allgemeinen Seinsordnung formuliert und (4) diese Vorstellungen mit einer solchen Aura von Faktizität umgibt, daß (5) die Stimmungen und Motivationen völlig der Wirklichkeit zu entsprechen scheinen." (S. 48) Eben auf diese Weise ist Religion ein Sonderfall von Kultur, d. h. all dessen, was Bedeutung hat.

[87] Hermann Lübbe: Religion nach der Aufklärung. Graz / Wien / Köln, 1986.

[88] H. Lübbe, a. a. O., S. 268, konkretisiert diesen Gedanken bezeichnenderweise am Gottesdienst. Er wird gefeiert als Ritual des ewig Gleichen – nicht, um ständig etwas Neues zu produzieren.

[89] A. a. O., S. 279.

[90] A. a. O., S. 160.

[91] A. a. O., S. 160.

kennung ist, als Anerkennung unverfügbarer Daseinskontingenz, ein grundsätzlich lebenslagenindifferenter Akt."[92]

Religion ist Selbstbestimmung, aber als solche von Voraussetzungen abhängig, die nicht Selbstbestimmung konstituierend sind.[93] Im Gegenteil ist die Bedingung der Notwendigkeit der Religion gerade das Versagen von autonomen moralischen Handeln: „Die Bedingung der Nötigkeit der Religion ist demgegenüber gerade die Nichterweislichkeit der moralischen Ordnung der Welt."[94] „Das religiöse Verhältnis zur Welt und zum Leben wäre doch ersichtlich wirklichkeitsfremd beschrieben, wenn wir in diesem Verhältnis eine Annahme der Welt und des Lebens auf der Basis des approbierten Urteils unserer moralisch-praktischen Vernunft erkennen wollten. Religion setzt die Sinnwidrigkeit des Versuchs voraus, die Zustimmung zum Leben auf das gute Endresultat einer von der praktischen Vernunft attestierten Lebens- und Wirklichkeitsbilanz basieren zu wollen."[95] Religion – so konstruiert – ist im Kern Gottvertrauen: das, was ist und nicht ist, was trägt und bedrängt, „Ihm" anheimzustellen – nicht, um daraufhin untätig alles über sich ergehen zu lassen, sondern um die unverfügbaren Randbedingungen des Lebens „in die Bekundung der Annahme des Willens Gottes hineinzunehmen."[96]

In dieser Sicht konstituiert sich Religion nicht als Funktion der praktischen Vernunft, sondern als ihr Hintergrund: als sie konstituierend. Sie gewährleistet jenen Rahmen der Gewißheit, der Handlungen erst ermöglicht, ohne selbst in ihnen vollkommen aufzugehen. Religion ist dann nicht für alles und jedes zuständig, wie Lübbe, ähnlich Luhmann, formuliert, nicht für jeden Handlungszug: sondern für das Ganze. Dies aber – im Unterschied zu Luhmann und Luckmann – in besonderer Einseitigkeit: Sie leistet die Akzeptanz dessen, was nicht zu ändern ist. Religion ist amor fati.

Lübbe spricht eine Beobachtung an, die bereits in der Analyse der Lebenswelt zu machen war, nämlich, daß durch die Akzeptanz von Randbedingungen des Lebens Gewißheit konstituiert wird. Aber die Kritik liegt auf der Hand: Er abstrahiert bewußt sowohl von sozialen Bedingungen dieses Religionsverständnisses als auch von jeder Form der inhaltlichen Füllung, obwohl er sich erkennbar auf christliche Tradition bezieht. Damit fällt sowohl die Frage danach aus, was denn jeweils als kontingent konstituiert wird als auch jene Traditionslinien im Christentum, die prophetisch-radikal Gesellschaftsveränderung einfordern.[97] Lübbes Qualifizierung der Wahrnehmung ist einseitig auf Erhaltung bezogen.

---

[92] A. a. O., S. 170.
[93] A. a. O., S. 176.
[94] A. a. O., S. 203.
[95] A. a. O., S. 203.
[96] A. a. O., S. 234.
[97] Vgl. zur Kritik z. B. Andreas Feige: Kirchenmitgliedschaft in der Bundesrepublik Deutschland. Gütersloh, 1990, S. 355.

6.5. Religion und Persönlichkeit

Einen Entwurf zur Konstruktion von Religion aus psychoanalytischer Sicht unternimmt Alfred Lorenzer.[98] Er stimmt darin mit Luckmann überein, daß Religion als sinnlich-nicht-diskursives Symbolsystem eminente persönlichkeits- und identitätsstiftende Funktion hat. „Es muß deutlich gemacht werden, wie die Elemente des Unbewußten schon unterhalb der Sprache kollektiv organisiert werden und wie diese Organisierung bislang wesentlich von der Kirche besorgt wurde. Die Bestimmung der Religion als „sinnliches Symbolsystem der nicht sprach-unterworfenen Sehnsüchte und Wünsche", als die der Ideologie gegenüber andere Seite"[99] – darum geht es Lorenzer.

Zentral ist die Rezeption des Symbolbegriffs in der Linie von S.K. Langer und Ernst Cassirer. In der Religion würde in Mythos und Ritual vor allem mit präsentativen Symbolen operiert. „Sie ‚wirken' als *Ganzheiten*, weil sie aus ganzen *Situationen*, aus *Szenen* hervorgehen und *Entwürfe für szenisch entfaltete Lebenspraxis* sind."[100] „Die situativ-unmittelbar erlebte Welt wird nicht – wie im diskursiven Denken – in ‚Gegenstände' und sukzessive Prozeßschritte zerlegt, sondern in der sinnlich reichen ‚Ganzheit' der Situationserfahrung abgebildet."[101] Dabei sind Symbole aber etwas bewußtes, sprachlich durchaus auch artikulierbares. Rituale artikulieren diese Symbolik in einer leiblich unmittelbar zugänglichen, nicht intellektuell vermittelten, Weise.

Religion transzendiert das unmittelbare Verhaftetsein an die Befriedigung organischer Bedürfnisse und erlaubt so ein hohes Maß an Freiheit,[102] ohne sich ins Abstrakte zu verflüchtigen. Die körperlich-gegenständlich verankerte Bedeutung bietet eine Widerstandsschicht gegen die diskursiv vorgenommene Normierung von Handlungsmaximen und Wahrnehmungsmustern.[103] Sinn und Bedeutung werden in einem leiblich-geistigen Wechselspiel gebildet. Religion symbolisiert Interaktionsformen, die in der frühen Kindheit erste Erfahrungen von Handlungssicherheit und Identität ermöglichen. Sie hat ihre Stärke darin, daß sie leiblich-sinnlich gebunden bleibt – und doch die Fixierung auf diesen Bereich keimhaft überwindet. Damit funktioniert sie ähnlich wie Sprache.

---

[98] Vor allem in Alfred Lorenzer: Das Konzil der Buchhalter. Die Zerstörung der Sinnlichkeit. Eine Religionskritik. Frankfurt a. M., 1981. Vgl. jetzt dazu: Günter Wilhelms: Sinnlichkeit und Rationalität. Der Beitrag Alfred Lorenzers zu einer Theorie religiöser Sozialisation. Stuttgart / Berlin / Köln, 1991.
[99] A. a. O., S. 11.
[100] A. a. O., S. 31.
[101] A. a. O., S. 31.
[102] A. a. O., S. 147.
[103] A. a. O., S. 151.

Lorenzer verortet Religion – wie auch Luckmann – in den Bereich der Lebenswelt und würde mit Bourdieu, Giddens und Douglas darin übereinstimmen, daß deren zentrale Strukturierung in der Formung körperlicher Vorgänge besteht. Eben hier ist auch Religion zu verorten. Sie bezeichnet somit nicht primär einen *Diskurs* über etwas, sondern ein *Leben* in bestimmten Formen. Er geht sogar soweit, den Diskurs über solche Prozesse als Religionszerstörung zu begreifen. Die Dialektik wird radikaler als bei Luckmann aufgelöst, der auch mit dem Wandel religiöser Formen rechnet.

Die vier Autoren stimmen bei aller Unterschiedlichkeit darin überein, daß Religion Gesellschaft erst ermöglicht: Sie ist das Herz des Zusammenlebens. Religion ist plausibel auf einer praktischen Ebene in der Codierung von Gewißheit, Bedeutung und Handlungsfähigkeit. Sie ist grundlegende Qualifizierung der Wahrnehmung. Soweit Kirche hier anschließt, wird sie es auch sein.

Gleichwohl mangelt es – obwohl alle Autoren einen erkennbaren christlichen Hintergrund haben – an der Klärung des Verhältnisses von Religion und Kirche. Sie wird bei Luckmann und Lorenzer bestenfalls als defizitär begriffen. Während ersterer die Unfähigkeit der Kirche konstatiert, Religion im umfassenden Sinn zu repräsentieren und beobachtet, wie sie sich im Prozeß der Neuzeit immer mehr aus religiösen Grundfunktionen zurückzieht, beklagt letzterer die Tendenz im Katholizismus, das Ritual durch den Diskurs zu ersetzen. Lübbe hingegen schreibt der Kirche einen wahrnehmbaren, freilich einseitig definierten Wirkungskreis zu.

6.6. Äquivalente für Religion

Ein Begriff wie der der Religion hat nur dann einen Sinn, wenn er eine nachvollziehbare Unterscheidung markiert. Soweit, wie der funktionalistische Religionsbegriff gefasst wird, ist fraglich, ob er die Analyse funktionaler Äquivalente ermöglicht. Denn wenn i. S. Luckmanns Religion = Konstruktion von Bedeutung ist – was ist dann eigentlich nicht Religion?

Franz-Xaver Kaufmann hat – im Anschluß an diese Definition – verschiedene Formen von Indifferenz gegenüber Religion – und damit dessen, wovon sie sich unterscheidet – operationalisiert. Dabei unterscheidet er vier Stufen zunehmender religiöser Indifferenz:

– Indifferenz gegenüber Kirche und Konfession, Entkirchlichung.

– Indifferenz gegenüber christlichen Sinngehalten, Entchristlichung.

– Indifferenz gegenüber kollektiven Bedeutungshierarchien.

– Indifferenz gegenüber jeglicher Verbindlichkeit.

Die Stufen drei und vier wären als Verlust von Religion zu kennzeichnen. Dabei könnte als funktionales Äquivalent vor allem Kaufmanns Bestimmung der Stufe drei gelten: „Man anerkennt bei diesem Bewußtsein dann nur noch Sachgesetzlichkeiten – etwa wirtschaftliche, politische, ja vielleicht sogar religiöse Sachgesetzlichkeiten – aber man ist nicht mehr bereit, sie in eine Rangordnung zu bringen, sondern entscheidet kontextmäßig, bald für das Wirtschaftliche, bald für das Politische, bald für das Religiöse und beruft sich als Kriterium auf das eigene Gewissen."[104] Entscheidungen werden situativ, je nach den Logiken der Teilsysteme getroffen und der Grund für diese Entscheidungen in einen Bereich jenseits des Ganzen verlegt. Die Luhmannsche Systemtheorie gewinnt hier leibhaftige Gestalt.

Es ist vorstellbar, daß dieser Typ von Indifferenz Formen des Humors und vor allem der Ironie ausbildet, die es ihm ermöglichen, etwas aus der Distanz ohne eigene Stellungnahme darzustellen und so jeden Vollzug einer Bedeutungsgewinnung zu unterlaufen. Ironie zersetzt jedes Pathos. Detlef Pollack hat aufgezeigt, daß ein Zugleich von Reduktion und den Verweis auf Komplexität – die Simultaneität von Unbestimmtheit und Bestimmtheit – als das einzig mögliche funktionale Äquivalent für Religion angesehen werden könnte. Ironie und Humor liefern Zusammenhänge, die situativ entlasten und die Situation zugleich transzendieren.[105] Ein intentionsloses Erzeugen von Effekten wäre so Konkurrent für Religion. Beispiele hierfür lassen sich vor allen aus den Bereichen der Unterhaltung, des Sports, der Werbung usw. gewinnen.[106]

6.7. Formen praktischer Religion

Das Aufzeigen von Lebensformen, die mit Religion konkurrieren, macht eine Antwort auf die Frage nach praktischen Formen von Religion nötig. Einen Einstieg hierzu bieten Michael N. Ebertz und Franz Schultheis.[107] Sie haben die Dif-

---

[104] Franz-Xaver Kaufmann: Religiöser Indifferentismus. In: Ders.: Religion und Modernität. Tübingen, 1989, S. 146, Hier S. 158 ff. Zitat S. 159.

[105] Detlef Pollack: Religiöse Chiffrierung und soziologische Aufklärung. Die Religionstheorie Niklas Luhmanns im Rahmen ihrer systemtheoretischen Voraussetzungen. Frankfurt a. M., 1988, S. 103 und 105.

[106] Vgl. zum Sport Dirk Schümer: Sport ist Sport. Die antike olympische Idee ist unsere Zukunft. FAZ vom 10.8.92: „Die säkularisierte Völkergemeinschaft von heute, die immer neue Rekorde in der Güterproduktion aufstellt, muß sich mit den olympischen Spielen regelmäßig vergewissern, daß es irgendwie weitergeht und daß unser Handeln auch aus sich selbst heraus sinnvoll ist – genau wie Straßengehen, Gewichtheben, Tontaubenschießen, Stabhochspringen, Synchronschwimmen und Turnen am Schwebebalken."

[107] Michael N. Ebertz und Franz Schultheis: Einleitung. Populare Religiösität. In: Dies.(Hrsg.): Volksfrömmigkeit in Europa. Beiträge zur Soziologie popularer Religiösität aus 14 Ländern. München, 1986, S. 11.

ferenz im religiösen Sozialverhalten mit dem Begriff der „popularen Religiösität" in den Blick genommen. „Unter popularer Religiösität sind spezifische Konfigurationen religiöser Vorstellungen und Praktiken zu verstehen, die sich infolge einer Monopolisierung der Definition von und der Verfügung über ‚Heilsgüter' bzw. über das ‚religiöse Kapital' bei den von der Definition und Verfügung über diese Heilsgüter Ausgeschlossenen herausbilden."[108] Entgegen der vielfach vertretenen Auffassung vom Rückzug derartiger Religiösität in modernen Gesellschaften verweisen die Autoren auf die „unglaublich pralle Vielfalt"[109] vor allem im deutschsprachigen Raum. Verankert sei diese Religiösität in der Lebenswelt der Familie und bezogen auf ihre Stabilität.

In diese Richtung zielt auch der Begriff einer „praktischen Religion", den Klaus Eder[110] entwickelt. Orientiert an Emile Durkheim behauptet er den Wert von Religion als Kommunikationsstruktur: „Religiöse Symbole erlauben es, gegenüber der Offenheit und Indeterminiertheit kommunikativer Beziehungen eine kollektiv geteilte Welt festzuhalten: die symbolische Repräsentation eines gelungenen Kommunikationszusammenhangs."[111] Dabei ginge es nicht um die Frage nach dem, was wahr sei, sondern nach dem Guten und Bösen – also handlungsleitenden Kriterien.[112] Die diskursive Erweiterung solcher Fragen – vor allem ihre verbindliche Etablierung – ist weit weniger integrativ als die praktisch-religiöse. Begrifflich sei diese Religion allerdings schwer zu fassen, da der christliche Glaube „in Richtung theoretische Reflexion und Abstraktion evolviert"[113].

Praktische Religion ist Religion im Alltag. Sie steht mehr oder minder im Gegensatz zur offiziellen, systemisch organisierten Religion. Die Differenz, mit der sie wahrgenommen wird, ist der wohlbekannte Gegensatz von Herz und Vernunft, von Dogma und Leben. In dieser Hinsicht gibt es sehr unterschiedliche Bewertungen ihrer Leistungsfähigkeit: auf der einen Seite wird sie als hilfreich zur Bewältigung von Ambivalenzen und Krisen und zur Schaffung grundlegender Gewißheit verstanden;[114] auf der anderen Seite erzeuge sie blinde Integration und perpetuiere damit lediglich das Leiden der Menschen.[115] Henning Luther besteht darauf, daß Religion in gewisser Hinsicht immer beides ist. Sie verdichtet ein „opakes" Hintergrundwissen: „Ihre Beruhigung schafft ‚Lebensgewißheit' und

---

[108] A. a. O., S. 25.
[109] A. a. O., S. 30.
[110] Klaus Eder: Die Vergesellschaftung der Natur. Studien zur sozialen Evolution der praktischen Vernunft. Frankfurt a. M., 1988, S. 69 ff.
[111] A. a. O., S. 86.
[112] A. a. O., S. 88.
[113] A. a. O., S. 83.
[114] So z. B. Ingo Mörth: Lebenswelt und religiöse Sinnstiftung. Ein Beitrag zur Theorie des Alltagslebens. München, 1986.
[115] So z. B. Wolf-Dieter Bukow: Kritik der Alltagsreligion. Ein Beitrag zu den Regulations- und Legitimationsproblemen des Alltags. Frankfurt a. M., 1984.

‚Ur-Vertrauen'." Sie kann aber gerade dieses Wissen auch in die Distanz verset-
zen und so problematisieren. Daraus können sich normalerweise nicht erwogene
Möglichkeiten ergeben, „daß es auch anders sein könnte". „Religion, die sich
nicht zur Beruhigung instrumentalisieren läßt, vermittelt so die Gewißheit der
Ungewißheit, die Bergung im Ungeborgenen."[116] Sie ermöglicht den Umgang
mit Paradoxien, Erfahrungen von Grenzen und Schwellen. Sie hält dies aus, ohne
falsche Versöhnung zu erzeugen. „Religion in den Übergängen des Lebens und
an den Schnittstellen (Brüchen) des Alltags – diese Verortung hieße, daß im Alltag der Moderne Religion nicht immer präsent wäre, wohl aber immer wieder.
Nicht der gesamte Alltag ist religiös grundiert, wohl aber wird der Alltag immer
wieder religiös. Religion wird bei Gelegenheit – immer wieder, aber nicht immer
(ständig) – thematisch."[117]

Praktische Religion hat ihren Kern in Handlungsvollzügen. Sie konzentriert sich
im Ritual, das kein geplantes Produkt ist, sondern jeder Planung vorausliegt. „Das
Wesentliche kann da nicht gewesen sein, was ein hypothetischer ‚Erfinder' fühlte
oder glaubte, je nach privaten Erlebnissen und Assoziationen, sondern was die
Wirkung des Ritus auf die Gesellschaft war, entsprechend der Struktur der
menschlichen Seele … Wir mögen immer noch von ‚Ideen' sprechen, die in den
Riten enthalten sind, doch müssen wir das rationalistische Vorurteil aufgeben, als
sei da zuerst ein Begriff oder Glaube vorhanden gewesen, der in einem zweiten
Schritt zu einer Handlung führte. Primär ist das Verhalten. Doch steht seine Form
in Wechselbeziehung zu typischen Situationen des Menschen und ist darum verständlich."[118] Im Ritual werden bestimmte Bereiche der individuellen Beliebigkeit entzogen und als „heilig" definiert. Die Komplexität der Möglichkeiten reduziert sich so auf Lebensordnungen und schafft Gesellschaft.

Das Ritual leistet dies durch die Formung körperlichen Verhaltens, durch Haltung und Gestus: „Wichtig ist sich klarzumachen, daß das Ritual in seiner Funktion und seiner Übermittlung nicht von Worten abhängt, am wenigsten von dogmatischer Lehre, sondern vom Verhalten der jeweils Älteren: ein besonderer
Gesichtsausdruck, der Gestus markieren die Sphäre des Heiligen."[119] Seine Funktion liegt vor allem im Erlernen des Umgangs mit den Problemen zwischen-
menschlicher Attraktion und Aggression: sie werden im Ritual ausgelebt und in
Formen gebracht. „So verhindert das Ritual die Katastrophe der Gesellschaft."[120]
Es konstruiert einen Bereich der Ordnung, der nahe am Chaos gebaut ist und

[116] Henning Luther: Schwellen und Passage. In: Ders.: Religion und Alltag, Stuttgart, 1992, S. 121,
hier S. 215.
[117] A. a. O., S. 223.
[118] Walter Burkert: Griechische Tragödie und Opferritual. In: Ders.: Wilder Ursprung. Berlin, 1990,
S. 13, hier S. 23.
[119] Ders.: Neues Feuer auf Lemnos. In: a. a. O., S. 60, hier S. 70.
[120] A. a. O., S. 72.

gerade so den Anspruch des Chaos begrenzt: Die göttliche Willkür wird im Ritual kanalisiert und zugleich akzeptiert. Damit ineins bestätigt und erneuert sich die soziale und kulturelle Ordnung.[121]

Die Differenz zur praktischen Religion des Rituals markiert der Diskurs. In vielfacher Weise ist er in der Moderne zum Ersatz des Rituals geworden. Gegen die selbstverständlich – handlungsbezogene Lebensbewältigung steht die bewußte Dauerreflexion. In einer noch immer plausiblen Weise hat seinerzeit Helmut Schelsky diesen Begriff geprägt.[122]

Schelsky unterscheidet drei Formen des Glaubens: das traditionelle Gemeindechristentum mit seiner unreflektierten Anerkennung kultureller Selbstverständlichkeiten, die Bekenntniswahl i. S. der bewußten Anerkennung religiöser Wahrheiten und schließlich Glauben als die dauernde Steigerung des Bewußtseins in sich selbst. „Die ‚Offenbarung' macht heute ihren Gültigkeitsanspruch in Form der Dauerreflexion geltend."[123] Dogmen werden umgewandelt in den „Weg des Menschen zu sich selbst und vielleicht zu Gott": es geht um die Kultivierung der Innerlichkeit – nicht des Handelns. „Eben diese in der Reflexion unauslotbare Innerlichkeit, die nicht zum endgültigen Vorstellungs- und Anschauungsgegenstand gerinnen kann, ist es aber, die heute Gott gegenübersteht."[124] „Gott ist kein Gegenstand des Bewußtseins mehr, den man ‚für-wahr-halten' kann oder nicht, sondern er und die christlichen Heilswahrheiten sind ein dauernder Anspruch an die hellwache Selbstbewegung moderner menschlicher Innerlichkeit und Subjektivität geworden."[125]

Das Problem besteht darin, daß sich solche Dauerreflexion kaum institutionalisieren läßt, denn Institutionalisierung bedeutet immer Trivialisierung und Banalisierung von Verhaltensweisen.[126] Sie widerspricht so gerade dieser Glaubens-

---

[121] Und zwar gerade dadurch, daß sie im Ritual auf den Kopf gestellt wird: Die gesellschaftliche Hierarchie wird im Ritual für einen begrenzten Zeitraum in die Communitas hinein aufgelöst. Vor der Statuserhöhung und immer wieder mit ihr einhergehend steht die Statusumkehrung. Wer herrschen will muß dienen. Vgl. hierzu Victor Turner: Das Ritual. Struktur und Anti-Struktur. Frankfurt a. M., New York, 1989, S. 94 ff. und S. 159 ff. In der praktischen, rituellen Religion wird Herrschaft praktisch bewältigt. Der Gleichheitsdiskurs, der hiermit einhergeht, ist folglich in der Regel nicht mit dem Anspruch verbunden, die gesamte Gesellschaft egalitär zu gestalten. Nur in Ausnahmesituationen kann er so akzentuiert werden. Im Regelfall scheint die rituelle Herrschaftsumkehrung auszureichen, um Herrschaft ertragen zu können. (Vgl. Abschnitt 8.2.1. und 8.2.2.).

[122] Helmut Schelsky: Ist die Dauerreflexion institutionalisierbar? Zum Thema einer modernen Religionssoziologie. In: ZEE. Jg. 1, 1957, S. 153. Vgl. hierzu F. Wagner, a. a. O., S. 296 ff.

[123] A. a. O., S. 161.

[124] A. a. O.

[125] A. a. O., S. 162.

[126] Vgl. hierzu die Position von Gregory Bateson / Mary-Catherine Bateson: Wo Engel zögern, a. a. O., S. 128 u. ö.: Kommunikation klappt nur dann, wenn es etwas gibt, über das nicht kommuniziert wird, bzw. nicht kommuniziert werden muß. Wissen kann für das Handeln geradezu toxisch sein. Man könne sich gar nicht für etwas qua Reflexion entscheiden. Eben diese Grundbedingung von Kommunikation würden in der Religion in paradoxen Formeln symbolisiert. Der Diskurs löst in dieser Sicht Religion entweder auf – was er gar nicht kann – oder er ist inkonsequent.

form. Dauernde Reflexion fände sich im Kern nur im Gespräch. Aber die Kirche, institutionalisiert sie dieses Gesprächs-Prinzip, nimmt den antiinstitutionellen Widerspruch in sich auf: „Das Soziale am Glauben – die Institution der Gemeinde und Kirche und ihr sozial sichtbar und verbindlich werdendes Handeln – ist ebenso konstitutiv der Dauerwiderspruch, von dem sich diese Form des Glaubens in ihren Ursprung zurückstößt."[127]

Zweierlei ist kennzeichnend: Zum einen wird der pathetische Anspruch deutlich, mit dem hier gegen rituelle Formen der Religiösität zu Felde gezogen wird. Das Pathos markiert soziale Distanz und betont zugleich den eigenen Geltungsanspruch. Auf der anderen Seite bleibt die im Ritual symbolisierte Umkehrung der sozialen Ordnung auch hier erhalten: Das Gespräch, der Diskurs eliminiert für den Augenblick die herrschaftliche Hierarchie und ersetzt Macht durch Bildung. Das Ergebnis kann dann eine neue Form der Macht, jetzt legitimiert, sein.

In diese Richtung wird der Diskurs-Begriff der herrschaftsfreien Kommunikation von Jürgen Habermas akzentuiert. Im Diskurs vollzieht sich die Rationalisierung der Lebenswelt, indem selbstverständliche Geltungsansprüche der dauernden intersubjektiven Überprüfung unterworfen werden. Habermas entwickelt Regeln für eine Diskursethik,[128] deren Grundsatz darin besteht, daß nur diejenigen Normen Geltung beanspruchen dürfen, die die Zustimmung aller Betroffenen finden können.[129] Auf diese Weise finden die Bedürfnisse jedes einzelnen Individuums Berücksichtigung. Horster faßt Habermas' Überlegungen dahingehend zusammen, „daß die Wirklichkeit der Freiheit darin besteht, daß das autonome und zugleich sozialisierte Individuum sich mit seinen Bedürfnissen und Neigungen in ein bestehendes Normengefüge einbringen kann und auch Gehör findet"[130]. Eben dies sei Sinn des Diskurses.

Habermas' Diskurs-Begriff steht in einem doppelten Zusammenhang mit Religion. Zum einen ist er so etwas wie die Säkularisierung der religiösen Kommunikationsgemeinschaft. Auch sie konstituiert individuelle Freiheit durch die Versöhnung von individuellen Bedürfnissen und Geltungsansprüchen – allerdings nicht auf der Basis autonomen Handelns, sondern durch die Bindung an größere Wirklichkeiten.

Eben dieses religiöse Verfahren wird jedoch von Habermas zum anderen nicht nur evolutionär eingeordnet, sondern auch als grundsätzlich defizitär verworfen.

---

[127] A. a. O., S. 173. Vgl. in eben diese Richtung: Hans May: Protestantismus und Kultur. Referat vor dem Sprengelkonvent Göttingen. Loccum, 1992, MS.
[128] Vgl. Detlef Horster: Jürgen Habermas. Stuttgart, 1991, S. 56.
[129] A. a. O., S. 57.
[130] A. a. O., S. 58. Im Original gesperrt gedruckt.

Religion entstünde nur dort, wo es strukturelle Einschränkungen der Kommunikation gebe.[131] Die Weltreligionen formulierten eine versöhnende Ordnung hinter der bestehenden, sichtbaren Welt schreiender Ungerechtigkeit. Dies sei nur deswegen plausibel, weil die Schaffung eines sakralen Bereiches eine Kommunikation über Geltungsansprüche ausschlösse.[132]

Evolutionär fortschreitend fände eine Versprachlichung des Sakralen[133] und damit die Ausdifferenzierung eines Diskurses über Geltungsansprüche statt. Der sakrale Bereich büßt strukturbildende Kraft ein.[134] Kommunikation löst sich von überlieferten Verhaltensmustern. „Mit dieser Entkopplung geht die Bürde sozialer Integration immer stärker von einem religiös verankerten Konsens auf die sprachlichen Konsensbildungsprozesse über."[135] Plausibilität ist nur noch verbal zu erlangen – eben im Diskurs.

Über die grundsätzliche Problematik der Habermas' Sichtweise ist oben schon einiges ausgeführt worden. Der Kern der Kritik läßt sich darin zusammenfassen, daß sich die Notwendigkeit der Gestaltung der Lebenswelt, d. h. die Präsenz der Körper, nicht auf sprachliche Prozesse reduzieren läßt.[136] Eben dies kommt auch in der Sicht von Religion zum Tragen. Helmut Peukert weist darauf hin, daß eine universelle Gültigkeit des herrschaftsfreien Diskurses nur dann gegeben sei, wenn er von anamnetischer Solidarität mit den Toten erfüllt sei.[137] Herrschaftsfreie Kommunikation beruht auf Voraussetzungen, die sie selbst nicht schaffen kann, die vielmehr in den Leiden der vorangegangenen Generationen bestehen.

Identität qua Diskurs sei ein Widerspruch in sich. Wenn „die unbedingte und universale Solidarität mit den anderen als die konstitutive Bedingung der Möglich-

---

[131] Jürgen Habermas: Theorie des kommunikativen Handelns. Band II. Frankfurt a. M., 1981, S. 281 ff.
[132] A. a. O., S. 282.
[133] A. a. O., S. 118.
[134] A. a. O., S. 292.
[135] A. a. O., S. 268.
[136] Vgl. z. B. Klaus-M. Kodalle: Versprachlichung des Sakralen? Zur religionsphilosophischen Auseinandersetzung mit Jürgen Habermas „Theorie des kommunikativen Handelns". In: Allgemeine Zeitschrift für Philosophie, Jg. 12, 1987, H. 2, S. 39–66. Kodalle kritisiert die bei Habermas notwendige Unterstellung der absoluten Durchsichtigkeit der Existenzbedingungen, die sich nur als unbedingter Wille zur Macht über das eigene Dasein äußern könne (z. B. S. 42). Die für ein religiöses Verhältnis zur Wirklichkeit fundamentale Erfahrung von Gelassenheit im Alltag ist für Habermas prinzipiell verdächtig (S. 48). Kodalle zitiert Habermas mit einem Lobpreis auf Bilder des freundlichen Zusammenlebens, von Schutz, Exponiertheit, Hingabe, Widerstand, Verletzbarkeiten und Behutsamkeit und fragt: „Handelt es sich um souveräne Äußerungen eines Daseins, die uns überhaupt erst instand setzen, Konflikte auszuhalten und so zu übersetzen, daß das System der Koexistenz humanisiert wird, oder handelt es sich um die Beschwörung utopischer Gehalte, auf die sich die Anstrengung des Begriffs und der humanen Praxis erst zu richten hat – im Sinne einer Logik humanen Wunschdenkens?" (S. 61) Habermas scheint die Handlungsperspektive der Gelassenheit als schlechthin reaktionär zu verwerfen (S. 63).
[137] Helmut Peukert: Wissenschaftstheorie – Handlungstheorie – Fundamentale Theologie. Analysen zu Ansatz und Status theologischer Theoriebildung. Frankfurt a. M., 1978, S. 308.

keit des eigenen Menschseins" ist, stellt sich die Frage nach der grundlegenden Verfaßtheit von Wahrnehmung: „Wie kann man aber die endgültige, nicht revidierbare Verlorenheit der Opfer des geschichtlichen Vorgangs, dem man sich selbst verdankt, überhaupt in der Erinnerung behalten und dabei glücklich sein, seine Identität finden?"[138]

Peukert behauptet, „daß es in der jüdisch-christlichen Tradition um die Wirklichkeit geht, die in den Grund- und Grenzerfahrungen kommunikativen Handelns erfahren wird, und um die Weise kommunikativen Handelns, die angesichts dieser Erfahrung noch möglich ist"[139]. Diese Überlegungen sprengen eine funktionale Sicht auf Religion, die sie kalkulier- und verrechenbar macht. Es deutet sich etwas an, was als eigene Logik von Religion in der christlichen Tradition von sich aus zur Plausibilität drängt: eine Vision von Freiheit, die gesellschaftliche Möglichkeiten übersteigt. Hier bestätigt sich, daß Religion Qualifizierung von Wahrnehmung ist.

6.8. Religion als Begegnung mit dem Heiligen und als Kritik der Welt

Neben einer funktionalen Sicht ist Religion immer auch inhaltlich als Erfahrung einer überwältigenden Macht – des Heiligen – begriffen worden. Aus dieser Sicht definiert sie sich nicht neutral von dem her, was sie leistet, sondern bestimmt aus sich selbst heraus, wie Wirklichkeit zu begreifen ist.[140] Emile Durkheim legt seiner Soziologie so die Verdoppelung der Gesellschaft in Heilig und Profan zugrunde und bestimmt hieraus ihr grundlegendes Ordnungsprinzip.[141] Luckmann redet vom „heiligen Kosmos" – dem Himmel der Bedeutsamkeiten einer Gesellschaftsform. In dieser Sicht findet sich das Heilige in den herrschenden Klassifikationen einer Gesellschaftsform.

---

[138] A. a. O., S. 309. Näherhin kritisiert Peukert am herrschaftsfreien Diskurs: a.) Es ist unklar, warum sich die Partner auf das Wagnis der Herrschaftsfreiheit einlassen sollten. b.) Die zeitliche Struktur wird nicht berücksichtigt: Herrschaft erwächst aus der Vergänglichkeit – das Wichtigste läßt sich nicht ausdiskutieren. c.) Wie ist universale Solidarität mit den Opfern möglich? S. 314, Anm.

[139] A. a. O. S. 316.

[140] In dieser Sichtweise kann sie sowohl als Gesellschaft konstituierend als auch als gesellschaftliches Teilsystem begriffen werden. Eher in zweiter Hinsicht begreift sie Clifford Geertz in seiner berühmten Definition: „Eine Religion ist (1) ein Symbolsytem, das darauf zielt, (2) starke, umfassende und dauerhafte Stimmungen und Motivationen in den Menschen zu schaffen, (3) indem es Vorstellungen einer allgemeinen Seinsordnung formuliert und (4) diese Vorstellungen mit einer solchen Aura von Faktizität umgibt, daß (5) die Stimmungen und Motivationen völlig mit der Wirklichkeit zu entsprechen scheinen." In: Ders.: Religion als kulturelles System. In: Ders.: Dichte Beschreibung. Beiträge zum Verstehen kultureller Systeme. Frankfurt a. M., 1991, S. 44, hier S. 48.

[141] Emilie Durkheim: Die elementaren Formen des religiösen Lebens. Frankfurt a. M., ³1984.

Eben so faßt Mary Douglas die zentrale These Durkheims zusammen: „Für die australischen Ureinwohner vermag das Heilige seine Macht nur aus ihrem eigenen Konsens zu beziehen. Seine Stärke, die die ganze Welt mit strafenden Tabus bewehrt, welche die schwankenden Bindungen des Individuums festigen, basiert auf den Klassifikationen im Kopf eben dieses Individuums. Sie basiert in erster Linie auf den Klassifikationen, die sich auf die Arbeitsteilung beziehen."[142]

Allerdings geht das Heilige in der Klassifikation nicht auf. Es weist – gerade in der christlichen Tradition – über sie hinaus. Der religiöse Dissens gehört ebenso dazu: Aus einer spezifischen Erfahrung entsteht eine individuelle Distanz zu den herrschenden Klassifikationen, die bis hin zur Auslöschung des eigenen Ichs gehen kann. Die systemische Selbsterhaltung ist christlich nicht notwendig der höchste Wert – siehe Kreuz und Auferstehung Jesu Christi. Wird in der funktionalen Theorie unterstellt, daß letztlich alles der Lebensbewältigung dient – und ist dies im common sense auch plausibel –, so kann die Begegnung mit dem Heiligen auch zur Selbstverleugnung und zu einer Lebensform führen, in der das Leben nicht bewältigt wird und die Übernahme von Leid und Tod als letzter Horizont bejaht wird.

Unter den Bedingungen der funktionalen Ausdifferenzierung von Religion kann gerade die so begriffene Kategorie des Heiligen neue Bedeutung gewinnen, denn sie bietet Möglichkeiten zum Gewinn von Autonomie und schafft Distanzierungseffekte. Wer sich auf die Erfahrung des Heiligen beruft, der entzieht sich der Notwendigkeit, permanent gesellschaftliche Plausibilitäten zu produzieren. Unter den Bedingungen moderner Gesellschaften kann es zur gesteigerten Erfahrung des Heiligen kommen.[143]

Religion treibt von sich aus über die bestehenden Horizonte der Wirklichkeit hinaus. Eben dies ist ein wesentlicher Zug der jüdisch-christlichen Tradition: der religiöse Protest gegen das Bestehende. Henning Luther definiert in dieser Richtung religiöse Erfahrung als Erfahrung der Differenz zur Welt, die sich aus ihren Widersprüchlichkeiten und Ambivalenzen ergibt: „In der Religion ist also die Erfahrung von Widersprüchlichkeit, Brüchigkeit der Welt, wie sie ist, und das Ernstnehmen eines Versprechens zugleich. Religion transportiert immer auch den Einspruch zur Welt … Dieser Einspruch ist Kritik und Hoffnung. Religion löst diesen Widerspruch nicht auf – was nicht ausschließt, daß Religionen dies immer

---

[142] Mary Douglas: Wie Institutionen denken. Frankfurt a. M., 1991, S. 159.
[143] Vgl. hierzu die beiden Bücher von Manfred Josuttis: Der Traum des Theologen. München, 1988, und: Der Weg ins Leben. München, 1991. Vgl. auch: Bernd Ulmer: Konversionserzählungen als rekonstruktive Gattung. In: ZfS, Jg. 17. Heft 1, 1988, S. 19. Ulmer hält fest, daß das eigentliche religiöse Erlebnis, das zur Bekehrung führt, nicht sprachfähig ist. Der Konvertit muß folglich auf plausible sprachliche Strategien zurückgreifen, die vor allem dem Nachweis einer dauerhaften religiösen Neu-Orientierung, d. h. der Absicherung eines neuen Status dienen.

wieder versuchen. Religion ist darum im Kern gerade nicht Sinnstiftung oder Bewältigung von Kontingenz. Religion bewahrt vielmehr die Zerrissenheit, aus der sie lebt."[144] Es sind Erfahrungen mit dieser Welt, die zur religiösen Haltung führen: „Kritischer Weltabstand entzündet sich zum einen an der Erfahrung von Ungerechtigkeit dieser Welt …, zum anderen an der Erfahrung von Zeitlichkeit … und Kontingenz."[145]

Religion ist in dieser Sicht die Artikulation eines mehrdimensionalen Weltverhältnisses. Auf der anderen Seite sind Formen des Positivismus, der Indifferenz und des Zynismus areligiöse Haltungen.[146]

6.9. Fazit: Die Konstituierung der Wahrnehmung und die Anschlußfähigkeit der Kirche.

Religion ist auf einer sehr allgemeinen Ebene als Letztbezug kultureller Entscheidungen, als konstituierender Faktor dessen, was als praktisch und nützlich gilt, plausibel. Sie ist der Begriff für eine Sphäre des Handelns und Erlebens, die in der Regel nicht sprachlich verfaßt ist, gleichwohl aber als Bezugspunkt der Lebenswelt ständig präsent gehalten wird. Es ist entscheidend, ob eine Gesellschaft z. B. „Leben" vor allem als Durchsetzung und Raub, als Recht auf Selbsterhaltung, begreift oder ob es zumindest Bereiche gibt, in denen Vorstellungen von Leben als Geschenk und Gnade, und damit auch der Möglichkeit zur Selbstverleugnung und der Feindesliebe legitim sind.[147] Entsprechend werden sich Vorstellungen von Rationalität strukturieren.[148] Religion ist so zur einen Seite ein Muster, das handlungs- und erfahrungsorientiert verbindet; zur anderen Seite ist es Chiffrierung des Chaotischen in Form des Heiligen. Sie ist folglich der Begriff dafür, worauf sich alltägliche gesellschaftliche Wahrnehmung richtet und d. h., sie ist der Begriff für das, was Wahrnehmung sozusagen „von innen" her ausmacht. Sage mir, wie du wahrnimmst, und ich sage dir, wer dein Gott ist.

---

[144] Henning Luther: Religion als Weltabstand, in: Ders.: Alltag und Religion, Stuttgart 1992, S. 22, hier S. 27.

[145] A. a. O. So eindrucksvoll diese Sätze notwendige Kritik an religiösen Konzeptionen zum Ausdruck bringen, fragt sich doch, woher der Autor sein Material gewinnt, so und nur so wahre Religion zu definieren. In den Anmerkungen werden vor allem Adorno, Horkheimer und Barth genannt – Autoren, die mit einer grundsätzlich sensiblen Zuwendung zum Alltag, wie sie Luther fordert, nicht so recht in Einklang zu bringen sind. Ist ein kritischer Weltabstand im Alltag wirklich durchzuhalten?

[146] A. a. O., S. 28. Vergl. zum Problem der Indifferenz: Monika Wohlrab-Sahr: Über den Umgang mit biographischer Unsicherheit – Implikationen der ‚Modernisierung der Moderne'. In: Soziale Welt, Jg. 43, 1992, Heft 2, S. 217: Indifferenz wird ‚erzwungen' – sie ist Fassade, hinter der sich anderes verbirgt. So auch Gudrun-Axeli Knapp: Industriearbeit und Instrumentalismus. Bonn, 1981.

[147] So bei Sigrid Brandt, a. a. O., S. 328.

[148] A. a. O., S. 322 ff.

Religion ist die Dimension subjektiver und kollektiver Vergewisserung. Sie stiftet in dieser Hinsicht Identität – kann freilich auch in eminenter Weise „identophag" sein. Eine Reflexion dieses Problems ist grundsätzlich nur von „innen" möglich – man kann so definierter Religion schwer entkommen. Auch die populäre Forderung nach einer erfahrungsoffenen Religion und einer dementsprechenden Theologie muß das Paradox bearbeiten, daß eben diese Forderung zugleich mit einer deutlichen Formung der Erfahrungstätigkeit verbunden ist. Religion ist sozusagen Selbstreferentialität pur und nimmt eben deswegen Gestalt in Paradoxien an.

Allerdings ist damit noch nichts über die faktische Verfaßtheit dieser Religiosität gesagt. Sie hat per se ästhetische Qualitäten, insofern sie Wahrnehmung grundlegend – z. B. auch in der Richtung schön / häßlich – codiert. Aber sie ist von sich aus nicht notwendig bereichernd, befreiend oder verschönernd. Sie kann auch das genaue Gegenteil meinen und Menschen versklaven und verkrüppeln. Damit dies nicht geschieht, gibt es nur eine Möglichkeit: die der sozialen und kulturellen Kommunikation von Religion, in der ihre verschiedenen Akzentuierungen gegeneinander ausgespielt werden. In der Arbeit an der Qualifizierung der Wahrnehmung liegt grundsätzlich die Aufgabe der Kirche.

Deutlich wird: Religiöse Vergesellschaftung kann so begriffen werden, daß sie kein extra Feld und kein Epiphänomen von Gesellschaft ist, sondern ihr zugrunde liegt. „Eine Theorie religiöser Vergesellschaftung ist zugleich eine Theorie der Vergesellschaftung überhaupt. Derjenige Prozeß, in dem sich religiöse Gemeinschaft bildet, ist von dem, in dem sich Gemeinschaft allererst selbst bildet, nicht ohne weiteres zu unterscheiden."[149]

In dieser Sichtweise schließt Religion an die Bestimmung praktischer Vernunft an. Für die Lebenswelt ist konstitutiv, daß Akteure nicht erst dann angemessen handeln, wenn sie begriffen haben, was sie tun. Handeln ist nicht erst dann vollendet, wenn es verstanden und diskursiv auf den Begriff gebracht worden ist. Eine Alltagshandlung drückt dementsprechend auch nichts aus, sondern „spult" sich ab. Eben so funktioniert eine elementare Bestimmung von Religion. Sie ist zwar – aus einer Sicht von außen – ein Entwurf; ihren Ursprung hat sie jedoch nicht in Entscheidungen.[150] Es gibt keine Entscheidung, zu glauben: „Bleibt zu sagen, daß man das Vorhaben, den Glauben auf eine rationale Entscheidung zu gründen, nicht ausführen kann ... um von der Entscheidung zu glauben, die von der Vernunft herbeigeführt werden kann, zum Glauben zu gelangen, der *dauerhaft* ist, d. h. die Sprunghaftigkeit des Willens und des Bewußtseins überwinden kann,

[149] Dietrich Rössler, a. a. O., S. 41.
[150] Vergl. Pierre Bourdieu: Sozialer Sinn. Kritik der theoretischen Vernunft. Frankfurt a. M., 1987, S. 95.

muß man andere Mächte als die der Vernunft anrufen."[151] Und weiter: „Zur Entstehung (des Glaubens G. W.) gehört unweigerlich die Amnesie der Entstehung: die Logik des Glaubenserwerbs, die Logik der unmerklichen, d. h. ständigen und unbewußten Konditionierung, die ebenso über Existenzbedingungen wie über explizite Maßregelungen erfolgt, setzt voraus, daß dieser Erwerb vergessen wird und die Illusion entsteht, das Erworbene sei angeboren."[152] Glaube kann so zugleich als funktional notwendig als auch als voraussetzungslos erlebt werden.

Entscheidend für die Wahrnehmung von Kirche ist, daß sich das System Kirche / Religion aus diesen Grundstrukturen der Lebenswelt ausdifferenziert. Dieser Prozeß hat heute Züge angenommen, die die Anschlußfähigkeit der kirchlichen Wahrnehmung an die alltägliche Wahrnehmung nicht mehr plausibel erscheinen läßt. Die interne Logik des Systems tendiert dazu, das Selbstverständnis der lebensweltlichen Religion nicht mehr zur Kenntnis zu nehmen und nur mehr interne Bezüge zu reflektieren. Das Problem liegt im medialen Bezug. „Früher" war dieser Bezug qua „Wort" plausibel – wenn auch nicht immer angemessen, so doch hegemonial.

Damit spitzt sich das Problem der Verhältnisbestimmung von Eigen- und Fremdwahrnehmung der Kirche in der Frage nach dem Medium zu, mit dem Kirche und Theologie lebensweltliche praktische Religion wahrnehmen, bearbeiten und kommunizieren. Systemtheoretisch zeigt sich an der Schwierigkeit, ein angemessenes Kommunikationsmedium auszubilden eine grundlegende Unfähigkeit, Umweltkomplexität zu reduzieren. D. h.: Die entsprechende Komplexität ist in Gestalt von vielerlei Erwartungen vorhanden, aber ihnen kann nicht angemessen entsprochen werden, weil plausible Reduktionen fehlen. Erst aufbauend auf solche Reduktionen kann jedoch eine komplexe Organisation entwickelt werden. Im anderen Fall reagiert man hilflos auf Umweltreize, beklagt diesen Zustand dauernd, kann aber nichts tun, da handlungsleitende Interessen nicht operationalisierbar sind. Es entwickelt sich eine penetrante „Mißerfolgsorientierung" – ein Deutungsmuster, das sogar das Wahrnehmen vorhandener Erfolge verhindert.

Soziologisch läßt sich sagen: Grundsätzlich wird Kirche dann plausibel, wenn sie sich als „sekundäre" Größe auf die „primären" Konstruktionen von Religion bezieht. Wenn die hier vorgeschlagene Bestimmung des Religionsbegriffs trifft, dann liegen diese Konstruktionen sozusagen überall herum; die Kirche braucht sie lediglich aufzusammeln und zu organisieren. Die christliche Tradition stellt in dieser Sicht selbst eine Definition von Religion dar, d. h., sie ist an der Qualifizierung der Wahrnehmung immer schon beteiligt – was jeder interkulturelle Vergleich trotz aller Säkularisierungserfahrung belegt. Dabei wird sich der Bezug

---

[151] A. a. O., S. 91.
[152] A. a. O., S. 93.

von Kirche und Theologie auf die alltäglich implizite Religion nicht notwendig affirmativ vollziehen; das Gegenteil kann der Fall sein.[153] In reformatorischer Sicht greift die alltägliche praktische Vernunft durchaus auch nach Gott – aber indem sie „greift" muß sie Gott schon verfehlen. Damit ist das Kommunikationsproblem des Glaubens benannt, um das es im weiteren gehen soll.

---

[153] Um die theologische Richtung anzudeuten, in der hier konstruktiv weiterzuarbeiten wäre, seien genannt: Wolfhart Pannenberg: Anthropologie in theologischer Perspektive. Göttingen, 1983 und: Dietrich Ritschl: Zur Logik der Theologie. Kurze Darstellung der Zusammenhänge theologischer Grundgedanken. München, [2]1988.

7. Christlicher Glaube als Kommunikationsmedium

An der Schnittstelle von Innen und Außen, von kirchlicher Wahrnehmung und der Wahrnehmung von Kirche, fungieren Kommunikationsmedien. Sie „vermitteln" in spezifischer Weise zwischen System und System bzw. zwischen System und Lebenswelt. Um diese Funktion erfüllen zu können müssen sie „nach beiden Seiten" plausibel sein: Die Fremdwahrnehmung „erkennt" ein System an seinem Medium. Geld verweist eben auf Wirtschaft, Recht auf Justiz. Zwischen Geld und Recht läßt sich so im Alltag schnell und treffsicher differenzieren und Erwartungssicherheiten zuordnen. Auf diese Weise wird Kommunikation anschlußfähig.

Für die Analyse der Wirkungsweise von Kommunikationsmedien ist der Begriff der „symbiotischen Mechanismen" von zentraler Bedeutung. Luhmann bezeichnet damit jene Mechanismen, mit denen sich Kommunikationsmedien sozusagen im Körper „verankern": „Jede noch so unwahrscheinliche Ausdifferenzierung spezifischer Funktionsbereiche muß auf die Tatsache rückbezogen bleiben, daß Menschen in körperlicher Existenz zusammenleben, sich sehen, hören, berühren können. Noch so geistvolle, fast immateriell gelenkte Systeme wie Wirtschaft oder Recht oder Forschung können nicht ganz davon abheben."[1]

D. h.: Kommunikationsmedien vollziehen sich immer auch in organischen Prozessen und symbolisieren so den Körperbezug mit. Wenn auch systemisch verortet, transportieren sie so immer auch die Lebenswelt. Eine mögliche und häufig anzutreffende Form dieser Kopplung ist die Artikulation eines systemischen Feldes in einem Habitus. Der Körper fungiert so als Kommunikationsmedium.[2]

Wie sieht es mit dem Kommunikationsmedium der Kirche aus? Luhmann kommt mit dem Selbstverständnis von Kirche darin überein, daß es um „Glauben" geht. Kirche begreift sich selbst als Ort der Kommunikation von „Glauben". Systemtheoretisch gesprochen hat er Gestalt in kommunikativen Codes, die in der Geschichte der Kirche immer wieder variiert wurden. Sie sorgen dafür, daß sich diese Kommunikation dauerhaft entwickelt und gerinnen in Gestalten des Glaubens. Diese Gestalten sind entscheidend für die Art und Weise der Wahrnehmung.

Was unter Glaube begriffen wird, bestimmt, was wahrgenommen wird. Damit er überhaupt kommunizierbar wird, muß er sich in wahrnehmbaren Strukturen vergegenständlichen, d. h. symbiotische Mechanismen ausbilden. Anders gesagt:

---

[1] Niklas Luhmann: Soziale Systeme. Frankfurt a. M., 1987, S. 337 ff. Ausführlicher: Ders.: Symbiotische Mechanismen. In: Ders: Soziologische Aufklärung, Band 3, Opladen, 1981, S. 228. Vgl. auch: Hans-Ulrich Dallmann: Die Systemtheorie Niklas Luhmanns und ihre theologische Rezeption. Stuttgart / Berlin / Köln, 1994, S. 74 und 90.

[2] Vgl. Abschnitt 5.2. dieser Arbeit.

Unter dem Blickwinkel der Analyse von Kommunikationmedien zeigt sich, was Glaube ist, nicht an den ‚Inhalten' von Diskursen, sondern an Haltungen. Er ist an körperlicher Formung identifizierbar.[3] Diese These soll i. F. an einigem historischen Material plausibel gemacht werden. Es werden Beobachtungen zur Wirkungsweise christlichen Glaubens in der Linie reformatorischer Entscheidungen zusammengezogen.

Die Auswahl ist eher zufällig. Eine durchgreifende Analyse dieses Verhältnisses steht aus. Zwar finden sich sozialgeschichtlich orientierte Analysen der kirchlich-religiösen Entwicklung auf der einen und stärker theologiegeschichtlich argumentierende auf der anderen Seite.[4] Insofern werden Eigen- und Fremdwahrnehmung sozusagen „je für sich" bearbeitet. Wie sie jedoch im Medium des Glaubens „zusammenschießen" bleibt offen. Deswegen muß ich mich auf Skizzen beschränken.

Zweierlei soll deutlich werden:

— Zum einen, daß auch reformatorisch bestimmter Glaube im Gegenüber zur praktischen Vernunft habituelle Gestalt hat. Auch er konstituiert ein *lebensweltlich identifizierbares Milieu*. Glaube hat unmittelbare Signifikanz im Medium sinnlich wahrnehmbarer Leiblichkeit. Dies liegt durchaus quer zu seinem Selbstverständnis (Glaube ist nicht Habitus!). Insofern stellt sich ein Kommunikationsproblem ein.
— Zum anderen hat eben diese Gestalt eine Form, die sich von der geteilten Lebenswelt abkoppelt und zu einer *deutenden Haltung* tendiert. So steckt sie zwar – qua Körper – in der Lebenswelt; steht ihr aber auch – mittels reflexiver Distanz – gegenüber und entzieht sich ihr. Heutige theologische Diskussion verarbeitet die damit gegebenen Problematik.

7.1. Der Ausgangspunkt: Die Entdeckung der iustitia dei passiva als Konstituens des Glaubens[5]

Wenn auch der Zeitpunkt von Luthers entscheidender reformatorischer Entdeckung umstritten ist, so läßt sich doch mit großer Sicherheit sagen, daß die

---

3   Für Luhmann sind die symbiotischen Mechanismen des Glaubens unklar. Vgl.H.-U. Dallmann, a. a. O., S. 77: die Auflistung der Luhmannschen Codes in einer Tabelle ergibt in der Frage der symbiotischen Mechanismen des Glaubens lediglich ein „fehlt".
4   Immer noch unübertroffen in ihrer Prägnanz und ihrer Unterschiedlichkeit: Ernst Troeltsch: Die Sozaillehren der christlichen Kirchen und Gruppen. Neudruck der Ausgabe von 1912, Tübingen, 1994, Teilband 2: Der Protestantismus, vor allem Seite 427 ff. Und: Werner Elert: Morphologie des Luthertums. 1. Band: Theologie und Weltanschauung des Luthertums. Vor allem S. 224 ff: Die Kirche. Verbesserter Nachdruck der 1. Auflage, München, 1958.
5   Vgl. jetzt zum ganzen Komplex: Charles Taylor: Sources of the Self. The Making of the modern Identity. Cambridge, USA, 1989, S. 211 f.: The Affirmation of Ordinary Life.

Exegese von Röm. 1, 16–17[6] eine entscheidende Rolle gespielt hat: Evangelium bedeutet Rechtfertigung des Sünders durch Gottes gnädiges Handeln. Dem Menschen wird von Gott die Gerechtigkeit zugesprochen: Gott ist der allein aktive, der Mensch ist ein rein Empfangender. Er kann Gott gegenüber nichts in Geltung bringen.

Im Hintergrund steht Luthers Erfahrung der Diastase zwischen Gott und Mensch: Das menschliche Bewußtsein steht in einem ursprünglichen Gegensatz zu Gott, „gleichviel ob er darum weiß oder nicht. Es gibt keinen Menschen ohne Sünde. Es gibt auch keine Neutralität zwischen Sünde und Gerechtigkeit. Und es gibt keine Sünde, die nicht Feindschaft wider Gott wäre."[7] Werner Elert intepretiert diese Entdeckung: Den Luther, der dies entdeckt, packt das Grauen. Es ist das Grauen desjenigen, der unmittelbar vor Gott steht und erfährt: „Gott macht ihn verantwortlich für etwas, was er gar nicht leisten *kann*."[8] Sittlichkeit und Ratio haben in dieser Erfahrung ein Ende – die autonome Selbstbestimmung des Menschen ist zerstört, damit aber das „natürliche Leben" als solches. „Die Autonomie hat vor Gott keine Möglichkeit der inhaltlichen Erfüllung. Sie bleibt nur als Anspruch unseres Ego. Aber in diesem Anspruch liegt mit der Verantwortlichkeit auch unsere Schuld vor Gott. Damit wird ganz deutlich, was Luther zu Ps. 90 ausführte: Das Außen unseres Lebens ist der Tod."[9] Das „Äußerliche" gilt nichts: „Die höchsten Tugenden bei den Heiden, das Beste bei den Philosophen, das Vortrefflichste in den Menschen vor der Welt (ist) zwar ehrenwert und (wird) gut geheißen … aber vor Gott (ist es) in der Tat Fleisch und dem Reiche Satans dienstbar, d.h. gottlos und verrucht und in jeder Hinsicht böse."[10]

Der Mensch ist folglich ganz und gar Gott ausgeliefert – er ist ihm gegenüber der Leidende. Entscheidend in dieser Bestimmung ist, daß dies auch für den Glauben gilt: Er ist Gottes und nicht der Menschen Möglichkeit. Zwar kann man glauben wollen, aber entscheidend ist, daß Gott durch seinen Geist den Glauben in das Herz der Menschen legt. Der Glaube ist eins mit der iustitia dei als göttliches Werk in uns.[11] Das hat Folgen für die Haltung des Glaubenden: „Wer da fromm werden will, der sage nur nicht: Ich will anfangen und gute Werke tun, daß ich

---

6   Vgl. hierzu z. B. Hans-Walter Krumwiede: Glaubenszuversicht und Weltgestaltung bei Luther. Göttingen, 1983, S. 7. Luthers Grundentscheidungen werden i. F. vor allem unter Verwendung von „De Servo Arbitrio" nachvollzogen – unter Heranziehung weiterer Stellen aus anderen Schriften. „De Servo Arbitrio" bringt die für Luther kennzeichnenden Paradoxien im Glaubensbegriff besonders drastisch zur Geltung.
7   W. Elert, a. a. O., S. 15 zu Luthers „Urerlebnis".
8   A. a. O., S. 18.
9   A. a. O., S. 23.
10 WA Band 18, De servo arbitrio. S. 743/4, Zitate hier und i. F. deutsch in der Übersetzung von Bruno Jordahn, Ausgewählte Werke, Ergänzungsreihe, 1. Band, München, ³1986.
11 Vgl. Oswald Bayer: Leibliches Wort. Tübingen, 1992, S. 31: Glaube: Werk Gottes.

Gnade erlange; sondern: Ich will warten, ob Gott durch sein Wort mir seine Gnade und Geist geben wolle.“[12]

Die habituelle Kopplung wird deutlich: Eine Haltung des „Wartens“ macht den Glaubenden aus, d. h. eine des Nichthandelns; sie ist mithin negativ bestimmt: „Denn, was du annehmbare Werke nennst, das sind entweder böse Dinge, oder die Gnade, die sie tut, ist notwendig schon vorher gekommen.“[13] Das, was zu tun ist, das Gute, kommt exklusiv von Gott. Er wirkt die Liebe, die sie tut. Der Mensch ist wie ein Lasttier: „Wenn Gott darauf sitzt, will er und geht, wohin Gott will ... Wenn der Satan darauf sitzt, will er und geht, wohin der Satan will. Und es liegt nicht in seiner freien Wahl, zu einem von beiden Reitern zu laufen und ihn zu suchen, sondern die Reiter selbst kämpfen darum, ihn festzuhalten und in Besitz zu nehmen.“[14] Von diesem Gott kann man nur das wissen, was er selbst offenbart hat. Darüber hinaus gilt: „Es genügt, nur zu wissen, daß ein gewisser unerforschlicher Wille in Gott sei; was aber, warum und inwiefern jener will, das darf man durchaus nicht erforschen, aussuchen, sich darum kümmern oder es berühren, sondern nur fürchten und anbeten.“[15]

Die Haltung des Wartens wird dadurch noch gefordert, daß Gott das Heil den Menschen entzogen hat. Aber gerade dieser Entzug bestätigt den Glaubenden darin, daß er auf dem richtigen Wege ist, denn es liegt ganz in Gottes Hand und ist nur darum umso sicherer. Läge es am Menschen, wäre es zweideutig und unsicher. „Aber nun, da Gott mein Heil meinen Willen entzogen und in seinem Willen aufgenommen hat und nicht auf mein Werk oder Laufen hin, sondern aus seiner Gnade und Barmherzigkeit verheißen hat, mich zu erretten, bin ich sicher und gewiß, daß er treu ist und mir nicht lügen wird, außerdem mächtig und gewaltig ist, daß keine Dämonen und keine Widerwärtigkeiten imstande sein werden, ihn zu überwältigen oder mich ihm zu entreißen.“[16]

Die Haltung des Wartens konkretisiert sich als Hören auf das Wort Gottes. „Willst du die Gnade erlangen, so siehe zu, daß du du das Wort Gottes gespannt hörest oder sorgfältig bedenkst. Das Wort, sag ich, und das Wort allein ist Gefährt der Gnade Gottes.“[17]

Der Christ hört das Wort Gottes in der Rede des Predigers, aber dieses Hören ist transparent auf Gottes Wort selbst. Glaubensentstehung ist hieran gebunden und hat eine klare Ordnung von der Passivität zur Aktivität, mithin einen erkennbaren

[12] WA Band 24, Über das erste Buch Mose. S. 244.
[13] WA Band 2, In epistolam Pauli ad Galatas. S. 509, Zitate hier und i. F. deutsch nach Kurt Aland (Hrsg.): Lutherlexikon. Göttingen, [4]1989.
[14] WA Band 18, De Servo Arbitrio, S. 635.
[15] A. a. O., S. 686.
[16] A. a. O., S. 783.
[17] WA Band 2, In epistolam Pauli ad Galatas, S. 509.

Habitus: „Das Wort Gottes ist von allem das Erste, ihm folgt der Glaube, dem Glauben die Liebe, und die Liebe alsdann tut alles gute Werk."[18] „Zuerst vor allen Werken und Dingen höret man das Wort Gottes, darin der Geist die Welt um die Sünde straft, Joh. 16,8. Wenn die Sünde erkennet ist, höret man von der Gnade Christi, im selben Wort kommt der Geist und gibt den Glauben, wo und welchem er will. Darnach geht an die Tötung und das Kreuz und die Werk der Liebe. Wer dir eine andere Ordnung vorschlägt, da zweifel nicht, es sei der Teufel…"[19]

Durch diese Abfolge wird Freiheit möglich, denn die Liebe ist nun frei vom Druck der Rechtfertigung und kann spontan, zwecklos erfolgen. Sie ist frei für den anderen. Der gerechtfertigte Mensch, der sich in seinem Selbst als befreit erlebt, ist frei zum Dienst an der Welt. Er kann alles tun, „ganz gleich und frei zu allen Dingen, im Tun und Lassen, also wie die Sache ihm unter die Hand kommt oder nicht unter die Hand kommen mag". „Daß aber einer ein Weib nimmt, ein andrer ins Kloster geht, der dem oder der jenem Werke sich gibt, solches tut er ohn Zwingen des Gesetzes, sondern aus freien Stücken macht er sich dienstbar. So er es aus Liebe tut, tut er ganz recht, aber tut ers von Not wegen oder weil die Furcht ihn treibt, so tut ers nicht als ein Christ, sondern als ein Mensch."[20] Luther kann das noch zuspitzen: „Keiner wird gerecht dadurch, daß er tut, was recht ist, sondern wer gerecht worden ist, der tut, was recht ist."[21] Infolgedessen ist Glaube an Werke und Ordnungen nicht gebunden: „Der Glaube ist kein Werk, sondern er ist Lehrmeisterin und der Lebensnerv der Werke."[22]

Das Wort, das es zu hören gilt, ist inhaltlich bestimmt: Es ist Jesus Christus selbst. Er ist das leibhaftige Wort Gottes und an dieses muß jeder selbst glauben: „Es liegt deine Seligkeit nicht darin, daß du glaubst, Christus sei für die Frommen ein Christus, sondern daß er *dir* ein Christus und *dein* sei. Dieser Glaube bewirkt, daß dir Christus lieblich gefällt und süß im Herzen schmeckt; dann folgen Liebe und gute Werke ungezwungen nach. Folgen sie aber nicht nach, so ist dieser Glaube gewißlich nicht da: denn wo der Glaube ist, da muß der heilige Geist auch sein, Liebe und Güte in uns wirken."[23] Ein Verweis auf den Glauben der Kirche ist nicht möglich: Jeder einzene muß allein glauben; seine Haltung zu Gott und damit zur ganzen Wirklichkeit wird dramatisiert. „Es muß ein jeglicher allein darum glauben, daß es Gottes Wort ist, und daß er inwendig befinde, daß es Wahrheit sei, obschon ein Engel vom Himmel und alle Welt dawider predigt …"[24] Tradi-

[18] WA Band 6, De captivitate Babylonica, S. 514.
[19] WA Band 18, Wider die himmlischen Propheten, S. 139.
[20] WA Band 2, In epistolam Pauli ad Galatas, S. 477/8.
[21] A. a. O., S. 493.
[22] WA Band 6, De captivitate Babylonica, S. 520.
[23] WA Band 10.I.2 Evangelium am 1. Sonntag des Advent, S. 24. Damit konstituiert sich ein lebensweltliches Milieu der Liebe und Güte, das wahrnehmbar ist.
[24] WA Band 10.II, Von Menschenlehre zu meiden, S. 90.

tion und Sitte, kirchliches Milieu oder selbst theologische Lehre nützen als solche nichts. Sie sind der Prüfung durch den Glaubenden im Hinblick auf den Selbsterweis Gottes in Jesus Christus ausgesetzt. „Ich will nicht als der gerühmt sein, der gelehrter als alle ist, sondern ich will, daß die Schrift allein Königin sei, und daß sie nicht ausgelegt werde durch meinen Geist oder den andrer Menschen sonst, sondern verstanden werde durch sich selbst und ihren eignen Geist."[25]

Es fragt sich, ob so begriffener Glaube überhaupt zu kommunizieren ist. In seiner Kommunikation transzendiert er sie beständig selbst und tut dies aus keinem anderen Grund als dem, Kommunikation möglich zu machen. Am Rande des Noch-Kommunizierbaren wird so Kommunikation grundgelegt. Dies kommt sehr schön in paradoxen Formulierungen zum Ausdruck: „So ist es denn also: Der Christ lebt hier als der, der durch göttliches Zurechnen gerecht und heilig ist unter den Flügeln seiner Henne. Doch wiederum, soweit der Christ ein Kämpfer ist und im Heerdienst steht, so ist er hier auch noch unter dem Gesetz und unter den Sünde … Ein Mensch, der an Christus glaubt, ist durch göttliche Zurechnung gerecht und heilig, erlebt und ist schon im Himmel, ist umgeben vom Himmel der Barmherzigkeit… Also sind wir denn heilig und frei, doch im Geiste, nicht im Fleische … Doch die Füße bleiben noch zu waschen, denn sie sind unrein, und darum darf sie Satan beißen und üben, bis sie rein werden. Denn du mußt das Füßlein mit unter den Mantel ziehen, sonst hastu kein Fried."[26]

Im Himmel und doch noch auf Erden – mit den Füßen! – dramatischer läßt sich christliches Leben kaum vorstellen. Zwar läßt sich in diesem Leben über das Äußere des Glaubens kommunizieren, sein Selbst aber bleibt verborgen im einzelnen. Glaube kommt im Inneren des Menschen zustande – der äußerliche Mensch tritt in die Gleichgültigkeit zurück. Der Leib muß dementsprechend in Grenzen gehalten und gebändigt werden: „Wo der Glaube rechtschaffen ist, da muß er den Leib angreifen und im Zaume halten, daß er nicht tue, was ihn gelüstet … Doch darf man auch den Leib nicht schwächen und verderben."[27] Dem Leib kommt keine konstitutive Bedeutung zu, lediglich eine regulative: Er muß soweit beherrscht werden, daß er dem Glauben nützlich sein kann. Dies kommt besonders deutlich in der Freiheitsschrift zum Ausdruck, wenn es heißt: „Obwohl der Mensch inwendig der Seele nach durch den Glauben genügend gerechtfertigt ist und alles hat, was er haben soll, ohne daß derselbe Glaube und dieses Genügen immer zunehmen müssen bis in jenes Leben, so bleibt er doch noch in diesem leiblichen Leben auf Erden und muß seinen eigenen Leib regieren und mit Menschen umgehen. Da heben nun die guten Werke an, hier darf er nicht müßig

---

25   WA Band 7, Assertio omnium articulorum, S. 98.
26   WA Band 39. I, Dritte Disputation gegen die Antinomer, S. 519.
27   WA Band 12, Epistel St. Petri, S. 282.

gehen…"[28] Die leibliche Wirklichkeit erscheint als das Nachklappende, das notwendige Übel, das es zu bewältigen gilt, weil man nicht anders kann. Wenn auch Ort der Bewährung, so hat sie doch keinen eigenen Wert. Sie wird zum Instrument.[29] Der Befreiungseffekt, der von solchen Bestimmungen ausgeht, ist enorm.

Und so wie zum Leib verhält sich der Glaube generell zur alltäglichen Welt. In ihr vollzieht sich Liebe, aber sie ist nicht der Ort ihrer Konstitution – um Gegenliebe kann es folglich niemals gehen. Die Welt des Alltags ist vielmehr der Ort der Erkenntnis ihres Gegenteils: des Gesetzes, das die Sünde aufdeckt. Es hat mehrere Nutzanwendungen: Es drängt zum einen das Böse zurück und macht bürgerliches Leben möglich – aber es ist darüberhinaus praktische Gerichtserfahrung: „Das Gesetz ist ein Licht, das zeigt dir deine Sünde, den Tod, deine Hölle, den Zorn Gottes, das Gericht bei Gott."[30] Es ist in dieser Hinsicht von Natur aus gegeben – also jedem, auch dem Heiden zugänglich. Im Alltag wirkt es also selbstverständlich als Orientierung –, nur für den Christen hat es dramatische Funktion. Das Begrenzen des Bösen hat für den Christen primär eine negative Funktion: bestenfalls deckt es die Notwendigkeit der Kommunikation des Glaubens auf, ohne aber selbst befreiend sein zu können. Ethische Normen und Werte haben in dieser Sicht weniger eine praktisch regulative als eine erkenntnisleitende Funktion: Sie decken die Wirklichkeit auf, wie sie ist: als im Widerspruch zu Gott stehend. Nicht implizieren sie die Möglichkeit ihrer Erfüllung. Vom Alltag erwartet folglich der Glaubende nichts Positives und wird ihm gerade so gerecht. Unklar ist die Bedeutung der anderen Menschen. Auch sie können ihm nichts Wesentliches geben. Liegt hierin eine Tendenz zum Asozialen? „Aber um wieviel besser ist es, die Welt zu verlieren als Gott, den Schöpfer der Welt, welcher unzählige Welten von neuem schaffen kann und der besser ist als unendliche Welten."[31]

Das notwendige alltägliche Handeln ist dem Anspruch subjektiver Sinngeltung unterlegen. Auch dieses Handeln weiß um Gott – aber indem es ihn nutzt, um zurecht zu kommen, nicht, um sich von ihm benutzen zu lassen. Dieses Handeln geschieht, um glücklich zu sein – während doch in Wahrheit nur der Glückliche angemessen handeln kann. Insofern verleugnet die alltägliche praktische Vernunft Gott dauernd, um „überleben" zu können. „Die Selbsteinschätzung und das Eingeschätztwerden, das Beurteiltwerden von anderen bleibt zwar die Realität

---

[28] WA Band 7, Von der Freiheit eines Christenmenschen, S. 30, sprachlich modernisiert nach Kurt Aland.
[29] Vergl. Charles Taylor, a. a. O., S. 224: „The highest life can no longer be defined by an exalted *kind* of activity; it all turns on the *spirit* in which one lives, even the most mundane existence." S. 232: „We must constantly remember to treat the things of creation merely as instruments and not as ends valuable in themselves. … *Instrumentalizing* things is the spiritually essential step."
[30] WA Band 40.I, Großer Galaterkommentar, S. 480.
[31] WA Band 18, De Servo Arbitrio, S. 627 u. ö.

des alltäglichen Rechtfertigungszusammenhanges: Ich muß mit dem Bild, das ich von mir selber, von meinen Fähigkeiten und Schwächen habe, umgehen; ich muß berücksichtigen, wie andere mich sehen und beurteilen. Das Entscheidende und das Befreiende des Glaubens ist nun aber, daß diese tägliche – bis zum Tod notwendige – Balance zwischen Selbsteinschätzung und Fremdeinschätzung nicht das erste und nicht das letzte ist. Wir sind nicht dazu verdammt, sondern dazu befreit, in dieser Balance zu leben, die durchdrungen und umgriffen ist von Gottes rechtfertigendem Wort."[32]

Deutlich wird, wie fremd dem modernen Selbst- und Kommunikationsverständnis diese Überlegungen sind. Auch die Frage, nach dem Glauben als Kommunikationsmedium, der wir hier folgen, ist in dieser Hinsicht den reformatorischen Entscheidungen nicht angemessen. Luther geht es gar nicht um Kommunikation, sondern darum, daß Gott als allein Handelnder zum Tragen kommt und dementsprechend auch wahrgenommen wird. Gott ist in dieser Sichtweise aber Grund und Mitte von Kommunikation – und in keiner Weise ihr Medium. Luther codiert – modern gesprochen – gerade das, worüber die Moderne schweigt.

Gerade weil das so ist, fragt man sich umso dringender, wie sich diese Bestimmungen denn doch – wenn auch von ihrer Genese her sekundär – im „Kommunikationsmedium Glauben" umgesetzt haben.

7.2 Glaube und praktische Vernunft

Der Frage, wie sich Glaube als Disposition aus der Lebenswelt herausbildet, ist Hans-Georg Soeffner[33] nachgegangen. Er identifiziert in Luthers theologischen Entscheidungen Weichenstellungen für die neuzeitliche Glaubensgestalt. An ihm sei der „Weg von der Kollektivität des Glaubens und der Lebensführung hin zur Vereinzelung in Glaubens- und Lebensführung",[34] deutlich zu erkennen. In der Ausbildung des protestantischen Identitätsmusters „sola fide" siege die selbstreflexive über die praktische Vernunft und würde sie letztlich zerstören.[35] „Dem alltäglichen Leben ‚in der Welt', den dort geforderten Handlungen, Handlungsentscheidungen und Handlungsinteressen kommt kein ‚eigentlicher' Wert zu."[36]

---

[32]   O. Bayer, a. a. O., S. 33.
[33]   Hans-Georg Soeffner: Luther – Die Formierung eines protestantischen Individualitätstypus durch die Reformierung des biblischen Welt- und Menschenbildes. Zuerst in: Loccumer Protokolle, Band: 4 / 1985, Rehburg – Loccum 1986, S. 54 ff. Jetzt in: Hanns-Georg Brose und Bruno Hildebrand (HG): Vom Ende des Individuums zur Individualität ohne Ende. Opladen, 1988, S. 107–147.
[34]   A. a. O., S. 56.
[35]   A. a. O., S. 95.
[36]   A. a. O., S. 96.

Die damit sozial verallgemeinerte und verschärfte reflexive Distanzierung von der „Welt" stellt sich für Soeffner als die „Geschichte des sozialen Darstellungstypus ‚akzentuierte Subjektivität' "[37] dar. Selbstthematisierung wäre heute – im Unterscheid zu vorneuzeitlichen Mustern von Kollektivität – allgemein akzeptiert.[38]

Soeffners These ist, daß auf diese Weise das „äußere Handeln" dem „inneren Handeln" untergeordnet werde. Das „‚praktische Interesse' der praktischen Vernunft wird von der spekulativen Selbsttheoretisierung eingeholt und durchlöchert."[39] Damit ist die Krise praktischer Handlungsfähigkeit impliziert: die Gesinnung dominiere über das Tun, das zweitrangig werde. Das praktische Tun werde aus der Einbindung in letzte Zwecke und Ziele entlassen: Es gewinnt einen Wert in sich für die, die die innere Verankerung in der Gesinnung nicht nachvollziehen können oder wollen. Das „Machen" als solches wird attraktiv – der Sinn dessen, was man tut, wird zweitrangig. Die Faszination des bloßen Funktionierens nimmt zu. Glauben in Gestalt konkreter Anleitung des Tuns wird damit in der Tendenz dysfunktional. Lediglich in allgemeiner Form bleibt er plausibel, hat aber keine handlungssteuernden Wirkungen.

Wie kommt Soeffner zu diesem Ergebnis? Er argumentiert vom Zentrum der Theologie Luthers her: der reformatorischen Entdeckung der Rechtfertigung des Gottlosen sola fide und sola gratia. Der Mensch gewinne Gewißheit nicht durch eigene Anstrengungen zur Ausbildung eines gerechten Habitus, sondern durch das Geschenk der Gnade eines freien und autonomen Gottes, dem sich der Mensch letztlich nur unterwerfen könne. Von vornherein bedeutet dies, daß der Glaubende nicht lebt, um sich zu verwirklichen; sondern, wer glaubt, der ist schon verwirklicht und frei zur Liebe. Geliebt wird folglich nicht das äußerlich Liebenswürdige, sondern das, was Liebe braucht. Damit kommt der Gedanke des Dienstes zum Tragen. Diese Glaubenserkenntnis impliziert allerdings nicht die Sorglosigkeit um das eigene Leben, sondern setzt eine spezifische Arbeitsleistung aus sich heraus: die permanente Selbstbeobachtung, mit dem Ziel jeden Keim einer Selbsterlösung zu zerstören: „An der Erkenntnis der eigenen Sündhaftigkeit durch den Gläubigen erfährt er Gott in Gestalt einer negativen Offenbarung."[40]

Der Kirche wird der Einfluß auf die Lebensgestaltung des einzelnen entzogen; der je einzelne ist unmittelbar zu seinem Gott.[41] „Wo bisher die Kirche ihre Gläubigen beobachtet und beraten hat, muß nun der einzelne sich selbst beobachten

---

[37] A. a. O.
[38] Vgl. die ähnlich gelagerten Schlußfolgerungen von Richard Sennett: Verfall und Ende des öffentlichen Lebens. Die Tyrannei der Intimität. Frankfurt a. M., 1987, S. 418: „Der Narzißmus ist die protestantische Ethik von heute." Handeln verliert im Prinzip jede konstitutive Bedeutung.
[39] H.-G. Soeffner, a. a. O., S. 102.
[40] A. a. O., S. 89.
[41] A. a. O., S. 69 u. ö.

und Rat bei ‚seinem' Gott suchen."[42] Der Mensch wird so vor und in der Gesellschaft vereinzelt.[43] Sein Leben bekommt einen inneren Zusammenhang als Geschichte mit seinem Gott und wird als Biographie erzählbar.[44]

Aus der Unterwerfung unter einen Gott, der sich nur als Ausnahme zu erkennen gibt, sonst aber im Grunde der Deus absconditus bleibt, den es mit Furcht und Schrecken anzubeten gilt, folgt so eine Form der Freiheit des Einzelnen, die aus dem Desinteresse an der Welt der äußeren Gegenstände erwächst.[45] Der Friede des je einzelnen mit seinem Gott ist zentral und steht im Mittelpunkt aller Bemühungen um Gewißheit. Was der Mensch hierzu tun kann, ist nur negativ bestimmbar: in der Negation und Destruktion aller praktischen Vergewisserungen in der Welt. Nach Luther folgt aus diesem so erlangten inneren Frieden der äußere. Aber im Grunde folge daraus zunächst nur die Erfahrung einer Sozialität, die aufgebürdet ist und keinen eigenen Wert mehr besitzen kann. Gedacht war das bei Luther freilich anders, denn in der Rückbindung an Gottes Wort und Gottes Gebot begründet sich in sich selbst die soziale Verantwortung allen Handelns.[46]

An seinem Glauben hat ein jeder genug. Die gemeinsam erlebte und gestaltete Zeit der Gesellschaft wird reduziert bzw. zerstört. Zeit wird zur atomisierten Begegnung mit Gott. Frieden mit sich selbst ist so möglich, ganz gleich, welche Gefahren in der Welt drohen.

---

[42] A. a. O., S. 75.

[43] A. a. O., S. 76 Diese Einschätzung wird – aus der Sicht einer grundsätzlichen Wertschätzung des protestantischen Habitus – von Wolfgang Steck geteilt. Vgl. Ders.: Protestantische Attribute, Individualität – Modernität – Liberalität, Eine Meditation. In: Richard Ziegert (Hrsg.): Protestantismus als Kultur. Bielefeld, 1991, S. 109. „Die spezifische Modernität des Protestantismus postuliert daher nicht, daß das öffentliche Leben mehr und mehr die Signatur privater Frömmigkeit annehmen müsse, daß es also im wirtschaftlichen und politischen Leben persönlicher, sensibler, gemütvoller zugehen oder am Ende gar gemütlich werden solle... An die Stelle dieser unmittelbaren Verknüpfung von Religiösität und gesellschaftlicher Lebenswelt tritt im Protestantismus ein Prinzip, das die Modernität der Lebenseinstellung zum Ausdruck bringt und sie gleichzeitig gewährleistet. Es ist dies die von Max Weber programmatisch herausgestellte protestantische Rationalität." (S. 118) – Es bleibt freilich – auch bei den anderen Beiträgen dieses Bandes – die Frage offen, ob und wie sich diese Prinzipien heute noch verwirklichen lassen. Eine Antwort hierauf müßte angeben, wie sich heute beständige Orientierungen ausbilden lassen.

[44] Der These Soeffners, daß das protestantische Prinzip in der unbedingten Selbstreflexivität des Individuums besteht, stimmt u. a. Hans May zu: „Das Unbedingte und die Subjektivität werden in eine Beziehung gesetzt, die das Individuum zum Träger der Selbsttranszendierung des Lebens macht und es von Autoritäten befreit. Gleichzeitig jedoch wird es ins Offene und die Einsamkeit des Subjekts gestoßen, das dem Unbedingten von nun an allein gegenübersteht." Daraus resultiert dann das „protestantische Problem": nämlich die Rückgewinnung der Sozialität durch dieses Einzelwesen. So Hans May: Protestantisches Prinzip und Protestantisches Problem. Referat vor dem Generalkonvent des Sprengel Göttingen, Loccum, 1992, MS, S. 5.

[45] A. a. O., S. 83.

[46] Das betont auch Hans May, a. a. O., S. 11. Freilich hebt der Begriff der Verantwortung als solcher darauf ab, daß das Soziale aus der Distanz in den Blick kommt; sozusagen „von oben". Sie erwächst in dieser Sicht gerade nicht aus selbstverständlicher sozialer Eingebundenheit, sondern aus einer Position des Gegenübers.

Am deutlichsten wird diese Tendenz in der Umdeutung und Reduzierung der Sakramente. Während in der mittelalterlichen Tradition die Sakramente die Funktion des Schutzes vor einem Gott wahrnehmen, der beständig in das Leben der Menschen eingreifen kann,[47] und die so Gottes Gnade auch „kanalisieren", liefert Luther den einzelnen direkt dem Zugriff Gottes aus: „Die Aufmerksamkeit des einzelnen wird zentriert auf Glauben, Buße und Gnade: auf die Unmittelbarkeit des einzelnen zu Gott."[48] Im Vordergrund steht nicht mehr der institutionelle Vollzug der Buße durch die Kirche, sondern Buße als alltägliche Selbstbeobachtung.

Soeffner bezeichnet diesen Prozeß der Umformung der Gesellschaft und des Glaubens als „Vereinzelung vor der Totalität"[49] – der Totalität der Gesellschaft und Gottes. Der einzelne ist allen ausgeliefert und kann sich nur durch eine Erhöhung der Selbstansprüche retten. Dies impliziert aber eine neue Egozentrik und Asozialität,[50] denn nur durch den konzentrierten Rückzug auf sich selbst ist Unmittelbarkeit zu Gott zu sichern. Soziale Bindungen und praktische Weltgestaltung werden zu Instrumenten der Bezeugung der Ehre Gottes, haben aber keinerlei Eigenwert. Die Gefahr besteht, daß der, der sich dauernd selbst beobachtet, keine wirklichen Werke mehr zustande bringt. Er reflektiert dann nur noch über Begründungen und Motivationen und bewertet Gesinnungen. Die Handlungsrechtfertigung geht dem Handeln voraus und läßt es als überflüssig erscheinen.[51] Wenn dann gar Gott als der transzendente andere ausfällt, kommuniziert das Ich nur noch mit sich selbst.[52]

Damit wird „das soziale Gegenüber, die anderen …" zum „Lieferanten von Selbsterfahrungsmaterial, Dienstleute eines vorwiegend mit sich selbst beschäftigten Souveräns"[53]. Die Suche nach Gewißheiten nimmt kein Ende, und sie wird in der Neuzeit in der selbstreflexiven Selbstthematisierung auf Kosten des praktischen Interesses gelebt: „Das ‚praktische Interesse' der praktischen Vernunft wird von der spekulativen Selbsttheoretisierung eingeholt und durchlöchert." Und schärfer noch: *„das praktische Handlungsinteresse wird dem Primat des ‚unpraktischen' Erkenntnisinteresses unterstellt und dadurch ‚unvollständig'."*[54]

---

[47] H.-G. Soeffner, A. a. O., S. 68.

[48] A. a. O.

[49] A. a. O., S. 72.

[50] A. a. O., S. 83.

[51] A. a. O., S. 102.

[52] Insofern ist die epochale Einschätzung Moltmanns, der Protestantismus sei eine Kirche ohne Gemeinschaft, durchaus zutreffend. So in: Ders.: Theologie heute. In: J. Habermas (Hrsg.): Stichworte zur „geistigen Situation der Zeit". Band 2, Frankfurt, 1979, S. 754, hier S. 765 f.

[53] A. a. O., S. 97/8.

[54] A. a. O., S. 102. Die praktische Vernunft weiß auch in reformatorischer Sicht durchaus um Gott – aber sie greift ihr Wissen daneben. Nicht die passive Rezeptivität von Gottes Allmacht ist ihre Sache, sondern das aktive Gestalten und damit praktisch die Verleugnung von Gottes Alleinwirksamkeit sola gratia. Vgl. hierzu Oswald Bayer: Leibliches Wort. Reformation und Neuzeit im Konflikt. Tübingen, 1992, S. 19 und S. 176 ff.

Glaube wird erst dann als vollkommen anerkannt, wenn er sich selbst reflektiert und ausdrücken kann. Das Individuum begreift sich als glaubendes Subjekt, das in die Geschichte und die Gesellschaft „geworfen" ist und „seinen" Weg gehen muß. War vorreformatorisch Glaube verleiblicht und vergegenständlicht in Orten der Anbetung zu finden, so läßt er sich nun nur als Geschehen begreifen. Zeigte sich Frömmigkeit z. B. in Pilgerzügen zu bestimmten heiligen Orten und an heiligen Zeiten, so wird der Pilgerzug nun zur Metapher: als Weg im Innern eines Menschen, auch wenn er sich äußerlich gar nicht auf den Weg macht. Innere Durchstrukturierung und Umformung ist die Folge. Es entwickelt sich das psychische System im Unterschied zu anderen Lebensbereichen und vor allem zum Alltag. Durch die Strukturierung und Beherrschung der inneren Vorgänge wird es verstetigt.

Soeffner arbeitet die Wirkungsgeschichte des reformatorischen Prinzips heraus. Allerdings muß gesehen werden, daß Luther selbst noch nicht auf das Interesse des einzelnen zurückgeht – eben diese Reduktion macht erst die spätere bürgerliche Auffassung aus. Einen solchen Rückgang wirft Luther gerade dem Mönchtum vor. Weltliche Berufsarbeit sei ihm gegenüber Ausdruck von Nächstenliebe.

Von diesem Ansatz her entwickelt der Protestantismus Strukturierungswillen: Es geht um Gestaltung der Welt, um Ordnungen, die vernünftig sein sollen – nicht nur um den einzelnen. Damit auch um beständiges Verhalten, das sich im Kern als vernünftig – moralisches Verhalten konstituiert, in Distanz zum Ethos der Gesellschaft.[55] Es setzt qua Verantwortung gerade auch soziale und diakonische Aktivitäten in Gang.

Heute allerdings entstehen besondere Probleme hinsichtlich der Begründung diakonischer Arbeit.[56] Es zeigen sich die Spätfolgen der Diastase zwischen Glauben und praktischer Vernunft. Die Theologie tendiert reformatorisch zu Abstraktion und Reduktion auf Begriffsarbeit. In der theologischen Konstruktion der Abfolge Predigt-Glaube-Liebe-Handeln kann soziales Handeln als nachrangiges Geschehen im Prinzip ausfallen. Das gepredigte Wort setze sich selbsttätig in Liebe um. Mehr brauche es nicht. Die Folge ist, daß sich Kirche als Verkündigung ausdifferenziert, aber die Verpflichtung zur Wahrnehmung ethischer Verantwortung aus dem Kern dessen, was Glauben konstituiert, entlassen ist. Zwar ist auch das unspektakuläre alltägliche Handeln unbedingt verpflichtend – aber sekundär. Der Ernst und die Sorgfalt im Alltag kann sich so verselbständigen und zur autonomen Arbeitsethik gerinnen.

---

55 Vgl. zur Frage der moralischen Dispositionen den Beitrag von Amitai Etzioni: Über den Eigennutz hinaus. In: Josef Wieland (Hrsg.): Wirtschaftsethik und Theorie der Gesellschaft. Frankfurt a. M., 1993, S. 114.

56 Vgl. zur Problematik Theodor Strohm: Theologie der Diakonie – Diakonie an der Theologie. In: Ders.: Diakonie und Sozialethik. Heidelberg, 1993, S. 125 ff.

Ähnlich geht es dem Verhältnis von Kirche und Kunst. So zeigt Werner Hofmann, wie es in der Folge der Reformation dazu kommt, daß dem Bild sein Anteil an der Wirklichkeit bestritten wird. Erst das Wort, besser der Begriff, kommuniziere mit dem Ganzen, mit Gott. Der Protestantismus hat dafür gesorgt, daß die Dinge symbol- und sachsinnfrei fubnktional wahrgenommen werden können. Schönheit wird als Zweckmäßigkeit begriffen.[57] Während der Katholizismus mit seinem Bildgebrauch auf Faszination und Gefolgschaft zielen würde, ginge es dem Protestantismus um Überzeugung, Vermittlung. Bilder werden so zur Nutzung frei gegeben. Entscheidend ist die Rationalität des Wortes als Begriff. Hofmann weist darauf hin, daß auch hierin eine praktische Vernunft walte, die sich letztlich in der Kunst in abstrakten Formen und in der Architektur im Funktionalismus verkörpert habe. Freilich habe auch diese Ästhetik ihren ‚disguised symbolism' – die Absage an die bildsymbolische Verkörperung von Wirklichkeit stelle selbst in anderer Form wiederum Symbolik dar, die auch entsprechend wahrgenommen wird.[58] In der Theorie reproduziert sich evangelische Kirche nicht über die Stabilisierung eines Milieus – tatsächlich scheint es aber gar nicht anders zu gehen.

Exkurs: Kommunikation als Inhalt. Die Wahrnehmung zeitgenössischer Kunst in der Kirche. Ein hannoversches Beispiel.

Im Sommer 1993 fand in den hannoverschen Innenstadtkirchen eine neuartige Begegnung von zeitgenössischer Kunst und Kirche statt.[59] Das Konzept wurde in der Folge in weiteren Städten übernommen: Kirchenräume wurden Künstlern zur Gestaltung mit ihren Kunstwerken zur Verfügung gestellt. Nach Aussagen des Initiators, Hanns Werner Dannowski, handelte es sich um das weitestgreifende Projekt zur Gegenwartskunst, das in der Evangelischen Kirche bisher realisiert wurde.

Der Katalog enthält drei programmatische Artikel zum Projekt, die in ihrer Unterschiedlichkeit prägnant sind. Christian Grohn betont die „neue Aufgeschlossenheit", mit der Kirche und Kunst aufeinander zugehen: Sie „entsteht auf der Basis einer liberaleren Grundeinstellung vieler Kirchen und einem veränderten Kunstbegriff, der Kunst, in einem erweiterten Sinne, als kreatives Potential definiert"[60]. Vor diesem Hintergrund stellt er das Projekt unter die Thematik der Grenzüberschreitung: „Grenzüberschreitungen erfordern Öffnung – und die Bereitschaft, Verletzungen in Kauf zu nehmen." Die Chance bestehe darin, Vorurteile abzu-

---

57 Werner Hofmann: Die Grundlagen der modernen Kunst. Stuttgart, 1987, S. 340 ff. und S. 359.
58 Werner Hofmann: Einleitung zum Katalog: Luther und die Folgen für die Kunst. Hamburger Kunsthalle. München, 1983.
59 Katalog: Raum geben – Kunst in Kirchen. Darmstadt, 1993.
60 Christian Grohn: Grenzüberschreitungen. In: Raum geben – Kunst in Kirchen. Darmstadt, 1993, o. S.

bauen. Man spüre, „wie die Offenheit der Auseinandersetzung mit dem Kirchenraum neue Perspektiven aufzeigt, wie die innovative Kraft der freien, künstlerischen Vision neue Denkansätze und Horizonterweiterungen impliziert". Kunst brauche heute nicht mehr Illustration biblischer Botschaft zu sein, sondern sei „als Reflexion und Transformation existenzieller Fragen des Daseins … unmittelbar mit dem Wesen der christlichen Botschaft verknüpft". Das ganze Projekt sei so ein „Plädoyer für eine Gestaltung des Kirchenraumes, bei der Kunst nicht ein dekoratives Anhängsel bleibt".

Hans Werner Dannowski[61] begreift das Projekt als spezifisch modern. Früher hätten Kunst und Kirche selbstverständlich eine Einheit gebildet. Der Kirchenraum hätte als solcher Bedeutung gehabt. In Folge der Reformation, und dann vor allem nach dem Zweiten Weltkrieg, wäre es zu einer bewußten Absehung der künstlerischen Definition dieses Raumes gekommen. Heute jedoch braucht die Kirche die Kunst, „um in dieser Zeit verblaßter Definitionen herauszufinden, was der Glaube und die Kirche ist." Gerade provokative Kunst provoziere Diskurse über das Wesen des Glaubens und des Kirchenraumes, „wie ich sie … in solcher Vehemenz und Tiefe sonst kaum erlebt habe".

Anders ist das Votum des katholischen Propsts von Hannover, Joop Bergsma.[62] Er fragt nach den Möglichkeiten, die sich angesichts der Neudefinitionen des Kirchenraumes (vom Theatersaal zur Aufführung der Messe hin zum Raum der Feier der ganzen Gemeinde) im 2. Vaticanum für die Integration von Kunst bieten. Das Fazit ist, daß die schönen Künste, „insbesondere die religiöse Kunst und ihre höchste Form, die sakrale Kunst" einen legitimen Platz in der Kirche haben. Der Zugang zur Kunst erfolgt hier über dogmatische Deduktionen – ein ganz anderer Ton als bei Grohn und Dannowski.

Abgesehen von dem katholischen Beitrag werden konzeptionell folglich keine Vorgaben für die Künstler zur Nutzung des Kirchenraumes entwickelt. Die (unterstellte?) Voraussetzung ist vielmehr die, daß sich Künste und Kirche gemeinsam als „Sprache des Glaubens" verstehen.[63] Von daher geht es um die Inszenierung von Kommunikation, die dann als gelungen betrachtet werden kann, wenn eine möglichst große Inklusion erreicht wird. Zugespitzt: Kunst und Kirche werden nicht als separate Systeme begriffen, sondern im Grunde als eines, das sich entlang der Codierung existentiell und anspruchsvoll / oberflächlich und banal aufbaut. Damit wird zugleich ein spezifischer Lebensstil eingeworben, der sich entlang eben dieser Distanzlinie aufbaut.[64]

61 Hans Werner Dannowski: Kunst als Neudefinition von Kirchenraum. In: Raum geben – Kunst in Kirchen, Darmstadt, 1993, o. S.
62 Joop Bergsma: Die Gestaltung des Kirchenraumes nach dem II. Vatikanischen Konzil. In: Raum geben – Kunst in Kirchen. Darmstadt, 1993, o. S.
63 Rainer Volp: Raum geben. In: Raum geben – Kunst in Kirchen. Darmstadt, 1993, o. S.
64 Vgl. Abschnitt 1.3.1. dieser Arbeit.

Das Projekt verzichtet bewußt auf eine Botschaft und ermöglicht so großen Spielraum an Deutungsmöglichkeiten. Die Fremdwahrnehmung in den Medien geht deswegen auch vor allem in die Richtung, der Kirche Mut zum Neuen zu bescheinigen.[65] Kirche gewinne durch solch ein Projekt an Attraktivität. Betont wird darüber hinaus der interreligiöse Akzent, den einige der Kunstwerke setzen. Zugleich findet sich auch Irritation: Nicht wenige der Präsentationen erzeugen Verstehensprobleme. Immerhin ein Journalist fragt nach der Plausibilität des Ganzen: Hier würde nur alles z. Z. Modische nun auch in der Kirche versammelt. Etwas wirklich Neues entstünde nicht.[66]

In der Wahrnehmung von fachlich geschulten Beobachtern dominiert das Verhältnis zwischen den Kunstwerken und dem Kirchenraum. Arrangiert wurde in ihrer Sicht eine räumliche Begegnung. Ulrich Wanner beschreibt das Verhältnis als eines von inszenierter Kunst, die um sich selbst kreist und der Ästhetik des Kirchenraums, die über sich selbst hinausweist.[67] Sein Ergebnis ist, daß die Spannung, die eine solche Begegnung erzeugt, im Projekt nicht angemessen bewältigt wird. „Die Mysterien, die der Künstler ersehnt, sollen in den Binnenraum seiner Ideenästhetik führen." Er bringt sich selbst zur Geltung. Die sakrale Umgebung der Kirche überfordere ihn deswegen. Insofern führe das Projekt drastisch die Fremdheit zwischen Kunst und Kirche vor Augen. Mehr sei freilich auch nicht zu erreichen.

Fazit: Der Impuls zu diesem Projekt besteht in der Wahrnehmung ähnlicher Codierungen in den Künsten und in der Kirche. Beide arbeiten mit existenziellen Thematiken. Hierauf setzt das Projekt und organisiert auf dieser Basis Kommunikation. In dieser Hinsicht hat es exemplarische Bedeutung: Viele kirchliche Projekte, die die Brücke zu anderen Lebensbereichen schlagen wollen, verfahren so. Eine nähere Definition der unterschiedlichen Interessen und spezifischen Impulse unterbleibt jedoch. Die jeweils verschiedene Ausfüllung dieser Thematiken bleibt der Raumgestaltung und -erfahrung der Betrachter überlassen. Unterstellt wird eine gemeinsame christliche Codierung. Aber existiert sie wirklich?

I. S. der von Soeffner aufgezeigten Entwicklungslinie begegnen sich hier in Form der Kunst die autonome Selbstreflexion des einzelnen und der traditionelle Kirchenraum. Das Medium dieser Begegnung ist Kommunikation. Aber was ihr Inhalt ist, bleibt notwendig in der Schwebe. Was erzeugt wird, ist eine verfremdete Sicht auf Raum und Kunst im einzelnen Wahrnehmenden, die durchaus „Neues" in Gang setzen kann. Worin es freilich besteht, bleibt in die Subjekti-

---

65 Vgl. die entsprechenden Artikel in: Bild Hannover vom 26.4.93; dto. vom 10.3.93; Neue Presse vom 6.3.93; Neue Presse vom 23.4.93; CZ vom 23.4.93; Neue Presse vom 26.4.93.
66 Jürgen Schmidt-Missner im „Weserkurier" vom 27. Mai 1993.
67 Ulrich Wanner: Beiderseits Befremdung. Erlebniskunst in sechs Kirchen Hanmnovers. In: LM, Jg. 32, Heft 6, S. 16.

vität des Individuums gestellt und vielleicht auch in ihm verschlossen. Damit wird die reformatorische Linie in ihrer Ambivalenz weitergeführt, ja gesteigert. Ob sich Kunst auf diese Weise – wieder – als Sprache des Glaubens konstituiert, bleibt notwendig in der Schwebe.

7.3. Beständigkeit und protestantischer Habitus

Die Distanz zur Welterfahrung ermöglicht Selbstreflexion und ein von daher kontrolliertes Sich-In-Beziehung-Setzen zur Welt. Es ist diese Grundstruktur, die die Ausbildung von Systemen ermöglicht. Sie bezeichnet eine Symbiose von Glauben und Kultur, die sich mit dem Begriff der „Beständigkeit" fassen läßt. Christlicher Glaube läßt sich dort identifizieren, wo er qua Entscheidung oder Haltung als dauerhafte Disposition Gestalt hat. Das Gegenteil hiervon: Ein unstetes, freies Floaten in Sachen des Glaubens und Lebens verträgt sich nur schwer mit modernem christlichen Selbstverständnis. Wer Christ ist, weist Festigkeit im Leben auf; auf ihn ist deswegen Verlaß und er läßt sich nicht zu unberechenbaren Affekten und Taten hinreißen. Sein Tun steht unter der Kontrolle von Maximen, die aus dem christlichen Glauben deduziert werden. Auf diese Weise überwindet er sowohl Abhängigkeiten von „fremden" Mächten als auch von inneren Strebungen. Er erhebt sich über die Welt des Banalen und Trivialen, indem er sich als transzendent gegründet begreift und an Werte bindet. Es ist wahrscheinlich, daß Glaube auf diese Weise zu konstanten Dispositionen führt, die sich empirisch messen lassen.[68] Ein protestantischer Habitus wird erkennbar.

Über ihn ist immer wieder – meist im Hinblick auf seinen Beitrag zur Entstehung spezifisch moderner Habitusformen, aber auch im Unterschied zu katholischen Formen – diskutiert worden. Ernst Troeltsch listet die folgenden für ihn konstitutiven Kennzeichen in der „religiösen Idee Luthers", wie er es nennt, auf:

– Das neue Verständnis der Gnade. Sie sei nicht mehr sakramental einzugießende Wundersubstanz, sondern „eine von Glaube, Überzeugung, Gesinnung, Erkenntnis und Vertrauen anzueignende Gottesgesinnung."[69] Aus ihr erwächst eine dezidierte Glaubens- und Überzeugungsreligion an Stelle der hierarchisch-sakramentalen Auffassung.[70]

---

68 Daß dies auch heute, wenn auch erheblich eingeschränkt, noch zutrifft, belegen die empirischen Studien von Gerhard Schmidtchen: Protestanten und Katholiken. Bern und München, 1973. Freilich differenziert sich das Konfessionelle. Vergl. Karl-Fritz Daiber (Hrsg.): Religion und Konfession. Hannover, 1989.
69 Ernst Troeltsch, a. a. O., S. 437.
70 A. a. O., S. 439.

- Das Dogma wird ungeheuer reduziert. Seine Begründung erfolgt nunmehr durch Bezug auf „die gefühlte, Glaube und Vertrauen weckende Kraft."[71]

- Der religiöse Individualismus gründet in der weder durch Kirche noch durch den Priester vermittelten „Innerlichkeit der Gottesgemeinschaft."[72]

- Das Prinzip der reinen Gesinnungsethik. „Es gibt keine einzelnen guten Werke, sondern nur eine entscheidende Ganzheit der Gesinnung."[73]

- Die neue Berufsethik: „Der religiöse Individualismus der Glaubensreligion, der ... nur die Ganzheit der Überzeugung kennt, überträgt sich auch auf die ethische Gesinnung. Sie ist überall ein Ganzes und darum überall prinzipiell gleich trotz aller Verschiedenheit der Betätigungen." Und der besondere Impetus dieser Berufsvorstellung besteht in der Transzendenz der Welt im Alltag. „Es gilt die Welt zu überwinden, wo man sie findet, mitten in der Welt das Herz von der Welt befreien und sich von ihr unabhängig machen."[74]

Die Diskussion ist dann 1969 von Gerhard Schmidtchen, nun allerdings unter der empirisch gemeinten Fragestellung: „Gibt es eine protestantische Persönlichkeit?" wieder aufgenommen worden. Schmidtchen bejaht dies, vor allem Gegenüber zu den Katholiken. Er kommt zu folgenden Kennzeichen des „protestantischen Syndroms":[75]

- Der Protestant lebt in einem offenen System. Er ist der ewige Wanderer, der nicht, wie der Katholik, in einer umfassenden Seinsordnung lebt, sondern sich immer wieder neu entscheiden muß.

- Strukturierungsdrang: Gegen die drepressive Wirkung, die der offene Raum für den Protestanten hat, hilft Strukturierungsdrang. „Durch Strukturierungstätigkeit wird ... das Ich spürbarer, wenn sonst keine Außenhalte gegeben sind."[76]

- Hingabe an die Zeitströmungen. Schmidtchen erwähnt hier besonders die protestantische Tendenz zur Emanzipation der Frau.

- Verlust der Transzendenz. Durch den Mangel am umgreifenden Transzendenzbezug im Alltag liefert sich der Protestant politischen Heilslehren aus. Er ist der geborene Mitläufer, „wenn er das in avantgardistischer Gebärde tun kann"[77].

---

[71] A. a. O., S. 440.
[72] A. a. O., S. 440.
[73] A. a. O., S. 441.
[74] A. a. O., S. 442.
[75] Gerhard Schmidtchen: Gibt es eine protestantische Persönlichkeit? Zürich, 1969, S. 33 ff.
[76] A. a. O., S. 36.
[77] A. a. O., S. 38.

- Bildungs- und Forschungsdrang. Der Protestantismus neige zur Intellektualisierung des Glaubens, kultiviere das beständige Fragen und Reflektieren und den Blick nach innen.

- Mystische Unstabilität. Das Bedenken von Konsequenzen und äußeren Erfolgskriterien ist protestantisch unterentwickelt. Unter Belastung neigen sie deswegen zu gesinnungsethisch sauberen, aber gefährlichen Lösungen.

- Aktivität und Selbstmord. „In kritischen Lagen wird der Protestant das Opfer einer Persönlichkeitsstruktur, die ihn unter anderen Voraussetzungen zu höchsten Leistungen befähigt." Bleiben die Erfolge aus, neigen Protestanten deutlich häufiger als Katholiken zum Selbstmord.[78] Destruktive Tendenzen sind tief im Kern dieses Sozialcharakters eingebaut.[79]

Dieser Habitus ist folglich in sich selbst durchaus nicht einheitlich konturiert. Deutlich erkennbar ist jedoch, daß er sich von anderen unterscheidet. Zumindest Haltungen der Indifferenz, der Spontaneität, der Aggressivität, des Sich-Gehens-Lassens – auch der Erotik – werden so als christlich unangemessen ausgegrenzt. Das, was in ihnen erfahren wird, muß „gestaltet" zum Ausdruck kommen. Damit liegt auf den Individuen ein starker Druck zur inneren Durchformung und der Ausbildung eines Habitus. Die angestebte Beständigkeit muß in sich immer noch wieder gesteigert werden.

Heute scheint es allerdings so zu sein, daß auf diese Weise wichtige Bereiche sozialer Erfahrung und Identitätsbildung aus der Kommunikation des Glaubens eliminiert worden sind. Es fällt schwer bei jenen Menschen, die „nur mal in die Kirche reinschauen", Glauben zu identifizieren. So ist es auch common sense in der Volkskirche, daß sich die bisher bloß „zugeschriebene" Kirchenmitgliedschaft immer mehr in eine bewußt erworbene umgestalten muß.[80] Wenn man auch nicht auf Bekehrung und persönliche Entscheidung drängt, so doch darauf, daß Sprachfähigkeit im Glauben erworben wird.

7.4. Puritanisches Gewissen

Eine beständige Disposition – näherhin verwirklicht z. B. durch gesteigerte Individualität oder die Zugehörigkeit zu einer kleinen Gruppe und die Abgrenzung von „weltlichen" Freuden – erlaubt im Alltag deutliche Erkennbarkeit des Glau-

---

78 A. a. O., S. 41 f.
79 Thomas Nipperdey: Luther und die Bildung der Deutschen. In: Hartmut Löwe / Claus Jürgen Roepke (Hrsg): Luther und die Folgen. München, 1983, S. 13, hier S. 22 ff. stimmt Schmidtchen zu.
80 So gefordert z. B. im EKD – Papier: Glauben heute. Christ werden. Christ bleiben. Synode der Evangelischen Kirche in Deutschland. Gütersloh, 1988.

bens. Allerdings erzeugt sie auch spezifische Spannungen, da sich der Glauben auf diese Weise vor – im Angesicht – der Gesellschaft profiliert. So erhebt der Glaubende von sich aus den Anspruch, das Sozialgefüge zu durchformen und spezifische Sozialgestalten zu bilden.

Besonders deutlich wird diese Tendenz in christlichen Gemeinschaftsbildungen. Ein Beispiel ist das „puritanische Gewissen". Edmund Leites[81] hat diese Form im England des 17. und 18. Jahrhunderts untersucht. Die puritanische Kultur der damaligen Zeit habe versucht, Beständigkeit zu kultivieren und sich damit vom „schwankenden Temperament" des Mittelalters bewußt abgesetzt.

Die puritanische Kultur weise fünf distinktive Merkmale auf:

– Stetigkeit des Empfindens versus Kultur des schwankenden Temperaments.

– Zurücknahme der Selbstbezogenheit, stetige Wohlgelauntheit.

– Schaffung eines privaten Bereiches zum Rückzug in Zeiten der Unpäßlichkeit – nicht als Freiraum zum Sich-Ausleben.

– Emotionale und moralische Beständigkeit im Alltagsleben durch seine Unterwerfung unter das Gewissen.

– Integration von Sinnlichkeit und Sexualität in Form der Ehe auf Dauer.

Dieses Konzept stellte auch damals eine massive Forderung dar, die u. a. durch die Herrschaft des Mannes über die Frau und die Zuweisung einer lascheren Moral an den Mann – im Gegensatz zum Mittelalter, als die Frau als die Sünderin galt – erleichtert wurde. Die aggressiven Momente hinter der kultivierten Geselligkeit werden durch Herrschaft gebändigt, aber so auch latent gesteigert.

Allerdings artikulierte sich der puritanische Lebensstil nicht nur gegen das Mittelalter, sondern auch gegen damals sehr aktuelle Tendenzen der Geselligkeit. Bekannt ist die Fehde der Puritaner gegen bestimmte öffentliche Lustbarkeiten, wie z. B. die Theater in London. Leites weist nach, daß es mit diesen Ausein-

---

[81] Edmund Leites: Puritanisches Gewissen und moderne Sexualität. Frankfurt a. M., 1988. Manfred Josuttis zitiert Peter Burke, der die Ausbildung des Puritanismus als Teil einer Reform der Volkskultur zwischen 1500 und 1650 begreift. In dieser Zeit finden sich quer durch Europa puristische Maßnahmen gegen Formen der populären Frömmigkeit. Zwei Lebenshaltungen kollidieren: die Ethik der Wohlanständigkeit, des Fleißes, der Selbstkontrolle gegen Großzügigkeit, Spontaneität, Triebhaftigkeit. Die kirchliche Abwehr gilt vor allem der exzessiven Darstellung von Triebhaftigkeit im geistlichen Spiel. Gottesdienst wird zunehmend so begriffen, daß sein Spezifikum gerade in der Überwindung und Abwehr solchen Verhaltens liegt. Josuttis folgert: „Das alles könnte auf ein elementares Defizit des christlichen Gottesdienstes aufmerksam machen. Sexualität und Aggressivität können in diesem Kult, anders als in den Riten anderer Religionsgemeinschaften, nicht mehr sozial gestaltet und symbolisch integriert werden." Ders.: Der Weg ins Leben. Eine Einführung in den Gottesdienst auf verhaltenswissenschaftlicher Grundlage. München, 1991, S. 157, unter Verweis auf Peter Burke: Helden, Schurken und Narren. Europäische Volkskultur in der frühen Neuzeit. Stuttgart, 1981.

andersetzungen gegen einen Lebensstil ging, der nicht beständig sein wollte, sondern sich immer wieder Festlegungen entzog und gerade so seine Freiheit und Autonomie zu bewahren suchte – etwas, was die Puritaner durch die Kultur der Beständigkeit ebenfalls zu erreichen suchten. Wichtig war dabei eine damalige Form des „Sprücheklopfens". So zitiert Leites eine Stelle aus einem Theaterstück, die sich offensichtlich über katholische Großzügigkeit lustig macht: „Ach, sagt er, wir müssen alle sündigen und alle bereuen, und damit ist es erledigt."[82] Das Wortgeplänkel, die Abwechslung, das Andeutende, das Neue fließen zusammen zu einem Verhaltensstil, der als Esprit (wit) bezeichnet wird. Und dieser Stil wirkte ausgesprochen sexy.[83] Erotische Anspielungen waren sehr beliebt. Das Wortspiel plänkelte hin und her.

„Solche Anspielungen auf Einzelheiten des erotischen Spiels steigerten nur die Erregung, die bereits erzeugt worden war durch den Esprit, der Dinge beschwören konnte, ohne unflätig zu sein. Die Puritaner verwandelten die Energien der Aggression in Beständigkeit und dämpften die Erregung. Der Esprit stützt sich dagegen auf die Erregung von Feindseligkeit. Was den Esprit erregend macht, ist die Aggression, die sich in ihm ausdrückt und mit List und Klugheit ausagiert wird, denn eine elegant vorgetragene Aggression wird zu einer ästhetischen Leistung; sie ist nicht länger abstoßend. Die am meisten bewunderte Form des Esprit war die Schlagfertigkeit, die scharfsinnige, witzige Entgegnung."[84]

Auf diese Weise erhält sich die Spannung und Anziehung untereinander gerade durch die dauernde Form des Sich- Entziehens. Freiheit und Autonomie wird zum Spiel, das mit Lust gespielt wird. Im puritanischen Modell hingegen wird Freiheit und Autonomie durch die dauerhafte Distanz zu der mit anderen geteilten, gemeinsamen Welt gesichert. Die Einheit der Haltung dominiert das Feld – ein spielerisches Sich-Entziehen, Ironie, Ambivalenz wirkt störend.[85] Bereits hier tritt Ironie als Konkurrent von Religion auf.[86]

7.5. Rehabilitation des Fragmentarischen

Das, was damals als gekonnter Verhaltensstil der Oberschicht den Puritanern Konkurrenz machte, ist heute Volkskultur. Das Sich-Entziehen in der Situation, das Beharren auf dem Unfertigen, das „Sprücheklopfen" ist weiterhin eine sehr

---

[82] A. a. O., S. 136.

[83] A. a. O., S. 137.

[84] A. a. O., S. 137/8.

[85] Unter modernen Bedingungen und unter der Voraussetzung zunehmender Marginalisierung von Kirche können sich derartige Haltungen in einer engen Kopplung von Kirchenbindung und Konservativismus i. S. eines sich verselbständigenden Ordnungsinteresses niederschlagen. Vgl. Karl-Fritz Daiber: Religion und Konfesion. Hannover, 1989, S. 9, der das Syndrom konstatiert.

[86] Vgl. Abschnitt 5.6. dieser Arbeit.

beliebte Kommunikationsform. Es scheint sich dabei um Dauerkonkurrenz für protestantische Identitätsfiguren zu handeln.

So stellt u. a. Rolf Hanusch zur Identität von Jugendlichen fest: „Ganz offensichtlich ist der Drang festzustellen, den Ausdruck der eigenen Identität sehr häufig zu wechseln, mehrfach am Tage anders zu sein. Die entsprechende Bekleidungs- und Accessoireindustrie hat längst diesen Drang aufgenommen und pflegt ihn auf ihre Weise. Die Jugendlichen antworten darauf, indem sie viel Kraft für das eigene Styling verwenden und auch ihre ganze Kraft an Kreativität hineinstecken. Dabei ist ihnen eine gesamtgesellschaftliche Perspektive von Protest und Widerstand eher fremd. Die Bewahrung der eigenen Identität scheint sich vielmehr in der Auflösung dieser Identität in viele Bruchstücke zu zeigen. Anpassung und Selbstbehauptung sind in diesen Bruchstücken nebeneinander da."[87] Es ist schwierig, solche Verhaltensmuster als christliche wahrzunehmen. Sie sind eher das, was vor dem Hintergrund der beschriebenen Entwicklungen ausgegrenzt, bestenfalls bearbeitet wird.

Eine solche Bearbeitung versucht Henning Luther. Für ihn beruht das puritanisch-protestantische Ideal der Beständigkeit auf Herrschaft. In der Linie der Kritischen Theorie sucht er aber nach einer Verfassung von Subjektivität, die nicht auf Zwang beruht, sondern auf der „Idee einer Gemeinschaft, in der Autonomie und Integration / Abhängigkeit bruchlos zusammengedacht werden können"[88]. Im Zerfall des Ideals protestantischer Beständigkeit sieht er Chancen, dieser Utopie näher zu kommen: „Gegen ein Identitätskonzept, das Identität als herstellbare und erreichbare versteht und das für Identität Kriterien wie Einheitlichkeit, Ganzheit und dauerhafte Kontinuität konstitutiv macht, wären darum vielmehr die Momente des Nicht-ganz-Seins, des Unvollständig-Bleibens, des Abgebrochenen – kurz: Momente des Fragments zur Geltung zu bringen."[89]

Luther besteht so auf der prinzipiellen Unabschließbarkeit von Bildungsprozessen und sucht nach einer Rehabilitierung des Fragmentarischen. Fertige Identität sei nur um einen dreifachen Preis zu haben: um den Verzicht auf Trauer, d. h., der Verleugnung nichtrealisierter Wünsche; den Verzicht auf Hoffnung und den auf Liebe. Gerade diese Verzichtsleistungen würden den bürgerlichen Sozialcharakter ausmachen.[90] Identität hat in dieser Hinsicht nur kritische Funktion: Es kann immer nur gesagt werden, was sie nicht ist, aber nicht positiv, worin sie besteht.[91]

---

[87] Rolf Hanusch: Fragmentierte Identität. Welchen Sinn hat es noch von der Identitätsbildung Jugendlicher zu reden? In: Das Argument. 168. S. 178 ff.

[88] Henning Luther: Umstrittene Identität. In Ders.: Religion und Alltag. Stuttgart, 1992, S. 150, hier S. 152.

[89] A. a. O., S. 159.

[90] A. a. O., S. 170.

[91] A. a. O., S. 177. Zu sehen ist, daß im Hintergrund der Überlegungen Luthers eine grundsätzliche Kritik handlungsbezogener Konstruktionen von Subjektivität steht. Sie ginge nicht in Hand

Indem Luther christlich hoch bewertete Kategorien wie Trauer, Hoffnung und Liebe bemüht, will er den herkömmlichen protestantischen Habitus dekodieren. Seine Synthese mit Glauben sei gerade unchristlich; er würde einseitig lediglich das Dauerhafte stilisieren, dies aber nur um den Preis des Zwangs. Rückfragen kann man allerdings, wie sich denn überhaupt eine Gestalt des Glaubens anders identifizieren läßt, denn als eine dauerhafte.[92]

7.6. Beständigkeit und Formen der Familie

Die Artikulation des Glaubens als beständige Disposition ist eng mit der Herausbildung von modernen Ehe- und Familienformen verbunden. Ein Beleg hierfür ist die Studie von Hartmann Tyrell über das Verhältnis von Familie und Religion in der Entwicklung der Moderne. Zentral ist seine These, daß es erst in Folge der Reformation und dann im Puritanismus teilweise zu einer *„temporären strukturellen Fusion von Religion und Familie"*[93] gekommen sei. Das Christentum des Mittelalters wäre demgegenüber von einer ausgeprägten Nichtidentität von Religion und Familie geprägt. Spezifisch christlich sei gerade die Ablösung des Glaubens von familiarer Codierung gewesen: die tradierte Kopplung religiöser Praxis an Haus, Verwandschaft und Ahnen wäre aufgehoben.

Familie und Ehe werden erst infolge der Reformation mit religiösen Funktionen aufgeladen.[94] Die Eltern erfuhren eine deutliche Aufwertung. Die Folge war die Intensivierung und Pädagogisierung des Familienlebens. Es sei wesentlich der Protestantismus, „der die Familie auf den Weg der Intimisierung, des dichteren

---

lungsfähigkeit auf, wie es in der Sicht Luthers in vielen Konzeptionen von Praktischer Theologie als Handlungswissenschaft der Fall sei. Subjektivität entstünde wesentlich aus Erleben und Erleiden. Darauf weist Karl-Fritz Daiber: Henning Luthers Verständnis der Praktischen Theologie als Wissenschaft. In: PTh, Jg. 81, 1992, S. 348, hin.

[92] Unabhängig von Gefahren oder Chancen beschreibt Gerhard Schulze den Abschied vom Typus der Beständigkeit als Weg zur Erlebnisorientierung: Ders.: Die Erlebnisgesellschaft. Kultursoziologie der Gegenwart. Frankfurt a. M. / New York, 1993, z. B. S. 14: „Erlebnisorientierung ist die unmittelbarste Form der Suche nach Glück. Als Handlungstypus entgegengesetzt ist das Handlungsmuster der aufgeschobenen Befriedigung, kennzeichnend etwa für das Sparen, das langfristige Liebeswerben, den zähen politischen Kampf ... Bei Handlungen dieses Typs wird die Glücksoffnung in eine ferne Zukunft projiziert, beim erlebnisorientierten Handeln richtet sich der Anspruch ohne Zeitverzögerung auf die aktuelle Handlungssituation. Man investiert Geld, Zeit, Aktivität und erwartet fast im selben Moment den Gegenwert."

[93] Hartmann Tyrell: Familie und Religion im Prozeß der gesellschaftlichen Differenzierung. In: Volker Eid / Laszlo Vaskovics (Hrsg): Wandel der Familie. Mainz, 1982, S. 19, hier S. 34. Vgl. auch Hans Martin Gutmann: Über Liebe und Herrschaft. Luthers Verständnis von Intimität und Autorität. Göttinger Theologische Arbeiten. Band 47. Göttingen, 1991.

[94] Vgl. zur Bestätigung dieser These Inge Mager: Die Rolle der Frauen in der Reformation. In: Karl Georg Kaster und Gerd Steinwascher (HG): 450 Jahre Reformation in Osnabrück. Bramsche 1993, S. 143. Luther wende sich gegen die Verächtlichmachung der Ehe im Mittelalter und werte sie auf. Dies geschieht jedoch auch dadurch, daß die Frau wieder stärker in sie eingebunden werde. In der Frühzeit der Reformation hätte es noch Freiräume gegeben, dann immer weniger.

subjektiven Zusammenrückens und der Pädagogisierung gebracht hat". Sie wurde interaktiv verdichtet und von den alteuropäischen offenen und lockeren Formen abgesetzt.[95] Auf diese Weise verselbständige sie sich und werde zum System.

Vor allem im Puritanismus begreife sich Familie primär in religiösen Kategorien und organisiere sich auf religiöse Zielsetzungen hin: Das Zusammenleben wird systematisiert und methodisiert. Es ist gerade die Ablehnung des sakramentalen Verständnisses der Ehe, die eine „nie gekannte Konzentration der Familienmitglieder auf das mit Gebeten, Psalmgesang und geistlichen Lesungen allenthalben durchsetzte häusliche Leben"[96]. Auf diese Weise binden sich die Menschen ans Haus und untereinander. Unter dem Druck der räumlichen Nähe werden Beziehungen verinnerlicht und subjektiviert: Eine nur äußerliche Einhaltung der Regeln reicht nicht, nötig ist die Internalisierung der religiös-sittlichen Zucht. Selbstkontrolle und Selbstdisziplin führen zu starker Sensibilisierung für „Fremdseelisches": „Es geht um die Absicherung der innerweltlichen Askese in der ‚inneren Gesinnung' und im positiv willentlichen Eingestelltsein des einzelnen Familienmitglieds auf diese."[97]

Allerdings verläuft diese Entwicklung nicht ohne Paradoxien: zwar gibt es hohe Sensibilität aber zugleich strikte Distanz. Vertraulichkeit im heutigen Sinne wird eher vermieden. Stattdessen kommt es zur Pädagogisierung[98] der Familie: Kinder werden nun bewußt erzogen – und zwar in extrem repressiven Formen.[99] „In einem bis dahin ganz unbekannten Maße fiel hier die ganze Last explizit erlebter ‚voller Verantwortung' für die künftige sittliche Verfassung der eigenen Kinder auf die Eltern."[100]

In der Folgezeit verselbständigt sich die Familie immer mehr, bis sie als bürgerliche Familie eine sich selbst tragende Organisation wird, die von sich aus nicht mehr auf religiöse Legitimation angewiesen ist.[101] Die puritanische Distanz voreinander, die sich aus der transzendentalen Bezogenheit ergab, wird gebrochen

---

[95] H. Tyrell, a. a. O., S. 35.
[96] A. a. O., S. 40.
[97] A. a. O., S. 41.
[98] Vgl. Harald Homann: Religion in der „bürgerlichen Kultur". Das Problem des Kulturprotestantismus. In: Richard Ziegert (HG): Protestantismus als Kultur. Bielefeld, 1991, S. 67. Da der Protestantismus „von Beginn an die Innerlichkeit des christlichen Glaubens, die Differenz von sichtbarer und unsichtbarer und zudem die Nicht-Zuständigkeit der Kirche – wohlgemerkt nicht des Gläubigen – für den weltlichen Bereich betont, ist er primär auf eine andere Form der Tradierung der Religion (als des Katholizismus, der sich über die Ausbildung eines Milieus reproduziert, G.W.) angewiesen, die man als pädagogisch-kulturelle bezeichnen könnte. Die Schärfung des Gewissens des einzelnen und die Ablehnung der fides implicita, d. h. die Verpflichtung des Individuums, seine Glaubensangelegenheiten selbst zu regeln, führen zu einer starken Betonung der Pädagogik der Religion. Diese ist die Anstrengung, dem einzelnen die Möglichkeit zu eröffnen, sich die Religion und den Glauben selbst anzueignen." (S. 71).
[99] H. Tyrell, a. a. O., S. 43.
[100] A. a. O., S. 44.
[101] A. a. O., S. 49.

und Familie zum Ort der Gemütlichkeit und der Selbstverwirklichung. Zwar ist es weiterhin Aufgabe der Eltern, Kinder zu erziehen; dies aber als Vertraute und nicht mehr aus der Distanz.[102] Familie wird zur Gesinnungsgemeinschaft. Auch so bewahrt sie freilich das Interesse an Beständigkeit.

Deutlich wird, daß Familie protestantisch als Ort der Herausbildung von beständigen Dispositionen begriffen wird. Insofern hat Glaube gerade hier den Ort seiner Vergewisserung. Hartmann Tyrell zitiert Ernst Troeltsch: die Familie sei im Luthertum „der Kern und das Vorspiel der Kirche, insofern die religiöse Hausgemeinschaft der eigentliche Zusammenhalt der Familie ist, und in der Hausandacht und in der Katechismusunterweisung durch den Hausvater das kirchliche Leben zunächst gepflanzt wird."[103] Bei so enger Identifikation wird es schwierig, Glauben auch in anderen Formen wieder zu erkennen – so fällt z. B. die Unterschicht mit ihren ganz anderen Familienformen religiös aus.[104] Im Abheben auf Beobachtung, Kontrolle und Gesinnung wird Religion abstrakt: sie lebt aus der Distanz, bietet Deutungsmodelle – entfernt sich jedoch immer weiter von der vorhandenen, geteilten Lebenswelt.[105]

Der gemeinsamen Lebenswelt bleibt freilich auch der protestantische Bürger durch seinen Leib verbunden. Und letztlich hat das auch Luther gewußt: denn das Wort, um das es ihm geht, und dem er glaubt, ist mehr als Reflexion und Diskurs: es ist eine Praxis, die ‚von selbst‘, d. h. durch die Formung des Körpers zum Habitus, wirkt.

Exkurs: Zur sozialen Verortung des reformatorischen Glaubensmusters

Praktisch hat sich die protestantische Umformung religiöser Identität in der Ausbildung und Intensivierung von Bildung und Erziehung niedergeschlagen. Wenngleich Bildung immer nur negativ hätte begriffen werden können – als Entschleierung der Welt von allen Heilsansprüchen –, so wird sie doch zum Mittel eines anerkannten Lebensstils, der später im Bildungsbürger preußischer Provenienz seinen Höhepunkt findet. Im Interesse an Bildung und Erziehung verbin-

---

[102] A. a. O., S. 59.
[103] A. a. O., S. 38.
[104] Erfunden wird eine umfassende Sozialfürsorge, die ebensosehr Hilfe als auch Kontrolle war. Wesentliches Motiv war das Heraushalten der Bettler aus der Stadt. An eine Stärkung spezifischer Elemente von Unterschichtsreligiösität ist in den Hauptströmungen der Reformation nicht gedacht. Vgl. zu einer besonderen, aber typischen Situation: Ernst Schubert: Van den gemeenen Kasten vor de Armen. Die Antwort der Osnabrücker Kirchenordnung auf das Armutsproblem des 16. Jahrhunderts. In: Karl Georg Kaster und Gerd Steinwascher (Hrsg.): 450 Jahre Reformation in Osnabrück. Bramsche, 1993, S. 447.
[105] Wie sehr sich christlicher Glaube auch heute an spezifischen, beständigen Familienformen festmacht, belegt für die USA die Studie von Robert N. Bellah/Richard Madsen/William M. Sullivan/Ann Swidler/Steven M. Tipton: Gewohnheiten des Herzens. Individualismus und Gemeinsinn in der amerikanischen Gesellschaft. Köln, 1987, vor allem S. 123 ff. u. ö.

det sich protestantisches Ethos mit dem staatlichen Interesse an sozialer Gestaltung. Am deutlichsten war die Symbiose in der Schulaufsicht der Pastoren.

Aber viele Momente des neuen Glaubens blieben auch – bis heute – sperrig. Darauf weist z. B. Christofer Frey hin: Luthers Arbeits- und Berufsethik läßt sich nicht darauf reduzieren, daß einfach und einlinig die alltägliche Arbeit gleichgültig ihres Inhalts aufgewertet werde. „Der dreieinige Gott begründet, erhält und erneuert jene Vernunft, die im alltäglichen Werk Gestalt gewinnt." Diese Auffassung sei bis heute nicht abgegolten.[106]

Der neue Stil ließ sich jedoch nur begrenzt umsetzen. Nur bestimmte Aspekte des protestantischen Ethos wurden in die Volkskultur integriert; andere – und zwar gerade das selbstreflexive Moment – blieben begrenzt auf mittlere und gehobene soziale Schichten. Am deutlichsten zeigt sich das vielleicht im Interesse an der eigenen Biographie – nach Soeffner eine Gestalt des Glaubens, die direkt mit den reformatorischen Entscheidungen zusammenhängt. Eine Biographie zu verfassen ist etwas, was über Hunderte von Jahren unteren sozialen Schichten nicht erreichbar war. Dies nicht deswegen, weil sie kein Interesse am eigenen Leben gehabt hätten, sondern weil sie ihr Leben nicht in diesem Sinne als etwas Zusammenhängendes begreifen konnten.

Man kann davon sprechen, daß der neue Glaube in seinen reinsten Formen einen spezifischen sozialen Ort markiert – nicht jedoch eine umfassende Durchformung der Volksidentität mit sich brachte. Eben dies wird dann als Erziehungsaufgabe der Pastoren begriffen. Die Konflikte, die sich hierbei auftaten, belegen, wie sehr die selbstreflexive Ausdeutung des Glaubens in Distanz zur notwendigen praktischen Lebensbewältigung stand. Christoph Rublack hat solche Konflikte anhand von Selbstzeugnissen lutherischer Landpfarrer im 16. Jahrhundert dokumentiert.[107] Dabei artikuliert sich der Konflikt zwischen theoretischer und praktischer Vernunft als der zwischen der Not der täglichen Arbeit und z. B. dem Bücherlesen des Pastoren. Die Sozialdisziplinierung der Bauern fand so eine Grenze an den Selbstverständlichkeiten und Notwendigkeiten der bäuerlichen Lebensweise.

In ähnlicher Weise verortet auch Max Weber in seinen Studien zur Ethik des Protestantismus und der Entstehung des Kapitalismus die neue Persönlichkeitsdisposition mit ihrem Interesse an Selbstkontrolle und Affektregulierung in den mittleren Schichten der neu entstehenden bürgerlichen Gesellschaft.[108] Hier ist

---

[106] Christofer Frey: Die Reformation Luthers in ihrer Bedeutung für die moderne Arbeits- und Berufswelt. In: H. Löwe/ C.L. Roepke (Hrsg): a. a. O., S. 110, hier S. 120.

[107] Christoph Rublack: … hat die Nonne den Pfarrer geküßt? Aus dem Alltag der Reformationszeit, Gütersloh 1991.

[108] So Max Weber: Die protestantische Ethik und der Geist des Kapitalismus. In: Ders.: Die protestantische Ethik I. Herausgegeben von Johannes Winckelmann. Gütersloh, [5]1979. S. 27, hier S. 55: Die aufstrebenden Schichten des gewerblichen Mittelstandes waren Träger des „Geistes des Kapitalismus".

es nicht das Bildungs- sondern das Besitzbürgertum, das das protestantische Ethos – hier calvinistischer Couleur – umsetzt. Das selbstbezogene Moment des neuen Glaubens gewinnt Gestalt in der Unterwerfung der Welt unter ein ökonomisches Kosten-Nutzen-Denken, das alle dinglichen und praktischen Vollzüge und Gegenstände auf ihre geldliche Wertigkeit reduziert. Damit einhergeht eine mentale Revolution: das Eigeninteresse wird legitimiert und damit die traditionale Gesellschaftsordnung, in der eben dies moralisch suspekt war, aus den Angeln gehoben. Auf diese Weise kommt es zur Konstruktion einer motivationalen Handlungsstruktur: Es kann nun unterstellt werden, daß Handeln in der Regel auf Motive reduzierbar ist. Aus dieser Reduktion können sich soziale Systeme bilden.

Die praktische Entschleierung der Welt ist hier nicht durch die Distanz des mit sich selbst beschäftigten Subjekts allein bedingt, sondern durch die tätige Unterwerfung der Welt unter die Gesetze der ökonomischen Akkumulation. Letztlich ist es die Abstraktheit des Geldes, in der die Abstraktheit Gottes praktische Gestalt gewinnt.

Eine besondere Gestalt des Glaubens ist so nach Weber eine ‚Wahlverwandschaft‘ mit Formen der Lebensführung eingegangen. Sie wird zur vorherrschenden Glaubensform einer Gesellschaft – aber sie ist weit davon entfernt, alle Glieder der Gesellschaft zu erfassen.[109] Andere Lebensformen werden vom Standpunkt des protestantischen Ethos bewertet und d. h. faktisch abgewertet. Dieser Vorgang funktioniert jedoch nicht so sehr intentional bewußt, sondern geschieht in der Haltung, die der Gläubige an den Tag legt.[110]

7.7. Glaube und Körper

Wie sehr diese protestantische Konstellation auch die Erfahrungswirklichkeit im 20. Jahrhundert bestimmte, läßt sich exemplarisch mit Hilfe einer Analyse der Gefängnistagebücher Dietrich Bonhoeffers belegen. Bonhoeffer – Prototyp eines glaubwürdigen Christen im 20. Jahrhundert – war im Tegeler Gefängnis mit „pro-

---

[109] Weber behauptet nicht, daß Luther dieses neue Arbeitsverständnis heraufgeführt hätte. Vielmehr findet es sich eher am Rande der reformatorischen Hauptströme in puritanischen Sekten beheimatet. Chr. Frey ordnet Luther der Weberschen These umsichtig zu: „Luthers Reformation öffnet die Tür zur Neuzeit um einen Spalt. Aber sie weiß nicht, was durch sie gehen wird. Sie reagiert auf soziale Mißstände, wenn sie Beruf und Arbeit preist, aber sie weiß nichts von systematischer Rationalität. Sie trägt irgendwie vorläufig zu einer Entwicklung bei, die sie gar nicht will." (a. a. O., S. 114).

[110] In neueren Studien zur Entwicklung der Sekten und des Puritanismus in den USA wird die Webersche These vielfach relativiert. Vieles, was sich an religiösen Bildungen im 19. Jahrhundert entwickelt hat, hat mit den Motivgrundlagen rationaler Weltbeherrschung wenig zu tun. Vgl. z. B. Jon Butler: Awash in a sea of faith, Christianizing the american people, Harward, 1990.

letarischen" Mitgefangenen konfrontiert. Seine Erlebnisse mit ihnen schlagen sich in vielfältiger Weise in seinen Aufzeichnungen nieder – und zwar zunächst inhaltlich-explizit, aber mehr noch in seinem unmittelbaren – körpernahen – Sprachgebrauch.

Gottfried Beesk – heutiger Gefängnispfarrer in Tegel – hat diesen Sprachgebrauch untersucht und kommt zu einer aufschlußreichen Gegenüberstellung von zwei Typen des Lebens, in denen sich sowohl die Begegnung eines protestantischen Bildungsbürgers mit einer so ganz anderen Lebenswelt als auch die Sedimente einer jahrhundertelangen Tradition erkennen lassen.[111] Thema dieser Gegenüberstellung ist die Beschreibung und Bewertung von Gefühlen durch Bonhoeffer.[112]

Gefühle

sind …	brauchen …
a.) **übersteigert**	a.) **Abstand**
„Übersteigerung des Gefühlsmäßigen" (88)	„Nüchternheit und Humor"
Offenheit: „naiv, entwaffnend" aber auch: „schamlos, zynisch, gottlos" (164)	Scham
„unsachliche und zufällige" Entscheidungen (228)	Bildung, Sachlichkeit, „lernen"
b.) **momenthaft**	b.) **Dauer**
alles ist „kurzfristig, kurzatmig" (228, 187)	Güter und Leistungen brauchen „Zeit und Beständigkeit". (228)
kurzer „Spannungsbogen" (187)	„über lange Zeit hinaus ausdehnen"
Worte und Eindrücke verfallen von einem Augenblick auf den anderen der „Vergeßlichkeit"	„moralisches Gedächtnis" – scheußliches Wort!

---

[111] Gottfried Beesk: Theologische Existenz am Ort der Gefangenschaft. Was bedeuten die Erfahrungen Dietrich Bonhoeffers (und anderer inhaftierter Christen) für mich und meine Arbeit als Gefängniseelsorger Berlin, MS, 1988.

[112] A. a. O., S. 48/9.

c.) oberflächlich	c.) Tiefe
„nichts haftet, nichts sitzt fest" (228)	„Bindungen, Liebe, Ehe, Freundschaft, Treue"
„Unordnung" (188), „chaotischer Eindruck" (164)	Ordnung (46,88,141,188) Zucht (401,403,416) Konzentration (188)

d.) gespalten	d.) Einheit in Vielfalt
nur Bruchstücke: wenn Flieger – „nur Angst"; wenn Essen: „nur Gier"; wenn Fehlschlag: nur verzweifelt; wenn's gelingt: „nichts anderes sehen" (242)	„Fülle des Lebens" „Ganzheit einer eigenen Existenz" (340) ; alles Fragmentarische weist auf „höhere Vollendung", aus Bruchstücken wird ein „Ganzes".
„einliniges Denken" (340), polyphon	mehrdimensional, vieles „gleichzeitig" in sich beherbergen (331– 334)
„unverbunden", „aufspalten und …"	„der gemeinsame Nenner in der persönlichen einheitlichen Lebenshaltung"

Auswege

flüchten	standhalten
„Ersatz" durch „kurzfristige und leichter zu befriedigende Freuden" (187)	aushalten von: Wünschen (262 f., 342) Sehnsucht (296, 188 f.) Trennung (198 f.) Spannungen (187 f., 296) Schmerzen (47, 188, 260, 326, 333 f.)
self – pity (188)	„sich für die Nöte anderer Menschen offenhalten" (188)
	„fähig zur Nächstenliebe" (262) „Ruhe um uns verbreiten"

Man spürt, wie Bonhoeffer die Erfahrungen mit seinen proletarischen Mitgefangenen buchstäblich „auf den Körper geschlagen" sind. Die Distanz zu ihnen war für ihn körperlich spürbar und die Adjektive, die er zur Beschreibung der Andersartigkeit verwendet, sind direkt auf die Formung des Körpers bezogen – jedenfalls bei den ‚anderen'. Bonhoeffers Selbstbeschreibung zielt eher auf den Geist. Zwar sind Bonhoeffers Kategorien aus distanzierter Beobachtung gewonnen, aber sie entspringen – und das belegt gerade ihre Selbstverständlichkeit – einer körperlich-verinnerlichten Herangehensweise.

Es ist gerade die Situation der Isolierung in der Gefängniszelle, die die selbstreflexiv-asketischen Qualitäten der protestantischen Identitätsform besonders deutlich hervortreten läßt. Für den Christen und den Gebildeten gibt es eine einheitliche Lebenshaltung, die das Aushalten von Ambivalenzen und insofern die Offenheit für andere ermöglicht. Für die „anderen" jedoch verflüchtige sich das Leben ins Fragmentarische, Beliebige und Unstete.

Es ist der gebildete, bürgerliche Habitus der von Bonhoeffer selbstverständlich als christlicher identifiziert wird. Sein Kennzeichen ist Beständigkeit im Unterschied zur Flüchtigkeit und Spontaneität der Mitgefangenen. Deutlich wird die enorme Leistungsfähigkeit des protestantischen Ethos in solch einer Extremsituation. Und es ist Bonhoeffers Stärke, daß er in aller Not die Kraft zur Beobachtung der Differenz zu den anderen aufbringt. Die Frage allerdings, mit welchem Recht er hier derart deutliche Identifikationen vollzieht, wird damit jedoch nur umso dringlicher, denn es geht ja nicht nur um positive Identifizierung, sondern auch um deutliche Abwertungen.

Bonhoeffers Habitus stellt eine Gestalt des Glaubens dar. Sein Glaube besteht nicht nur in seinen Überzeugungen. Für die Mitgefangenen wird christlicher Glaube auf diese Weise erfahrbar: nicht in diskursiver Kommunizierbarkeit, sondern in der Wahrnehmung der Gestalt Bonhoeffers.

7.8. Distanz und Deutung

Das Beispiel Bonhoeffer belegt: Zentrales und bestimmendes Element des protestantischen Habitus ist seine Distanz, die er zur „Welt" einnimmt. Um Handlungssicherheit und Identität in der Bedrohung durchhalten zu können, erlebt sich der Christ als den unmittelbaren Zwängen des Alltags und der Sozialität entnommen. Er erfährt, daß auf diese Weise die menschliche Existenz „zu seinen Gunsten" „unterbrochen" wird (so die oft wiederholte Formel von E. Jüngel) und daß er sich „ aus dieser Distanz heraus … – nun in der richtigen Perspektive! – erneut seiner Lebenswirklichkeit zuwenden"[113] kann.

Wie diese „Unterbrechung", die die Distanz ermöglichen soll, im einzelnen vorzustellen ist, wird unterschiedlich gefaßt. In den letzten Jahren ist in dieser Hin-

---

[113] Albrecht Grözinger: Praktische Theologie und Ästhetik. München, 1987, S. 128.

sicht immer wieder ästhetisch argumentiert worden. So entdeckt z. B. Albrecht Grözinger eine strukturelle Entsprechung von ästhetischer Praxis und Christus-offenbarung.[114] In der Kunst werde etwas erfahren, was sonst im Alltag keine Gestalt hat. Die bewußt gestaltete Form ermögliche die Gegenwart des Schönen in einer nicht schönen Welt, ohne darin aufzugehen. „Das ‚Schöne' ist Ausdruck einer Hoffnung und sinnlich – konkrete Negation des Nicht-Schönen. Ästhetische Praxis bewahrt die Erinnerung an und die Hoffnung auf eine schöne Welt, indem sie eine solche schöne Welt in der Dimension des Fiktiv-Poetischen als ein Abwe-sendes anwesend sein läßt."[115] In dieser Form des Abwesend-Anwesend – Seins wird im Vorgriff etwas vom „guten Leben" ausgerichtet, und zwar indem das bedrohende Fremde als Möglichkeit des eigenen Lebens erkannt wird.

„Ästhetische Praxis weiß sich auf das andere und Fremde verwiesen … Dieses Wissen verleiht ihr den Charakter des Humanen, der sich erweist in einem Sich-Einlassen-Können auf ein fremdes, anderes Gegenüber, ohne dieses sogleich dem Eigenen gleichmachen zu wollen oder zu müssen."[116] Sie lebt so im Horizont des „Human-Geselligen" – womit freilich Grözinger das Gesellige auch in bestimm-ter Weise konzipiert. Glaube kann so Gestalt in ästhetischer Praxis gewinnen – zumindest vollzieht sich seine Gestaltwerdung analog zu ihr. Er hat eine anwe-sende Form, die zugleich immer das abwesende Andere dasein läßt. Gestalten des Glaubens artikulieren diese Dialektik. Unglaube ließe folglich entweder das abwesende Gute schon da sein – und damit die Unterbrechung negieren – oder das Gute prinzipiell abwesend sein. Wiederum wird deutlich: Worum es geht, wenn vom Glauben geredet wird, ist ein Habitus, der Ambivalenzen aushält und dabei zugleich offen ist.

In der Form der ästhetisch inszenierten Distanz wird Glauben letztlich wieder an die Lebenswelt zurückgebunden. Aber der Weg führt über die Unterbrechung des gelebten Lebens – dem Sich-Begeben an einen dritten Ort. Das gelebte Leben muß folglich in irgendeiner Weise als defizitär erlebt worden sein, bzw. es wird durch die Erfahrung der Unterbrechung in ein solches Licht gestellt. Die Kon-struktion des Defizits schafft den Bedarf nach Erlösung.

Es liegt nahe, daß sich eine ästhetische Deutung der Glaubenserfahrung auf die Gleichnisse Jesu beziehen kann. Sie als Kunstwerke zu begreifen, hat Tradition. Eben dies versucht Wolfgang Harnisch[117] in einer faszinierenden Darstellung. Er begreift sie als metaphorische Kunstwerke, die poetischen Charakter besitzen und die als solche in ihrem Geschehen, d. h. als Sprechakte, das Reich Gottes als Abwesendes evozieren; es als Fremdes und Zukünftiges anwesend sein lassen.

---

[114] A. a. O., S. 151.
[115] A. a. O., S. 212.
[116] A. a. O., S. 213.
[117] Wolfgang Harnisch: Die Gleichniserzählungen Jesu. Göttingen, 1985.

In Jesu Parabeln wird das Geläufige in einer eigenwilligen und problematischen Verschränkung mit dem ganz und gar nicht Geläufigen vor Augen geführt.[118] Durch die Eigenart dieser Verknüpfung „entpuppt sich das Alltägliche als Gefüge einer Werk-Welt, in der sich der Mensch aus dem versteht, was er aus sich macht: Er begreift sich als Produkt seiner Tat. Das Alltagsbekannte, auf das Jesu Parabel anspielt, ist durch den Tun-Ergehen-Zusammenhang bestimmt. Im Horizont einer so definierten Wirklichkeit erscheinen Sorge und Angst, Zeitnot und Freiheitsverlust zwangsläufig als Charaktere des Wirklichen."[119]

Vom Gleichnis her erscheint der Alltag als defizitär. Es geht aber um das Aufzeigen der Epiphanie des guten Lebens: der ungeahnten Macht der Liebe „deren Eigenart u. a. darin zutage tritt, daß sie unbegrenzte Freiheit und maßlose Hoffnung einzuräumen vermag"[120]. Die Distanz, die durch das metaphorische Übersteigen und Verfremden des Alltäglichen erzeugt wird, weist in die Wahrheit hinein: „Der metaphorische Widerspruch des Unverträglichen drängt zu einer ihn aufhebenden neuen Einsicht, die nur dadurch entbunden wird, daß sich der Rezipient vom Gefälle der szenischen Bewegung einnehmen und über das wirklich Vorstellbare hinaustragen läßt. Dann gewahrt er in der Liebe die Konkretion einer Macht des Möglichen, die alles Wirkliche zu verwandeln vermag, und er weiß sich zu einem Glauben angestiftet, der Gott in dieser Macht am Werk sieht."[121]

Harnisch beschreibt so eine Erfahrung des Glaubens, die vom Alltag distanziert und wieder in ihn einweist. Der Gläubige lebt folglich an einen dritten Ort, ohne doch aus der Welt zu fallen. Auf diese Weise reformuliert er reformatorische Theologie. Dennoch stellte sich die Frage, an welchem lebensweltlichen Ort solch eine Haltung plausibel ist. Sie ist prägnant als ein Schauen der Welt – im Gegensatz zur Gestaltung der Welt – zu begreifen. Bedeutet dies aber nicht notwendig, daß die Gestalt solchen Glaubens eine theoretische Haltung sein wird? Theoretische Haltungen nehmen solch einen dritten Ort ein.[122] Sie distanzieren von der Werke-Welt und weisen – nach einem Zuwachs an Einsicht – wieder in sie ein. Je nachdem, welche Bedeutung theoretische Haltungen im Leben haben können, kann auch solch eine Glaubensgestalt Bedeutung haben.

Harnischs ästhetische Deutung der Gleichnisse gewinnt in der hier interessierenden Perspektive – und nur in dieser Hinsicht! – besondere Prägnanz, wenn

---

[118] A. a. O., S. 66.
[119] A. a. O., S. 307.
[120] A. a. O.
[121] A. a. O., S. 308.
[122] Vgl. zur Strukturanalogie z. B. Alfred Schütz / Thomas Luckmann: Strukturen der Lebenswelt. Band 2. Frankfurt a. M., 1984, S. 176 „Theoretische Einstellung": „In der theoretischen Einstellung wird dem Alltagsbereich der Wirklichkeitsakzent sozusagen hypothetisch – aber hypothetisch ganz – entzogen, und die in ihm herrschenden Relevanzen werden rückhaltlos, obwohl nur auf Zeit, in Frage gestellt." Der Alltag wird sozusagen eingeklammert.

man sie von Deutungen der älteren Gleichnisforschung, vor allem von Joachim Jeremias,[123] absetzt. Jeremias bestimmt das Verhältnis der Gleichnisse zum Alltag der Menschen anders: Sie distanzieren nicht den Hörer von ihm, sondern weisen ihn in ihn ein. So benutze Jesus Gleichnisse als Argumente in der Auseinandersetzung mit seinen Gegnern: „Jesu Gleichnisse sind nicht – jedenfalls nicht primär – Kunstwerke, sie wollen auch nicht allgemeine Grundsätze einprägen, sondern jedes von ihnen ist in einer konkreten Situation des Lebens Jesu gesprochen, in einer einmaligen, oft unvorhergesehenen Lage. Weithin, ja überwiegend handelt es sich dabei … um Kampfsituationen, um Rechtfertigung, Verteidigung, Angriff, ja Herausforderung. Die Gleichnisse sind nicht ausschließlich, aber zum großen Teil Streitwaffe. Jedes von ihnen fordert eine Antwort auf der Stelle."[124]

Mit dieser Deutung wird der sich in den Gleichnissen zeigende und gestaltete Glaube in ein enges Verhältnis zur praktischen Vernunft gerückt. Glaube gewinnt Gestalt als schlagendes Argument in der Auseinandersetzung. Es geht also gerade nicht um das Sich-Distanzieren in eine dritte – privilegierte – Position, sondern um ein Intervenieren in die Lebenswelt und damit um praktische Gestaltung des Lebens. Dementsprechend ist auch das Zeitverständnis ein anderes: Jeremias' Jesus hat keine Zeit; er wird bedrängt und muß sich Zeit verschaffen. Die Freiheit entsteht situativ. Sie ist unmittelbar vorhanden und entsteht durch den Ruf in die Nachfolge: „Alle Gleichnisse Jesu zwingen den Hörer, zu seiner Person und seiner Sendung Stellung zu nehmen."[125] Sie zwingen folglich zur Entscheidung. Das Medium ist das Wort und nicht das Kunstwerk – aber das Wort als Akt.

Mit dieser Gegenüberstellung zweier Gleichnisdeutungen ist nichts über deren Wertigkeit als solcher gesagt. Vieles spricht dafür, daß Harnischs Auffassung weit näher am ursprünglichen Sinn dieser Sprachgebilde liegt, als die von Jeremias. Der Blick richtete sich lediglich auf den ihnen impliziten Habitus.

7.9 Fazit: Kommunikation des Glaubens als Kommunikation von Deutungen.

Die Frage war, wie sich in der protestantischen Tradition Glaube zur wahrnehmbaren und kommunizierbaren Gestalt „umsetzt". Er ist reformatorisch medial an das „Wort" gekoppelt und so prinzipiell jede Gestalt transzendierend, weil alle Symbolisierungen begrifflich immer schon einholend. Gottes Wort läßt sich klar und eindeutig sagen und hören – das ist die These, die sich jedoch nur unter spezi-

---

[123] Joachim Jeremias: Die Gleichnisse Jesu. Göttingen, ³1969.
[124] A. a. O., S. 14.
[125] A. a. O., S. 152.

fischen habituellen Bedingungen realisieren läßt. Der „disguised symbolism" der Reformation, der für die Frage der Wahrnehmbarkeit der Botschaft entscheidend ist, schlägt sich in einer beständigen Haltung nieder, die auch körperlich wahrnehmbar ist.

Christlicher Glaube in protestantischer Sicht wird entsprechend codiert. Er kann immer dann identifiziert werden, wenn ein Individuum oder eine Gruppe in der Situation ‚Haltung' zeigt und damit sowohl vorhandene Handlungszwänge transzendiert als auch bestätigt. Glaube schafft Beständigkeit und nur darauf läßt sich ein Diskurs aufbauen. Auf diese Weise funktioniert Glaube medial, d. h. er sichert die Verbindung von Innen- und Außenwahrnehmung.

Damit wird deutlich, daß Haltungen des Deutens und Schauens vor dem lebensweltlich praktischen Handeln prämiiert werden. Glaube als solcher wird unpraktisch. Er setzt zwar Projekte der praktischen Vernunft aus sich heraus, bleibt aber deutlich von ihnen unterschieden.[126] Die Felder seiner Bewährung verselbständigen sich. Die Folgen dieser Entwicklung sind heute in der Ausdifferenzierung der modernen gesellschaftlichen Subsysteme zu spüren: Theologisch begriffener Glaube selbst ist mittlerweile so stark abstrahiert, daß er als Medium der Kommunikation zwischen ihnen ausfällt.[127]

Es ist sehr die Frage, ob sich hieran etwas dadurch ändern läßt, daß ausgerechnet die Deutungskompetenz der Theologie wieder neu in Geltung gebracht werden soll.[128] Übersehen wird bei dieser Forderung meist, daß die Voraussetzung dafür, daß Theologen Lebenswelten deuten dürfen, ein Einverständnis derjenigen sein muß, die diese Welten leben. Und dieses kommt nur dann zustande, wenn die Theologie Anteil an der Lebenswelt hat und mit ihr immer schon kommuniziert. Ihr Deutegeschäft hat nur dann regen Zulauf, wenn es sich lohnt, die angebotenen Produkte zu kaufen. Darüber entscheiden aber die Käufer.

---

[126] Diese Differenzierung stellt ein Kennzeichen der bürgerlichen Kultur dar. Insofern diese Kultur des einzelnen, der Verantwortung übernimmt und in der Gestaltung realisiert, zuende geht, muß mit Eilert Herms: Im Übergang zur nach-modernen Welt. In: LM, 1985, S. 76, gesagt werden: „Die moderne Gesellschaft und ihre Dynamik bringt also das Christentum insofern in Schwierigkeiten, als seine Werte und Sozialisationsformen mit denen der bürgerlichen Kultur verbunden sind." (S. 80) Insofern bürgerliche Kultur randständig wird, wird es auch die überkommene Codierung des Glaubens.

[127] Vgl. die treffende Beobachtung von Wolfgang Nethöfel: Theologische Hermeneutik. Neukirchen-Vluyn, 1992, S. 275: „Unter der gänzlich unrealistischen Erwartung, ‚draußen' medial rezipiert zu werden, erhöhen theologische Papiere oft sinnlos den Komplexitätsgrad theologischer und kirchlicher Selbstorientierung und werden dabei immer zahl- und umfangreicher. Interessanterweise werden aber ausgerechnet die theologischen Begründungen kirchenpolitischer oder kirchlich-ethischer Entscheidungen, die ‚drinnen' am meisten Ärger produzieren, in den Medien so gut wie gar nicht rezipiert."

[128] Vgl. z. B. Wilhelm Gräb: Thema Religion. Notizen zur Lage und Zukunft der Kirche. MS, 1994, S. 9: „Denkbar wäre aber auch, daß sich die Kirche dergestalt als Ort religiöser Deutungskultur auf dem religiösen Markt behauptet, daß sie den religiösen Individualismus und Pluralismus nicht nur in sich aufnimmt, sondern in Akten kritischer Distanzierung über sich selbst zu verständigen und tiefer zu legen versucht."

Der Anschluß des reformatorischen Glaubenscodes an lebensweltliche Erfordernissse ist schwierig. Für sich genommen tendiert theologisch begriffener Glaube in der Perspektive der Reformation zur Selbstbezüglichkeit, d. h., Elemente der Fremdwahrnehmung kommen entweder gar nicht oder nur negativ in den Blick. Auf der anderen Seite findet sich eine starke Sensibilität für fremde Lebensweisen – wie z. B. Bonhoeffers Typisierungen belegen. Der Theologe wird zum Beobachter – und wird natürlich auch wieder beobachtet. Die Frage ist aber, ob nicht der Blick von vornherein derartig codiert ist, daß Fremdes nur abwertend wahrgenommen werden kann. Das Identitätsmodell ist streng konturiert – ein „Sich-Gehen-Lassen" würde als Umwelt des protestantischen Habitus wahrgenommen werden, von dem er sich gerade unterscheidet. Inklusiv codiert ließen sich solche Haltungen lediglich als Sünde; bestenfalls als zu überwindende Vorstufen der Glaubensbildung begreifen.[129]

Deutlich wird, daß Glaube als Medium – wie alle Medien – binär codiert ist. Er läßt sich mittels einer deutlichen Unterscheidung wahrnehmen: Beständigkeit / Unbeständigkeit bzw. Deutung und Distanz / Eingreifen und Identifikation. Mit dieser Codierung ist er anschluß- und damit kommunikativ leistungsfähig. Das ist zunächst sozusagen zur „positiven" Seite hin festzuhalten. Es läßt sich ein komplexes Gebäude von Referenzen auf dieser Grundlage errichten, die in sich immer wieder diese basale Codierung artikulieren. Und die Gestalt dieses Glaubens ergibt in der Fremdwahrnehmung eine deutliche Kontur. Sie ist vor allem individuell bezogen und wehrt deswegen Gemeinschaft als wahrnehmbares Zeichen des Glaubens ab. Kirche reproduziert sich nicht über die Ausbildung eines identifizierbaren Milieus. Das macht sie prinzipiell schwer wahrnehmbar.

Auf der anderen Seite fallen nicht unerhebliche Bereiche lebensweltlicher Formen und Stile aus der Glaubenskommunikation heraus. Darauf deuten die Suchbewegungen hin, die in Richtung einer christlichen Codierung von Unbeständigkeit, Fragmentarität und strukturellen Offenheit zielen. Der Bezug zur körperlich-praktischen Vernunft wird hier anders hergestellt, als in den traditionellen Konzepten.

Die Defizite einer Glaubenscodierung als deutender Haltung lassen sich nur dann bearbeiten, wenn konsequent daran festgehalten wird, daß vor jeder deutenden Aktivität das Sich-in-Deutung-Befindlich-Sein zum Tragen kommt. Dieses ist ein körperliches Bestimmtsein, mit dem es im Kern keinen „Umgang-mit" geben kann, sondern nur ein „Leben-in". Eine Besinnung auf diese Bestimmtheit würde unsere *spezifische* Freiheit zum Deuten der Lebenswelt begründen.

---

[129] Vgl. hierzu Hans May, a. a. O. in der eine Verhältnisbestimmung von Protestantismus und Kultur vor allem im Hinblick auf intellektuelle Praxis vorgenommen wird.

8. Theologische Wahrnehmung von Kirche. Zum ekklesiologischen Diskurs

Im achten Kapitel soll es um die Analyse der Eigenwahrnehmung von Kirche gehen. Material hierfür läßt sich in verschiedenen Feldern kirchlicher Praxis finden. So könnte man an Äußerungen von Pastoren, kirchenleitenden Gremien, Darstellungen in Gemeindebriefen u. ä. denken. Da Kirche ihre Eigenwahrnehmung jedoch wissenschaftlich als Theologie organisiert, soll i. F. auf entsprechende Konzepte zurückgegriffen werden. Gerade ihr wissenschaftlicher Charakter läßt erwarten, daß sie sich besonders den systemischen Fragen der Ausbildung kirchlicher Wahrnehmungsmuster widmen.

Folglich sollen die den Konzepten zugrundeliegenden Konstruktionen des Verhältnisses von Eigen- und Fremdwahrnehmung der Kirche analysiert werden. Theologische Konzepte beschreiben kirchliches Handeln nicht nur, sondern wollen es in der Regel auch normieren. Sie entwickeln im Anschluß an spezifische Traditionen Konstruktionen von Kirche, in denen sie den Auftrag der Kirche akzentuieren. *Wie* sie dies tun, das soll hier untersucht werden.

8.1. Methodische Überlegungen zur Analyse von eklesiologischen Konzepten

Die Analyse könnte auf verschiedene Weise begonnen werden. Die Frage soll i. F. lauten, wie theologische Konzepte in ihrer jeweiligen Selbstwahrnehmung von Kirche Fremdwahrnehmungen *mitwahrnehmen*. Es geht also nicht um die Konfrontation der Konzepte mit ihnen fremdem Material, sondern um das, worum es ihnen selber geht: um ihre jeweils besondere „Konstruktion" von Kirche. Eine Antwort läßt sich z. B. dadurch finden, daß nach spezifischen *Erwartungen* gefragt wird, die in den Konzepten entwickelt werden. Sie können sich zu *Ansprüchen* gegenüber Kirchenmitgliedern und Außenstehenden verdichten. Erwartungen und Ansprüche richten sich aus dem System heraus nach ‚außen', sind aber in ihm plausibel. Es sind – bildlich gesprochen – die ‚Sinne des Systems'. Es gehört zu den Grundfunktionen jedes lebendigen Systems, daß es sich bemüht, zu beobachten, wie andere Systeme ihre Wahrnehmungen organisieren. In solchen Konstruktionen finden sich Ansätze zur Bildung von Kommunikationsmedien. Sie sind die Schaltstelle zwischen Selbst- und Fremdwahrnehmung.[1]

---

[1] Vgl. Niklas Luhmann: Soziale Systeme. Frankfurt, 1984, S. 362/363.

Theologische Theorie soll auf diese Weise als systemischer Entwurf behandelt werden. D. h., es wird so getan, als handelte es sich nicht nur um Entwürfe, sondern um lebendige Systeme, die sich – wie alle Systeme – aus der Differenz System/Umwelt definieren. Systeme beobachten sich permanent selbst und beobachten in eben diesem Akt ihre Umwelt. Die Differenz System/Umwelt ist im System (und nicht nur an seinen Rändern) verfügbar und wird durch interne Prozesse reguliert. Es bleibt aber ein geschlossenes System, das durch Selbstreferenz seine Autonomie sichert. Gegenüber der Umwelt verhält es sich indifferent. „Das System gewinnt seine Freiheit und seine Autonomie der Selbstregulierung durch Indifferenz seiner Umwelt.“[2] Nur so wird die Ausdifferenzierung eines Systems möglich.

Dies erreicht ein System durch die komplementäre Steigerung zweier Prozesse:

– der Steigerung der Sensibilität für Bestimmtes, intern Anschließbares;

– der Steigerung der Insensibilität für anderes.[3]

Damit ist gesagt, daß sich das Verhältnis von Eigen- und Fremdwahrnehmung in jedem Akt des Systems rekonstruiert: „Jede Kommunikation im sozialen System, und nicht etwa nur eine grenzüberschreitende Kommunikation nach außen, nimmt die Differenz zur Umwelt in Anspruch und trägt dadurch zur Bestimmung bzw. zur Veränderung der Systemgrenze bei.“[4] Die Umwelt wird nach systeminternen Differenzierungen differenziert. Dabei ist wichtig, „wie stark die Differenzierungstrategie auf Eigenarten des Systems bezug nimmt (etwa: artgleich/artungleich) oder wie weit sie von den Eigenarten des Systems abstrahieren kann“[5]. Hiervon hängt ab, ob sie primär ihre eigene Realitätskonzeption multiplizieren will oder Fremdkommunikation möglich ist. Autonomie ist nur durch konkrete Negation zu gewinnen, d. h. es muß deutlich sein, was *anders* ist *und* was *gleich* ist.[6]

Die zentrale Frage an jedes Konzept bezieht sich auf die Konstruktion von Medien: Was wird aus der Umwelt aufgenommen? Was wird abgewiesen? Wie funktionieren diese Prozesse? Wie wird infolgedessen theologische Realität produziert und prozessiert? Wie strukturieren die Konzepte wissenschaftliche Diskurse so, daß eine aus ihrer Sicht angemessene Kommunikation mit der Umwelt möglich ist? Das sind Fragen, die i. F. beispielhaft beantwortet werden sollen.

Jedes System hat seine eigene Umwelt – so auch jedes theologische Konzept. Aber: nimmt es diese relative Besonderheit wahr, d. h. beobachtet sich Theologie

---

2   A. a. O., S. 250.
3   A. a. O., S. 250.
4   A. a. O., S. 266.
5   A. a. O., S. 257.
6   A. a. O., S. 275.

beim Theologie-Treiben? Gibt es in der Theologie eine zweite Ebene der Beobachtung des eigenen Beobachtens? Das wäre die Ebene dieser Analyse.

8.1.1. Die Verflüchtigung von Kirche als Organisation.
Am Beispiel Jürgen Moltmanns.

Worum es geht, läßt sich in besonderer Deutlichkeit an den ekklesiologischen Überlegungen Jürgen Moltmanns darstellen. Sie stellen eine vieldiskutierte Position dar, in der sich die Problematik protestantischer Ekklesiologie besonders anschaulich verdichtet.

Moltmann redet von der Kirche im Indikativ. Dies ist insofern verblüffend, als er mit dieser Redeweise nicht auf eine Beschreibung der real existierenden Kirche abzielt, sondern sie damit von ihrer Zukunft her, „wie sie durch die Geschichte Christi eröffnet ist"[7], zu begreifen sucht. Die Ebene der empirischen Erfahrung ist so schon im Ansatz überschritten. Dabei ist auch ihm klar, daß „Kirche" immer schon erfahren wird, bevor jemand theologisch von ihr spricht. Ihre Erfahrbarkeit besteht jedoch nicht in ihrem offensichtlichen, empirischen, Dasein, sondern: „Sie ist mit ihrem Kult und ihrer Gesinnung die irdische Gestalt seiner weltüberwindenden Herrschaft und Instrument seiner Befreiung der Welt."[8] Moltmann bezieht sich so von vornherein auf Intentionen und nicht auf Faktisches. So behauptet er z. B., daß das Bekenntnis zu Jesus dem Herrn „nicht Herrschaft durch Dienen meint, sondern Dienen zur Freiheit"[9]. Die Bestimmtheit dieser Aussage gewinnt Moltmann lediglich vom Bezug auf die Intention – nicht aus einer Analyse der Faktizität. Die Evidenz von Kirche besteht im Bekenntnis der Gläubigen. Nur so ist sie Kirche. Jeder Satz über die Kirche sei ein Satz über Christus. Aber klar ist: „Die soziale Realisierung dieser Gedanken ist immer wieder ein Problem und eine Chance."[10] Denn: „*Intentional* ist das Bewußtsein des Glaubens auf den Gegenstand des Glaubens gerichtet, *funktional* aber ist dieses Bewußtsein durch die Situation bedingt."[11] Eine eigene Bedeutung kommt der Situation in der Untersuchung Moltmanns jedoch nicht zu.

Damit stellt sich die Frage, welche Gestalt eine solche Glaubensaussage hat. Sie wird folgendermaßen beantwortet: „Durch die Christusgemeinschaft wird das ganze Volk zum Subjekt der Freiheitsgeschichte, die durch die Gottesgeschichte geprägt ist … Es kann darum keine stumme und passive Masse sein. Jeder einzelne und sie alle zusammen leben aus dem Geist, in dem sie ihre Identität erfahren,

---

[7]   Jürgen Moltmann: Kirche in der Kraft des Geistes. Ein Beitrag zur messianischen Ekklesiologie. München, 1975, S. 317.
[8]   A. a. O., S. 321.
[9]   A. a. O., S. 122.
[10] A. a. O., S. 125.
[11] A. a. O., S. 83.

und finden in der Geschichte des Reiches Gottes ihren Ort und ihren Auftrag. Der ‚Dienst des Reiches Gottes' stellt sie alle ‚gleichberechtigt' nebeneinander und richtet sie solidarisch auf die gemeinsame Sache aus."[12] Die empirische Gestalt von Kirche wird folglich aus dem Indikativ der Glaubensaussage „abgeleitet": Es handelt sich um ein identisches Subjekt, das aktiv, gleichgerichtet und solidarisch eine gemeinsame Sache vertritt. Die Gemeinde besteht „als ‚Kreuzgemeinde' aus ‚Reichsgenossen' – und nicht aus Kirchenmitgliedern – und verbreitet als Exodusgemeinde – und nicht als Religionsanstalt – das ‚Fest ohne Ende' "[13].

Zum Problem wird in einer derartigen Konzeption die Frage der Leitung. Sie kann nicht in das Belieben des einzelnen gestellt sein – dann bestünde die Gefahr der Desintegration und des Auseinanderfallens aufgrund der empirisch vielfältig vorhandenen Interessen. Leitung kann sich auch nicht aus dem Belieben der Gemeinde und auch nicht aus ihr heraus vollziehen: Vielmehr dient sie allein dem Reich Gottes.[14] Moltmann bringt diesen Gedanken in einem Bild (oder ist es mehr als ein Bild?) zum Ausdruck. Gemeinde versammelt sich. „Dann treten einer oder mehrere vor die Gemeinde … Sie kommen *aus der Gemeinde*, treten aber *vor die Gemeinde* und handeln im *Namen Christi*."[15] „Der von der Gemeinde beauftragte Prediger ist aber nicht der Sprecher der Gemeinde" und kein Diener vorhandener Interessen.[16] Es wird folglich ein möglicher Unterschied zwischen den Interessen der Gemeinde und der Leiter unterstellt.

Die Subjekthaftigkeit der Gemeinde wird auf der Ebene der Leitung des ganzen also dadurch gesichert, daß auf eine transzendierende Größe als Legitimationsgrund abgehoben wird. Das Subjekt konstituiert sich transzendental: Im Namen Christi und nicht durch sich selbst. Tatsächlich wird ein deutliches Herrschaftsgefälle geschaffen, denn wer vor der Gemeinde steht, aber nicht von ihren Interessen abhängig ist, kann eigentlich nur über sie herrschen.

Voraussetzung für eine derartige Form der Leitung ist etwas Banales: die tatsächliche Anwesenheit der Mitglieder. „Ohne Versammlung keine Gemeinschaft, ohne Gemeinschaft keine Freiheit, ohne Freiheit keine Handlungsfähigkeit."[17] Moltmann meint, damit eine „Kausalkette" beschrieben zu haben, die „einfach genug" zu begreifen sei. Sie ist dies aber nur unter der Voraussetzung des beschriebenen Herrschaftsmodells. Nur qua Herrschaft läßt sich Handlungsfähigkeit so begreifen. Inhaltlich impliziert sie massiven sozialen Druck. Unter anderen Bedingungen kann sie geradezu Freiheitseinschränkung sein.

---

12 A. a. O., S. 328.
13 A. a. O., S. 93, ähnlich S. 103.
14 A. a. O., S. 329.
15 A. a. O., S. 330.
16 A. a. O., S. 331.
17 A. a. O., S. 360.

Die große Masse der Kirchenmitglieder sei demgegenüber passiv und letharg. Dazu tragen auch die hauptamtlichen Mitarbeiter bei, denn sie entlasten die Menschen von ihrer eigenen Verantwortung.[18] Dagegen gilt: „Die Einheit der Kirche wird zuerst in der versammelten Gemeinde erfahren."[19]

Die Gemeinschaft konstituiert sich im Abendmahl: „Wenn die Gemeinde sich am Tisch versammelt, ihren eigenen Auftrag versteht und besondere Aufträge erteilt, entsteht ‚Gemeinschaft‘."[20] Diese Gemeinde ist „Gemeinde von Brüdern, ist eigentlich die Gemeinde der Freunde, die in der Freundschaft Jesu leben und Freundlichkeit in der Gesellschaft ausbreiten"[21]. Sie entwickelt eine sichtbare neue Lebensweise und ist dabei evangelisch, d. h., sie „gibt jedem den Raum, den er braucht, um frei mit den anderen und für sie da zu sein"[22]. Jeder wird mit seinen Begabungen an- und ernstgenommen. Die Entscheidung liegt jedoch nicht beim einzelnen – er soll sein Interesse ja gerade nicht durchsetzen – sondern bei der Leitung.

Moltmann ist klar, daß sich dieses Modell in den Volkskirchen nicht findet. Sie basiert vor allem nicht auf der tatsächlichen Anwesenheit ihrer Mitglieder und stellt damit prima vista keine Gemeinschaft dar. Um dennoch ihre Identität zu sichern, hat sie das Amt im Gegenüber zur Gemeinde institutionalisiert. Bei Moltmanns Konzeption handelt es sich jedoch um ein Gruppenmodell von Kirche, das die Volkskirchen als Massenbasis benutzt.[23] Für sich genommen braucht es jedoch die Volkskirche nicht.

Moltmanns Konstruktion von Kirche erfüllt die Voraussetzungen für die Bildung eines sozialen Systems. Erwartungen der Umwelt werden abgewiesen und eine autonome, innersystemische Codierung aufgebaut: die der Herrschaftsweise Christi bzw. des Reiches Gottes. Damit sind die zentralen, sytemkonstituierenden Prozesse nach innen gerichtet. Das System ist geschlossen und reproduziert sich autonom. Die Aufmerksamkeit richtet sich vor allem auf die Gleichgerichtetheit, Handlungsfähigkeit und klare Strukturierung des Gebildes. Wenn man so will, konstruiert Moltmann Kirche als Karikatur des klassischen bürgerlichen Subjekts: Es begreift sich als transzendental konstituiert und arbeitet alle Widerstände der Umwelt weg. Insensibilität läßt sich infolgedessen für interne Prozesse der Machtverteilung, der Interessenartikulation und der organisatorischen Entwicklung vermuten. Und so wie nach innen, wird sie sich auch nach außen richten.

---

18 A. a. O., S. 354. Moltmann differenziert an dieser Stelle zwar ein wenig. Aber wenig überzeugend!
19 A. a. O., S. 368.
20 A. a. O., S. 341.
21 A. a. O., S. 343.
22 A. a. O., S. 369.
23 A. a. O., S. 352.

Entsprechend wird wenig Aufmerksamkeit auf die interne Differenzierung dieses Gebildes gerichtet. Moltmann zieht eine ganze Zahl von Funktionen dieser Gemeinde direkt in ihren Auftrag hinein. Gemeinde – so könnte man sagen – betreibt nicht etwa Sozialarbeit oder Diakonie, sondern sie *ist* Sozialarbeit! Damit werden Unterscheidungen in der Organisation Gemeinde schwer wahrnehmbar. Es entsteht der Eindruck einer Black Box. Der Wert der Moltmann'schen Konzeption liegt deswegen eher nicht in der Entwicklung von organisatorischen Konzeptionen für Kirche, sondern – im Gegensatz zu den eigenen Absichten – in der Motivierung von einzelnen und kleinen Gruppen.

Dies bestätigt sich bei der Inanspruchnahme von Umwelt. Hier sind die wenigen Bemerkungen über das Verhältnis zur Volkskirche kennzeichnend: sie kommt nicht als partnerschaftliches Gegenüber in den Blick, sondern als zu nutzendes Trittbrett, auf das man bedauerlicherweise angewiesen ist. Die Differenz der ekklesiologischen Konstruktionen wird so zwar wahrgenommen, hat aber für die Identität keine konstitutive Bedeutung: Moltmanns Modell redupliziert sich lediglich selbst und wirkt insofern nivellierend. Fremdkommunikation scheint schwer möglich zu sein. Die Konstruktion von Kirche ist infolgedessen einseitig an der Eigenentwicklung ausgerichtet. Daran ändern auch die Inhalte nichts! Idealtypisch würde sich Moltmanns Gemeinde unter Variation seiner Elemente selbst reproduzieren, d. h., es wäre autopoietisch. Der Stachel ist die Abkopplung von der Lebenswelt.

Wieweit solch ein Modell plausibel ist, hängt von den einzelnen Handlungen ab, mit denen es seine Umwelt bearbeitet. Sich selbst wird es dezidiert nicht als Teil oder gar Funktion, sondern als Umwelt von Gesellschaft begreifen.[24] Es ist „aus Glauben" konstituiert, der sich als unterschieden von Gesellschaft begreift, dennoch aber in spezifischen Haltungen Gestalt hat. Letztlich ist es eben diese Größe, die das Verhältnis von Binnen- und Außenwahrnehmung regelt.[25]

---

[24] Das Gegenmodell wird von Trutz Rendtorff in der Rezeption der Thesen Semlers vertreten. Vgl. Ders.: Kirche und Theologie. Die systematische Funktion des Kirchenbegriffs in der neueren Theologie. Gütersloh, 1966. Im Kirchenbegriff werde die Theologie auf die Welt bezogen und so funktional begreifbar. Formen von Kirche müssen folglich unter gegebenen Bedingungen christlichen Glauben plausibel und lebbar machen: „Die lebendige Aneignung der christlichen Wahrheit kann sich nur in einer angemessenen Korrespondenz dieser Wahrheit mit der Lebenswelt der Menschen vollziehen, auf die sie sich einläßt." (S. 49) Theologie muß von gelebter Religion unterschieden werden, sonst entartet sie zum totalitären System.

[25] Vgl. im ganzen die Kritik von Eilert Herms an Moltmann: „Er ruft die Kirche als eine messianische Gemeinschaft in der Kraft des Geistes zur Wahrnehmung weltweiter Verantwortung auf, ohne sich auf detaillierte Erörterungen der institutionellen und organisatorischen Bedingungen einzulassen, unter denen christlicher Glaube in rationalisierten Gesellschaftssystemen *wirksam* gelebt werden kann." E. Herms: Die Fähigkeit zu religiöser Kommunikation und ihre systematischen Bedingungen in hochentwickelten Gesellschaften. In: Ders.: Theorie für die Praxis – Beiträge zur Theologie. München, 1982, S. 279.

Wie kommt es zu solch einer Konstruktion? Sie kann als ein Endstadium einer spezifischen theologischen Entwicklung begriffen werden, die zur immer stärkeren Abkopplung von der Lebenswelt geführt hat und sich nur noch unter Bezug auf sich selbst weiterentwickelt. Eine Vermittlung zwischen theologischer Theorie und den Erfahrungen der Menschen wird explizit nicht mehr angestrebt. Implizit kommt sie freilich nur umso deutlicher zum Ausdruck. Moltmanns Konzept ist im Grunde in keiner Weise die Theorie einer sozialen Organisation! Es liest sich wesentlich besser als Modell eines psychischen Systems; eines Individuums. Es hat auf dieser Ebene auch eine unübersehbare motivierende Kraft für einzelne und entsprechend disponierte Gruppen. Kirche löst sich als Individuen übergreifende soziale Größe auf. Ist dies der Trend im Protestantismus?

Im Folgenden werden eine Reihe von ekklesiologischen Konzepten, die in der Diskussion eine Rolle gespielt haben, analysiert. Der Einsatz der neueren ekklesiologischen Diskussion ist dort zu verorten, wo Erkenntnisse der neu entstandenen Sozialwissenschaften als Fremdwahrnehmung von Kirche im theologischen Diskurs bewußt verarbeitet werden. Entsprechend erfolgt die Auswahl; rein theologisch vorgehende Arbeiten finden keine Berücksichtigung. Ein Ausgangspunkt ist die Dissertation Dietrich Bonhoeffers.[26]

8.2. Dietrich Bonhoeffer

Bonhoeffer betreibt bewußt Dogmatik und nicht Soziologie: D. h, die Wirklichkeit dessen, was soziologisch beschrieben wird, ist vorgegeben; sie kann nur in der teilnehmenden Beobachtung des Glaubens[27] begriffen werden: „Es handelt sich also darum, die in der Offenbarung in Christus gegebene Wirklichkeit einer Kirche Christi sozialphilosophisch und soziologisch strukturell zu verstehen."[28] Dies ist prinzipiell nur dem möglich, der ihren Anspruch ernst nimmt und ihn nicht relativiert. Gerade dann erschließen sich jedoch die sozialen Intentionen sämtlicher christlicher Grundbegriffe: „ ‚Person‘, ‚Urstand‘, ‚Sünde‘, ‚Offenbarung‘ lassen sich nur in Bezug auf die Sozialität voll begreifen."[29]

---

[26] Dietrich Bonhoeffer: Sanctorum Communio. Eine dogmatische Untersuchung zur Soziologie der Kirche. Berlin und Frankfurt O., 1930. Jetzt: Dietrich Bonhoeffer: Werke, Band 1, Herausgegeben von Joachim von Soosten, München, 1986. Vgl. zum Gesamten: Joachim von Soosten: Die Sozialität der Kirche. Theologie und Theorie der Kirche in Dietrich Bonhoeffers „Sanctorum Communio". München, 1992.
[27] So ein treffender Begriff von Eilert Herms: Erfahrbare Kirche. Beiträge zur Ekklesiologie. Tübingen, 1990, S. 52 u. ö.
[28] D. Bonhoeffer, a. a. O., S. 18.
[29] A. a. O., S. 13. Auf diese Weise verfolgt Bonhoeffer – anders als Karl Barth, z. B. im Römerbrief – von vornherein das Interesse, Kirche als Ort gelungener Kommunikation zu begreifen. Vgl. hierzu J. v. Soosten, a. a. O., S. 274. Eine individualistische Verengung wird so vermieden.

Von dieser Ausgangsthese her entwickelt Bonhoeffer in Kritik am Idealismus einen christlichen Personbegriff, der auf den anderen verwiesen bleibt und so als theologischer prinzipiell sozial angelegt ist. Der „Du-Charakter ist ganz eigentlich die Form, unter der das Göttliche erlebt wird; jedes menschliche Du trägt seinen Charakter nur durch das Göttliche … Nur in Gott ruht der Anspruch des anderen, deshalb aber bleibt es doch der Anspruch eben des anderen."[30]

Folglich ist in der Gottesgemeinschaft prinzipiell soziale Gemeinschaft immer schon mitbegriffen. Jene ist nicht ohne diese und umgekehrt. Dies gilt deutlich für den Urstand,[31] aber auch nach dem Zerbrechen der ursprünglichen Gemeinschaft durch die Sünde bezeichnet sie dennoch den „Archetypus von Kirche"[32]. Entsprechend ist auch die Verfaßtheit des Menschen „in die Sozialität hineinverwoben"[33] – Bonhoeffer verweist z. B. auf das „soziale Phänomen der Sprache"[34].

Damit ist jeder Individualismus überwunden: „Gott will nicht eine Geschichte einzelner Menschen, sondern die Geschichte der Gemeinschaft der Menschen."[35] Sie besteht aber gleichwohl aus einzelnen Personen, die durch ihren Willen aufeinander bezogen sind „und zu ihren Lebensgesetzen den inneren Widerstreit der Einzelwillen zählen"[36]. Die Gemeinschaft ist keine religiöse: „Nicht Religion, sondern Offenbarung, nicht Religionsgemeinschaft, sondern Kirche."[37] Glaube wirkt in der sozialen Wirklichkeit, aber dieses Wirken ist mit religiösen Kategorien nur zu verkennen.

Die Beziehung von Gott und Mensch vollzieht sich grundsätzlich in sozialen Formen. Zwar geht es immer auch um den einzelnen „in Einsamkeit", aber dies nur als Vorstufe zu seiner Eingliederung in die Gemeinde. Um es mit heutiger Begrifflichkeit zu formulieren: Das Geschehen des Glaubens ist nicht ohne Interaktion denkbar; nur im Verhältnis von Interaktionspartnern, von Ich und Du, lebt Glauben in der Zeit. Schon von diesem grundsätzlichen Ansatz her wird Bonhoeffers zentrale Formel plausibel, dergemäß „Christus als Gemeinde existierend" sei.[38]

Dies bleibt jedoch eine Aussage des Glaubens – nicht des Schauens. Die Geistgemeinschaft als Leib Christi wird in der Kirche geglaubt, weil sie in ihr objektiver Geist geworden ist.[39] Sie ist ihr vorgegeben und so immer schon da. Um

---

30 D. Bonhoeffer, a. a. O., S. 33.
31 A. a. O., S. 37.
32 A. a. O., S. 38.
33 A. a. O., S. 45.
34 A. a. O., S. 42.
35 A. a. O., S. 51.
36 A. a. O., S. 55.
37 A. a. O., S. 97.
38 A. a. O., S. 87 u. ö.
39 A. a. O., S. 101. Zum objektiven Geist vgl. S. 62 und S. 140. Die Äusserungen hierzu sind allerdings eher fragmentarisch.

diese besondere Struktur zu verdeutlichen bemüht Bonhoeffer das Bild der patriarchalischen Familie.[40] Auch sie sei vor den jeweiligen Interessen der Beteiligten konstituiert.

Die geglaubte Kirche ist folglich nicht einfach zu erleben – schon gar nicht als idealistische Einheit.[41] Das, was bisweilen wahrnehmbar ist: die intime Nähe der kleinen Gemeinschaft, ist nicht ihre Voraussetzung, im Gegenteil! „Ist nicht das Bekenntnis zur Gemeinde, zur Bruderliebe gerade dort am eindeutigsten, wo es vor jeder Verwechslung mit irgendwelchen menschlichen Sympathiegemeinschaften grundsätzlich geschützt wird?"[42] Nicht in Augenblicken gehobener Seelenstimmung, sondern „in der Gleichmäßigkeit und Härte des täglichen Lebens, des geregelten Gottesdienstes wird der Ernst der Kirche begriffen"[43]. Für Bonhoeffer gewinnt deswegen die großstädtische Abendmahlsfeier, bei der Nähe und persönliches Kennen in den Hintergrund rücken, Zeichencharakter für Christus: „Wo das wirkliche Bekenntnis zur Gemeinschaft der Heiligen da ist, da kann die Fremdheit und scheinbare Kälte nur die Glut des echten Feuers Christi entfachen, wo aber der Gedanke der sanctorum communio nicht erfaßt und bekannt wird, da kann persönliche Wärme das Fehlen des Entscheidenden nur verschleiern, nicht ersetzen."[44] Die Wahrnehmung von Kirche wird so an die Reflexion – den „Gedanken" – gebunden, die wiederum theologisch – durch das Bekenntnis – bestimmt ist. Bonhoeffer erwartet folglich Selbstreflexion: Das Kirchenglied soll sich selbst beim Beobachten der kirchlichen Wirklichkeit beobachten. Sonst verkennt es die Wirklichkeit.

Wie nimmt Bonhoeffer soziologische Kategorien auf? Das Sich-Hingeben des einzelnen an eine Vorgegebenheit legt für Bonhoeffer zunächst die Nähe zum Begriff der Gemeinschaft nahe. Er lehnt sich hier an Ferdinand Tönnies[45] an, der in einer damals populären Weise Gemeinschaft gegen Gesellschaft artikuliert hat. Gemeinschaft sei die selbstzweckhafte Verwirklichung des menschlichen Seins im personalen Aufeinander-Bezogensein, während Gesellschaft die Entfremdung

---

[40] A. a. O., S. 182 – allerdings hier auch im Zusammenhang mit dem Herrschaftsgefälle von Christus zu den Seinen. So auch Eilert Herms, a. a. O., S. 65 – freilich ohne den Patriarchen.
[41] D. Bonhoeffer, a. a. O., S. 136.
[42] A. a. O., S. 168.
[43] A. a. O., S. 192.
[44] A. a. O., S. 169. Vgl. hierzu Klaus-Michael Kodalle: Dietrich Bonhoeffer. Zur Kritik seiner Theologie. Gütersloh, 1992. Er betont, daß Nachfolge Christi bei Bonhoeffer gerade bedeutet, herkömmliche Vorstellungen von Gemeinschaft radikal in Frage zu stellen. Distanz, Fremdheit, Andersheit des anderen Menschen sind durch kommunikative Veranstaltungen grundsätzlich nicht zu überwinden. Kirche sei in dieser Hinsicht eine „Ernüchterungsanstalt" – eine Folgerung, die in der aufgezeigten Traditionslinie des Protestantismus liegt.
[45] Ferdinand Tönnies: Gemeinschaft und Gesellschaft. Leipzig, ³1919. Bonhoeffer a. a. O., S. 55 ff. Vgl. als populäre Einführung und Reaktualisierung der Thesen Tönnies' Luciano de Crescenzo: Also sprach Bellavista. Neapel, Liebe und Freiheit. Zürich, 1988, S. 67 ff. (Die „Theorie der Liebe und der Freiheit"). Vgl. auch: Micha Brumlik / Hauke Brunkhorst (HG): Gemeinschaft und Gerechtigkeit. Frankfurt a. M., 1993.

in die Verzweckung des Seins bedeute. Für Bonhoeffer ist klar, daß Kirche letzteres nicht sein kann, denn sie kann ihre Vorgegebenheit nicht als ihren Zweck ausgeben, den es erst zu verwirklichen gelte.[46] So ist auch das Miteinander in der Gemeinde – fern von jeder Gefühlsduselei – selbstzweckhaftes Tun: „Mitfühlen, Mitwollen, Mitverantwortlichsein sind die Kräfte innersten Zusammenhaltens. Grundhaltung ist gegenseitiges ‚inneres Interesse'."[47] Diese Kräfte sind da, sind gegeben und Folge des im Glauben ergriffenen Vorgegebenseins – nicht erst noch zu verwirklichen!

Die Gemeinde ist so „nicht nur Mittel zum Zweck, sondern sie ist zugleich Selbstzweck; sie ist der gegenwärtige Christus selbst, und darum ist ‚in Christus sein' und ‚in der Gemeinde sein' dasselbe"[48]. Eben dies werde am deutlichsten, wo sich von „Gemeinschaft" eigentlich nicht sprechen läßt: „Sie ist nicht durch Einigkeit, Gleichartigkeit, Seelenverwandschaft ermöglicht oder mit Stimmungseinheit zu verwechseln, sie ist vielmehr gerade dort wirklich, wo die scheinbar härtesten äußeren Gegensätze walten, wo jeder sein ganz individuelles Leben führt, und sie ist vielmehr gerade dort nicht, wo sie am meisten zu walten scheint."[49] Wieder wird deutlich, wie sehr diese Wahrnehmung auf Reflexion abhebt: Über direkte Erlebnisse ist die wahre Kirche nicht zugänglich.

Damit wird deutlich, daß es allein mit der soziologischen Charakterisierung als Gemeinschaft nicht getan sein kann. Ihr fehlt als solcher der konstitutive Bezug auf das Gegenüber, das Geglaubt-Sein der wahren Gestalt von Kirche. Es geht ein Riß durch die empirische kirchliche Gemeinschaft, der sich in der Erfahrung nicht eliminieren läßt. Dennoch: „Es wäre aber nicht richtig, als letzte Gegensätze empirische Kirche und Welt aufzustellen. Der Riß geht vielmehr mitten durch die empirische Kirche hindurch, in ihr selbst muß der Kampf entbrennen von gut und böse, nie wird es eine reine Kirche geben, wie es auch nie eine gegeben hat."[50] Der Glaubende sieht Christus als Gemeinde – aber er sieht damit mehr, als er erfährt: Die Perspektive des Glaubens blickt durch die empirische Kirche hindurch. Es ist dieser Blick, der die Gestalt des Glaubens als Kirche konstituiert. „Der Mensch ‚erlebt' nur die religiöse Gemeinschaft, aber er weiß im Glauben, daß diese religiöse Gemeinschaft ‚Kirche' ist."[51] Und: „Geglaubt wird die Kirche nicht als unerreichbares, bzw. noch zu vollendendes Ideal, sondern als gegenwärtige Realität."[52]

---

[46] D. Bonhoeffer A. a. O., S. 65.
[47] A. a. O., S. 58.
[48] A. a. O., S. 127.
[49] A. a. O., S. 128/9.
[50] A. a. O., S. 193.
[51] A. a. O., S. 191.
[52] A. a. O.

So ist die Kirche als sanctorum communio mehr als Gemeinschaft, aber auch mehr als Gesellschaft. Sie ist „Gemeinschaftsgestalt sui generis, Geistgemeinschaft, Liebesgemeinschaft. In ihr sind die soziologischen Grundtypen Gesellschaft, Gemeinschaft und Herrschaftsverband zusammengezogen und überwunden."[53] So lautet sein Fazit. Die soziologischen Bestimmungen sind theologisch ‚aufgehoben'.

Bonhoeffer zieht mit großer Entschlossenheit und ohne Berührungsängste zur Soziologie die erfahrbare und die geglaubte Kirche zusammen. Die Bewegung des Glaubens selbst vollzieht sich in sozialen Formen – sie relativiert gleichwohl auch jede Form. So muß die Nähe zum Gemeinschaftsbegriff bei Bonhoeffer als historisch bedingt begriffen werden; mit ihr bleibt Bonhoeffer den Moden seiner Zeit verhaftet. Dies gilt noch mehr im Hinblick darauf, daß Gemeinschaft hier gerade gegen jene Vorstellungen abgesetzt wird, die wir heute damit verbinden: Sie hat nichts mit Intimität zu tun. Der Begriff ist Bonhoeffer deswegen wichtig, weil er das Selbstzweckhafte gegenüber der Verzweckung im Begriff der Gesellschaft betont. Der Bonhoeffersche Ansatz weist so eine erstaunliche Weite auf und sie hängt damit zusammen, daß Glaube und Gestalt grundsätzlich unterschieden und dennoch als aufeinander angewiesen begriffen werden. Glaube braucht eine erfahrbare Gestalt –, aber er führt auch immer wieder über sie hinaus.

Die wichtigen Entscheidungen fallen im Wirklichkeitsverständnis. Der Blick, der die Gestalt erfaßt, ist durch das Vorgegebensein und das Verständnis von Offenbarung geformt, d. h. durch die theologische Konstitution von Realität. Die Offenbarung setzt eine geglaubte Realität aus sich heraus, die in der Wirklichkeit der Welt leiblich konkret ist.[54] Nur von dieser Klärung her ist dann auch der Dialog mit den Sozialwissenschaften möglich. „Jede ‚Theorie der Kirche' muß sich die Frage stellen, unter welchen Bedingungen die Kirche in der Welt Gestalt gewinnt."[55] Diese Frage läßt sich jedoch nur sinnvoll vor dem Hintergrund eines geklärten Wirklichkeitsverständnisses behandeln.

Wenn sich folglich Kirche nicht unabhängig vom Glauben wahrnehmen läßt – und dies alle empirischen Gestaltungen relativiert –, dann bedeutet das zumindest zweierlei:

– Trotz allem wird die soziologische Problematik entschärft. Die eigentliche Wahrnehmung von Kirche transzendiert sie.[56] Wenn Kirche soziale Gestalt

---

[53] A. a. O., S. 185.
[54] Nachwort des Herausgebers. In: D. Bonhoeffer: Werke, Band 1, a. a. O., S. 306, hier S. 308.
[55] A. a. O., S. 317.
[56] Vgl. das Fazit der Studie von J. v. Soosten, a. a. O., S. 263: *„Die dogmatische Untersuchung zur Soziologie der Kirche endet in der theologischen Aufhebung der Soziologie."*

sui generis ist, entzieht sie sich einer qualifizierten Beurteilung aus der Erfahrung. Solche Beurteilung ist nur in der Binnenwahrnehmung zu haben. Aber macht dies nicht die Bedeutung der Erfahrung zu klein? Worauf richtet sich dann noch der Blick? Und vor allem: Wenn die Wahrnehmung von Kirche angemessen nur mit dem Blick des Glauben geschehen kann, stellt sich die Frage, wo und wie dieser Blick zustande kommt. Eine Antwort hierauf ist entscheidend für das Problem der medialen Struktur des Glaubens. Martin Honecker wird später eben dies auf das Geschehen der Verkündigung konzentrieren.[57]

– Die theologische Perspektive verbietet eine direkte Identifikation von Glauben und spezifischen Erfahrungsformen: So wird jede Form von Gemeinschaftserlebnis abgelehnt. Bonhoeffer befürchtet offensichtlich, daß sich die Erfahrbarkeit von Kirche in bestimmten manipulierbaren, die Freiheit des einzelnen beschneidenden, Situationen manifestieren könnte. Dagegen bindet er ihre wahre Erfahrung an das individuelle „Aushalten-Können" von Gegensätzen, insbesondere der erfahrbaren schlechten Gestalt der Kirche. Deutlich wird so die vom Glauben ermöglichte „Härte" im Umgang mit bestimmten Erfahrungen und die Ablehnung einer „weichen" Gestalt von Kirche. Zu viel Nähe ist ihm nicht geheuer. Damit stellt sich aber die Frage, ob Kirche überhaupt noch erfahrbar ist. Das Medium ihrer Erfahrbarkeit wird auf eine abstrakt-harte Haltung reduziert. Das, was das Volk an der Kirche schätzt – die Befriedigung von Bedürfnissen –, würde für Bonhoeffer eher ein Zeichen für Unglauben sein. Die Wahrnehmung von Kirche wird als individuell-beständige codiert.

Diese Beobachtung deckt sich mit dem, was oben über Bonhoeffers Habitus gesagt worden ist. Dahinter steht jedoch nicht nur die Abweisung kurzfristiger Bedürfnisbefriedigung als Ziel von Kirche, sondern positiv die Vorstellung einer auf die Individuen zielenden herrschaftsfreien Kommunikation als objektiver Gestalt des Geistes. Bonhoeffer ist hier höchst aktuell – freilich auch in der Kritik: „Weil Bonhoeffer einzig den Aspekt der Gemeinschaft für die soziologische Betrachtung der Kirche in Rechnung stellt, kommt es zu der Fiktion einer von zweckrationaler Herrschaft und Organisation freier Sphäre sozialer Kommunikation, die die Kirche kennzeichne."[58]

Es zeichnet Bonhoeffers Studie aus, daß sie sich der Frage der Integration der Fremdwahrnehmung in die Selbstreferenz der Kirche ohne Vorbehalt widmet. Sie tut dies, indem sie eine Differenz rezipiert, die in der Folge offen oder latent

---

57 Martin Honecker: Kirche als Gestalt und Ereignis. Die sichtbare Gestalt der Kirche als dogmatisches Problem. München, 1963, z. B. S. 205.
58 J. v. Soosten, a. a. O., S. 266. Soosten kritisiert, daß Bonhoeffer nicht die wesentlich präziseren Begrifflichkeiten von Troeltsch und Weber aufnimmt.

immer wieder zum Thema wird: die von Gesellschaft und Gemeinschaft. Die Frage ist, ob mittels dieser Differenz Fremdwahrnehmung angemessen wahrgenommen werden kann oder ob sie nicht vielmehr allein auf der Basis binnentheologischer Überlegungen plausibel ist. Da Bonhoeffer sie stark theologisch überformt, scheint letzteres der Fall zu sein. Das heißt aber, daß die Wahrnehmung der Fremdwahrnehmung nicht wirklich zum Tragen kommt, sondern sie schnell wieder theologisch relativiert. Diese Einordnung geschieht vor dem Hintergrund eines selbstreflexiven Glaubensverständnisses, das als solches soziologische Ergebnisse der Beobachtung immer schon überbietet. Das, was Kirche tatsächlich praktisch für die Konstitution von Sozialität leistet – und was Soziologie erfassen könnte –, wird nicht zum Thema gemacht. Allerdings: Die Rezeption derartiger Ergebnisse unterliegt bei Bonhoeffer auch nicht einer Zensur durch die Theologie. Darin liegt der erhebliche Fortschritt gegenüber klassischer theologischer Dogmatik. Was bleibt, ist eine formale Einrede: Die Soziologie kann nicht beanspruchen, das Wesen von Kirche erfassen zu können.

8.3. Martin Honecker

Die Problematik der Integration von sozialwissenschaftlichen und theologischen Fragestellungen wird von Martin Honecker 1963 weiter verfolgt. Die sichtbare Gestalt der Kirche begreift er sozialwissenschaftlich in der Linie der Typisierungen von Max Weber und Ernst Troeltsch.[59] Sie ist jedoch dialektisch mit der geglaubten Kirche korreliert. Das Medium dieser Korrelation ist die Verkündigung. Wie sieht dies im einzelnen aus?

Gestalt und Ereignis von Kirche fallen nach Honecker nur im Geschehen der Verkündigung ineins: „Religiöses, menschliches Sozialgebilde ‚Kirche' und Kirche als Gemeinschaft des Heiligen Geistes … fallen auf Erden nur im eschatologischen Geschehen der Verkündigung ineins; sie sind nicht in der sichtbaren Gestalt als solcher miteinander identisch."[60] Objektiv läßt sich keine Identität konstatieren – dennoch stehen aber beide Größen auch nicht beziehungslos nebeneinander, denn das Verkündigungsgeschehen hat auch eine weltlich-leibliche Struktur, die eben in der Kirche als Religionsgemeinschaft besteht. Der Begriff, mit dem Honecker diese Beziehung sui generis begreifbar machen will, ist der der Korrelation: „In der Korrelation der Religionsgemeinschaft als eines Sozialkörpers in der Welt zu dem Ereignis der Kirche wird die Notwendigkeit des Bestandes der Kirche als geschichtlicher und sozialer Gestalt in der Welt theo-

---

[59]   Vgl. als gute Übersicht zur Kirche-Sekte-Typologie von Troeltsch: Gerhard Schmied: Kirche oder Sekte? München, 1988, S. 8.
[60]   M. Honecker, a. a. O., S. 205.

logisch behauptet." Der Begriff ist folglich ein theologischer. Kirche wird Zeichen der Gegenwart Gottes „allein im Akt der Gegenwart Gottes, die ihr im Ereignis der Verkündigung des verbum externum verheißen ist"[61].

Gott hat die Vermittlung seiner Offenbarung in Wort und Schrift einer Gemeinschaft von Menschen übertragen. „Zwischen Schrift und eschatologischer Gemeinschaft steht die geschichtliche Gestalt der empirischen und ontisch-vorfindlichen Kirche."[62] In ihr vollzieht sich die Verkündigung, die die jeweilige Sozialgestalt relativiert und menschliche Gemeinschaft zur eschatologischen Gemeinde macht. So stellt sie einen Gegensatz zur Sozialstruktur dar, denn in der Verkündigung wird sie „aufgehoben und umgeschaffen"[63]. Die Kontinuität der Kirche besteht somit im Geschehen der Verkündigung – und damit des Amtes – und nicht in der Ständigkeit bestimmter „christlicher" Verhaltensweisen: „Die sucessio fidelium ist nicht durch menschliche Verhaltensweisen sicherzustellen."[64] Auf diese Weise reformuliert Honecker den Kirchenbegriff von Troeltsch.

Damit ist zur einen Seite hin gesagt, daß sich Kirche als Religionsgemeinschaft mit allen verfügbaren Mitteln der Sozialwissenschaften untersuchen läßt, ohne daß ihrem Charakter als Gestalt des Glaubens irgendwie Abbruch getan werden könnte. Was der Mensch alltäglich erlebt, ist der menschlich-materielle Alltag – und es ist falsch und gefährlich, ihn mit Attributen des Glaubens aufzuladen. „Kirchliches Verhalten als Übernahme sozialer Verhaltensgesetzlichkeiten ist nicht sichtbares Zeichen des Glaubens. Die Kirche als weltliche Gemeinschaft unterliegt dem Wechsel der sozialen Verhaltensweisen."[65] Es gibt folglich keine heilige Gemeindeform; Kirche leistet immer eine Anpassung an bestehende kulturelle und soziale Bedürfnisse – anders geht es gar nicht.

Dies wird besonders an Honeckers Kritik der „Lebensordnungen" deutlich, die damals in vielen Landeskirchen verabschiedet wurden: „Daher sind alle Versuche verfehlt, mit Hilfe der Normierung des Verhaltens der Christen in der Welt durch ‚Lebensordnungen' einen sichtbaren Kern der Gemeinde aus der Welt herauszukristallisieren, in welchem sich die Kirche sichtbar darstellt. Der Versuch, die kirchliche Gemeinschaft mit Hilfe von Lebensordnungen sichtbar zu machen, verkennt, daß die Kirche aus dem Handeln Gottes im Geschehen der Verkündigung entsteht und nicht aus menschlichen, wären es auch christliche Handlungen."[66]

---

[61] A. a. O., S. 207.
[62] A. a. O., S. 207.
[63] A. a. O., S. 208.
[64] A. a. O., S. 209.
[65] A. a. O., S. 210.
[66] A. a. O., S. 209.

Zur anderen Seite hin ist in diesen wandelbaren sozialen und kulturellen Strukturen die Verkündigung – und damit das Gegenüber von Amt und Gemeinde – für Kirche konstitutiv. Waren die Einsichten zur sozialen Bedingtheit der Kirche gegen Barth gerichtet, so zielt Honecker nun gegen Troeltsch: „Wenn die Verkündigung zugunsten der Erfüllung sozialer oder kultureller Bedürfnisse preisgegeben wird, dann gibt die Kirche ihren missionarischen Auftrag an die Welt preis und ersetzt Evangelium und Glauben durch eine Ideologie, zu der man sich durchaus auch in ‚distanzierter Kirchlichkeit' verhalten kann."[67] Während eine Sakralisierung der Kirche zum Rückzug in eine kulturelles Ghetto führen würde, löste eine derartige Verweltlichung die Kirche als solche auf.

Durch die Verkündigung ist das Sozialgebilde Kirche immer auf die aktuale Gegenwart Gottes bezogen: „Wahre und falsche Kirche scheiden sich im Geschehen der Verkündigung an ihrem Gehorsam gegen das Wort der Schrift, das der Gemeinde konkrete Entscheidungen abverlangt."[68] Die notwendige Anpassung von Kirche „geschieht um der Verkündigung willen". „Die konkrete Zeit ist für diese Anpassung nicht der Grund, sondern nur der Bezugspunkt. Sie ist der ‚Ort' kirchlicher Gestaltung."[69] Sie bezeichne das Feld, aber nicht die Norm und den Grund. Über das Feld klärt die Soziologie auf – alles übrige ist Sache der Theologie.

Honecker kann dieses Fazit seines Buches in der gegenseitigen Vermittlung von Parochialgemeinde und Paragemeinde verdeutlichen: „Der Versuch der Paragemeinden, in kirchliches Neuland vorzudringen, hat im Wesen der Gemeinde seinen Grund. Die soziale Verengung der Parochialgemeinde ist dagegen Anlaß zur Frage, ob eine kirchliche Gemeinschaft, welche nur noch kraft des Schwergewichtes kirchlicher Sitte und Ordnung besteht, zu Recht sich noch Gemeinde Jesu Christi nennen kann."[70] Während die einen in Honeckers Dialektik zur Verweltlichung unter Vernachlässigung der Verkündigung tendieren, stehen die anderen in der Gefahr der Einkapselung in tradierte und überholte Verhaltensweisen. Die Einheit der Kirche besteht in der Verkündigung – und nicht in ideologischen Überzeugungen, praktischen Verhaltensweisen oder bestimmten Methoden.[71]

Honeckers Lösungsversuch ist in der Deutlichkeit und Einfachheit imponierend. Er bringt die reformatorischen Reduktionen des Heilsgeschehens zum Ausdruck: Das Wort Gottes macht die Welt frei von Vergöttlichung und legt sie offen zur Gestaltung durch den Menschen – und dies gilt auch für die Gestaltung von

---

[67] A. a. O., S. 216.
[68] A. a. O., S. 211.
[69] A. a. O., S. 218.
[70] A. a. O., S. 220.
[71] A. a. O., S. 222.

Kirche. Die Verkündigung ist der abarische Punkt, an dem sich das notwendig Leiblich-Weltliche verflüchtigt. Honecker konzentriert so den Blick auf das Wesentliche und läßt nicht zu, daß er irgendwohin abschweift. Die Wahrnehmung von Kirche wird angestrengt, da jede Stilisierung von Welt in der Verkündigung vermieden werden muß. Schwierig wird es jedoch, wenn gefragt wird, welchen Einfluß die Verkündigung auf die Gestaltung der Welt hat. Das verbum externum drängt auf Entscheidungen, aber offensichtlich nicht auf eine dauerhafte Gestalt. Worauf aber dann? Es drängt sich der Eindruck eines existentialistisch eingefärbten Geschehens auf: das Eigentliche sei immer nur punktuell-persönlich zu erfahren und nicht in Gestalt stabiler Dispositionen. Daß die Verkündigung selbst als solche aber bestimmte Dispositionen erfordert; z. B. die Bereitschaft zum Hören, oder die Fähigkeit zusammenzukommen, fällt bei dieser Sicht der Dinge aus. Der Akt der Verkündigung ist als solcher wahrnehmbar. Er hat eine Gestalt.

Zur einen Seite ähnelt die Problematik der Bonhoeffers. So muß gefragt werden, ob die Gestalt des Glaubens bei Honecker noch erfahrbar oder nicht vielmehr nur noch „auszuhalten" ist. Jedenfalls spielt die empirische Sozialgestalt Kirche nur eine sekundäre Rolle. Fremdwahrnehmung kommt negativ in den Blick: das, was die Sozialwissenschaften an Kirche beobachten (kirchliche Sitte, Habitusformen, Motivationen) kann nur Anlaß für die Eigenreflexion von Kirche sein, sich immer und wieder auf das Eigene zu besinnen und so die Autonomie beständig weiter auszuarbeiten. Darüberhinaus wird sie aber nicht mit Glauben artikuliert, sondern in der Tendenz eher vergleichgültigt. Dies gilt auch für die korrelative In-Beziehung-Setzung von Parochial- und Paragemeinde. Sie dienen Honecker als Illustration seines theoretischen Konzepts. Die tatsächlich in ihnen vorhandenen Probleme, Interessen, Strukturen kommen nicht in den Blick.

Auf der anderen Seite bietet die Honeckersche Diastase die Möglichkeit, Fremdwahrnehmung unverstellt zur Kenntnis nehmen zu können, da die Grundoperation und Grundcodierung von Kirche klar und deutlich wahrnehmbar ist. Kirche ist da, wo Verkündigung stattfindet – alles weitere baut sich darauf auf. Dies bedeutet, daß Kirche in ihrer Gestalt flexibel bleibt, da sich ihre Grundoperation deutlich beschreiben, operationalisieren und anderes von ihr unterscheiden läßt. Durch die Reduktion gewinnt Kirche Freiheit und kann sich als System entwickeln.

Damit ergibt sich freilich das Problem der notwendigen Wiedervermittlung mit der Lebenswelt, zu der der Kontakt verloren gehen kann. Honecker erwartet, daß Menschen sich auf das Geschehen der Verkündigung als solches beständig einlassen, ohne doch angeben zu können, was sie davon haben. Der „disguised symbolism" zielt, wie bei Bonhoeffer, auf eine abstrakt-beständige und individuelle Haltung, die sich im Gegenüber zu Kirche und Welt manifestiert.

8.4. Yorick Spiegel

In eine kritische Sicht auf die Entwürfe Bonhoeffers und Honeckers stimmt auch Yorick Spiegel mit seiner seinerzeit Aufsehen erregenden Studie über „Kirche als bürokratische Organisation" ein. Er wirft Honecker vor, daß letztlich das Ereignis das Schwergewicht theologischer Aussagen zu tragen hätte.[72] Dies jedoch wäre keine Hilfe, Kirche zu gestalten, oder sie gar, so Spiegels Interesse, zu demokratisieren.[73] Wo das Wesentliche nur ereignishaft deutlich würde, ließe sich kaum sinnvoll mit Organisation und Institution umgehen. Von Interesse wäre die unsichtbare Kirche.

Demgegenüber fragt Spiegel nach der empirischen Organisation Kirche. Er will auch die Vorstellung einer unsichtbaren Kirche nicht im sozial Numinosen belassen, sondern sucht nach ihrer erfahrbaren Wirklichkeit. Die Formel von der unsichtbaren Kirche sei traditionell ein Schutz vor ungerechtfertigten Übergriffen durch die sichtbare Institution gewesen. Neben diesem regulativen Sinn stünde auch eine Gruppenwirklichkeit, deren „Ideologie" diese Konstruktion braucht: „Es wären dann darunter die Gruppen zu verstehen, die zur Verwirklichung bestimmter Ziele Gestalt gewinnen, ohne jedoch vor den offiziellen Kirchen sich legitimieren zu müssen und zu wollen."[74] Spiegel denkt hier vermutlich an Aktionsgruppen und ähnliche Gebilde, die damals Konjunktur hatten. Im weiteren Sinne läßt sich die Reklamation von Gemeinschaft hier verorten: Wahre Kirche wird dort beansprucht, wo Gemeinschaft realiter erfahren werden kann und damit ein Gegensatz zur Institution aufgemacht wird.

So fragt Spiegel nach der sozialen Verortung der Dialektik von Ereignis und Institution. Mit dieser Frage will er die theologische Selbstbezogenheit sprengen. Fremdwahrnehmung kommt so im Kern des theologischen Diskurses zum Tragen. So analysiert er eine Reihe von Feldern kirchlicher Praxis, in denen die Differenz Ereignis / Institution plausibel ist. Dabei geht es immer wieder um den Unterschied zwischen der unpersönlichen bürokratischen Verfahrensweise der Kirche und der pastoralen Notwendigkeit, persönlich-kommunikativ handeln zu müssen. Hier wiederholt sich der schon bei Bonhoeffer auftauchende Gegensatz von Gesellschaft und Gemeinschaft. Er ist offensichtlich für die Wahrnehmung von Kirche von Bedeutung. Für den einzelnen Pfarrer führt dieser Gegensatz zu Konflikten, die sich mit Hilfe des Wahrnehmungsmusters Ereignis / Institution oder auch sichtbarer/ unsichtbarer Kirche handlungsrelevant deuten lassen. Die Fremdwahrnehmung, die Spiegel artikuliert, ist mithin diejenige der in der Praxis stehenden Pastoren – ob es auch die der „Menschen auf der Straße" ist, bleibt offen.

---

[72] Yorick Spiegel: Kirche als bürokratische Organisation. ThExh. Band 160. München, 1969, S. 83.
[73] A. a. O., S. 69.
[74] A. a. O., S. 82.

Spiegel beschreibt die Situation so, daß zwar die kirchliche Bürokratie, sowie auch die staatliche, bis hinunter zum Pfarrer unpersönlich, per Recht und notfalls mit Zwang verwalten kann. Spätestens dann aber kommt es zu einer Sperre: „Nur dort, wo noch eine gewisse Verpflichtung an die Normen der ‚kirchengebundenen Religiosität' vorhanden ist, können etwa bestimmte Amtshandlungen verweigert werden, wenn die vorangegangene nicht vollzogen ist."[75] „Denn die Beziehungen, die ein Pfarrer in der Gemeinde hat, sind weitgehend individueller Natur. Selbst wenn er eine Bescheinigung ausstellt, bemüht er sich um einen persönlichen Ton und stellt teilnehmende Fragen. Er weiß, daß er die Teilnehmer der Gemeinde durch eine Reglementierung nicht erreichen kann, sondern nur durch ständiges Bitten, Ermahnen und Auffordern, das sich an den Einzelnen richtet."[76] Der Pfarrer benutzt so Codes des Alltags bzw. der einfachen Sozialformen und zielt auf Bildung von Gemeinschaft. Was aber ‚von oben' kommt, erscheint unpraktikabel, ja gerade diese Formen scheinen zerstörend zu sein. Leicht reagiert er darauf deswegen auch aggressiv ablehnend. Die Motivation der Mitarbeiter der Gemeinde ist eine ideelle, nicht über Recht oder Geld vermittelte. Sie ist deswegen auch sehr zerbrechlich. Darauf muß der Pfarrer Rücksicht nehmen.[77]

Der Pfarrer muß diesen Konflikt selbst austragen. Da er in seiner Stellung unabhängig ist, kann er es sich auch immer wieder leisten, Entscheidungen der Kirchenverwaltung zu ignorieren oder zu unterlaufen. Ja, diese Möglichkeit scheint geradezu die Bedingung für das Funktionieren der Kirche zu sein. Insofern stoßen in der praktischen kirchengemeindlichen Interaktion zwei Codierungen von Kirche aufeinander: die von Kirche als Gemeinschaft und als Organisation, wobei sich letztere jedoch nur an den „Rändern" zeigt. „Für den Pfarrer ist Gemeinde das, was den Gottesdienst besucht, sich am Gemeindeleben beteiligt und mit ihm oder anderen kirchlichen Mitarbeitern in intensivem Kontakt steht."[78] Von diesem Wahrnehmungsmuster her beurteilt der Pfarrer dann auch die Kirchenleitung. Eine gute Kirchenleitung zeichnet sich dadurch aus, daß es viele persönliche Kontakte zu den Pfarrern in den Gemeinden gibt.[79] Spiegel schließt sich selbst insoweit dieser Sicht an, als er als Ziel von Kirchenreform die Aufwertung kleiner Gruppen in der Kirche fordert.[80]

Gegenüber Bonhoeffer und Honecker ist das Interesse Spiegels verschoben. Kirchliche Praxis wird mit anderen Augen gesehen. War es hier streng theologisch, so nimmt Spiegel sozialwissenschaftliche Deutungsmuster (Organisations- und Bürokratietheorie) auf. Geht es hier um das rechte Begreifen und Deuten

---

[75] A. a. O., S. 39.
[76] A. a. O., S. 39.
[77] A. a. O., S. 40.
[78] A. a. O., S. 40.
[79] A. a. O., S. 41 – Was für Berlin so gelte!
[80] A. a. O., S. 43.

von Kirche, so will Spiegel Kirche verändern. Dabei sind es vor allem vier Ansatz-punkte, die seine Kritik hervorrufen:

– Bürokratie sei ein Herrschaftsmechanismus, der im Grunde nicht zum Wesen von Kirche passe.[81]

– Die Frage danach, welche Bedürfnisse die Kirche erfüllen würde, darf nicht theologisch bagatellisiert werden, sondern ist grundlegend.[82]

– Die Frage nach dem Erfolg kirchlicher Arbeit müsse immer wieder gestellt werden. Sie ist nicht durch diastatische oder dialektische Denkmuster erle-digt.[83]

– Zu viele Urteile geschehen post factum, d. h., die Steuerungskapazität der Kirche sei viel zu gering.[84]

Diese Kritikpunkte nehmen Ergebnisse der sozialwissenschaftlichen Fremd-wahrnehmung auf. Sie gewinnen dadurch an Deutlichkeit, daß sie sich mit Forde-rungen nach Demokratisierung und praktischen Erfahrungen der Pastoren verbinden. Deutlich unterbelichtet bleiben demgegenüber theologische Erörte-rungen; die Möglichkeiten der selbstreferentiellen Steuerung von Kirche werden nicht allzu groß eingeschätzt. Forderungen nach Demokratisierung und Effekti-vierung können aus diesem Grund leicht von Gegnern als der Kirche nicht ange-messen abgetan werden.

Spiegels Blick richtet sich auf eine zentrale innerkirchliche Problematik: die des Gegensatzes der einfachen Sozialformen in der Gemeinde zu den bürokratischen Systemen der Kirchenleitung. Während ihr Verhältnis bei Bonhoeffer und Honecker überhaupt nicht in den Blick kommt, wird es hier zumindest zum Thema. Spiegel verortet diesen Gegensatz – angemessen! – in der Wahrnehmung der Gemeindepastoren. Sie sind diejenigen, die ihn exekutieren. Auf der einen Seite wollen sie Gemeinde vor Ort entwickeln und können dies nur über bestän-dige kommunikative Anstrengungen erreichen, die auf selbstzweckhaftes Tun zielen, und sich weder verzwecken noch „von oben" durchorganisieren lassen. Auf der anderen Seite stehen Kirchenleitung und Kirchenverwaltung, die diese Bemühungen in ihrer Konkretheit nicht sehen und abstrakter urteilen.

Spiegel sieht in dieser Differenz mehr als einen binnenkirchlichen Konflikt. Aber: Werden hier nicht nur binnenkirchliche Gemeinschaftsbedürfnisse als Fremd-bedürfnisse ausgegeben, um sie so gegenüber der Kirchenleitung moralisch besser legitimieren zu können? Das Problem der Wahrnehmung wird so theo-

---

[81] A. a. O., S. 27.
[82] A. a. O., S. 29.
[83] A. a. O., S. 29.
[84] A. a. O., S. 30.

logisch umcodiert. Ob die Fremdwahrnehmung wirklich so deutlich auf Gemeinschaft zielt, ist fraglich.

Das Problem des Verhältnisses von Gesellschaft und Gemeinschaft wird so bei Spiegel weitergeführt; allerdings stärker kirchenkritisch akzentuiert als bei Bonhoeffer. Während aber Bonhoeffer durch die theologische Definition die Stilisierung von Gemeinschaft vermeidet, vollzieht Spiegel eindeutige Gleichsetzungen. Was Honecker und Bonhoeffer aus theologischen Gründen vermieden, die Konzentration auf die Pflege binnenkirchlicher Bedürfnisse, tritt paradoxerweise in der Studie, die zum ersten Mal in extenso Sozialwissenschaften rezipiert, in den Vordergrund. Hier setzt etwas ein, was sich durchhalten wird: die Konzentration auf die Konstruktion eines binnenkirchliche Milieus als Gemeinschaft. Die formalen Bestimmungen von Kirche hatten dies noch bewußt vermieden, waren aber darin abstrakten Codierungen von Beständigkeit, Distanz und Reflexivität verhaftet.

8.5. Wolfgang Huber

Wolfgang Huber[85] radikalisiert das Problem der Differenz von Ereignis / Institution, indem er Kirche als institutionalisierten Konflikt begreift. Dieser Konflikt ließe sich prinzipiell nicht aufheben. Die Kirche muß ihn aber in ihrer Gestalt „ertragen" – und dies käme bisher zu wenig zum Ausdruck. Aus diesem Grund fordert er ihre Umgestaltung von der „Betreuungskirche zur Beteiligungskirche".[86]

Im Hintergrund steht die Absetzung von abstrakten Kostruktionen von Kirche. So definiert Huber das Verkündigungsgeschehen nicht formal, sondern pointiert von seinem Inhalt her: „Die Verkündigung von Versöhnung und Freiheit ist das Grund-Geschehen der Kirche." Der Inhalt drängt über eine Begrenzung auf ein Wortgeschehen hinaus: „Diese Verkündigung gewinnt Gestalt im Handeln derer, die sie hören; sie führt zu einer Sozialgestalt, die unter dem Anspruch eben dieser Verkündigung steht."[87] Aus der Konkretisierung ergibt sich jedoch beständig ein institutionalisierter Konflikt, den die Kirche exekutieren muß.

Er resultiere daraus, daß Kirche Leib Christi und Sozialverband in einem sei: „Die Kirche ist notwendigerweise eine auf Dauer angelegte Institution; doch sie ist damit unvermeidlicherweise ein institutionalisierter Konflikt. Denn sie selbst gibt die Botschaft von der Umkehr aller Herrschaftsverhältnisse weiter, gegen die sie

---

[85]   Wolfgang Huber: Kirche. München, ²1988, und: Ders: Folgen christlicher Freiheit. Ethik und Theorie der Kirche im Horizont der Barmer Theologischen Erklärung. Neukirchen-Vluyn, 1983.
[86]   Eine gute Zusammenfassung der Thesen Hubers findet sich bei J. v. Soosten, a. a. O., S. 281 ff.
[87]   W. Huber, a. a. O., S. 177.

zugleich permanent verstößt."[88] Es ist also nicht nur der Gegensatz von Ereignis und Institution, sondern von Herrschaft und Herrschaftsfreiheit. Der Begriff des Ereignisses wird so scharf akzentuiert: Es geht um Ereignisse, in denen sich der Widerspruch gegen Herrschaftsausübung Platz schafft.

Die Analyse entfaltet dann diesen Grundwiderspruch. Auf der einen Seite sei Kirche gestiftet. „Das Ganze, der Leib ist vor seinen Gliedern. Die Kirche ist vor ihren Mitgliedern; sie wird nicht durch ihre Mitglieder gegründet."[89] Ihre theologisch begriffene Institutionalität sei vorgegeben. Kirche ist in dieser Hinsicht deutlich von menschlichen Traditionen, Interessen, Sitten und Gebräuchen unterschieden. Menschliche Rollen und Regeln können jeweils angenommen und in Wahrnehmung des Auftrages zeugnishaft gestaltet werden.

Auf der anderen Seite ist Kirche als Institution im soziologischen Sinn zu begreifen. D. h., sie existiert als versachlichte und verfestigte soziale Formation, die über personale und ereignishafte Prozesse hinaus Dauerhaftigkeit gewinnt und einen Herrschaftscharakter ausbildet. Kirche herrscht so auch über ihre Mitglieder und Teile der Gesellschaft.

Das theologische und das soziologische Verständniss von Institution lassen sich weder trennen noch vereinbaren. In allen Formen von Kirche – Huber nennt: Ortsgemeinde, Initiativgruppe, Regionalkirche, Föderation[90] – stecke insofern ein notwendiger Selbstwiderspruch. „Die Kirche ist ein *institutionalisierter Konflikt*; das Neue Testament ist das älteste Dokument dieses Kampfes."[91]

Wie wird der Konflikt ausgetragen? So, daß die empirische Gestalt der Kirche immer wieder an dem gemessen wird, worauf sie sich bezieht – die geschichtlich geronnene Institution an ihrer göttlichen Stiftung: „Die Rechts- und Sozialgestalt der Kirche ist daran zu messen, ob sie dem Zeugnis von der Gegenwart Christi Raum gibt."[92] Dieses Zeugnis enthalte im Kern die Botschaft von der Umkehrung der Sozialbeziehungen, „die für die Verkündigung und die Lebenspraxis Jesu kennzeichnend ist"[93].

---

[88] A. a. O., S. 9.
[89] A. a. O., S. 23.
[90] A. a. O., S. 47 ff.
[91] A. a. O., S. 86.
[92] A. a. O., S. 115. Vgl. Wolfgang Huber: Kirche und Öffentlichkeit. A. a. O., S. 623: Das öffentliche Handeln der Kirche hat keine Eigeninteressen zu realisieren, sondern ist Dienst am Öffentlichkeitsanspruch des Evangeliums, d. h. aber nichts anderes als „Dasein für andere". Zugleich ist Kirche aber „Verband" in der Gesellschaft (S. 632 ff.). So ergibt sich eine permanente Differenz zwischen ihren Handlungen und ihrem Anspruch (S. 636). Die Lösung: „Diese Differenz ermöglicht der Kirche eine befreiende Selbstkritik, die die Voraussetzung allen befreienden Handelns in der Gesellschaft ist." (S. 637) Und schließlich noch einmal: „Dieses institutionelle Dilemma der Großkirchen kann allenfalls dann überwunden werden, wenn die Kirchen sich von den anderen großen Verbänden dadurch unterscheiden, daß sie ihre spezifischen Möglichkeiten zur Selbstkritik realisieren." (S. 648) Die Frage ist: Wie realisiert ein Verband Selbstkritik?
[93] A. a. O., S. 118.

Es liegt im Charakter dieser Botschaft selbst, daß sie nur selten Gestalt gewinnt. Aus diesem Grund gilt: „Die von der Kirche bezeugte Wahrheit trägt den Charakter *geschehender Wahrheit*." D. h., sie gerinnt nicht zu einer institutionalisierten Wahrnehmbarkeit, sondern bleibt kritischer Maßstab. Aber: Dieses Geschehen ist nicht nur ein Wortereignis, sondern setzt aus sich Maßstäbe zur Gestaltung der Ordnung der Kirche insgesamt. „Nicht nur die *Predigt* und die *Lehre*, sondern auch die *Existenzform* einer Kirche sind an ihr zu messen. Deshalb bedürfen die institutionellen Strukturen der Kirche einer permanenten Transformation, damit auch in den Ordnungen der Kirche Entsprechungen zu Jesu Umkehrung der Sozialbeziehungen aufleuchten."[94] In diesem Satz besteht Hubers Kernthese, und eben hier setzen auch Fragen ein. Wie lassen sich Institution und geschehende Wahrheit jeweils konkret vermitteln? Die Metapher „aufleuchten" ist soziologisch schwer faßbar. Welche Gestalt, welches Verfahren kann damit gemeint sein? Vor allem: Mehr noch als Predigt und Lehre ist die Existenzform der Kirche Gegenstand der Fremdwahrnehmung. Wie kann sie eine Organisation wahrnehmen, die sich dauernd selbst transformiert? Der Sinn von Organisationen besteht gerade darin, daß sie Erwartungsicherheiten herstellen und entsprechend werden sie auch erfahren. Leisten sie dies nicht, produzieren sie Enttäuschungen.

Huber kommt zu dieser Konstruktion nicht aus einer Analyse der Wahrnehmung der empirischen Kirchen. Zentraler Bezugspunkt ist für ihn die Botschaft Jesu in ihren sozialen Konsequenzen. Gleichwohl würde sie wohl kaum in dieser Akzentsetzung eine Rolle spielen, wenn sie nicht mit entsprechenden Erfahrungen einer gelungenen Realisierung verbunden wäre. Huber nennt in diesem Zusammenhang den Deutschen Evangelischen Kirchentag und vor allem dessen Auseinandersetzungen über Maßnahmen gegen die Rassenpolitik Südafrikas. Man kann von daher vermuten, daß es gerade die Sozialgestalt des Kirchentages ist, die Kirche als institutionalisierten Dauerkonflikt erscheinen läßt. Ob dies allerdings für die Wahrnehmung anderer kirchlicher Aktivitäten angemessen ist, ist zumindest fraglich.[95] Eine soziale Form, die nicht nur ihre Gestalt als prinzipiell disponibel betrachtet, sondern auch noch den permanenten Selbstwiderspruch exekutiert, wäre der Diskurs. Er wird auch entsprechend wahrgenommen. Nur im Diskurs ist es überhaupt möglich, dauerhaftes, d. h. von Erwartungsicherheiten abhängiges Handeln, zu suspendieren und zum Thema zu machen. Das würde aber bedeuten, Kirche in den Diskurs hinein aufzulösen und darauf zu verzichten, daß sich, über die Stilisierung und Legitimierung des Diskurses hinaus, eine kirchliche Lebenswelt ausbilden könnte. Und sofern reformatorisch bewußt darauf verzichtet wurde, die Reproduktion von Kirche über die Ausbildung spezifi-

---

[94] A. a. O., S. 87.
[95] Vgl. hierzu: Gerhard Wegner: Keiner ist nur Rollenträger. In: LM. Jg. 29, 1990, S. 353.

scher Milieus zu sichern, steht Huber in herkömmlicher protestantischer Tradition.[96]

Entgegen seinen eigenen Absichten, kirchliches Handeln gegenüber abstrakt-formalen Modellen konkret zu profilieren und nach Maßgabe inhaltlich-theologischer Kriterien durchzugestalten – und eben so der Fremdwahrnehmung zugänglicher zu machen, da sie deutlicher wahrnehmen kann, welche Bedürfnisse und Interessen Kirche aufnimmt und welche sie abweist –, bleibt der Eindruck, daß das Dilemma letztlich doch zugunsten der Abweisung der Lebenswelt gelöst wird. Ob dies eine paradoxe Folge des sympathischen Konzepts der „Kirche für andere" i. S. Bonhoeffers ist? Sie ist bei Bonhoeffer und in der Rezeption Hubers[97] eine dezidiert binnentheologisch, christologisch konstruierte Ortsanweisung für Kirche, die gleichwohl – böse gesagt – suggeriert, man hätte die Wahrnehmung der „anderen" in die Konstruktion von Kirche immer schon integriert. Tatsächlich bezeichnet sie jedoch ein Verhältnis von Kirche zu den „anderen", das erst aus der Distanz heraus geschaffen werden muß. Die selbstverständliche Teilhabe an der Lebenswelt der „anderen" ist gerade nicht gemeint.

Auf der anderen Seite kann man fragen, ob sich nicht das ganze Problem durch den Hinweis darauf relativieren läßt, daß alle Institutionen im Kern auf einem Selbstwiderspruch aufbauen, indem sie spezifische Dienstleistungen nur dann erbringen können, wenn sie zugleich Herrschaft ausüben – ein Verhältnis, das immer wieder zur Kritik und Selbstkritik herausfordert. Diese Struktur würde im Fall der religiösen Institution lediglich besonders deutlich wahrnehmbar werden, weil sie sich über Rituale reproduziert. In ihnen aber wird symbolisch die Herrschaftsumkehrung inszeniert.[98]

8.6. Christof Bäumler

Hubers Ausweitung der Wahrnehmungsproblematik auf die erfahrbare Gestalt von Kirche wird von einer Reihe anderer Autoren ebenfalls vorgenommen. So analysiert Christof Bäumler unter ausdrücklichem Bezug auf die sozialwissenschaftliche Theorie Jürgen Habermas', insbesondere seiner Verhältnisbestimmung von System und Lebenswelt, ebenfalls Kirche als Exekution eines permanenten Konfliktes.

Seine Leitvorstellung ist der von Huber nicht unähnlich: Es geht um die „Gemeinde der Befreiten", die sich als Subjekt konstituiert und eine „kommuni-

---

[96] Im Hintergrund der Überlegungen Hubers steht das Paradigma der herrschaftsfreien Kommunikation.
[97] W. Huber, Kirche und Öffentlichkeit, a. a. O.,S. 107.
[98] Vgl. Kapitel 9.2. dieser Arbeit.

kative Gemeindepraxis" entwickelt.[99] Im Anschluß an Habermas konstruiert er eine Idealvorstellung: Die Spielregeln kommunikativer Gemeindearbeit seien von Offenheit, Herrschaftsfreiheit, Partizipation und Solidarität gekennzeichnet. Derartige Ideale lassen sich jedoch nicht im direkten Zugriff, sondern immer nur in der Vermittlung von System und Lebenswelt verwirklichen: „Es käme für die ‚Gemeinde der Befreiten' darauf an, ihre Praxis als Prozeß der kritisch-konstruktiven Vermittlung von System und Lebenswelt in der Perspektive der Verwirklichung geschenkter Freiheit zu begreifen."[100] Das Ziel ist die Rekonstruktion der sich in Jesus Christus durchsetzenden Gerechtigkeit Gottes „in gemeinsamer Praxis"[101].

Da der Pastor auf der Schnittstelle zwischen System und Lebenswelt angesiedelt ist, kommt ihm in solcher Form von Gemeindearbeit eine Zentralrolle zu. Kirche wird über seine Person wahrgenommen, und er selbst nimmt Kirche aktiv wahr. Auf der einen Seite vertritt er die Organisation Kirche – auf der anderen Seite „muß" es sein Interesse sein, diese Rolle in eine kommunikative Struktur hinein aufzulösen. Daß dieser Konflikt existiert, wurde bereits in der Analyse von Yorick Spiegel deutlich. Bäumler meint, daß es vor allem auf eine permanente Steigerung der Selbstreflexion der Pastoren ankomme.[102] Die selbstbezogene Wahrnehmung der Theologen wird so sowohl legitimiert als auch in Dienst genommen.

Im Verhältnis von System und Lebenswelt sind Vermittlungen nötig, aber sie dürfen nicht zu Lasten der kommunikativen Qualität gehen. Herrschaftsfreie Kommunikation ist das Leitbild dieses ekklesiologischen Entwurfs. Bäumler leugnet dabei nicht die Notwendigkeit von Organisation und systemischen Formen – ihm geht es jedoch um etwas anderes.

Im Zweifel zwischen Effektivität der Organisation und Offenheit fällt die Entscheidung zugunsten der Letzteren.[103] Würde dies nicht der Fall sein, würde der einzelne zum Konsumenten erniedrigt und nicht als Subjekt ernstgenommen. „Indem nämlich der einzelne mit seinem Grundbedürfnis, als Subjekt anerkannt zu werden, als kritisches Prinzip der kommunikativen Gemeindepraxis gelten soll, werden sowohl verliehene Ämter wie fremdbestimmte Leistungen sekundär. Nicht das, was einer an Titeln oder Leistungen vorweisen kann, sondern daß er als Mensch das Recht hat, als Subjekt anerkannt zu werden, ist für die kommunikative Gemeindepraxis maßgebend."[104]

---

99 Christof Bäumler: Kommunikative Gemeindepraxis. Eine Untersuchung ihrer Bedingungen und Möglichkeiten. München, 1984.
100 A. a. O., S. 53.
101 A. a. O., S. 93.
102 A. a. O., S. 107.
103 A. a. O., S. 95.
104 A. a. O., S. 101.

Konkretisiert wird der Ansatz in der Gegenüberstellung zweier Wege der Entscheidungsfindung in der Kirche: Diskurs und Verfahren. Während sich letzteres durch das Einhalten formaler Regeln konstituiert und die Legitimation der Entscheidung hieraus erfolgt, beruht der Diskurs auf der Unterstellung von kommunikativer Reziprozität. Bäumler gibt drei Regeln an, die ihn konstituieren: 1. Es wird unterstellt, daß jeder Teilnehmer über die Gründe für sein Handeln Rechenschaft ablegen kann. 2. Es wird unterstellt, daß jeder Teilnehmer plausiblen Normen folgt. 3. Es wird unterstellt, daß jedem Teilnehmer diese Normen bewußt sind.[105] Auf diese Weise verlegt sich die Regelstruktur in die freie Tätigkeit des Subjekts, während das Verfahren gerade auf das Befolgen äußerer Regeln abhebt.[106]

Dabei soll nicht vollkommen auf Verfahren verzichtet werden, aber „das soziale Klima in der Gemeinde" sollte durch Diskurs bestimmt sein. Er stelle ein kritisches Regulativ dar.[107] Religion sei für ihre Reproduktion auf ihn angewiesen, denn der Diskurs gründe letztlich in ihr: „Wenn sich im Diskurs das menschliche Grundbedürfnis nach Gerechtigkeit und die sich in Jesus Christus durchsetzende Gerechtigkeit Gottes begegnen, werden die begrenzenden Bedingungen menschlichen Lebens geöffnet. Eine notwendige Voraussetzung für das Gelingen dieses Diskurses ist die Auseinandersetzung jedes einzelnen Diskursteilnehmers mit der Frage nach dem Sinn des Lebens."[108] Demgegenüber zerstöre die „Kolonisierung durch das System" eben diese Quelle subjekthafter Religiösität. Kommunikative Gemeinden böten so einen Ort des Widerstandes gegen Verdinglichung und Fremdsteuerung.

Den Widerstand gegen das Vordringen systemischer Verhaltensweisen tragen in den Gemeinden „autonome Gruppen". Sie entstehen auf Eigeninitiative hin und koordinieren sich durch Diskurs.[109] „Bei der gemeinsamen Planung kommunikationsorientierter Gemeinden sind die Betroffenen strategisch beteiligt. Sie bilden autonome Gruppen, organisieren ihre Bedürfnisse und Interessen, ergreifen die Initiative und versuchen in der Auseinandersetzung mit anderen Gruppen zu verallgemeinerungsfähigen Interessen zu gelangen."[110] Das gemeinsame Interesse der Gemeinde wird nicht aufgegeben, aber es konkretisiert sich durch die anerkannte und respektierte Autonomie der einzelnen hindurch – und nicht über sie hinweg. Trotz aller Autonomie zerfalle die Gemeinde nicht in völlig voneinander unabhängige Gruppierungen.

---

[105] A. a. O., S. 132.
[106] Freilich bleibt offen, in welchem Verhältnis der Diskurs zur Entscheidung steht. Der Eindruck, daß Entscheidungen, und damit das Setzen von Prioritäten und Posteriotäten nicht ins Konzept passen, ist nicht von der Hand zu weisen.
[107] A. a. O., S. 134.
[108] A. a. O., S. 137/8.
[109] A. a. O., S. 147.
[110] A. a. O., S. 151.

Bäumler entwickelt erklärtermaßen ein Idealmodell kirchlicher Arbeit. Die schon bei Huber identifizierbare Tendenz zur Auflösung von Kirche in den Diskurs, gewinnt hier konzeptionelle Gestalt. Freilich steht und fällt Bäumlers Konstruktion damit, ob sich die von Habermas behauptete kommunikative Ausrichtung der Lebenswelt verifizieren läßt, oder nicht. Zweifel hieran lassen sich begründen. Sie greifen gerade im Hinblick auf die Möglichkeit, religiöse Symbolik in einen Diskurs zu überführen – freilich auch in Verfahren. Hubers Konzept war noch ohne expliziten sozialwissenschaftlichen Theoriebezug ausgekommen.

Im Hinblick auf die Wahrnehmungsproblematik stellt sich die Frage nach dem faktischen Stellenwert der angegebenen Idealvorstellungen eines Diskurses. Mit ihrer Hilfe können sowohl unberechtigte Herrschaftsansprüche als auch berechtigte Gewißheitsinteressen abgewiesen werden. Es wird ein sehr hohes Anspruchsniveau geschaffen, bei dem zu fragen ist, wer ihm gewachsen wäre. Es führt zum einen die Selbstwahrnehmung einer bestimmten Gruppe von Pastoren vor, die mit ihm zugleich eine Legitimation als auch eine Selbstbegrenzung ihres Definitionsanspruchs vollziehen. Zum anderen wird die Existenz „autonomer Gruppen" nicht nur gerechtfertigt, sondern sie werden auch in die Kirche eingebunden. Beide Aspekte haben sicherlich viel Positives an sich, bleiben aber binnenkirchlich fixiert. Welche Erwartungssicherheiten eine solche Gemeindepraxis schafft und wie sie dementsprechend kommuniziert, bleibt offen.

Die Wahrnehmung der Fremdwahrnehmung erscheint so defizitär zu sein. Freilich ist das Ethos dieses Konzeptes, seine Offenheit für die „anderen", eine starke Antriebsfeder, sich denn doch immer wieder der Fremdwahrnehmung auszusetzen. Wer das Bäumler-Modell wirklich durchführt, kommt darum nicht herum.

8.7. Eilert Herms

Anders als die bisherigen Konzepte begreift Eilert Herms Kirche formal als organisierte religiöse Kommunikation. Es geht ihm nicht um die Entwicklung normativer Vorgaben, sondern um die Angabe von Regeln, die den Aufbau der Organisation steuern. Sie seien die Grundlage der sozialen Verfaßtheit von Kirche jenseits des Gegensatzes von System und Lebenswelt oder anderer inhaltlicher Beschreibungen.

Kirche kommt so als Ort der öffentlichen Kommunikation über Religion in den Blick. In dieser Hinsicht ist ihr Funktionsprinzip von vornherein notwendig von der Lebenswelt distanziert. Die Leistungsfähigkeit öffentlicher religiöser Kommunikation muß gesichert werden. Sie erfolgt nicht durch spezifische Inhalte, sondern durch das Abheben auf „solche Formeln nämlich, welche die Welt in ihrer wesentlichen Interpretations*fähigkeit* interpretieren und damit zugleich auf den Konsens aller Interpreten hinsichtlich deren Konsens*fähigkeit* zielen."[111] D. h., die Identität von Kirche erwächst daraus, daß sie „die *Prinzipien* einer Kommunikationspraxis zu *selbstbewußter Ausdrücklichkeit* bringt"[112]. Entsprechend läßt er sich auch bei der Beschreibung der Inhalte kirchlichen Handelns nur auf funktionale Themenangaben ein. So ginge es um: a.) die Motive gesellschaftlichen Handelns, b.) die Einheit der gesellschaftlichen Wirklichkeit, c.) Identitätskrisen der Gesellschaftsmitglieder.[113]

Von diesen Überlegungen her sucht Herms nach soziologischen Begriffen. Nur wenn es gelinge, einen „klaren, handlungsrelevanten Begriff von der erfahrbaren sozialen Verfaßtheit des Glaubens zu entwickeln"[114], könne man realistische kirchliche Strategien entwickeln. Eben diese Anforderungen erfülle die soziologische Kategorie der Organisation. Sie umfasse drei konstitutive Merkmale:

— Regeln der Mitgliedschaft

— Fixierung auf spezielle Leistungen

— Interne Ausdifferenzierung von Funktionspositionen.[115]

Als Organisationen lassen sich neben den Kirchen auch Verbände, Schulen, Behörden begreifen. Für die Ausbildung persönlicher Handlungskompetenz und Identität ist die Partizipation an ihnen grundlegend. Einsichten in ihre Regeln und in die Interaktion zwischen ihnen ermöglicht Zielsicherheit.[116] Nicht schon die Teilnahme an einer Lebenswelt, sondern erst die Integration in solche Systeme ermögliche Selbständigkeit des Handelns und damit Subjekthaftigkeit.[117] Autonomie sei gegen sie nicht zu gewinnen.[118]

Der Glaube sprenge so nicht die soziale Welt, sondern qualifiziere sie: eben in der Organisationsform Kirche. Die Differenz zu anderen Systemen macht allein der Inhalt aus: „der in ihr kommunizierten weltanschaulichen Überzeugung und der dadurch eröffneten ethischen Perspektive"[119]. Theologisch rückt der Begriff

---

[111] Eilert Herms: Die Fähigkeit zu religiöser Kommunikation und ihre systematischen Bedingungen in hochentwickelten Gesellschaften. Überlegungen zur Konkretisierung der Ekklesiologie. In: Ders.: Theorie für die Praxis – Beiträge zur Theologie. München, 1982, S. 272.

[112] A. a. O., S. 274.

[113] A. a. O., S. 276 ff.

[114] Eilert Herms: Religion und Organisation. Die gesamtgesellschaftliche Funktion von Kirche aus der Sicht der evangelischen Theologie. In: Ders.: Erfahrbare Kirche. Beiträge zur Ekklesiologie. Tübingen, 1990, S. 49, hier S. 51.

[115] A. a. O., S. 57.

[116] A. a. O., S. 61.

[117] A. a. O., S. 62.

[118] Luhmann würde das anders sehen: Individualität und Autonomie – wenn es so etwas überhaupt gibt – läßt sich nur jenseits der Systeme gewinnen, in der Privatheit. Vgl. z. B. Ders.: Gesellschaftsstruktur und Semantik. Studien zur Wissenssoziologie der modernen Gesellschaft. Band 3. Frankfurt a. M., 1989, S. 347.

[119] E. Herms, a. a. O., S. 68.

des Leibs ins Zentrum: „Weil sich der Geist Gottes durch die Predigt des Evangeliums nicht auf die Hirne von Gespenstern, sondern von leibhaften Personen und damit auf deren leibhafte Lebensführung richtet" schaffe er eine Organisation.[120]

Kirche hat so ein mehrdimensionales Umweltverhältnis. Ihre Mitglieder sind immer auch Mitglieder in anderen Organisationen, und sie kann ihr Verhältnis zu diesen nur durch die Gestaltung ihrer Binnenkommunikation steuern. Ein Erfolg wäre daran zu messen, ob ihre Mitglieder auch in anderen Zusammenhängen von den in der Kirche erfahrenen Perspektiven Gebrauch machen.[121] Eben dies mache die Kirche pluralismusfähig und sorge für ihre gestaltende Kraft.

Das Verhältnis Kirche / Welt wird so durch die Binnenkommunikation der Kirche reguliert – und nicht dadurch, daß nach einer Phase der Binnenklärung noch eine Phase der Umsetzung in eine Außenorientierung hinzukäme. So formuliert er: „Der sozialgestaltende Einfluß des Christentums beweist sich letztlich daran, welche Rücksichtnahmen die Kirche ihrer organisierten Umwelt durch ihren *eigenen* Kurs als Organisation gebietet."[122] Dieser kann nur durch die Ausdifferenzierung von Funktionspositionen in der Kirche manifest werden.[123]

Herms will so die überkommene Dichotomie und Dialektik überwinden: „Die *unsichtbare* Kirche soll in Kirchen *erfahrbar* sein."[124] Es geht nicht um ein sozialethisches Programm als Anhängsel der sonstigen Praxis, sondern um ein „Programm der sozialen Gestaltfindung" des Evangeliums.

Entscheidend ist die Frage der Steuerung. Sie erfolgt in Herms' Organisation aus *Wissen*: „Das Handeln in jeder sozialen Funktionsposition, die von einem Glied der christlichen Gemeinde ausgefüllt wird, ist vom Orientierungswissen des christlichen Glaubens *gesteuert*."[125] Dieses Wissen, so sagt er pointiert, *herrscht*, indem es der gesamten Lebensführung „den Charakter eines *Gehorsams aus Gewißheit*" gibt.[126] Faktisch ist der Erwerb des Wissens an die öffentliche Verkündigung und damit an das Predigtamt gebunden. Und noch deutlicher: „Die christliche Handlungskompetenz der Glieder der Kirche" baut sich auf und rege-

---

[120] A. a. O., S. 67.
[121] A. a. O., S. 70.
[122] A. a. O., S. 76.
[123] A. a. O., S. 78.
[124] A. a. O., S. 76.
[125] Eilert Herms: Die „Theologische Schule". Ihre Bedeutung für die Selbstgestaltung des evangelischen Christentums und seine sozialethische Praxis. In: Ders., Erfahrbare Kirche, a. a. O., S. 157, hier S. 178. Pointiert kommt diese Vorstellung in den Herms' Studien zum Sport zum Ausdruck: Eilert Herms: Sport. Partner der Kirche und Thema der Theologie. Hannover, 1993, S. 55 ff. u. ö. Er analysiert, daß der Sport als leibhafte Betätigung zwar einen erheblichen Sinn hat, es aber strukturell offen bleibt, welchen. Dieser Lücke aber sei nur durch Wissen zu füllen, das nicht von den Sportlern selbst, sondern von Dritten, z. B. der Kirche kommen muß.
[126] A. a. O., S. 179.

neriert sich „nur durch geistliche Erfahrungen mit der kompetenten Führung des Predigtamtes"[127].

Damit wird ein Modell des hierarchisch vermittelnden Wissens konstruiert. Es entspricht eher dem überkommenen Begriff der Institution, der deutlicher als der der Organisation auf statische, ritualisierte Interaktionsordnungen verweist. Als Organisationen lassen sich hingegen flexible Formen begreifen, die auf relativ wenig Vorgegebenheiten angewiesen sind und der Erreichung bestimmter Ziele dienen.[128] Beides scheint aber – gerade in der Analyse von Herms – in der Kirche anders zu sein. Es wäre plausibel zu sagen, daß sich die Kirche Organisationen schafft – was ja auch faktisch geschieht. Gerade für diese Bereiche – z. B. in der Diakonie – ist jedoch kennzeichnend, daß das hegemoniale Predigtamt zugunsten stärker organisierter Prozesse zurücktritt – was aber umgekehrt nicht heißt, daß sich christlicher Glaube hier einfach auflöst. Er wandelt jedoch seine Form, weil die Theologie nur eine Funktion unter anderen ist. Eine Steuerung dieser Bereiche allein aus der Lehre heraus, was Herms wohl letztlich vorschwebt, ist kaum denkbar, weil die theologische Lehre gar nicht den Grad an Komplexität haben kann, der hierfür nötig ist.

Daran schließt sich ein zweiter Kritikpunkt an. Herms betont die Tatsache der leibhaften Verfaßtheit von Kirche: „Der Geist schafft die Glaubensgewißheit und Glaubensgemeinschaft leibhafter Menschen; und deshalb auch eine leibhafte Gemeinschaft, eine leibhafte Weise des Umgangs der Glaubenden miteinander und mit ihrer Umwelt."[129] Und er folgert in dieser Hinsicht konsequent: „Die Erfahrung von Kirche hängt an der Erfahrung kirchlicher Ordnung" – also nicht primär an der Lehre, sondern an ihrer Gestalt. Diese Erkenntnis wird jedoch nicht eingelöst. Herms meint offensichtlich, daß sich auch die „Gestaltung des Leibes" qua Wissen vollzöge. Er ließe sich auf bestimmte Zwecke hin organisieren. Wie man sich das vorzustellen hat, bleibt jedoch offen. Konsequenterweise müßte sich Herms soziale Gestalt des Glaubens körperlich äußern: als kirchlich-religiöser Habitus. Aber geht es ihm darum? Und, wenn ja: Läßt es sich wirklich vorstellen, daß Christen, bruchlos gebunden an die Lehrordnung ihrer Kirche, in anderen Lebensbereichen ihren Dienst tun? Dermaßen einlinig, wie Herms sich dieses Verhältnis vorstellt, kann es nicht sein.

Dennoch muß festgehalten werden, daß Herms neue Akzente in der ekklesiologischen Diskussion setzt. Er will die Dichotomie von Gemeinschaft oder Lebenswelt und System i. S. Habermas' handlungsorientiert auflösen: In seiner

---

[127] A. a. O., S. 182.
[128] Vgl. zur Frage, ob Kirche eine Organisation sei Karl-Fritz Daiber: Funktion und Leistungsfähigkeit von Konzepten und Strategieüberlegungen für den Gemeindeaufbau. In: PTh. Jg. 78, 1989, S. 362.
[129] Eilert Herms: Auf dem Weg in die offene Gesellschaft. In: Ders.: Erfahrbare Kirche, a. a. O., S. 239, hier S. 243.

Sicht schafft erst die Mitgliedschaft in Organisationen Subjektivität und Handlungsfähigkeit. Zudem betont er völlig zu Recht, daß sich die Steuerung von Kirche durch Selbstreferenz ergeben muß – was freilich die Beobachtung der Wahrnehmungsweisen anderer nicht aus-, sondern vielmehr einschließt. Entschlossen beutet Herms so das soziologische Konzept der Organisation für Kirche aus und vermittelt es mit ihrer Selbstwahrnehmung. Auf diese Weise kann er Grundoperationen von Kirche angeben und kirchliche Handlungsvollzüge operationalisieren, sodaß sie auch für die Fremdwahrnehmung identifizierbar sein können. Die Grenze seiner Konzeption besteht in der Einseitigkeit, mit der er den Wahrnehmungs- und Kommunikationsprozeß zwischen Kirche und anderen Organisationen allein kognitiv begreift. So entsteht der Eindruck, Kirche könnte ihn sozusagen völlig neu konzipieren. Tatsächlich ist sie aber – mit ihrem ‚Leib' – immer schon in die gemeinsame Welt eingebunden.

8.8. Eberhard Mechels

Einen Schritt weiter in der Rezeption der Soziologie geht Eberhard Mechels[130] und kommt zu entgegengesetzten Schlußfolgerungen. Er akzeptiert die Systemtheorie Luhmanns als angemessene Deutung der Gegenwartsgesellschaft und konfrontiert ekklesiologische Entwürfe mit ihr. Dabei ist entscheidend, daß diese soziologische Theorie, wie aufgezeigt, die Möglichkeit der Differenz prämiiert und d. h. von vornherein eine Theologie, die sich als Artikulation „des anderen" ausformt, als Partner vorziehen wird. Es geht folglich nicht um „Anpassung" der theologischen Codes an andere Systeme, sondern gerade um das Aufzeigen ihrer Widerständigkeit, ihrer Eigenlogik. Von daher ist es kein Wunder, wenn Mechels zu dem Ergebnis kommt, gerade die Barthsche Theologie und ekklesiologische Konzeption würde den von Luhmann analysierten Bedingungen am besten entsprechen. Sie habe die Situation der vollendeten Säkularisierung (d. h. der Ausdifferenzierung der Funktionsbereiche) vorweggenommen.[131] Indem sie sich der Verrechnung unter eine Funktionalität gerade verweigere und ihr Anderssein profilieren würde, entspräche sie ihr.

Zentral ist eine innertheologische Entscheidung: die vollendete Entsakralisierung der Kirche. Sie sei kein Sakrament, teile auch keine aus, sondern bezeuge im Barthschen Sinne das Sakrament Jesu Christi.[132] Glaube sei voll und ganz menschliche Tat, menschliches Werk des Anerkennens, Bezeugens Jesu Christi. Eben so markiere er eine „kognitive Differenz"[133] zwischen Kirche und Gesell-

---

[130] Eberhard Mechels: Kirche und gesellschaftliche Umwelt. Neukirchen-Vluyn, 1990.
[131] A. a. O., S. 233.
[132] A. a. O., S. 300.
[133] A. a. O., S. 313.

schaft, die systemfunktional weder abzuleiten noch zu begründen sei. Das Sein in der Wirklichkeit des Reiches Gottes[134] stelle das „ärgerlich kontingente Faktum der Grenze zwischen christlicher Kirche und Gesellschaft" dar.[135] Es bezeichne sowohl die Grenze der Funktionalität, der Leistungsfähigkeit als auch der elementaren Kommunikabilität. Kirche transformiere so nicht Kontingenz in Gewißheit, sondern decke sie gerade durch ihr Anderssein auf.[136]

Die Wahrnehmung der Kirche wird so theologisch nicht mittels einer Differenz der Wahrnehmungsgrade gesteuert – in dem Sinne, daß hier eine „sakramentale Insel mit Streueffekt in einer profanen Umwelt"[137] wäre. Kirche und Gesellschaft unterscheiden sich in keiner Weise dadurch, daß in ersterer Gott präsenter wäre. Deswegen sei das Verhältnis der Kirche zu ihrer Umwelt nicht als „ein Gefälle von Wirklichkeitsdichte der Heilspräsenz bzw. Heilspräsentierung und auch nicht einmal von Möglichkeitsdichte der Wahrnehmbarkeit des Reiches Christi"[138] bestimmbar. Kirche wird nicht anders erfahren, als andere Bereiche auch. Nicht einmal die Möglichkeit einer anderen Wahrnehmung sei größer: Kirche ist nichts Besonderes. „Es ist vielmehr die Differenz der realisierten, der *praktizierten Wahrnehmung* des durchaus universal Wahrnehmbaren."[139] Die Gemeinde tut nichts anderes als das Selbstverständliche: Gott zu antworten in der Noch-Partikularität. Daß dies angemessen wahrgenommen wird, ist jedoch eine Frage des Glaubens, d. h. eine Frage, die nur in der Selbstrefentialität des Systems Kirche / Glauben beantwortet werden kann. Von „außen" ist nichts Besonderes zu sehen. Der Glaube schafft sich zirkulär seine eigene Wahrnehmung.

Die Systemtheorie könne das kontingente Faktum der Gemeinde nur soweit erklären, „insofern sie *nicht* sie selber ist"[140]. Was Gemeinde konstituiert, warum es sie gibt, was sie inhaltlich bestimmt, ist so nicht erfaßbar. Mechels konkretisiert dies näher indem er Gemeinde als Ort des Einbruchs nicht vorgesehener Möglichkeiten begreift: „Gemeinde ist der Ort der Zufälle, und eben darin wird ihr Eigentliches als Andersheit sichtbar." „Dort geschieht, wovon man nicht weiß, woher es kommt, noch wohin es geht."[141] Gegenüber anderen Teilsystemen innerhalb der Gesellschaft und auch gegenüber der gesamten Gesellschaft sei Gemeinde „der Ort des Einbruchs anderer, gesellschaftlich nicht vorgesehener Möglichkeiten". So kann er formulieren: Kirche sei Umwelt der Gesellschaft. Jede Wahrnehmung von Kirche, die nicht aus ihr selbst kommt, muß so an ihr

---

[134] A. a. O., S. 314.
[135] A. a. O., S. 305.
[136] A. a. O., S. 306.
[137] A. a. O., S. 300.
[138] A. a. O., S. 301.
[139] A. a. O.
[140] A. a. O., S. 303.
[141] A. a. O., S. 307.

vorbeigehen. Sie ist nur dann angemessen, wenn sie Kirche als etwas Fremdes, Kontingentes aushält und sich von ihr dementsprechend in Frage stellen läßt.

Die durch die funktionale Ausdifferenzierung erzeugte Abdrängung der Kirche aus zentralen Bereichen der Gesellschaft stellt so die Chance dar, prägnanter und ohne die Notwendigkeit, Integration leisten zu müssen, zu profilieren, worin diese anderen Möglichkeiten bestehen. Der Anspruch der Kirche ist so umfassender als der der Gesellschaft selbst: sie wird von Kirche in ihrer Partikularität entlarvt. Die Beweislast dreht sich um: „Die Partikularität der Kirche ist nicht auch die Partikularität der von ihr in der Praxis des Glaubens, der Liebe und der Hoffnung wahrgenommenen Wirklichkeit."[142]

Dabei geht es Mechels um die Gemeinde: die „einfache" Ebene der Sozialbeziehungen. Fragen der Leistungserbringung i. S. Luhmanns[143] oder der Organisation i. S. Herms' interessieren nicht. Kirche hier einzuordnen sei zwar möglich, würde aber am Kern des Problem – der Differenz – vorbei gehen.

Mechels läßt sich auf soziologische Theorien ein, ohne doch die theologische Arbeit an sie anzupassen. Dies ist möglich, weil die von ihm gewählte Soziologie solch ein Vorgehen erlaubt. Das Miterleben einer geteilten sozialen und kulturellen Welt gelte auch für die Theologie. Aber sie verarbeite diese mit den Mitteln ihrer eigenen Logik[144] und nimmt sie eben so als Umwelt wahr. Auch das einfache Sozialsystem Gemeinde funktioniere als soziales System.

Gegenüber der Durchstilisierung der Kirche als Organisation bei Herms bietet Mechels das konsequente Gegenbild. In seiner Kirche herrscht eher das Chaos als die Ordnung. Wird sie angemessen fremd wahrgenommen, so bricht ihre Kontingenz im Gegenüber zur Gesellschaft auf. D. h.: Fremdwahrnehmung kommt an ihre Grenzen, wird irritiert. Sie kann sie nicht angemessen erfassen. Zu fragen bleibt, wo und wie dies praktisch erfahrbar ist. Plausibel wäre es für Gestalten des religiösen Dissenses und der charismatischen Gemeinde – und vermutlich hebt Mechels auch darauf ab.[145]

Die Nähe der Luhmannschen und Barthschen Konzeption liegt in der Tat auf der Hand: Beiden geht es um die Ausarbeitung spezifischer Logiken partiell erschei-

---

[142] A. a. O., S. 320.
[143] A. a. O., S. 303.
[144] Mechels analysiert diese Beziehungen auch für Thomas von Aquin und Martin Luther. Letzterer verarbeite die Situation der ständigen Bedrohung des Systems, indem er den Verlust des Vertrauens in die Güte oder die vernünftige Weltordnung durch das alleinige Vertrauen auf Gott ersetze. Die Ordnung der Welt wird von Gott garantiert – nicht durch sie selbst. Ihm gegenüber gibt es weder Kontingenz noch Necessität. Handeln gegenüber Gott fällt vollkommen aus und bleibt so übrig zur Weltgestaltung. Kirche ist creatura verbi (E. Mechels, a. a. O., S. 133).
[145] Vgl. hierzu auch den verwandten Ansatz von Michael Welker: Gottes Geist. Theologie des Heiligen Geistes. Neukirchen-Vluyn, 1992, der den Begriff der Emergenz in den Vordergrund rückt.

nender, aber sich selbst als umfassend begreifende Wirklichkeiten – und beide wehren sich dementsprechend vehement gegen die Durchmischung der Felder. Luhmanns Religionsbegriff kann dermaßen abstrahiert werden, daß ihm nur eine konsequente Offenbarungstheologie antworten kann. Ethik fällt in diesem Fall – wie auch bei Barth – aus: Christlicher Glaube ist Existenzbestimmung – aber nicht kategoriale Handlungsanleitung. Daß dies dennoch Folgen für die Handlungsorientierung hat, liegt auf der Hand. Es ist jedoch nicht das primäre Interesse.

Dennoch ist die Mechelsche Alternative nicht wirklich überzeugend. Daß die Systemtheorie die Inhalte des Glaubens nicht traktiert, sagt sie selbst. Inhalte gehören systemtheoretisch zur Umwelt der Systeme. Was z. B. Glaube an den lebendigen Gott im psychischen System anrichtet, läßt sich systemtheoretisch weiter aufschlüsseln, als Mechels dies tut, aber was dieser Glaube letztlich selbst ist und woher er kommt, bleibt offen. Auch wird die systemtheoretische Position kaum die Möglichkeit des Einbruchs gesellschaftlich nicht vorgesehener Möglichkeiten verneinen: vielmehr denkt sie soziale Ordnung gerade als Selektion unendlich vielfältiger Möglichkeiten. Ihre Frage ist nicht, ob es einen solchen Einbruch überhaupt geben kann, sondern nach seiner Anschlußfähigkeit für soziales Handeln, das sich auf diese Weise stabilisiert oder einfach wieder verschwindet. Mechels drückt sich um eine Antwort auf die Frage, was sein Ansatz im Hinblick auf die Qualifizierung der geteilten Welt konkret bedeutet.

Die Berechtigung von Mechels Anfrage liegt darin, daß sich im christlichen Glauben eine Möglichkeit artikuliert, die in der Tat systemtheoretisch nicht zu verrechnen ist: die der Selbstverleugnung und des Verzichts auf Selbsterhaltung. Diese Möglichkeit ist im Kreuz Christi Wirklichkeit. Theologisch ist dies die Wahrnehmung eigentlicher Erfahrung. Aber läßt sie sich als solche in stabile Handlungsstrukturen, die eine Fremdwahrnehmung ermöglichen würden, überführen?

8.9. Fazit: Die Eigenwahrnehmung von Kirche zwischen Unter- und Überprofilierung.

Die ekklesiologischen Konzepte verarbeiten die Schwierigkeit, den abstrakt codierten protestantischen Glauben für die konkrete Gestaltung von Kirche zu rekonkretisieren. Von sich aus umschließt er weder eine Form von Gemeinschaftlichkeit noch eine bestimmte Organisationsform überhaupt. Es gibt ein protestantisches Problem mit der Kirche, das sich in der beständigen Nötigung zum Diskurs darüber, wie sich das theologische Verständnis von Kirche zu ihrer empirischen Vorfindlichkeit verhält, artikuliert. Die wahrnehmbare Kirche unterliegt protestantisch dem Dauerverdacht, das, worum es wirklich geht, zu verschleiern, ja zu verdunkeln. Daraus erwächst eine eigensinnige Haltung des protestantischen Theologen: Er kann sich nie so richtig mit seiner Kirche identifizieren. Insofern besteht bereits auf einer grundsätzlichen Ebene die Vermutung, daß sich evangelische Kirche als Diskurs wahrnehmen läßt.

Diese These wird dadurch bestätigt, daß es paradoxerweise gerade jene ekklesiologischen Modelle sind, die am deutlichsten die Notwendigkeit von Gemeinschaft und im weiteren von solidarischen Lebensformen in Herrschaftsfreiheit postulieren, die diejenigen Qualitäten christlichen Glaubens, die auf Distanz und Differenz abheben, am energischten betonen: Huber arbeitet mit dem Modell des Aushaltens von Konflikten, und Bäumler empfiehlt die Selbstreflexion der Pastoren als Mittel gegen die Verlockungen der Macht. In beiden Fällen werden auf diese Weise hohe Erwartungen an jede Form der Wahrnehmung gestellt, da sie sich, wenn sie angemessen sein will, auf diskursive Formen und Haltungen einlassen muß.

Dies gilt für alle Konzepte: Die simple *Befriedigung* von Bedürfnissen zum Maßstab der Bewertung kirchlicher Arbeit zu machen wäre vollkommen unangemessen. Eine entsprechende Zumutung würde von allen Autoren heftig abgewehrt werden. Eben dieser *Gestus* weist aber darauf hin, daß auch die schlichte *Wahrnehmung* von Bedürfnissen unterbelichtet bleibt. Sie soll auch nicht zum Thema werden. Natürlich befriedigt Kirche in jedem Augenblick unzählige konkrete Bedürfnisse – aber dies kann so nicht gesehen werden! Bereits an dieser Stelle läßt sich vermuten, daß eine solche Haltung nur dann möglich ist, wenn Kirche sich nach wie vor in einem kulturell-sozialen Rahmen bewegt, der letztlich doch ein hohes Maß an selbstverständlichen christlichen Orientierungen aufweist. Wäre dies nicht der Fall, könnte so nicht verfahren werden. Nur unter diesen Voraussetzungen läßt sich davon absehen, einen klar umgrenzten Eigenwert von Kirche im Gegenüber zu den Bedürfnissen zu profilieren.

Das Positive ist, daß auf diese Weise die ekklesiologischen Systeme ein hohes Maß an Autonomie erarbeiten: Jede Form vordergründiger Kritik kann als nicht sachgemäß abgewiesen werden. Und was jeweils als vordergründig gilt, entscheidet das Konzept selbst. Steuerungsentscheidungen fallen unter Bezug auf vorausgegangene Entscheidungen. Dies war auch systemtheoretisch nicht anders zu erwarten. Kennzeichnend ist jedoch, daß vorhandene, empirisch erfaßbare Fremdwahrnehmung in dieser Logik letztlich nur als vordergründig betrachtet werden *kann*. Jedenfalls sind die empirischen Daten über den konkreten Nutzen von Kirche mit den theoretischen Konzepten nicht nur nicht kompatibel – sie haben keine Bedeutung für sie. Damit kann aber – pathetisch formuliert – die Schlußfolgerung nur lauten: Der wirkliche, empirische Mensch in seiner Lebenswelt mit seinen Bedürfnissen, Interessen, Wünschen kommt schlicht nicht vor. Die behandelten ekklesiologischen Positionen fordern einen Habitus, der sich von konkreten Situationen beständig distanziert.

Was aber kommt dann vor? Das läßt sich näher erfassen, wenn man auf die spezifische Umcodierung achtet, die das Verhältnis von Eigen- und Fremdwahrnehmung in vielen Konzepten erfährt. Statt sich der Sichtweise der Menschen „von außen" auszusetzen und auf einen Plausibilitätsgewinn hin zu arbeiten, diskutiert man das Problem des Verhältnisses von Gemeinschaft, Gemeinde, kleiner Gruppe und Organisation bzw. Institution Kirche. Mir scheint es so zu sein, daß mit diesen Differenzen und Dichotomien das Problem der Integration von praktischer Vernunft und kirchlicher Organisation zwar gesehen, oder besser: „erahnt", wird. Gemeinschaft und Gruppe erscheint gegenüber der traditionalen Betonung der öffentlichen Verkündigung „näher" an den Menschen zu sein. Für wen es das allerdings ist, wird nicht überprüft. Das Problem des Verhältnisses Gemeinde / Kirche ist ein rein innertheologisches. Funktional gesehen ersetzen diese Konstruktionen innertheologisch das, was sich von außen als Auseinanderdriften von Eigen- und Fremdwahrnehmung darstellt. Anders gesagt: Man meint der Situation dadurch Herr werden zu können, daß man die kleine Gruppe in der Kirche stilisiert.

Gearbeitet wird so nicht über vorfindliche Gegensätze, Differenzen und Paradoxien von Alltag und Organisation, sondern entlang der normativen Vorgabe theologischer Postulate. Sie stellen den Filter für die Wahrnehmung von Fremdwahrnehmung dar. So spielt z. B. das Problem der Bewältigung von Herrschaft bei Huber und Bäumler eine zentrale Rolle. Ob es auch das Problem der Menschen ist, die Kirche in Anspruch nehmen, wird gar nicht gefragt, muß aber in der Logik der Konstruktion unterstellt werden. Die Betonung dieses Problems deutet aber immerhin darauf hin, daß die tradionale Codierung von Glauben als Beständigkeit an Plausibilität verloren hat. Gleichwohl steigert die Stilisierung des Diskurses die habituellen Voraussetzungen nicht unerheblich. Motive, sich an ihm zu beteiligen, werden vorausgesetzt: D. h. wiederum, daß eine irgendwie noch geteilte, christliche geprägte Lebenswelt unterstellt wird.

Dies kommt auch deutlich darin zum Ausdruck, daß der „Mensch" theologisch „inklusiv" vorkommt. D. h.: Er wird zum Produkt der eigenen theologischen Konstruktion und ist nicht Umwelt von Kirche, die es als Fremde wahrzunehmen gelte. Aus diesem Grund wird auch die Frage nach den Leistungen der Organisation Kirche für die „Menschen" nicht gestellt: die „Menschen" sind ja die Kirche – damit erübrigt sich die Frage!

Auf diese Weise ergibt sich ein doppeltes Fazit:

– Die ekklesiologische Debatte erweckt nicht den Eindruck, als würde sie das Problem des Verhältnisses von Eigen- und Fremdwahrnehmung sonderlich ernst nehmen. Modelle von Kirche werden nicht nur selbstbezogen konstruiert – und zwar gerade in den Fällen, in denen „fremde" Wahrnehmungselemente in Gestalt von sozialwissenschaftlichen Theorien und Versatzstücken rezipiert werden. Sie weisen darüber hinaus auch die einfache Rezeption von empirischen Ergebnissen als nicht sachgemäß ab. Dies scheint deswegen der Fall zu sein, weil letztlich eine noch immer geteilte, christliche geprägte Lebenswelt unterstellt wird. Zweifelt man dies an, dann läßt sich als Fazit festhalten: Die Eigen- und Fremdwahrnehmung driften weiter auseinander.

— Unter derartigen Bedingungen ist es schwierig, kirchliches Handeln plausibel zu operationalisieren. Die Angabe von Handlungszielen, die von Kirche verfolgt werden sollen, setzt Zielorientierung voraus. Genannt werden jedoch keine Ziele sondern eher habituelle Zuschreibungen: Aushalten können von Konflikten, Selbstreflexion, maximenorientiertes Handeln. Die Rolle derartiger Kompetenzen in der Lebenswelt moderner Gesellschaften wird jedoch nicht eruiert. Zugespitzt formuliert: Die Konzepte fordern für eine angemessene Wahrnehmung von Kirche von den „Menschen" recht hohe Qualifikationen ohne sich jedoch zu fragen, warum man sich diese Qualifikationen überhaupt aneignen soll. Sie tendieren damit zu Engführungen, denn sie produzieren als Erwartungen an die Umwelt lediglich Kopien ihrer selbst. Noch einmal gesagt: Dies funktioniert nur in einer von vornherein christlich geprägten Welt. Sonst betreiben die Konzepte nichts anderes als Projektion, denn sie erwarten im ernst von jedem Fremdbeobachter, daß er Kirche mit den Augen eines Insiders wahrnimmt.

Ekklesiologische Konzepte scheinen entweder unter- oder überprofiliert sein: Entweder es werden lediglich formale Merkmale entwickelt (Honecker, Herms), auf die sich Eigen- und Fremdwahrnehmung beziehen kann – oder die Struktur von Kirche wird stark von spezifischen, inhaltlichen Interessen her gedacht (Bäumler, Huber). Während die ersten Fremdwahrnehmung in einem breiten Umfang aufnehmen können, zeigen die zweiten ein deutlich engeres Inklusionspotential: Die Kirche der ersten ist offen für alle, die ein Interesse an Verkündigung haben – die der zweiten für diejenigen, die primär die Bewältigung von Macht und Herrschaft im Blick haben. Entsprechend werden Anspruchniveaus gegenüber der Fremderwartung aufgebaut werden. Plausibel sind sie in beiden Fällen aber nur vor dem Hintergrund einer ‚aufgeschlossenen' Umwelt. Ist sie indifferent, müssen zusätzliche Leistungen erbracht werden, um Nützlichkeit überhaupt erst deutlich zu machen. D. h., daß entgegen der methodischen Ausgangsvermutung ekklesiologische Konzepte keine operativ geschlossenen Systeme darstellen. Sie bleiben an eine spezifische Umwelt gebunden. Kirche kann sich nur unter Bezug auf sich selbst nicht reproduzieren.

Von „außen" gesehen verarbeitet Kirche Erfahrungen mittels einer spezifischen Codierung im Interesse ihrer eigenen Reproduktion. In diesem Prozeß hält sie mehr oder minder erfolgreich den Bedarf nach religiöser Kommunikation wach und sucht beständig nach Erfahrungen der Menschen, die sich entsprechend bearbeiten lassen. Eine überzeugende ekklesiologische Theorie müßte deswegen zeigen können, wie Kirche den jeweiligen Bedarf an solcher Kommunikation in ihrer Umwelt wahrnimmt, ihn weckt und pflegt und entsprechend bearbeitet.

Wohin der Weg unter diesen Bedingungen gehen kann, zeigen gerade in ihrer Unterschiedlichkeit die Konzepte von Herms und Mechels. Beide sind in der Entwicklung des systemischen Charakters von Kirche und Gemeinde am weitesten vorangeschritten: Herms, indem er Kirche konsequent als formale Organisation begreift, die sich auf einen erfassbaren Bedarf an Kommunikation in der Gesellschaft professionell bezieht; Mechels, indem er Gemeinde als operativ geschlossenes System konsequent von ihrer Eigenwahrnehmung her, d. h. charismatisch, begreift. Damit ist eine Alternative in der Verhältnisbestimmung von Eigen- und Fremdwahrnehmung der Kirche beschrieben, die sich auch in der Praxis beobachten läßt.

248

9. Die Bewältigung der Wahrnehmungsdifferenz in der kirchlichen Praxis. Praktisch-theologisch Beobachtungen.

Die Frage soll nun sein, wie Kirche praktisch unter den Bedingungen der zunehmenden Auseinanderentwicklung der Eigen- und Fremdwahrnehmung dessen, was sie tut und will, handlungsfähig ist. D. h.: Wie verarbeiten Pastoren die Differenz der Wahrnehmung? Welche Wege können sie gehen, um „zurecht" zu kommen – was das auch immer konkret heißt.

Das Problem sei praktisch an einem Beispiel verdeutlicht: Ein Verkäufer weiß auch dann, wenn er heftig kritisiert wird, was er tut: nämlich, *daß* er etwas verkauft, und er weiß, *was* er verkauft. Er weiß dies intuitiv deswegen, weil er sich trotz Bestreitung seines konkreten Tuns auf eine plausible, anschlußfähige Codierung eines Tuns beziehen kann. Wie sieht dies bei Pastoren aus? Unter entsprechenden Bedingungen kann sich zwar ein Pastor auf seinen Auftrag beziehen. Er ist aber nicht in gleicher Weise plausibel kommunizierbar. Davon ist auszugehen.[1] Kirche hat, wie gesagt, Kommunikationsprobleme,[2] die sich nicht nur allgemein und abstrakt in den Diskursen der Theologie niederschlagen, sondern in der alltäglichen Arbeit der Pastoren.

Die Situation ist verunsichernd. Die subjektive Reaktion auf die Desintegration der Eigen- und Fremdwahrnehmung kann die Erfahrung des Bedeutungsverlusts des eigenen Tuns sein. Es gibt immer weniger Situationen, die sich allgemeiner Zustimmung erfreuen können. Dies kann sich als Rückgang des Sozialprestiges der Pastoren niederschlagen, ohne daß der einzelne Pastor daran etwas ändern könnte. Solch ein Prozeß hat Folgen für die Motivation von Pastoren, Leistungen zu erbringen. Warum sollen Pastoren z. B. kranke Gemeindeglieder im Krankenhaus besuchen, wenn die Kommunikation zum einen ohnehin schwierig ist und zum anderen, wenn sie dabei z. B. noch ausgelacht und verspottet werden?

---

[1] Vgl. zu den mit dieser Situation verbundenen Problemen eines Dialogs zwischen Kirche, Theologie und Wirtschaft: Josef Wieland: Die Ethik der Wirtschaft als Problem lokaler und konstitutioneller Gerechtigkeit. In: Ders. (Hrsg.): Wirtschaftsethik und Theorie der Gesellschaft. Frankfurt a. M., 1993, S. 7 und die weiteren Beiträge dieses Bandes.

[2] Ein Strategie zur Bewältigung dieser Situation kann in der Inszenierung eines „Bruchs" in der Kommunikation zwischen Kirche und anderen bestehen. Wie dies aussehen kann, hat Eduard Thurneysen: Die Lehre von der Seelsorge. Zürich, [5]1980, S. 114 ff., vorgeführt. Die Kommunikation zwischen Kirche und Gesellschaft wird dann zum „Kampfgespräch". Dies bedeutet nicht, um Thurneysen in Schutz zu nehmen, daß Kirche nur noch Monologe führt. Es geht auch hier um das wirkliche Verstehen der Wirklichkeit des Menschen in all seinen Bezügen. Aber diese Bezüge sollen in das neue Licht des Evangeliums getaucht werden. Weil dies nicht plausibel ist, kommt es zum Bruch. Der Seelsorger hat letztlich einen einsamen Stand (S. 128). Die Voraussetzung für eine solche Strategie ist der völlige Verlust des Bezuges zur Lebenswelt im theologischen Selbstverständnis. Die Spannung zwischen Distanz und Identifikation wird einseitig aufgelöst.

Prinzipiell lassen sich zwei Wege unterscheiden, die im Folgenden immer wieder deutlich werden. Der eine besteht darin, Distanz zu den konkreten Bedingungen zu gewinnen, um so die Situation trotz allem beherrschen und handlungsfähig bleiben zu können. Dies läßt sich in prinzipieller Hinsicht als *Professionalisierungstrategie* begreifen. Die zweite Möglichkeit besteht darin, in der Situation die eigene Sichtweise pathetisch zu steigern und über die Aktivierung einer Anhängerschaft Gestaltungskraft zu gewinnen. Dieser Weg kann als *charismatische Strategie* bezeichnet werden.

Moralistische Sichtweisen, wie die Einschärfung des Auftrages, helfen nicht weiter. Sie fördern eine latente „Mißerfolgsorientierung". Auch eine „Entspannung" der Situation durch die Ausdifferenzierung von Tätigkeiten und den damit verbundenen partiellen Motivationsgewinn führt auf die Dauer nicht zum Erfolg, wenn nicht die Grundoption deutlich ist, auf deren Basis sich die Ausdifferenzierung vollzieht.

Zugleich muß auch gesehen werden, daß diese Situation bei aller Verunsicherung neue Freiheiten eröffnet. Für den, der beobachten kann, wie sich die Beobachtungen anderer auseinanderentwickeln, ergibt sich die Möglichkeit, sich zu entscheiden. Er ist nicht von vornherein festgelegt und insofern in einer privilegierten Situation. Er kann eine experimentelle Haltung an den Tag legen. Eine sich beim Treiben von Theologie selbst beobachtende Theologie könnte hierzu verhelfen. Sie braucht dazu die Sozialwissenschaften.

Unter diesen Bedingungen sind zwanglose Formen religiöser Kommunikation höchst unwahrscheinlich – wenngleich Zwanglosigkeit und Gelassenheit lebensweltlich die plausibelsten Aspekte des Glaubens sind. Zwanglosigkeit ist deswegen nicht zu erreichen, weil es für die Religion zunehmend zur Aufgabe wird, „das Problem erst schaffen zu müssen, an das sie anknüpft"[3]. Die Plausibilität von Kirche muß durch Strategien, die sich auf die Lebenswelt als Umwelt der Kirche beziehen, erst hergestellt werden. Aus dem Dilemma des Auseinanderdriftens der Wahrnehmungen läßt sich so nicht entkommen – es läßt sich lediglich gestalten, wenn überhaupt.

Der klassische, bürgerlich-protestantische Pfarrertyp erschien deswegen als hegemonial, weil er sich in allen Umbrüchen und Differenzerfahrungen auf die vorherrschende Codierung von Religion als Beständigkeit beziehen konnte und hierin Anschlußfähigkeit praktizierte. Dies konnte sich gerade auch im Bereich des Moralischen und der Erziehungstätigkeit umsetzen lassen. Dieser religiöse Typ verkörperte auch im hintersten Winkel der Welt ihren Zusammenhalt und ihre Zuverlässigkeit. Er beruhte folglich auf einer Einheitserfahrung der Welt, die

---

[3]   Detlef Pollack: Religiöse Chiffrierung und soziologische Aufklärung. Die Religionstheorie Niklas Luhmanns im Rahmen ihrer systemtheoretischen Voraussetzungen. Frankfurt a. M., 1988, S. 185.

verlorenzugehen scheint._[4] Eben diese Erfahrung scheint sich aber zu zersetzen. Gerade die Anschlußfähigkeit an Moral und Erziehung wird zum Problem. Der moderne Pfarrertyp ist auf die Erbringung zusätzlicher Leistungen angewiesen und braucht hierzu die Erschließung zusätzlicher motivationaler Ressourcen, um dem Druck der Differenz auszuhalten. Denn in der Differenz von Eigen- und Fremdwahrnehmung ist der Pfarrer in der Tat „anders".[5] Es geht ihm dabei allerdings auch nicht anders als anderen. Aber wie bei anderen auch, fragt sich: Welche Prämien gibt es für dieses Anderssein?[6]

I. F. werden praktisch-theologische Beobachtungen der Verarbeitung des dargestellten Dilemmas vorgestellt. Zum einen geht es um die religiös-kirchliche Zentralrolle, den Pfarrer, sodann um den Gottesdienst und schließlich um einen Bereich volkskirchlicher Praxis, der stärker als andere Fremdwahrnehmung aufnimmt: die Diakonie.

9.1. Repräsentanz und Charisma: der Pfarrer

Wird Kirche wahrgenommen, dann ist dies oft zunächst die Wahrnehmung der Gestalt des Pfarrers.[7] Die Wahrnehmung der hinter ihr stehenden Organisation ist deutlich sekundär. Erfahrungen mit dieser Figur wirken biographisch lange nach. Für die Einstellung zur Kirche ist die lebenspraktische Auseinandersetzung mit ihr von zentraler Bedeutung.[8] Religiosität – besonders protestantische Religiosität – akzentuiert sich an ihr.[9] Sie wird durchaus als „Mensch" gesehen, aber diese Wahrnehmung wird in demselben Akt transzendiert: wer den Pfarrer sieht, sieht

---

[4]   Vgl. lediglich als ein Beispiel hierfür das Werk von Christoph Hein. Siehe: Detlev Pollack: Religiöse Dimensionen im Werk Christoph Heins. In: BThZ. 7. Jg. Heft 2, 1990, S. 177.

[5]   So Manfred Josuttis bahnbrechende Studie: Der Pfarrer ist anders. Aspekte einer zeitgenössischen Pastoraltheologie. München, ³1987. Er analysiert meisterhaft die Dialektik des Verhältnisses von Eigen- und Fremdwahrnehmung der Gestalt des Pfarrers. Im 2. Band: Der Traum des Theologen. München, 1988, wird diese Dialektik jedoch einseitig zugunsten der Eigenwahrnehmung aufgelöst.

[6]   Vergl. zur Situation dessen, der „vor" die anderen tritt: Dieter Claessens: Heraustreten aus der Masse als Kulturarbeit. Zur Theorie einer Handlungsklasse – „quer zu Bourdieu". In: Klaus Eder (Hrsg.): Klassenlage, Lebensstil und kulturelle Praxis. Theoretische und empirische Beiträge zur Auseinandersetzung mit Pierre Bourdieus Klassentheorie. Frankfurt a. M., 1989, S. 303.

[7]   Vgl. u. a. Herbert Lorenz: Der Pfarrer als Symbolfigur für die Kirche: Chance oder prinzipielle Überforderung. In: Andreas Feige: Erfahrungen mit Kirche. Hannover, 1982, S. 274; Peter Krusche: Der Pfarrer in der Schlüsselrolle. In: Joachim Matthes: Erneuerung der Kirche – Stabilität als Chance. Gelnhausen und Berlin, 1975, S. 161.

[8]   Vgl. z. B. Wolfgang Steck: Art. Pfarrer(in). In: Christof Bäumler und Norbert Mette (Hrsg.): Gemeindepraxis in Grundbegriffen. Ökumenische Orientierungen und Perspektiven. München und Düsseldorf, 1987, S. 328, hier S. 332.

[9]   „Das Verhältnis zur Kirche wird wesentlich durch persönliche, nicht durch mediale Kommunikation bestimmt." Karl-Fritz Daiber: Predigt als religiöse Rede. Homiletische Überlegungen im Anschluß an eine empirische Untersuchung. Predigen und Hören 3. München, 1991, S. 165. Massenkommunikationsmittel hätten nur eine verstärkende, aber keine begründende Rolle.

„mehr". Er übt einen funktional verrechenbaren Beruf aus, ist darüberhinaus aber als Person Symbol für Kirche und Religion. „Der Pfarrer ist nicht so austauschbar wie viele andere Berufsträger. Er ist immer ein einzelner, ein bestimmter Mensch mit seinen menschlichen Stärken, die imponieren oder erschrecken, und mit seinen menschlichen Schwächen, die ärgern oder belustigen, über die man hinwegsieht oder die ihn gerade sympathisch machen."[10] Die Annäherung an ihn – und ihre Annäherung an andere – ist deswegen auch tendenziell „schwierig" – zumindest nicht unproblematisch. Charisma und Stigma liegen eng beeinander.

Damit ist eine Struktur von Wahrnehmung beschrieben, die mit *Autorität* zu tun hat. Denn wer dermaßen im Zentrum der Wahrnehmung steht, der hat Autorität, d. h. Möglichkeiten der Gestaltung als solcher.[11] Das gilt unabhängig davon, ob er diese Chancen nutzt oder nicht. Der Pastor organisiert schon allein durch seinen Habitus Religiösität. Allerdings ist er in dieser Position – wie jeder Machtinhaber – auch in spezifischer Weise abhängig. Gefragt werden soll deswegen zunächst nach der Funktionsweise von Autorität und eventuellen Verbindungen zur Religion.[12]

9.1.1. Autorität

Was wird wahrgenommen, wenn Autorität wahrgenommen wird? Wolfgang Sofsky und Rainer Paris haben Strukturen von Autorität untersucht.[13] Sie setzen mit der These ein, daß die Anerkennung von Autorität nicht auf einer bloßen Asymmetrie der Macht beruht, sondern eine „quasi-moralische Qualität" hat: „eine Kraft, die Gehorsam findet, ohne ihn einklagen zu müssen"[14]. Autorität erzeugt aus sich selbst Legitimation; sie setzt selbst die Standards, an denen sie gemessen wird. Das Motiv der Anerkennung dieser Standards ist zirkulär: es beruht darauf, selbst anerkannt zu werden.

---

[10] W. Steck, a. a. O., S. 336.

[11] Beispiel: Ein Pfarrer kommt neu in eine Gemeinde und übernimmt einen Gesprächskreis, den der Vorgänger gegründet hat. Kommentar nach einiger Zeit: „Die haben da immer über irgendwelche Themen geredet. Aber dabei kamen die gar nicht richtig aus sich raus. Sie redeten nie über das, was sie wirklich betraf. Ich habe das nun geändert! Jetzt reden wir von uns selbst. Und das ist sehr dicht geworden." 2 Mitglieder dieses Kreises blieben nun weg: „Die können nicht über sich selbst reden!" Neue kommen hinzu. Vergl. zum Begriff der Macht als Gestaltung: Gerhard Wegner: Alltägliche Distanz. Zum Verhältnis von Arbeitern und Kirche. Hannover, 1988, S. 161 ff.

[12] Pierre Bourdieu analysiert die Autorität des Pfarrers bzw. des Priesters als eine, die im Kampf um die legitime Deutungsmacht immer wieder durchgesetzt werden muß: „Alle diese Leute, die darum kämpfen, sagen zu dürfen, wie die Welt zu sehen ist, sind Professionelle einer Form des magischen Handelns, die mittels Wörtern, die zum Körper sprechen, ihn „berühren", „treffen" können, eine bestimmte Sicht und einen bestimmten Glauben erzeugen und damit völlig reale Effekte, Handlungen hervorbringen." Ders.: Die Auflösung des Religiösen. In: Ders.: Rede und Antwort. Frankfurt a. M., 1992, S. 231.

[13] Wolfgang Sofsky / Rainer Paris: Figurationen sozialer Macht. Autorität, Stellvertretung, Koalition. Opladen, 1991.

[14] A. a. O., S. 21.

Die Autorität beweist sich in verantwortlichem Handeln. Es wird als Obhut und Fürsorge wahrgenommen – aber vor allem auch als Durchsetzungskraft und Souveränität. Die Autorität „muß eine gewisse Souveränität, eine innere Festigkeit und Selbstsicherheit ausstrahlen, die es ihr erlaubt, auch in brenzligen Situationen klare Markierungen zu setzen und plötzlich auftretende Schwierigkeiten zu meistern"[15].

Dabei wird Distanz und Zuwendung in einem demonstriert. „Die Autorität muß von der ihr zugewiesenen Definitionsmacht auch entschlossen Gebrauch machen, sie muß Situationen, Handlungen und Ereignisse klar definieren und normativ klassifizieren."[16] Autorität hat so die Funktion, mit Hilfe von Zeichen der Distanz Macht in Bilder der Stärke zu verwandeln, um so fraglose Akzeptanz zu erzeugen. Dies aber vermag Autorität nur dann, wenn sie etwas Paradoxes leistet: Sie stellt Ordnung her und transzendiert sie zugleich." Die Arbeit der Autorität besteht darin, *Normalität* herzustellen und sie zugleich zu transzendieren."[17] Damit weist ihre Struktur Parallelen zur Religion auf: Auch sie schafft Ordnung und transzendiert sie zugleich. Insofern – so läßt sich, vielleicht etwas schnell, folgern – ist die Figur eines Pastoren ohne Autorität ein Ding der Unmöglichkeit, auch wenn sie selbst es gern anders sehen würde. Sofern ihre Gestalt Religion verkörpert, bildet sie eben diese Paradoxie ab.

Das Verhältnis von Autorität und Unterlegenen ist wechselseitig: der, der Macht hat, muß diejenigen anerkennen, die ihn anerkennen. Dies geschieht vor allem dadurch, daß er die Regeln der Organisation garantiert, die den Kontext der Beziehungen definiert. „Den Unterlegenen entlastet die Zuschreibung von Autorität von der kränkenden Vorstellung, mit der Unterwerfung unter einen fremden Willen zugleich seine Freiheit aufzugeben. Die Deutung der Macht als Autorität erlaubt ihm in Gegenteil, seinen Gehorsam als Freiheit zu interpretieren: Wer etwas freiwillig tut, kann niemals ein Sklave sein; und wer einer Person dient, die ein Prinzip verkörpert, das man auch selbst bejaht, unterwirft sich weniger der Person als diesem Prinzip."[18]

Autoritäten verkörpern „Werte" – und der, der sie anerkennt übernimmt sie als eigene Werte. „Weil er die Urteile der Autorität als seine eigenen anerkennt, bedeutet jeder Tadel eine Selbstentwertung der eigenen Person." Auch in der Ablehnung bleibt er so noch an sie gebunden.[19]

---

[15] A.a.O., S. 28.
[16] A.a.O., S. 31.
[17] A.a.O., S. 96.
[18] A.a.O., S. 34. Vgl. mit den entsprechenden Aussagen Pierre Bourdieus zum Schicksal als „amor fati" in: Pierre Bourdieu: Die feinen Unterschiede. Kritik der gesellschaftlichen Urteilskraft. Frankfurt a. M., 1982, S. 290.
[19] A.a.O., S. 24.

Traditionell kommt Pastoren eine besondere Form von Autorität zu: die Amtsautorität. Allerdings scheint der Eindruck nicht zu trügen, daß sich immer stärker eine andere Form in den Vordergrund drängt: die Organisationsautorität. Während das Amt bekannte Situationen strukturiert und sich auf legitime Verfahren bezieht, arbeitet der Organisator an der Herstellung neuer Strukturen und der Bewältigung offener Ereignisse. Er nimmt die Situation offensiv „in die Hand" und ordnet sie nach seinen Handlungsplänen. Damit ist er in einer labilen Lage: Wenn die Organisationserfolge ausbleiben, läuft er Gefahr zur „Projektionsfläche selbstverschuldeter Fehler und Kooperationsschwierigkeiten" der Gruppe zu werden.[20] Der Organisator kann diese Gefahr dadurch mindern, daß er für sich selbst einen entideologisierten Umgang mit der Ideologie der eigenen Gruppe entwickelt.[21]

Der Organisator verfügt über Erfahrungen im Meistern neuer Situationen – dies ist der Grund, warum man sich ihm anvertraut. „Organisatorisches Geschick ist neben technischer Versiertheit vor allem eine soziale Kompetenz. Der Organisator koordiniert Handlungen, Absichten, Perspektiven anderer und verknüpft sie im Hinblick auf antizipierbare Arbeitsergebnisse. Er prägt seine Relevanzstaffelung den anderen nicht einfach auf, sondern sucht auch selbst den Anschluß an die Relevanzen der anderen ..."[22] Dies erfordert ein hohes Maß an Empathie und gleichzeitig die Fähigkeit, diese Empathie zu relativieren.

Diese wenigen Bemerkungen lassen bereits erkennen, daß Autorität als solche eng mit der Verarbeitung der Differenz von Wahrnehmungen zu tun hat. Derjenige, der Autorität hat, entwickelt notwendig eine Selbstwahrnehmung, die sich fundamental von jeder Fremdwahrnehmung unterscheidet. Im Ausüben der Autorität hebt er diese Differenz jedoch wieder auf. Beobachtet man mithin jemanden, einen Pfarrer, dem Autorität zugerechnet wird, so wird lebensweltlich von vornherein davon ausgegangen, daß er seine Eigenwahrnehmung in Beziehung zu anderen setzen kann. Dies kann prinzipiell in zwei idealtypischen Formen geschehen: als charismatische oder als professionelle Autorität. Beide Formen sind spezifisch modern und verarbeiten die Differenz von Eigen- und Fremderfahrung – die erste in Form der Steigerung der Eigenwahrnehmung; die zweite dadurch, daß die Fremderfahrung bewußt wahrgenommen und bearbeitet wird.

---

[20] A. a. O., S. 60.

[21] A. a. O., S. 95. Niklas Luhmann kultiviert in seiner Soziologie eine solche beobachtende Sichtweise als modernen Stil. Jeder, der eine Ideologie entwickelt, soll sich dabei soweit selbst beobachten, daß er die sozialen Konflikte, die er mit ihr auslöst, im Blick behält. Dabei fragt sich allerdings, ob dann überhaupt noch Ideologien entwickelt werden können. So konzediert Luhmann auch der Religion, daß sie gerade so funktioniere, daß sie die dauernde Selbstrelativierung nicht zu leisten hat. „Nur religiös kann man Überzeugtsein kommunizieren, also aus der Form der bloß individuellen Obstination hinausführen. Kein anderes gesellschaftliches Funktionssystem kann die Überzeugung vermitteln, daß das, was man tut, letztlich gut sei. ... Und auch das gehört in den Kontext der modernen Gesellschaft, daß man auf diese Weise der Kontingenz des eigenen Tuns trotzt und sich nicht dadurch beirren läßt, daß das eigenen Beobachten beobachtet wird." So Niklas Luhmann: Beobachtungen der Moderne. Opladen, 1992, S. 127/8.

[22] W. Sofsky/R. Paris, a. a. O., S. 61.

9.1.2. Charismatische Herrschaft

Charismatiker sind spezifische Organisatoren: Sie organisieren nicht bestehende Zusammenhänge, sondern schaffen neue und bilden in diesem Prozeß persönliche Gefolgschaftsverhältnisse.[23] Sie beginnen als Rebellen: „Sie brechen dezidiert die überkommenen Normen und Traditionen, nehmen Sanktionen in Kauf und fordern die bisherigen Machthaber heraus. Charismatiker sind zumeist früher Stigmatisierte und Außenseiter."[24] Sie schaffen um sich herum eine Distanz: eine Aura, die schwer zu durchbrechen ist. Sie ist Produkt der Konstellation Führer / Geführte: „Das Charisma ist nur vordergründig die Eigenschaft einer bestimmten Person. Es ist primär ein Produkt der Hoffnungen derjenigen, die einen Führer, einen *Erlöser* brauchen."[25]

Nichts widerspricht dem Charisma mehr als bürokratisch-rationale Herrschaft. Aber Charisma findet sich auch in bürokratischen Strukturen. Auch hier werden Entscheidungsspielräume zur Schaffung persönlicher Gefolgschaftsverhältnisse genutzt, und dies gelingt dann, wenn der Betreffende bereit ist, Regeln auch zu durchbrechen, um etwas für seine Gefolgschaft durchzusetzen.

Sofsky und Paris beziehen sich in der Analyse charismatischer Herrschaft auf die klassischen Darstellungen bei Max Weber.[26] Weber definiert das Charisma als idealtypische Kategorie seiner Herrschaftssoziologie. Es beruht auf der außeralltäglichen Hingabe an die „Heiligkeit oder Heldenkraft" einer Person.[27] Sie ist ausschließlich „an eine konkrete Person gebundene Struktur und Autorität, womit der Träger des Führungscharisma die ‚in seiner Person verkörpert gedachte(n) Sendung' formuliert und ihre Akzeptanz postuliert, nach der er – ... – seine von ihm selbst wieder als begnadet empfundenen ‚Jünger' bzw. ‚persönlichen Hilfskräfte' rekrutiert, um sich herum zu einer mehr oder weniger elitären Gefolgschaft strukturiert und differenziert (‚charismatische Aristokratie'), deren Sozialbeziehungen er situativ selbst reguliert und integriert und deren Aufgaben er fallweise und temporär delegiert"[28]. Auch Weber betont, daß diese Form der Herrschaft quer zu bürokratisch-rationaler Machtausübung liegt. Sie ist labil und nicht auf Dauer gestellt. Ihre Legitimationsquelle sind nicht die Organisationserfolge

---

23 Bei diesem Gebrauch des Begriffs Charisma handelt es sich um die von Max Weber geprägte Defnition und nicht um die neutestamentlich-paulinische. Darauf weist Christian Möller: Charisma als Begeisterung für das Alltägliche. In: Trutz Rendtorff (Hrsg.): Charisma und Institution. Gütersloh, 1985, S. 452 hin.

24 W. Sofsky / R. Paris, a. a. O., S. 69.

25 A. a. O., S. 72.

26 Sie werden im Zusammenhang dargestellt bei Michael N. Ebertz: Das Charisma des Gekreuzigten. Zur Soziologie der Jesusbewegung. Tübingen, 1987 (= Wiss. Untersuchungen zum NT, Bd. 45), S. 15–52.

27 A. a. O., S. 17.

28 A. a. O., S. 18 – unter Zitierung von Max Weber: Wirtschaft und Gesellschaft. Grundriss der verstehenden Soziologie. Tübingen, ⁵1972, S. 658 und 659.

des Alltags, sondern außeralltägliche Einsichten und „Offenbarungen". Sie zielt auf Intentionen und Gesinnungen, und ist potentiell revolutionär: „Der Glaube an das Charisma ,revolutioniert von innen heraus' den Menschen und sucht Dinge und Ordnungen nach seinem revolutionären Wollen zu gestalten …"[29]

Charismatische Herrschaft zielt auf emotionale Vergemeinschaftung. Die Bindung an den Führer beruht vor allem auf affektiver Hingabe. Dadurch ist sie aber gerade nicht auf Dauer stellbar, denn bleiben sichtbare Erfolge aus, ist sie bedroht.[30] Konstitutiv für ist die Existenz einer charismatischen Bewegung.

Weil auf außeralltägliche Legitimationsquellen angewiesen, ist die Herrschaft des Charismatikers labil. Er ist „mit dem elementaren Dauerproblem konfrontiert, die Kognitionen seiner engeren und weiteren Anhängerschaft und damit auch sein Selbstbild unter Kontrolle zu halten"[31]. Leicht besteht die Gefahr, daß die Erwartungen übergroß werden und nicht mehr zu erfüllen sind.

Inhaltlich zielt die charismatische Botschaft auf die Umkehrung der sozialen Ordnung. So wird z. B. ein Zustand der Unterdrückung und des Mangels als Situation der Auserwähltheit gedeutet.[32] „Ein ,Erfolgsgeheimnis' charismatischer Lehren scheint somit darin zu bestehen, Affinitäten mit Eigenschaften, Interessen, Erwartungen und mit Idealen der Anhänger einerseits mit eigenständigen und für die Anhänger ,neuen' Akzenten, Optionen und Orientierungsmöglichkeiten andererseits zu kombinieren und jeweils auszubalancieren."[33]

Auf den ersten Blick mag diese Beschreibung im Hinblick auf Pastoren befremdlich erscheinen: Sind sie doch beamtete Funktionäre einer wohlsituierten Institution; Charismatiker sind hingegen eher Revolutionäre. Unter den Bedingungen des Verlusts von Plausibilität von Kirche, der sich als Bedeutungsverlust des eigenen Handelns geltend macht, kann es dazu kommen, daß dezidiert auf die Stilisierung der eigenen Persönlichkeit zur Aktivierung bestimmter Gruppen gesetzt wird. Prinzipiell läßt sich so ein Bedeutungsverlust kompensieren.[34] Insofern

---

[29] A. a. O., S. 24 – unter Zitierung von Max Weber, a. a. O., S. 657.

[30] A. a. O., S. 25.

[31] A. a. O., S. 36 – was mit dem Wachstum der Anhängerschaft natürlich immer schwieriger wird.

[32] A. a. O., S. 47. Hierin besteht auch der Kern eines charismatischen Populismus. Vgl. z. B. Originalton Martin Heidegger: „Wenn in tiefer Winternacht ein wilder Schneesturm mit seinen Stößen um die Hütte rast und alles verhängt und verhüllt, dann ist die hohe Zeit der Philosophie. Ihr Fragen muß dann einfach und wesentlich werden …. Und die philosophische Arbeit verläuft nicht als abseitige Beschäftigung eines Sonderlings. Sie gehört mitten hinein in die Arbeit der Bauern. … Der Städter meint, er ginge ,unter das Volk', sobald er sich mit einem Bauern zu einem langem Gespräch herabläßt. Wenn ich zur Zeit der Arbeitspause abends mit den Bauern auf der Ofenbank sitze oder am Tisch im Herrgottswinkel, dann reden wir meist gar nicht. Wir rauchen schweigend unsere Pfeifen …." Zitiert bei Pierre Bourdieu: Die politische Ontologie Martin Heideggers. Frankfurt a. M., 1988, S. 68. Heidegger stilisiert sich als Außenseiter und eben damit als der wahre Führer.

[33] M. Ebertz, a. a. O., S. 47.

[34] Ich denke hierbei idealtypisch an Drewermann, aber auch „Figuren" wie Albertz, Schorlemmer, Gollwitzer, Sölle u. ä. tendieren in diese Richtung. Sie markieren eine deutliche Figuration

spricht einiges dafür, daß der religiöse Repräsentant unter der Bedingung der Aus-differenzierung der Wahrnehmung ähnlich dem Charismatiker ein soziales Grenzverhalten ausbilden kann, das sich in Richtung der Etablierung charismatischer Herrschaft entwickelt, wenn es nicht durch die Einbindung in eine Organisation domestiziert und zivilisiert wird.[35]

Aspekte religiöser Praxis weisen zudem charismatische ‚Brauchbarkeit' auf. So weist z. B. Werner Jetter darauf hin, daß Bekenntnisse als zentrale Symbolik religiöser Praxis Wirkung nicht durch ihre Doktrin haben, sondern durch „symbolischen Tiefgang" – durch Pathos. Träger dieser Symbolik ist der Pfarrer: „Und das Problematische daran ist die damit unwillkürlich verbundene Verweisung dieser Rolle in die Grenzsituation des Lebens: Wo Realitäten kalkuliert werden, ist der Pfarrer ein Fremdling; wo uns das Leben befremdet, da ist er am Platz."[36]

Pastoren können sich in dieser Sichtweise als Grenzgänger begreifen und weisen so auch Ähnlichkeiten mit der Figur des Narren – einer anderen stigmatisierten Figur – auf. Wolfgang Lipp weist auf die „Hinterhöfe" hin, die „Zonen des Schattens", die institutionalisierte, gut geregelte Organisationen haben: „Es zeigt sich, daß Narren, die in sie sich heroisch vorwagen und die klappernde, offizielle Logik als Gespenst erweisen, das Publikum nicht nur verwundern, sondern in der Tat zum Lachen bringen und ihm neue, intellektuell anregende soziale Handlungschancen eröffnen."[37] Ist dies nicht auch der Traum vieler Theologen?

Es liegt auf der Hand, daß diese Tendenz, wenn sie sich radikalisiert, sozial trennende Kraft annehmen[38] und durchaus Verheerendes bewirken kann. Der Pfarrer als Führer in eine andere Wirklichkeit kann zum undivided committment verführen – mit allen Folgeproblemen.[39] Religion wird dann, statt identitätskonstituierend zu sein, identophag. Ähnlichen Tendenzen unterliegen prophetische und messianische Bewegungen, und sie sind eben damit Teil der christlichen Tradition.

In der Regel wird es jedoch kaum zur Etablierung extremer Formen charismatischer Herrschaft kommen. Das pastorale Charisma veralltäglicht sich und zwar

---

religiösen Verhaltens in der modernen Gesellschaft. Die Aktivierung bestimmter Gruppen wird besonders dadurch erreicht, daß sie sich als einzelne in einen Gegensatz zur Institution, oder allgemein zur „Macht", begeben. Die Bedeutung dieser „Typen" für die Reproduktion von Glauben ist hoch.

[35] Ein Beispiel für Tendenzen in dieser Richtung ist das Buch von Manfred Josuttis: Der Traum des Theologen. Aspekte einer zeitgenössischen Pastoraltheologie. Band 2, München, 1988.

[36] Werner Jetter: Symbol und Ritual. Anthropologische Elemente im Gottesdienst. Göttingen, 2 1986, S. 86.

[37] Wolfgang Lipp: Stigma und Charisma. Über soziales Grenzverhalten. Berlin, 1985 S. 249.

[38] Dies ist z. B. bei Wolfgang Josuttis, a. a. O., S. 120 u. ö., auch so gewollt: „Es muß anders werden, die Kirche muß das Böse benennen und sich von ihm trennen, weil sonst das Leben auf dieser Erde zugrunde geht."

[39] Vgl. z. B. Lewis Coser: Greedy Institutions. Patterns of undivided committment. New York, 1974.

indem es sich auf „Authentizität"[40] reduziert. Der religiöse Repräsentant muß „echt" sein: „Vom Pfarrer erwartet man – und er erwartet dies auch von sich selbst – daß er glaubt, was er sagt, daß er so ist, wie er sich gibt, daß er nicht ihm fremde Rollen spielt, sondern sich von allen Klischees und Mustern frei und unverstellt als Persönlichkeit präsentiert."[41] Er steht damit beständig vor der Aufgabe, expressiv mehr darzustellen als es seiner Rolle entspricht. Theaterspielen ist ihm nicht erlaubt. Dies zu leisten ist nur dann möglich, wenn in Situationen stärker auf die Maximen von Handlungen abgehoben wird, als auf die Handlungen selbst – die inneren Wirkungen treten in den Vordergrund des Interesses und werden zum Thema. Der Pfarrer muß so beständig sein Innenleben darstellen.[42]

Allerdings handelt es sich bei dieser Form der Präsentation von Persönlichkeit nicht um etwas Spontanes und rein Subjektives. Auch Authentizität ist sozial und kulturell geformt und erzwungen: Gerade der Pastor *muß* sich so verhalten. Norbert Elias hat darauf hingewiesen, daß informelles Verhalten höhere Ansprüche an die „Selbstzwangapparatur" der Beteiligten stellt als geregelt – formelles. Die Emanzipation vom Fremdzwang hat ihren Preis: Sie „verlangt, daß die Partner einander und sich selbst im Verkehr miteinander erproben, und sie können sich dabei auf nichts und niemanden verlassen als auf sich selbst, auf ihr eigenes Urteil und auf ihr eigenes Gefühl. ... Die Last der Gestaltung des Zusammenlebens liegt jedenfalls nun auf den betreffenden Individuen selbst."[43] Der Anreiz, sich selbst unter diesen Bedingungen charismatisch zu stilisieren, ist hoch.

Exkurs: Der aufrechte Christ in der Wahrnehmung der Medien.[44]

Daß Kirche in den Medien entstellend und ungerecht wahrgenommen werden würde, ist mittlerweile zur Dauerklage von Kirchenleitungen und Synoden geworden. Das Gegenteil läßt sich jedoch im Hinblick auf die Behandlung einzelner, „aufrechter" Christen sagen, denen eine charismatische Aura zugerechnet werden kann. Dies läßt sich an der Zeitungsberichterstattung zum Tode von Heinrich Albertz zeigen.[45]

---

[40] Niklas Luhmann beobachtet als authentisch die Einheit von Empathie und Borniertheit. Ders.: Borniert und einfühlsam zugleich. In: FAZ vom 27.1.93, S. N5.

[41] Wolfgang Steck, a. a. O., S. 336.

[42] Dies ist nicht nur sein Problem sondern entspricht der Struktur vorherrschender Kommunikation heute. Vgl. z. B. Richard Sennett: Verfall und Ende des öffentlichen Lebens. Die Tyrannei der Intimität. Frankfurt a. M., 1986.

[43] Norbert Elias: Veränderungen europäischer Verhaltensstandards im 20. Jahrhundert. In Ders.: Studien über die Deutschen. Frankfurt a. M., 1989.

[44] Vgl. zum Problem der Medien: Karl-Fritz Daiber: Kirche von außen gesehen – Beobachtungen zur Rezeption der Kirche in den Printmedien. In: Pastoralsoziologische Arbeitsstelle: Volkskirche in soziologischer Perspektive, Jahresbericht 1992-94, Hannover, 1994, S. 54.

[45] Vgl. die Nachrufe in: SZ vom 19.5.93; TAZ vom 19.5.93; Die Welt vom 19.5.93; FR vom 19.5.93; FAZ vom 19.5.93; NP vom 19.5.93; HAZ vom 19.5.93.

Bereits die Schlagzeilen belegen eine Wertschätzung seiner Person, die in Einheit mit seinem Christsein begriffen wird: „Protestant und Preuße" (SZ), „Am schwächsten, als ich am härtesten war" (TAZ), „Aufrecht und Frei" (FR), „Ein streibarer Christ" (FAZ), „Unbequem für SPD und Kirche, der Jugend ein Vorbild" (NP), „Kämpfer für Frieden und Gerechtigkeit" (HAZ). Lediglich ‚Die Welt' bringt die etwas zweideutige Zeile: „Ein Mann der politischen Leidenschaften", um dann aber im Text verhalten lobend zu berichten. Die Schlagzeilen artikulieren Christsein mit Engagement, Aufrichtigkeit, Streitbarkeit, Frieden, Gerechtigkeit und der Fähigkeit, Schwächen einzugestehen und entwickeln so ein attraktives Bild der Wirkungen des christlichen Glaubens mit motivierender Kraft.

Die Texte sind natürlich differenzierter als die Schlagzeilen, tendieren aber in eben diese Richtung. Dabei wird durchaus auch die problematische Seite gesehen: „unerbittlicher Querkopf", „Schutzmantel der Selbstgerechtigkeit" (FR); „widerspenstig" (HAZ); „heilig in seinem Zorn" („Die Welt" und HAZ). Diese Attribute unterstreichen jedoch seine Individualität, Unabhängigkeit und Glaubwürdigkeit und sind in der Wahrnehmung der Medien offensichtlich gut mit Christsein zu verbinden.

Breit berichtet wird über Albertz' Rücktritt als Berliner Bürgermeister anläßlich des Todes von Benno Ohnesorg am 2. Juni 1967. Diese Entscheidung wird als Bekehrungserlebnis „vom Saulus zum Paulus" („Die Welt") gedeutet, das ihn in Distanz zu den Mächtigen und so zu seiner wahren Mission gebracht hätte. Mehrfach – besonders deutlich in der TAZ und in einem Interview in der FR – werden biblische Bezüge zitiert: „Heinrich Albertz ist, wie er selbst kürzlich über seinen bevorstehenden Tod sagte, ‚in die Hände Gottes gefallen'" (TAZ, S. 1). Seine Devise sei gewesen: „Man kann nicht tiefer fallen als in die Hände Gottes." (FR)

Im Vordergrund steht in allen Berichten seine Glaubwürdigkeit. So schließt die FAZ ihren Nachruf mit einem Zitat Eberhard Diepgens: „Die Glaubwürdigkeit seines starken Charakters habe vor den Herausforderungen der Zeit standgehalten, ohne Schaden zu nehmen." Er sei ein Stück „Urgestein der deutschen Demokratie" (FR) gewesen. „Ein Mensch, der Glaubwürdigkeit verkörperte und für den Dialog lebte." (TAZ)

Die Fremdwahrnehmung der Medien korrespondiert in diesem Fall mit der Selbstwahrnehmung – vielleicht nicht des Individuums Albertz – aber doch des von ihm in besonderer Weise vertretenen Glaubens. Der „Typ" Albertz markiert offensichtlich einen derart deutlichen Unterschied in der Wahrnehmung des Christlichen und des Politischen, das er in die Aufmerksamkeitstruktur der Medien gut integrierbar ist. Dieser „Typ" ist zudem lebensweltlich nahe. Wären alle Christen so wie er, wäre er keine Meldung wert. Über die eigensinnig konturierte Person transportiert sich christliches Glaubensgut. Die Person des Pfarrers ist das Medium.

9.1.3. Professionalität

Während der Charismatiker die Gruppe nach seinem Bild zu formen sucht und als Pastor dementsprechend expressiv seine Binnenwahrnehmung (von Kirche) artikuliert, verfährt das professionelle Modell entgegengesetzt. So fragt z. B. Wolfgang Steck in seiner Konstruktion des Pfarrerberufs zunächst nach dem Bedarf an Religion: „Gibt es in der modernen Gesellschaft einen Bedarf an beruflicher Arbeit im Gebiet der sozial verfaßten Religion?"[46] An diesen Bedarf knüpfe die Arbeit des Pastoren an. Es geht nicht um die Gewinnung von Gefolgschaft und ihre Ausrichtung in der Gesinnung, sondern um das Erbringen von Dienstleistungen. Das Ziel der pastoralen Arbeit besteht darin, den *Willen anderer* herzustellen, damit sie *ihr* Leben besser bewältigen können. Der Pfarrer arbeitet an und mit Lebensbeziehungen; er muß kompetent darin sein, fremdes Leben beurteilen und verantwortlich zur Gestaltung raten zu können. Hierzu ist professionelle Kompetenz nötig – etwas anderes als persönliche Kompetenz. Ihr Ziel ist die Entwicklung praktisch vernünftiger Fähigkeiten – bei sich selbst und bei anderen.

Damit ist vor allem ein klares Bewußtsein über die Trennung von Person und Leistung vorausgesetzt – d. h. eine moderne Persönlichkeitsstruktur. In seiner Arbeit erbringt der professionell arbeitende Pastor Leistungen, die der Beurteilung anderer unterliegen. Er begreift religiöse Kommunikation auf diese Weise als seine eigene Umwelt, die er aus einer gewissen Distanz beobachtet und bearbeitet. Dies kann nur dann gelingen, wenn die anderen Menschen nicht ,ganzheitlich' von ihm in den Blick genommen werden, sondern lediglich im Hinblick auf ihren akzentuierten religiösen Bedarf.

So sieht es auch Eilert Herms: „Das Bild des minister verbi nähme die profilierten Züge eines kompetenten Helfers in Prozessen religiöser Kommunikation an, dessen Funktion nicht die Verteidigung dogmatischer Wahrheit *gegen* eine gottlose Welt, sondern die Darstellung der christlichen Symbole *in* dieser Welt und damit die Auslösung von Verständigungsprozessen, deren Beherrschung und Kontrolle seine menschliche Zuständigkeit übersteigt."[47] Für Niklas Luhmann

---

[46] Wolfgang Steck: Die Privatisierung der Religion und die Professionalisierung des Pfarrerberufs. In: PTh. Jg. 80, 1991, S. 306, hier S. 319.

[47] Eilert Herms: Die Fähigkeit zu religiöser Kommunikation und ihre systematischen Bedingungen in hochentwickelten Gesellschaften. Überlegungen zur Konkretisierung der Ekklesiologie. In Ders.: Theorie für die Praxis – Beiträge zur Theologie. München, 1982, S. 286. Entfaltet wird dieses Verständnis in seinem Aufsatz: Pastorale Beratung als Vollzug theologischer Anthropologie. In: A. a. O., S. 288 ff.

stellen solche Aussagen Reaktionen auf die Ausdifferenzierung von Religion dar. Die religiöse Semantik wird von Mission auf Inklusion umstellt. „Deflationäre und inflationäre, fundamentalistische und sozial-aktivistische Angebote werden nebeneinander ausprobiert, und der Inklusionserfolg scheint dann über die Haltbarkeit einer religiösen Semantik zu entscheiden."[48] Das klingt respektloser als bei den Theologen, beschreibt aber den Prozeß des Übergangs zu professioneller Arbeit.

Für beide Seiten – den Pastor und den Klienten – erwachsen aus diesem Modell spezifische Freiheitsgrade, denn es geht ausdrücklich nicht um Vergemeinschaft. Damit verbunden ist aber auch eine gewisse „Kälte" im Umgang. Wenn die Leistung erbracht ist, kann der Kontakt beendet werden. Daß dies funktioniert, setzt voraus, daß sich Religion medial deutlich codieren läßt. Sonst entsteht eine prekäre Situation: In der Selbstwahrnehmung vieler Pastoren würde in dem Fall, daß der Pastor in der Beratung i. S. Luhmanns beliebige religiöse Angebote „abspult" das Spezifikum von Religion undeutlich werden, weil es ohne Authentizität nicht zu haben ist. Die Stilisierung der Person muß hinter dem zurücktreten können, was in der Situation für den „Klienten" an Kirche nützlich ist. Das bedeutet, daß sich das kommunikative Medium von der Person ablösen lassen muß.

9.1.4. Stellvertretung

Pastoren stellvertreten in der Wahrnehmung nicht nur Kirche – sondern religiöse Kommunikation als solche. Es kann durchaus sein, daß sie gerade auch im Unterschied von und im Gegensatz zur Organisation Kirche wahrgenommen werden. In gewisser Hinsicht stellen sie selbst das symbolische Kommunikationsmedium dar, mit dem Kirche kommuniziert. Dieser Gedanke lenkt den Blick auf den Prozeß der Symbolisation der Organisation in einem Repräsentanten.

Sofsky und Paris analysieren das Verhältnis von Organisation und Repräsentant als einen dialektischen Prozeß: Indem die Organisation Repräsentanten ausdifferenziert, entmächtigt sie bestehende Gruppen und diese können in der Folge zu bloßen Applaudeuren werden, die vom Repräsentanten zur Wahrnehmung der Interessen der Organisation beständig neu aktiviert werden müssen.

Somit gibt es eine Wechselbeziehung zwischen dem religiösen Repräsentanten und der Organisation Kirche. „Die Gruppe erschafft den Delegierten, der in ihrem Namen spricht. Aber ebenso erschafft der Delegierte die Gruppe. Der Repräsentant existiert, weil er die Gruppe repräsentiert. Und weil er sie repräsentiert, existiert die repräsentierte Gruppe."[49] Der Vertreter verkörpert die Einheit der Orga-

---

[48] Niklas Luhmann: Gesellschaftsstruktur und Semantik. Studien zur Wissenssoziologie der modernen Gesellschaft. Band 3, Frankfurt a. M., 1989, S. 327.
[49] W. Sofsky / R. Paris, a. a. O., S. 115.

nisation und konstituiert sie in eben diesem Akt. Kirche ist, wenn der Pastor da ist.

Sofsky und Paris beschreiben weiter, wie es mit der Zeit zu einer Entfremdung von Gruppe und Repräsentant kommen kann. Denn um die Interessen der Gruppe durchzusetzen, bewegt er sich auf Ebenen, die für die Mitglieder nicht mehr zu durchschauen sind. Sie muß sich auf seine Glaubwürdigkeit verlassen können. Damit kehrt sich jedoch die Kontrolle um: Die Gruppe hat nunmehr immer deutlicher gegenüber dem Stellvertreter Loyalität zu zeigen. Kommt diese nicht zustande – kann sie der Repräsentant nicht herstellen –, ist der Stellvertreter überflüssig.[50] Dieser Prozeß greift in gegenwärtigen volkskirchlichen Strukturen nicht direkt, wirkt aber im Hintergrund. Das Wissen und die Fähigkeiten von Pastoren unterliegen zwar der latenten Dauerbeobachtung, aber nur selten der realen Kritik. Die Differenz zwischen dem pastoralen Diskurs und der Lebenswelt der Gemeinde ist nicht zu überbrücken. Der Effekt der Schaffung von Applaudeuren wird so verstärkt.[51]

Die Gemeinde kann damit zum Publikum werden. „Es ist nur konsequent, wenn am Ende der Funktionär den Mitgliedern Desinteresse und Apathie vorzuwerfen beginnt. Er prangert an, was sein wahrer Traum der Freiheit ist: als Delegierter von allen Störenfrieden und Rebellen befreit zu sein."[52] Es entwickelt sich eine Rhetorik der Repräsentation:[53] Das Publikum besucht eine Aufführung, die der Stellvertreter inszeniert.

Pastoren können diesen Prozeß erleben. Sie bauen engagiert Gemeinde auf, entwickeln eine Rhetorik der Aktivierung, werden als anerkannter Star der Gemeinde wahrgenommen – und erleben in der Folge den prognostizierten Umschlag: Alles hängt an ihnen. Verlassen sie die Gemeinde, bricht vieles zusammen, bis die nächste Aktivierung erfolgt. Prinzipiell tendiert das charismatische Modell eher zu solchen Formen; aber auch der professionell arbeitende Pastor kann der „Stellvertreterfalle" kaum entkommen. Das liegt daran, daß die Wahrnehmung von Kirche als Organisation unterstrukturiert bzw. sogar negativ besetzt ist. Entsprechend überfordert wird der einzelne religiöse Repräsentant. Eine wirkliche Bewältigung der Wahrnehmungsdifferenz kann nur durch die Verstärkung organisatorischer Erwartungssicherheiten gewährleistet werden.

---

[50] A. a. O., S. 133.
[51] Die Situation wäre anders, wenn es einen ausgeprägten religiösen Markt geben würde, auf dem mit verschiedenen Angeboten konkurriert wird. Dies ist jedoch in der volkskirchlichen Situation nur am Rande der Fall. Verschiedene religiöse Nachfrage kann sich hier nur durch differenzierte theologische Gruppierungen in der Kirche zum Ausdruck bringen.
[52] W. Sofsky / R. Paris, a. a. O., S. 137. Vgl. nur die gängige Rede vom Gottesdienst, der in Ermangelung eines regen Besuchs „in Stellvertretung" für die ganze Schöpfung gefeiert wird.
[53] A. a. O., S. 159.

9.1.5. Gemeinde

Diese Prozesse artikulieren sich nicht nur in der Pfarrergestalt selbst, sondern in spezifischen Feldern, die sich entweder mit funktionalen Aufgaben oder als „Gemeinde" beschreiben lassen. Angesichts des Auseinanderdriftens von Eigen- und Fremdwahrnehmung ergibt sich ein offeneres Berufsfeld als bei anderen Professionen – viele Funktionen lassen sich kaum deutlich von denen anderer abgrenzen: denen des Arztes, des Sozialarbeiters, des Pädagogen. Und mehr noch: „Nicht die Einhaltung der ihm von seinem Beruf gegebenen Grenzen sondern deren ständige Überschreitung scheint zu den Aufgaben eines Pfarrers zu gehören, der sich der Gegenwart verpflichtet weiß." Und weiter: „Mit dem eigenen Beruf zu experimentieren, gehört zu den Grundzügen einer Berufseinstellung, die den Pfarrer nicht nur verwechselbar macht, sondern ihn geradezu zu einer umstrittenen Gestalt werden läßt."[54]

Ähnlich offen strukturiert stellt sich heute das Feld Gemeinde dar. Zum einen ist sie volkskirchlich Zuständigkeitsbereich für eine territorial abgegrenzte Zahl von Personen. In dieser Hinsicht ist sie auch ein Bezirk öffentlicher Verkündigung, d. h. Gemeinde behauptet den Anspruch auf Zuständigkeit für allgemeine Anliegen des Gemeinwesens.

Auf der anderen Seite umfaßt Gemeinde kleinere Einheiten: Gruppen, Gemeinschaften, Gelegenheiten, Organisationen wie z. B. Kindergärten und ähnliche Einrichtungen. Der Umfang, besonders großstädtischer Gemeinden, kann beträchtlich sein; sie sind durchaus mit kleinen Betrieben zu vergleichen, ohne daß jedoch ein entsprechendes Management existieren würde. Entsprechend schwierig ist es oft, die Vielzahl interner Funktionen zu integrieren. Das Teilnahmeverhalten ist differenziert und hängt nur im engeren Bereich der frequenten Teilnehmer mit der Artikulation der Eigenwahrnehmung von Kirche zusammen. In weit größerem Umfang ist es durch Fremdwahrnehmungen bestimmt.

Die sozialwissenschaftliche Beschreibung dieser Gebilde ist umstritten. Handelt es sich bei einer Kirchengemeinde um eine „Organisation" oder lediglich um eine, vielleicht gar nur temporär entstehende, Möglichkeit der Interaktion und Kommunikation?[55]

Organisationen weisen idealtypisch zumindest vier Kennzeichen auf:

– Eine hohe Selbstregulierung verbunden mit interner Differenzierung.

– Hohe Offenheit für den Austausch mit der Umwelt.

---

54 W. Steck, a. a. O., S. 330.
55 So scheint es Eberhard Mechels: Kirche und gesellschaftliche Umwelt. Neukirchen-Vluyn, 1990, zu sehen. Entgegengesetzt: Eilert Herms: Erfahrbare Kirche. Tübingen, 1990.

– Fähigkeit zur Anpassung und Veränderung bei sich verändernden Umweltbedingungen.

– Leistungs- und Lernfähigkeit.[56]

So begriffen sind Organisationen flexible Formen zur Erreichung bestimmter Ziele. Sie können auf Veränderungen in der Mitgliedschaft bzw. der Klientel reagieren. Luhmann behauptet deswegen, daß Organisationen Handlungen so behandeln, als ob sie Entscheidungen wären, weil sie von ihnen abhängig sind. Hierin liegt jedoch das Dilemma der Gemeinde: Sie ist nur sehr begrenzt von Reaktionen ihrer Mitglieder abhängig. Im Prinzip existiert sie als Parochie selbst dann, wenn sich niemand beteiligt. Das ist natürlich im Fall von Gruppen und Organisationen im Bereich der Gemeinde anders. Aber grundsätzlich gilt: „Den Kirchen fehlt also das für Organisationsysteme kennzeichende Merkmal: die durchgehende Verknüpfung von Mitglieder- und Strukturentscheidungen.“[57]

Dennoch ist in der Regel eine völlige Ignoranz der Mitglieder durch die Gemeinde bzw. den Pastor kaum vorstellbar. Entsprechende Wahrnehmungslücken werden jedoch immer wieder beklagt. Die Rückkopplung vollzogener Handlungen in die Steuerung gemeindlicher Praxis kann nur aufgrund von entsprechenden Deutungsmustern erfolgen, die institutionell verankert sein müssen. Die Frage ist, in welchen gemeindlichen Situationen ein derartiges gekoppeltes Deutungs- und Organisationspotential und -interesse vorhanden ist. Wer in der Gemeinde kann überhaupt auf solcher Grundlage Veränderungen kompetent verarbeiten und in Entscheidungen umsetzen? Die Schwierigkeiten, Gemeinden oder gar die Kirche als ganze konzeptionell gesteuert zu entwickeln, belegen die Bedeutung dieses Problems.

Hans-Ulrich Dallmann versucht Gemeinde im Vergleich mit der systemtheoretischen Fassung des „Betriebes“ in der Wirtschaft zu begreifen.[58] Dabei ist zutreffend, daß Kirchengemeinden den „Bestand religiöser Kommunikation vor Ort“ garantieren sollen, mithin die kleinste Einheit von Kirche darstellen, so wie Betriebe die kleinste Einheit des Systems Wirtschaft sind. Sie bringen Dauer und Stabilität von Kirche zumindest symbolisch zum Ausdruck. Allerdings greift der Vergleich an dem Punkt nicht, wo nach den grundlegenden Mechanismen der Kommunikation und Interaktion gefragt wird. Während es in der Wirtschaft die Form der Codierung in Zahlung / Nichtzahlung ist, die es den Betrieben erlaubt, Veränderungen in Entscheidungen zu transformieren – und zwar schnell und rela-

---

56 In dieser Hinsicht stellen Organisationen in der modernen Gesellschaft eine Entfaltungshilfe für Kreativität, Anpassungsfähigkeit und Umsetzungsstärke dar. Sie sind nicht primär Ordnungsfaktoren.
57 D. Pollack, a. a. O., S. 144.
58 Hans-Ulrich Dallmann: Das Kontingenzproblem bei Niklas Luhmann im Blick auf Religion, Kirche und Gemeinde. Heidelberg, 1992, S. 51 ff.

tiv treffsicher –, findet sich ein ähnlich handhabbares Schema in den Gemeinden nicht. Natürlich wird jeder Kirchenvorstand darüber nachdenken, was zu tun ist, wenn z. B. der Besuch bestimmter Gruppen nachläßt oder sich gar Kirchenaustritte häufen. Ein schnelles, organisiertes Handeln ist jedoch nicht nötig, da die Stabilität der Organisation Gemeinde gesichert bleibt. Zum anderen ist es schwierig, da Handlungsmöglichkeiten auf den Pfarrer begrenzt sind Auch Dallmann kommt so zu dem Ergebnis, daß Gemeinde als handelndes Ganzes ausfällt. Rückkopplungen erfolgen nur über Einzelpersonen: „Kirchengemeinde als Subsystem der Kirche tritt vor allem in Kontaktpersonen in Beziehung zu den Kirchenmitgliedern."[59] Entsprechend strukturiert ist die Fremdwahrnehmung. Sie nimmt Gemeinde vor Ort nur schwach als Agentur einer Organisation, sondern eher als eigene Größe wahr, die im wesentlichen durch den religiösen Repräsentanten und das Kirchengebäude dargestellt wird.

Ein anderer Versuch, das pastorale Feld zu begreifen, versteht Gemeinde als ein „kommunikatives Netzwerk".[60] Diese Sichtweise ist offener angelegt als die der Organisation. Ein Netzwerk verfolgt nicht notwendig gemeinsame Ziele; mit ihm wird die weitmaschige und lediglich lokal dichtere Verbundenheit von Mitgliedern beschrieben. Mit seiner Hilfe lassen sich so komplexe Gebilde beschreiben, die sowohl Gruppen als auch einzelne, sowohl geregelte Strukturen als auch Gelegenheiten umfassen. Personen besetzen in ihm verschiedene Stellungen, z. B. am Rande, in Zentren, als Artikulationspunkte, Gatekeeper.[61]

Gegenüber traditionellen Organisationen, in denen wenige Akteure auf stabile Weise miteinander verbunden sind, vereint ein Netzwerk ein weit verzweigtes Feld von Akteuren, die sich in wechselnden Kontakten aufeinander beziehen. Es herrscht ein großes Maß an Variabilität. Sie bezieht sich sowohl auf mögliche Koalitionen als auch auf Interessen: Sie sind durchaus kontingent und es ist nicht von vornherein klar, welcher Nutzen antizipiert wird.[62]

Neben organisierten Interessen, die artikulier- und verhandelbar sind, spielen nicht-organisierte Gruppen eine große Rolle. Deren Veränderungen werden wahrgenommen und beeinflußt. „Aber diese Handlungen sind von einer besonderen Art von Unsicherheit geprägt, da weder Kommunikation, noch Verhandlung und Vereinbarung möglich sind."[63]

Renate Mayntz hat die Unsicherheiten in Prozessen der politischen Willensbildung untersucht: „Der kollektive Entscheidungsprozeß im Policy-Netzwerk ist

---

[59] A. a. O., S. 56.
[60] So Wolfgang Lukatis: Der Pfarrer im Kommunikationssysstem Gemeinde. In: Karl-Fritz Daiber: Predigt als religiöse Rede, a. a. O., S. 122.
[61] A. a. O., S. 126.
[62] Renate Mayntz: Politische Steuerbarkeit und Reformblockaden. Überlegungen am Beispiel des Gesundheitswesens. In: Staatswissenschaften und Staatspraxis, Heft 3, 1990, S. 283.
[63] A. a. O., S. 300.

nicht nur ein Prozeß der Kompromißbildung zwischen vorgegebenen divergierenden Präferenzen, sondern ist immer zugleich ein Zielbildungsprozeß: Zielbildung und Durchsetzung (bzw. Kompromißbildung) sind untrennbar miteinander verwoben. Damit kann die Zielbildung, das den Entscheidungsprozeß in Gang setzende ‚Wollen‘, auch nicht mehr nur ganz bestimmten der beteiligten Akteure zugerechnet werden. Das ganze Akteursystem … ist an der Zielbildung ebenso wie an der Durchsetzung beteiligt.“[64] So läßt sich schwer im klassischen Sinne zwischen Phasen von Handlungen unterscheiden: erst die Willensbildung, dann die Durchsetzung. Weiter ist eine klare Differenzierung von Täter und Opfer nicht möglich. Kalkulationen des Handelns anderer auf rationaler Basis werden kompliziert. Selbstdarstellungen sind wichtiger als das Verfügen über tatsächliche Ressourcen. Es herrscht ein hoher Differenzierungsgrad aber gleichzeitig lassen sich ausgeprägte Interdependenzen feststellen.

Mithilfe des Netzwerkkonzeptes läßt sich die Struktur von Kontakten zwischen den Teilnehmern eines Feldes analysieren. Wolfgang Lukatis meint, daß Pastoren in dieser Hinsicht ein recht enges Kommunikationsfeld haben: „Pastor/inn/en kommunizieren im Wesentlichen mit dem engeren Kreis der kirchlichen Mitarbeiter (Kirchenvorsteher, Haupt- und Nebenamtliche) sowie den Teilnehmern von Kreisen und beziehen wahrscheinlich von ihnen ihre Informationen über die Gemeinde.“[65] Andere Bevölkerungsgruppen fallen demgegenüber aus. „Was ein/e Pfarrer/in demnach von seiner/ihrer Gemeinde weiß, ist also in der Regel offensichtlich stark gefiltert durch die eigenen Wahrnehmungsmöglichkeiten und die der engsten Umgebung.“[66] Sieht man genauer hin, so wird das Feld der Wahrnehmung noch enger: „Schon aus diesen schlichten Ergebnissen läßt sich ableiten, daß Pastoren keinesfalls Kontakte zu allen Gemeindegliedern haben, am ehesten noch zu Frauen, Älteren (das sind zum Teil auch die Personen mit den zur Zeit insgesamt noch geringeren Bildungsabschlüssen), eher zu den häufigeren Gottesdienstbesuchern …“[67] usw. Ein Befund, der kennzeichnenderweise von vielen Pastoren geleugnet wird. Mit einem großen Teil der Gemeindewirklichkeit kommt der Pastor kaum in Berührung, so z. B. nicht mit strategisch wichtigen Gruppierungen in der Gemeinde.[68]

Netzwerkanalytisch ist der Pastor der ‚Star‘ der Gemeinde.[69] Er verfügt über erhebliche Ressourcen an Zeit, Räumlichkeiten, Kontakten und auch an Geld – aber er weist erhebliche Mängel im Bereich Beziehungen auf. Bestimmte, in der

---

64 A. a. O., S. 302.
65 Wolfgang Lukatis, a. a. O., S. 136.
66 A. a. O.
67 A. a. O., S. 139.
68 A. a. O., S. 143.
69 A. a. O., S. 144.

Öffentlichkeit eher weniger wichtige, Gruppen haben die besten Chancen, zu ihm Kontakte herzustellen.

Lukatis' Fazit: „Das soziale Netzwerk Kirchengemeinde läßt sich demnach charakterisieren als relativ stabil in den vergleichsweise kleinen, dichteren Zonen, als relativ instabil mit zunehmender Tendenz in den vergleichsweise größeren weitmaschigeren Bereichen, wobei die Beziehungspartner der instabileren Bereiche häufig die Stabilität der rituellen Handlungen voraussetzen, viele Partner der stabileren Zonen aber hier im wesentlichen die Entwicklung weitertreiben: Es bietet sich ein heterogenes, paradoxes Bild."[70]

Mit diesen Beobachtungen läßt sich die Vermutung begründen, daß sich Gemeinde in der Wahrnehmung von Pastoren auf „kleine Lebenswelten" reduziert. Anne Honer hat solche Lebenswelten am Beispiel des Body-Building analysiert.[71] Zu den Indikatoren einer solchen Lebenswelt zählt sie: definierbare Zwecksetzungen, technisches und legitimatorisches Sonderwissen, Interaktionsgelegenheiten, freiwillige teilzeitliche Partizipation, Passageriten und Karrieremuster. „Unter dem Begriff der kleinen Lebens-Welt wird also nicht individuelle Welterfahrung, sondern eine *in* der individuellen Welterfahrung relevante, partielle Bezugsgruppenorientierung thematisiert. Eine kleine soziale Lebens-Welt ist ein intersubjektiv konstruierter Zeit-Raum situativer Sinnproduktion und -distribution, der im Tagesab- und Lebenslauf aufgesucht, durchschritten, gestreift wird, und der mehr oder minder wesentliche Elemente für das spezifisch moderne ‚Zusammenbasteln' strukturell unwesentlich gewordener persönlicher Identität bildet."[72]

Gerade in solchen Lebenswelten artikulieren sich charismatisch-organisatorische Fähigkeiten. Ihre Plausibilität ist allerdings begrenzt. Sie haben für Identitätsmuster große Bedeutung – aber beziehen sich nur auf sehr begrenzte Öffentlichkeiten. Dies gilt so für gemeindliche Gruppen, wie Hauskreise u. ä., aber (noch) nicht für Kirchengemeinden. Kleine Lebenswelten lösen in den Kirchengemeinden die traditionelle Gemeinschaftsstruktur ab.

Netzwerke sind – anders als Organisationen – nur begrenzt planbar. Und dies gilt auch für Gemeinden. Gemeindliche Prozesse sind fragil, weil an Personalität und oft auch an Anwesenheit gekoppelt und nicht auf die Erreichung von Zielen reduzierbar. Entsprechend unterschiedlich kann die pastorale Vermittlungsaufgabe zwischen Lebenswelt, Theologie und kirchlicher Organisation begriffen werden: Als Netzwerk kann sie relativ locker, zurückhaltend erfolgen; als Organisation verfährt sie zielbewußter.

---

[70] A. a. O., S. 148.
[71] Anne Honer: Beschreibung einer Lebenswelt – Zur Empirie des Body-Building. In: ZfS. Jg. 14, 1985, Heft 2, S. 131.
[72] A. a. O., S. 131.

Der Unterschied betrifft vor allem die Aufgabe der Integration der Gemeinde. Sie erfolgt im Netzwerk durch die Verknüpfung von Motiven, Interessen und Gelegenheiten, nicht jedoch durch Gleichschaltung. D. h. aber, daß unter der Oberfläche des Konsenses Disäquivalenzen ablaufen. Die Bewältigung der Differenz der Wahrnehmungen könnte vor diesem Hintergrund als das beständige Bemühen um die Schaffung von „Arbeitskonsensen" begriffen werden. Bernhard Giesen hat diesen Begriff zur Beschreibung des ethnomethodologischen Blickes genutzt: „Die Wirklichkeit der sozialen Interaktion wird hier als eine flüchtige, labile, zeitlich und räumlich begrenzte Konstruktion aufgefaßt, die auf dem vorläufigen und jederzeit gefährdeten ‚Arbeitskonsens' der Anwesenden beruht und ständig bekräftigt, angezeigt und neu verfertigt werden muß."[73] In dieser Sichtweise muß der Pastor Sinn und Bedeutung der Handlungen der Beteiligten beständig beobachten, theologisch deuten und sie unter Beachtung der Differenzen miteinander verkoppeln. Die Möglichkeit, sich auf Vorgegebenheiten zu beziehen, ist angesichts der Differenz der Wahrnehmung, gering.[74] Die Arbeitskonsense akzentuieren folglich immer wieder das Verhältnis von Innen und Außen, ohne es auf Dauer lösen zu können.

9.1.6. Fazit: Verarbeitung der Differenz durch Professionalisierung und Radikalisierung.

Ohne Autorität ist die Wahrnehmung einer religiösen Rolle kaum denkbar. Nur so kann sie das leisten, was zentrales Funktionselement von Religion ist: Die Herstellung und Transzendierung von Normalität zugleich. Die Pfarrergestalt leistet qua Person die religiöse Bewältigung von Situationen, d. h., sie symbolisiert in der Meisterung der Situation zugleich ihre Aufhebung. Darin besteht ihr Spezifikum. Eben so weckt sie auch religiöse Bedürfnisse.

Es ergibt sich der Eindruck einer von Ambivalenzen geprägten Situation:

– Auf der einen Seite konzentriert sich die Kommunikation der Kirche auf die Gestalt des Pfarrers. Sie ist das symbolische Kommunikationsmedium der Kirche. Glaube wird über die Pfarrergestalt wahrnehmbar. Es scheint schwierig zu sein, hiervon abgelöst, sozusagen „versachlicht" und entpersonifiziert Glauben medial zu codieren. Kirchliche Praxis ist insofern von der Pastorenschaft und ihrer Konstitution fundamental abhängig. Weil in dieser Weise auf die Person bezogen, hat sie immer auch charismatische Züge.

---

[73] Bernhard Giesen: Die Entdinglichung des Sozialen. Eine evolutionstheoretische Perspektive auf die Postmoderne. Frankfurt a. M., 1991, S. 136.

[74] Elemente charismatischer Herrschaft, der Vorstellung einer Gemeinschaft und netzwerkhafte Vorstellungen werden in Entwürfen für Gemeinde als Gegenmodelle zur Gesellschaft verbunden. Vgl. z. B. Helmut Gollwitzer: Vortrupp des Lebens. München, 1975, vor allem die Thesen „Was ist Kirche?" S. 111.

- Dies bedeutet jedoch auf der anderen Seite, daß die Last der Bewältigung der Differenz von Eigen- und Fremdwahrnehmung organisatorisch allein nicht zu lösen ist. Sie liegt auf den Schultern von Personen. Sie finden eine Situation vor, die aufgrund dieser Differenz offen ist, aber auch viele Möglichkeiten der Selbstinszenierung und der Gestaltung bietet. Wie sie ihre Selbstwahrnehmung in ein konstruktives Verhältnis zur Fremdwahrnehmung, z. B. der Gemeinde, setzen, obliegt ihrer eigenen Verantwortung. Weder die Organisation, noch der Bezug auf vermeintliche Vorgegebenheiten der ‚Menschen‘, können Entlastung verschaffen.

Die Folge ist eine unterstrukturierte Situation, deren Bewältigung subjektiv als Überforderung erlebt werden kann. Sie muß folglich handlungsrelevant reduziert werden. Es lassen sich zumindest zwei Möglichkeiten der Inszenierung der Pfarrerrolle beobachten, mit denen religiöse Leistungen erbracht werden: auf der einen Seite die charismatische Herrschaft, auf der anderen Seite Professionalität. Während die erste Möglichkeit die Binnenwahrnehmung expressiv bis dramatisch akzentuiert, ist es im zweiten Fall umgekehrt: Hier wird die Fremdwahrnehmung systematisch beobachtet und bearbeitet.

Die Analyse der Entwicklung der Pfarrerrolle ist deswegen von zentraler Bedeutung, weil sich Gemeinde nur schwer als strukturierte Organisation im modernen Sinne begreifen läßt, in der der einzelne deutlich erkennbar als Rollenträger einzuordnen wäre. Eher läßt sie sich als relativ offenes Feld im Sinne eines Netzwerkes verstehen, in dem sich Prozesse vollziehen, die nicht immer eindeutig zurechenbar sind. Auch diese Situation hängt mit dem Auseinanderdriften der Wahrnehmungen zusammen: Wenn Kirche verschieden wahrgenommen wird, wird auch Irritation darüber aufkommen, welche Prozesse durch welche Interessen initiiert werden. Die Zahl der Möglichkeiten, Kirche zu gestalten, nimmt auf diese Weise zu. Zugleich reduzieren sich Verhaltenssicherheiten. Sie müssen situativ erst hergestellt werden.

Gemeinde kann so ebenfalls als ein unterstrukturiertes Gebilde erlebt werden, das viele Facetten aufweist und zahlreiche Optionen bereithält. Eine durchgreifende Ausrichtung der Teilnehmer ist nur um den Preis eines weiteren Auseinanderdriftens der Wahrnehmungen möglich.

9.2. Ritual und Gottesdienst

Das Problem der Bewältigung der Differenz von Eigen- und Fremdwahrnehmung artikuliert sich im Verhältnis des Gottesdienstes zur Öffentlichkeit. Konstruiert er eine Sonderwelt oder begreift er sich bewußt und gezielt als öffentliche Veranstaltung? So sprach z. B. Peter Cornehl bereits 1970 vom „Dilemma der *unbe-*

wältigten Öffentlichkeit der christlichen Gottesdienste ... Die Herstellung von Öffentlichkeit steht unseren Gottesdiensten noch bevor."[75] Das Problem artikuliert sich vor allem in liturgischen Reformbemühungen, die sich als Reaktion auf strukturelle Veränderungen der Öffentlichkeit verstehen. Sie zielen auf eine stärker diskursive Fassung öffentlicher Kommunikation und beinhalten so Kritik an rein rituellen Vollzügen.

Exemplarisch deutlich wird diese Tendenz in der Kritik Andreas Feiges am Gottesdienst. Aufgrund eigener empirischer Untersuchungen unter Jugendlichen und jungen Erwachsenen bezeichnet er den Gottesdienst als den „Ort, wo religiöse Sprachlosigkeit entsteht"[76]. „Der von der Mehrheit der Befragten erinnerliche Gottesdienst muß als Paradigma institutionell-ideologischer Vermittlungs- und Tradierungsschwierigkeiten in modern-komplexen Gesellschaften gelten ... Was sich hier ereignet, welche Forderungen auf Anpassung hier gestellt werden, deren Verbalisierungen gerade von den jugendlichen Zuhörern sehr empfindlich mit der Konnotation der *Unterwerfung* gehört werden können, und welche (Un)Möglichkeiten eines realisierbaren Zugangs zu jenem existieren, was im kirchlich-theologischen Verständnis ein – ... – Mysterium ist bzw. sein soll: Darin manifestiert sich ‚Kirche' als von allen Unterrichtsteilnehmern beobachtbares Faktum, das in seinem So-Sein ‚von denen da in der Kirche' offenbar auch so gewollt zu sein scheint."[77] Feige will hiermit seine These belegen, daß ein „Bedarf am *Diskurs*charakter kirchlicher Kommunikation" vorhanden ist.[78] Es liegt auf der Hand, daß in dieser Hinsicht der Kirchentag als zukunftweisendes Modell von Kirche gefeiert wird.[79]

Feige behauptet, daß die Wahrnehmung des Gottesdienstes so geartet sei, daß sie die Kommunikation mit Kirche, und im weiteren Sinne religiöse Kommunikation überhaupt, verhindert. Das, was Kirche in ihrer Binnensicht als ihr zentrales Geschehen begreife, blockiere gerade eine angemessene Fremdwahrnehmung.

In diesen Aussagen wird ein spezifisches Problem gottesdienstlicher Kommunikation angesprochen – allerdings vor dem Hintergrund eines strikten Deutungsmusters: das der Alternative von Diskurs und Ritual. Die Binnensicht wäre ritualistisch – die Außenwahrnehmung eher diskursiv interessiert. Die Frage stellt

---

[75] Peter Cornehl: Öffentlicher Gottesdienst. Zum Strukturwandel der Liturgie. In: Ders. und Hans E. Bahr (Hrsg.): Gottesdienst und Öffentlichkeit. Hamburg, 1970, S. 118, hier S. 121.

[76] Andreas Feige: Kirchenmitgliedschaft in der Bundesrepublik Deutschland. Gütersloh, 1990, S. 270.

[77] A. a. O., S. 273 / 4.

[78] A. a. O., S. 268 und 279.

[79] A. a. O., S. 336 ff. Allerdings werden hier die Defizite des Kirchentages, z. B. seine starke Milieubezogenheit, leicht übersehen. Ebenso behandelt Feige den tatsächlichen Besuch von Gottesdiensten, z. B. an Weihnachten usw. nicht.

sich, ob diese Alternative den Kern der Sache trifft.[80] Was sind Rituale im Hinblick auf Gottesdienste überhaupt?

9.2.1. Rituale

Faßt man den Begriff des Rituals weit, so sind sie für das Menschsein konstitutiv. Keine alltägliche Verrichtung, keine Annäherung, kein Gruppengeschehen kann ohne sie auskommen. Selbst intime Formen der Interaktion wie ein Flirt oder eine erotische Begegnung vollziehen sich nicht frei im Raum sondern funktioniert nur auf der Grundlage selbstverständlich geregelter Interaktions- und Kommunikationsformen[81] befriedigend. Sie beinhalten immer auch Sprache – stellen jedoch weit mehr als nur sprachliches Geschehen dar; Rituale organisieren vielmehr körperliches Verhalten.

Man kann zwischen Ritualen und Routinen unterscheiden. Eine Routine bezeichnet das selbstgewisse Ausführen einer erforderlichen Handlungssequenz in einer Situation.[82] Rituale stellen demgegenüber höhere Anforderungen an Expressivität und Institutionalisiertheit; sie gehen folglich auch mit einem erhöhten Maß an bewußter Aufmerksamkeit einher.[83] In ihnen wird ein kollektiver Konsens „vollzogen";[84]d. h., der Konsens ist schon vorher vorhanden. Sie dienen nicht der Erarbeitung von Verständigung, sondern deren Bestätigung. Deutlich erkennbar werden Rituale dann, wenn die Situation ironisch durchbrochen wird:[85] Der Redner hebt mittels verbaler Distanzierung den rituellen Schematismus auf und bestätigt ihn damit zugleich. Auf diese Weise erweist er sich selbst als in der Situation souverän.

Die Bestätigung der Wirklichkeit erfolgt in Ritualen expressiv. Es hat in dieser Hinsicht von sich aus die Tendenz, den Alltag zu transzendieren: „Rituale können zu Verhaltenstechniken regredieren, zu bloßen Gewohnheiten und Praktiken verflachen. Ihr Wesen haben sie aber von ihrer Expressivität. Rituelles Verhalten wird nicht an der bloßen Zweck-Mittel-Relation erklärbar. In ihm führt das darstellende Interesse Regie. Es hat etwas Emphatisch-Unverständliches an sich; ein Mehr an

---

[80] Feige sitzt mit seiner Kritik einem traditionalen Eigenverständnis des Gottesdienstes auf, demgemäß Gottesdienst einseitige Verkündigung und damit nicht Kommunikation sei. Es gibt jedoch heute kaum ernst zu nehmende Liturgiker, die diese Sicht vertreten würden. Setzt man jedoch empirische Forschung so an, dann werden die vorhandenen kommunikativen Wirkungen übersehen und Artefakte erzeugt.

[81] Manfred Josuttis: Der Weg ins Leben. Eine Einführung in den Gottesdienst auf verhaltenswissenschaftlicher Grundlage. München, 1991, weist z. B. auf die in der Verhaltensforschung beobachteten Rituale freundlicher Begegnung hin (S. 160).

[82] Iwar Werlen: Ritual und Sprache. Tübingen, 1984, S. 69.

[83] A. a. O., S. 81.

[84] Ingwer Paul: Rituelle Kommunikation. Tübingen, 1989, S. 45.

[85] A. a. O., S. 43.

Sinn ohne daß es unbegreifbar bleibt."[86] Ritual meint folglich ein absichtlich vollzogenes expressives Verhaltensmuster, das erhöhte Aufmerksamkeit erheischt und über sich hinaus weist.

Was leisten Rituale? Eine herkömmliche funktionale Erklärung lautet, daß sich in Ritualen der Zusammenhalt einer Gruppe bestätigt bzw. eine bestimmte Wahrnehmungsweise von Wirklichkeit „gefeiert" wird. Sozialpsychologisch ließe sich diese These dadurch erweisen, daß Rituale die Ordnung von Gefühlen vollzögen. Einer solchen funktionalen Erklärung hat Mary Douglas widersprochen. „Diese These, wonach Rituale bestimmte Gefühle auslösen, steht auf schwachen Füßen. Wer hätte sich nicht schon in der Kirche gelangweilt?"[87] Sie will damit sagen, daß eine Rechtfertigung des Rituals aus seinen praktischen Folgen nicht möglich ist. Rituale hätten von sich aus gar keine Folgen: Sie seien kollektiv geteilte Formen der Gestaltung von Wirklichkeit und auch nur aus sich selbst zu erklären. Sie stellen nicht etwas dar, das woanders zur Geltung kommt, sondern inszenieren durch sich selbst das „Aufblitzen" einer höheren Einheit.

Versteht man Gottesdienst in diesem Sinne als Ritual, so läßt er sich nicht von seinem Zweck her rechtfertigen, sondern nur als geregeltes kommunikatives Geschehen aus sich selbst heraus verständlich machen. Gottesdienst schafft eine eigene Wirklichkeit, d. h. Kirche. Und in diesem Sinne ist Gottesdienst das zentrale Ritual der Kirche.[88] Welchen Stellenwert es darüber hinaus für andere kirchliche Vollzüge hat, bzw. aus der Binnensicht haben sollte, ist eine aus dieser Sicht zweitrangige Frage.

Die Wahrnehmung von Kirche funktioniert entsprechend: Sie ist selbstverständlich auf die rituelle Praxis bezogen. In der Wahrnehmung der Lebenswelt ist Kirche Gottesdienst, weil er die Differenz kultiviert und so Kirche überhaupt erst wahrnehmbar (= anders) macht. Werner Jetter spricht deswegen vom symbolischen Mehrwert des Rituellen, der für das Gefühl des Eingebundenseins sorgt.[89] Natürlich unterscheidet sich der individuelle und milieubedingte Bezug auf den Gottesdienst; aber Kirche wird in der Fremdwahrnehmung selbstverständlich zunächst mit Gottesdienst identifiziert. Dem muß die Eigenwahrnehmung jedoch nicht notwendig entsprechen, denn in einer nüchternen Sicht der Aktivitäten einer Gemeinde stellt der Gottesdienst nur einen Sektor dar.

Karl-Fritz Daiber spricht vom Gottesdienst als Mitte der Gemeindearbeit;[90] nicht im Sinne der Abwertung aller sonstigen Arbeitsbereiche der Kirche, sondern als

---

86 W. Jetter, a. a. O., S. 117. Die diskursive Kritik am Ritual erwächst aus der Beobachtung, daß Unverständlichkeit ein eminentes Herrschaftsmittel ist. Sofern Rituale per se immer etwas Unverständliches an sich haben, reproduzieren sie Herrschaft über andere.
87 Mary Douglas: Wie Institutionen denken. Frankfurt a. M., 1991, S. 63.
88 A. a. O., S. 179 ff. Freilich liegt hier eine erkennbare Spannung zum herkömmlichen evangelischen Gottesdienstverständnis, das seinen Sinn in der Einweisung in den Alltag hat.
89 W. Jetter, a. a. O., S. 116.
90 Karl-Fritz Daiber: Der Gottesdienst als Mitte der Gemeindearbeit. In: WuPKG, 1980, S. 54.

integrierende Mitte des Ganzen, die faktisch nicht auszutauschen ist. Auch dieser Gedanke betont die Selbstbezüglichkeit des Rituals: Es „orientiert sich am Konstitutionsbedürfnis der religiösen Gruppe … Anders ausgedrückt: Zentralthema der gottesdienstlichen Kommunikation ist der gemeinsame Gottesbezug." Der Gottesdienst stellt „eine ritualisierte Form des Umgangs mit dem Gott dar, der nach dem Bekenntnis die Gemeinde konstituiert"[91].

Werner Jetter hat das gottesdienstliche Ritual mit neun Aspekten charakterisiert:

– Im Ritual wird Glaube in festen Formen geschützt transportiert.

– Rituale als Verhaltensmuster bieten Hilfen zur Gestaltung von Frömmigkeit.

– Rituale dienen der Traditionsvermittlung.

– Rituale sind Bürgen für Ordnung und Sinn: „Rituale spiegeln Ordnungen wider, stellen sie her und dar und geben damit dem Gemeinschaftsleben eine tragfähige Basis sowie seinen nötigen wohlgeordneten Ausdruck im Lebensganzen."[92]

– Rituale dienen der Abgrenzung einer Gemeinschaft von Zugehörigen und Außenstehenden; sie schaffen ein Innen und Außen.

– Rituale differenzieren zwischen Meister und Empfänger, zwischen Heiligem und Profanen.

– Rituale leben von der Wiederholbarkeit: „unreflektierte Nachvollziehbarkeit ist wichtig".[93]

– Im Ritual wird Ungeformtes von Gestaltetem vertreten.

– Nicht diskursive Erörterung sondern emotionale Vergewisserung steht im Zentrum des Rituals.

Grundsätzlich gelte, daß man es bei Gottesdienstritualen „in ihrem konkreten Vollzug nie nur mit Formularen, sondern immer mit einer konkreten Lebensgestalt in einem konkreten Kontext zu tun hat."[94] In dieser Hinsicht haben Rituale einen ambivalenten Charakter. Eindeutigkeit gewinnen sie erst in der Rezeption. Sie ist jedoch konkret nicht zu steuern

In dieser Sicht besteht ein deutlicher Zusammenhang zwischen Ritualen und der Stabilisierung von Identitäten. Die Teilnahme an ihnen stellt Bezüge her, die sich diskursiv nicht aufbauen lassen.[95] Wenn sich sozialer Kontext und Ritual wider-

---

[91] A. a. O., S. 79.
[92] W. Jetter, a. a. O., S. 97.
[93] A. a. O., S. 104.
[94] A. a. O., S. 90.
[95] Vgl. zum Folgenden Dietrich Engels: Religiösität im Theologiestudium. Stuttgart, Berlin, Köln, 1990, S. 50 ff.

sprechen ist auch die Möglichkeit der Krise gegeben: „Die bestätigende Funktion des Rituals, die gerade eine distanzlose Regelbefolgung voraussetzt, ist an die Angemessenheit der Form an die soziale Situation gebunden; in dem Maße, wie diese Beziehung durch Situationsänderungen aufgebrochen wird, eröffnet die daraus resultierende Differenz von ritueller Form und sozialer Umgebung die Möglichkeit zur Kritik."[96] Freilich setzt dies voraus, daß die Differenz zwischen Ritual und sozialem Kontext überhaupt wahrgenommen wird, d. h. die Differenz zwischen Eigen- und Fremdwahrnehmung bewußt wird. Gottesdienste haben zum einen als kulturelle Formen in einem allgemeinen Sinn konkrete Bedeutung; zum anderen gehören sie in spezifische kleine Lebenswelten hinein, die sich zirkulär in ihrer Wahrnehmung bestätigen.

Grundsätzlich gilt: „Ein rituell Handelnder folgt, … , gewissen Mustern von Abläufen, die er als kulturell kompetentes Mitglied einer Gesellschaft oder Gruppe entweder unbewußt, implizit oder explizit weiß und gelernt hat. Ein rituell kompetent Handelnder kennt auch die Expressivität seines Handelns – vielleicht nicht explizit oder nicht genau, aber – wie so vieles andere Alltägliche – explizit und genau genug für den jeweiligen Zweck. Er kann die aus Organisation und Expressivität zu erwartenden Äußerungen konstruieren und erkennen. Aber er weiß, daß es auch nichtrituelles Sprechen und Handeln gibt, Sprechen und Handeln eines anderen Typs."[97]

Diese zutreffende aber nüchterne Beschreibung der Funktionsweise von Ritualen täuscht darüber hinweg, daß Rituale zum Kern dessen gehören, was ‚gutes Leben' ausmacht – individuell wie kollektiv. In ihnen verdichtet sich Anerkennung, Unterwerfung, Opfer, Freiheit. Insofern kann man durchaus sagen: Rituale machen glücklich.[98] Sie erzeugen in bestimmten Phasen „Flow-Gefühle" – Übergangsgefühle, in denen ein Verlust mit einem übergroßen Gewinn erlebt und entsprechend gefeiert wird.

9.2.2. Gottesdienst

Nähert man sich weiter dem Gottesdienst, so fällt auf, daß er die Expressivität des rituellen Handelns im Verhältnis zum Alltag noch einmal steigert. Die religiöse Sprache modifiziert die Umgangssprache in einer Weise, daß ihre Alltäg-

---

96 A. a. O., S. 56.
97 Iwar Werlen, a. a. O., S. 380.
98 Daß dem so ist, belegen die „großen Rituale". Vgl. z. B. den Bericht von Peter Hort in der FAZ vom 9.8.93, S. 3, über das Requiem für König Baudouin von Belgien am 8.8.93 in Brüssel. Dieses Ritual bestätigt den Herrschaftsanspruch des Königshauses, aber es tut dies, indem es das persönliche Engagement des Königs für die Armen und Elenden eindrucksvoll in den Mittelpunkt rückt. Zugleich vereint es symbolisch Flamen und Wallonen und stiftet so deutlicher Versöhnung als ein Diskurs es könnte. Durchdrungen wird die Zeremonie von der Auferstehungshoffnung, symbolisiert im weißen Kleid der Königin Fabiola.

lichkeit verlorengeht.[99] Dies geschieht selbst dann, wenn der Pastor versucht, absichtlich alltagssprachlich zu kommunizieren: Der liturgische Kontext bewirkt dies durch eine starke Rahmung des Geschehens in der Wirkung auf die Hörer. Während Rituale die Teilnehmer im direkten Anschluß an den Alltag „entlasten", erweckt der Gottesdienst den Eindruck eines Ausschlusses dieser Sphäre. Dies hat vor allem mit der spezifisch andersartigen Form von Kommunikation zu tun: Sie wird im Gottesdienst auf Wahrnehmung reduziert. „Der Zweck, der im Vollzug der rituellen Kommunikation liegt, wird im Gottesdienst nicht durch eine Kommunikation zwischen den Aktanten erreicht, sondern durch die Aufhebung dieser Ebene und der mit ihr verbundenen alltagsweltlichen Orientierung zum Zweck des verstehenden Vollzugs des Rituals."[100] Jetter begreift dies als notwendige Bedingung der Kommunikation des Glaubens: „Wenn der Glaube nicht aus dem Abstand kommt und sich schlicht darüber hinwegsetzt kann er nichts unterscheiden und bringt er nichts mit. Er will in den Alltag, aber wenn er nur noch Alltäglichkeit wäre, hätte er aufgehört Glaube zu sein. Er muß in der vollen Diesseitigkeit des Lebens seine Jenseitigkeit wahren."[101] Gottesdienstlicher Vollzug braucht aus diesen Gründen Einübung; sonst bleibt er unverständlich und fremd.

Die Wirklichkeit des Gottesdienstes ist mithin eine besondere Wirklichkeit. Sie wird von Ritual zu Ritual immer wieder neu hergestellt, allerdings nicht einfach nur reproduziert. Gottesdienste sind vorgefertigt und folgen, vor allem in bestimmten Teilen, einer „rituellen Mechanik"[102], aber sie sind immer auch singulär und gestaltbar. Jeder wird – unter Steuerung des Pastoren – „aufgeführt" und im Vollzug kommentiert. Diskursive Durchbrechungen, ein „pastoraler Diskurs"[103] im Ritualverlauf, sind vorhanden. Seine Existenz ist Beleg dafür, daß das Auseinanderdriften von Eigen- und Fremdwahrnehmung verarbeitet wird: Das Ritual muß von „innen" erklärt werden, damit es „außen" verstanden wird. Dabei ist der Gottesdienst sehr störanfällig und beruht auf dem sensiblen Ausbalancieren seiner Atmosphäre.[104] Metakommunikation, wie im Alltag, ist schwierig.

Dies gilt in gesteigerter Form für kasuelle Rituale. Sie beruhen auf einem deutlich erkennbaren und in seiner Geltung unangefochtenen Vollzug. „Die Produktivität des Kasus beruht auf der unhinterfragbaren Grundlage der vollzogenen Handlung, ist also nicht an subjektives Zutun gebunden."[105] Amtshandlungen

---

[99] I. Paul, a. a. O., S. 118.
[100] A. a. O., S. 123.
[101] W. Jetter, a. a. O., S. 145.
[102] I. Paul, a. a. O., S. 227.
[103] A. a. O., S. 285.
[104] Paul redet vom ‚rituellen Gleichgewicht', a.a.o., S. 136.
[105] A. a. O., S. 235.

enthalten ein „konventionales Verfahren zur Veränderung der für die religiöse Gruppe relevanten sozialen Welt"[106]. Sie sind folglich etwas „Objektives". Anders ist es im Hauptgottesdienst: Er funktioniert aufgrund der Bereitschaft jedes einzelnen, das Ritual nachzuvollzuziehen und individuell umzusetzen. Im Unterschied zum Kasus kann dies mißlingen. Dadurch ist die gottesdienstliche Kommunikation brüchiger, aber die Chance, den einzelnen zu beteiligen, ist trotz seiner Passivität im Vergleich zum Kasus größer.

Eine solche Beteiligung war das Ziel der Bemühungen um eine Gottesdienstreform seit den sechziger Jahren. Bestrebungen zur vollkommenen diskursiven Umgestaltung des Rituals sind jedoch gescheitert. „Das Programm einer kommunikativen Umgestaltung des Rituals, das von einigen Gegnern der Liturgiereform verfochten wurde, läßt sich innerhalb des Rituals nicht verwirklichen, ohne den Sinn und die Form des Rituals aufzugeben."[107] Dennoch belegt die Existenz des pastoralen Diskurses im Gottesdienst, daß das Problem virulent ist.

So wird die Erklärungsbedürftigkeit des Rituals gesehen. Besonders deutlich wird dies in der „Erneuerten Agende" der VELKD. Hier werden detaillierte Hinweise für einen situationsorientierten und didaktisch verantwortbaren Gebrauch der liturgischen Teile gegeben. Das Ziel ist ein reflektierter Umgang mit den Elementen des Gottesdienstes.[108] „Indem der pastorale Diskurs ständig zwischen Ritual und Nicht-Ritual – der Sinnwelt des Heiligen und der des Alltags – vermittelt, fördert er die Tendenz zu einem verstehenden Vollzug des Rituals."[109] Grundsätzlich läßt sich das Problem aber so nicht lösen: Eine volle Beteiligung der Teilnehmer an der Konstitution des Rituals ist weder mit seiner Logik noch mit den Erwartungen der Teilnehmer zu vereinbaren.[110]

Auf der anderen Seite gibt es die Tendenz, daß sich durch die starke Moderationstätigkeit des Pastoren der Gottesdienst zur Veranstaltung umbildet: „Jede Moderation des Rituals führt allerdings latent zu einer Theaterhaftigkeit der rituellen Kommunikation."[111] Die Folge wäre, daß die Subjekthaftigkeit der Gemeinde als Träger des Rituals zugunsten einer ästhetischen Einstellung ausfallen würden. Statt Mitwirkende würden sie zu reinen Besuchern.

Im Unterschied zu nichtreligiösen Ritualen fällt im Gottesdienst Ironie und Spontaneität schwer: „Die (negative, G.W.) Bewertung von Gelächter und Heiterkeit durch die Ritualleiter verweist … auf einen charakteristischen Unterschied zwi-

---

[106] A. a. O., S. 234.
[107] A. a. O., S. 289.
[108] Vgl. Rudolf Roosen: Bemerkungen zum Entwurf der „Erneuerten Agende" – oder: Wie praktisch ist der Praktiker Theorie? In: ThP. 27. Jg., 1992, Heft 4, S. 259.
[109] I. Paul, a. a. O., S. 298.
[110] A. a. O., S. 299.
[111] A. a. O., S. 297.

schen säkularen und religiösen Ritualen. Lachen ist im Ritualzitat erwartbar und tritt regelmäßig an den Rändern des rituellen Kerns auf ... Im religiösen Ritual wird Heiterkeit prinzipiell als dysfunktional interpretiert."[112] Dies gilt auch für Ironie. Sie kann im säkularen Ritual ein Zeichen für Souveränität sein – im Gottesdienst klingt sie blasphemisch, denn sie wäre die „Gelegenheit zu einer persönlichen Distanz, die in der Kirche nicht angestrebt wird"[113].

Gottesdienst als Ritual steht in Spannung zum Diskurs. „Die Vitalität eines religiösen Rituals und die Lebensfähigkeit seiner Symbolik hängt nicht nur davon ab, wieviel Glaubenseinsichten sie anschaulich weitervermitteln. Wahrscheinlich hängt sie stärker damit zusammen, wieviel vom vitalen und sozialen Leben sie mit integrieren können; welche Wegstrecke des natürlichen Lebens sie erwartungsvoller, griffiger, begehbarer zu machen verstehen."[114] Gottesdienst ist in dieser Sicht Jetters „ein Stück von und für Gott beanspruchte Zeit, in der der Hörende Zeit gewinnt, das Moralisieren enden soll und die Freiheit und das Vertrauen sich mehren will"[115]. Wenn aber diese Funktion von „außen" nicht mehr plausibel ist, wird man stärker diskursive Verfahren einbauen, ohne jedoch das Problem endgültig lösen zu können.

9.2.3. Ritual und Gottesdienst als Grenzerfahrung

Gegenüber den bisher angestellten Überlegungen entwickelt Victor W. Turner ein Ritualverständnis, das die Erfahrung sozialer und kultureller Grenzsituationen und die Umkehrung gesellschaftlicher Hierarchien mit einbezieht.[116] Aus der Analyse von Stammesritualen der Ndembu in Sambia hat er Elemente einer auch auf moderne Gesellschaften übertragbaren Theorie konstruiert.

Von Arnold van Gennep übernimmt Turner die Dreiphasentheorie von Übergangsritualen: Trennung, Absonderung und schließlich Wiedereingliederung. Die mittlere Phase ist entscheidend. In ihr vollzieht sich Grenzerfahrung, „Limialität": Der Novitiant ist aus der Gesellschaft herausgenommen und unterliegt

---

[112] A. a. O., S. 292.
[113] A. a. O., S. 99.
[114] W. Jetter, a. a. O., S. 131.
[115] A. a. O., S. 139. Karl-Fritz Daiber: Predigt als religiöse Rede, a. a. O., weist darauf hin, daß das Ritual und in ihm die Predigt stärkere Freiheitsräume eröffnen als das Gespräch und auch deutlich weniger schichtenspezifisch ist (S. 205). Eine Mobilisierung der Unterschicht geschieht nicht über den Diskurs. Ebenso weist auch Jetter darauf hin, daß herrschaftsfreie Formen religiöser Kommunikation recht selten sind und zudem in den Zumutungen an die Teilnehmer sehr hoch. Der freie Umgang mit religiösen Gefühlen ist nur in kleinen, elitären Gruppen zu gestalten. In dieser Sichtweise eröffne die römische Messe, die sich lapidar und selbstbewußt vollzieht, die größte Offenheit für Teilnehmer, minimale Anforderungen und damit Freiheitsraum (W. Jetter, a. a. O., S. 179)
[116] Victor W. Turner: Das Ritual. Struktur und Anti-Struktur. Frankfurt a. M., 1989, ursprünglich: New York, 1969.

nicht mehr ihren Differenzierungen. Entscheidend ist, daß er in dieser Phase mit anderen Novitianten eine egalitäre Beziehung eingeht: die ,communitas'. Es entsteht ein kultureller Spielraum, der die bestehende Ordnung auf den Kopf stellt. Sie stellt eine Art „Anti-Struktur" dar und ist von Ambiguität gekennzeichnet. Das Subjekt „durchschreitet einen kulturellen Bereich, der wenig oder keine Merkmale des vergangenen oder künftigen Zustandes aufweist"[117]. „Schwellenwesen sind weder hier noch da; sie sind weder das eine noch das andere, sondern befinden sich zwischen den von Gesetz, der Tradition, der Konvention und dem Zeremoniell fixierten Positionen."[118] „Wir werden in solchen Riten mit einem ,Augenblick in und außerhalb der Zeit', in und außerhalb der weltlichen Sozialstruktur konfrontiert, der – wie flüchtig er auch sein mag – das (wenn auch nicht immer sprachlich, so doch symbolisch zum Ausdruck gebrachte) Erkennen einer generalisierten sozialen Bindung offenbart, die aufgehört hat zu bestehen."[119]

Im Gegensatz zur Sozialordnung wird hier Communitas erfahren. Turner benutzt das lateinische Wort, um den Unterschied zur Alltagserfahrung von Gemeinschaft deutlich zu machen, die sich in die bestehende Ordnung einfügt. In der Communitas ist der Herrschende der Diener. Er ist dies aufgrund der Erfahrung einer Kraft, die übermenschlicher Natur ist.[120] Manifestationen der Communitas sind für die Apologeten der Strukturerhaltung gefährlich, weil anarchisch und unberechenbar, aber auch zugleich funktional nötig, um Herrschaft bewältigen zu können.

Ritualerfahrungen haben einen sozialen und kulturellen Nutzen. Sie ermöglichen das Einnehmen einer Distanz zur Normalität. „Faßt man das Schwellendasein als eine Zeit und einen Ort des Rückzugs von normalen sozialen Handlungsweisen auf, kann man es als eine Zeit möglicher Überprüfung der zentralen Werte und Axiome der Kultur, in der es vorkommt, sehen."[121] Dieser Rückzug hat die Form einer Umkehrung der sozialen Hierarchie: „Die strukturell Inferioren streben im Ritual nach symbolischer struktureller Superorität; die strukturell Superioren dagegen verlangt es nach symbolischer Communitas, und um sie zu erreichen, nehmen sie selbst Qualen auf sich."[122]

In einem allgemeinen Sinn lassen sich Züge der so beschriebenen Umkehrung der Welten in jedem Gottesdienst finden. Deutlich wird freilich nicht die Umkehrung, aber doch die Suspendierung der Herrschaftsverhältnisse, z. B. im Abendmahl. Dies weist darauf hin, daß Gottesdienst nicht bruchlos im Anschluß an den Alltag zu begreifen ist. Auch lassen sich die drei Phasen van Genneps, die sich

---

[117] A. a. O., S. 94.
[118] A. a. O., S. 95.
[119] A. a. O., S. 96.
[120] A. a. O., S. 105.
[121] A. a. O., S. 160.
[122] A. a. O., S. 193.

allerdings nicht auf gottesdienstliche Rituale als solche, sondern auf Übergangs-rituale beziehen, im Gottesdienst wiederfinden.

Es liegt aber auf der Hand, daß eine Anwendung des Turnerschen Verständnisses die Wahrnehmung des Gottesdienstes erheblich radikalisiert und die in ihm latente Begegnung mit dem Göttlichen als Erschliessung einer neuen Wirklich-keit akzentuiert. In diese Richtung zielt der Versuch von Manfred Josuttis, Gott-esdienst auf verhaltenswissenschaftlicher Grundlage als „Weg in das Leben" zu begreifen.[123]

Josuttis These lautet: „Die einzelnen Etappen, die den liturgischen Vollzug struk-turieren, sind Schritte einer Bewegung, die zur Begegnung mit dem Heiligen führt. Das menschliche Verhalten, das hier abläuft, kommt in der Vereinigung mit der Gottheit zum Ziel."[124] Ähnlich den Phasen van Genneps gliedert Josuttis den Gottesdienst mit den Begriffen der purificatio, der illuminatio und der unio. Der Gottesdienstbesucher reinigt sich zu Beginn von aller Selbstbezogenheit und allen Ängsten, indem er sie vor Gott trägt. Er geht zum Alltag auf Distanz. Die Lesungen und die Predigt fungieren als illuminatio: „Hier bricht ein verbum externum in die Todeswirklichkeit ein, das Horizonte eröffnet, Zukunft schenkt und neue Lebensmöglichkeiten bereitstellt. Wer in dieser Weise gereinigt und erleuchtet ist, ist auch bereit zur Vereinigung."[125] Sie kommt im Medium der Ora-lität zum Ziel.

Was hier geschieht, ist eine radikale Umkehrung der sozialen und kulturellen Ordnung: Nicht der Besucher des Gottesdienstes, nicht der Mensch handelt, son-dern er setzt sich einer anderen, der göttlichen Wirklichkeit aus und wird verän-dert. Entsprechend kann Josuttis pointiert paradox formulieren: „Wer in den Gott-esdienst geht, tut nicht das, was er sagt."[126] Denn man begibt sich in einen Bereich des Lebens, in dem per Definition kein Mensch etwas tun kann. Es geht um die Begegnung mit den elementaren Grundkräften des Lebens, damit um Lebenser-haltung und Lebensrettung – aber dies nur durch ein Sich-Ausliefern an eine prin-zipiell bedrohliche Macht. „Wer sich der Atmosphäre des Göttlichen aussetzen will, muß sich zunächst von seinen alltäglichen Lebensverhältnissen trennen."[127] „Wer sich in die Nähe des Göttlichen wagt, muß vorher gestorben sein, um die

---

[123] Manfred Josuttis: Der Weg in das Leben. Eine Einführung in den Gottesdienst auf verhaltens-wissenschaftlicher Grundlage. München, 1991. Dabei bezieht sich Josuttis freilich nicht auf Tur-ner sondern will verhaltenswissenschaftlich argumentieren, d. h. er sieht bewußt davon ab, den jeweiligen subjektiven Sinn des Verhaltens in den Blick zu nehmen. Er beobachtet von außen. Hier liegt allerdings auch ein methodisches Problem: Erleben die Gottesdienstbesucher das, was Josuttis beschreibt? Hier kann man Zweifel haben.
[124] A. a. O., S. 162.
[125] A. a. O., S. 162.
[126] A. a. O., S. 106.
[127] A. a. O., S. 100.

Gegenwart des Heiligen überleben zu können.“[128] Es ergreift den Menschen mit unbedingtem Ernst und entzieht sich seinem Verwertungsstreben.

Gottesdienst ist folglich nicht Lebenssteigerung – was man immerhin in der oben erörterten ersten Fassung des Ritualbegriffs annehmen kann –, sondern enthält Elemente von Lebensbedrohung.[129] „Wer sich im umfriedeten Raum des Gottesdienstes auf die Atmosphäre des Göttlichen einläßt, muß damit rechnen, daß sich sein Leben von Grund auf verändert.“[130] Insofern kann ein sozial sinnvolles Verhalten durchaus darin bestehen, den Besuch des Gottesdienstes zu meiden.

Josuttis geht es nicht primär um die empirische Erhebung dessen, was Gottesdienstbesucher tatsächlich im Gottesdienst erleben und wahrnehmen.[131] Er arbeitet an einer spezifischen Deutung dieses Geschehens. Die Rückkoppelung seiner Thesen an die Deutungsmuster der Teilnehmer ist eher vage formuliert.[132] Ein solches Vorgehen wird dem Ritual gerecht: Gottesdienst kann sich nicht primär aus den Intentionen der Beteiligten definieren. Er ist auf eine selbstreferentielle Deutung angewiesen.[133]

Gerade deswegen fragt sich, ob Josuttis – besonders im Hinblick auf den protestantischen Gottesdienst – die Möglichkeiten der tatsächlichen Erlebbarkeit des ganz anderen überzieht. So ist diese Gottesdienstform auch aus seiner Sicht von der Abwehr starker Emotionen, besonders der Sexualität, geprägt[134] und hat pädagogisierende und belehrende Funktionen.[135] Gottesdienst ist im Protestan-

---

[128] A. a. O., S. 101.

[129] A. a. O., S. 91.

[130] A. a. O.

[131] Josuttis steht in einer paradoxen Beziehung zur theologischen Religionskritik. Er teilt ihre politischen und sozialen Intentionen – will sie aber nicht länger unter Preisgabe des religiösen Feldes, sondern durch die Steigerung seines Anspruchsniveaus erreichen. Vgl. hierzu die interessante Deutung der frühen Position von K. Barth zur Religion. Manfred Josuttis: Die Praktische Theologie vor der religionsgeschichtlichen Frage. In: Ders.: Der Kampf des Glaubens im Zeitalter der Lebensgefahr. München, 1987, S. 122, hier. S. 162.

[132] So bezieht er sich z. B. auf die „ahnende Wahrnehmung jedes Kirchenbesuchers“. Manfred Josuttis: Der Weg ins Leben. a. a. O., S. 148.

[133] Josuttis *will* Gottesdienst so deuten. Dies wird sehr schön deutlich in den letzten Sätzen seines Aufsatzes: Die Praktische Theologie vor der religionsgeschichtlichen Frage. In: Ders.: Der Kampf des Glaubens im Zeitalter der Lebensgefahr. München, 1987, S. 122, hier S. 192: „Schließlich stehen Religionswissenschaften und Praktische Theologie gemeinsam vor der Aufgabe, die Frage zu klären, welche Rolle Religion im Entwicklungsprozeß des Lebens gespielt hat und noch zu spielen vermag. Hat sie, zumal in ihrer protestantischen Form, wie einzelne Vertreter der Lebensphilosophie behauptet haben, die Zerstörung des Lebens gefördert? Oder kann sie jene ‚Ehrfurcht vor dem Leben‘ begründen, die den drohenden Untergang aufzuhalten hilft? Die apologetische Funktion des Religionsthemas für die Theologie findet in dieser Frage ihre letzte Zuspitzung. Denn entweder hilft die Religion zum Leben – oder das Problem erledigt sich demnächst durch sich selbst.“ Es ist kennzeichnend, daß Josuttis in diesem Aufsatz viele Aspekte des protestantischen Gottesdienstes noch sehr viel skeptischer beurteilt (z. B. S. 187 ff).

[134] Vgl. nur in Bezug auf die Musik: M. Josuttis, Der Weg ins Leben, a. a. O., S. 189.

[135] Vgl. z. B. zur Kirchenbank S. 146, zu den Liedtafeln S. 199.

tismus mit einer deutlichen Reduktion von Lebensvollzügen verbunden.[136] Josuttis deutet jedoch anders: „Was sich auch gesellschaftlichen Kontrollinteressen verdankt, dient im umfriedeten Raum der Kirche der Präparation auf das Kultgeschehen. Die Körper werden in ihrer Beweglichkeit ruhiggestellt, damit Seele und Geist sich auf den Einzug der göttlichen Atmosphäre konzentrieren."[137] Die Plausibilität dieser These ist nicht allzu groß. Der religionsgeschichtliche Vergleich würde zeigen, daß es auch andere Formen der Präparation – auch in protestantischen Kulten – gibt, die weitaus weniger kontrolliert und stärker körperbezogen verlaufen.

Mir scheint die Bedeutung der Thesen Josuttis' nicht in einem Beitrag zur Analyse der Wahrnehmung des Gottesdienstes zu liegen, sondern darin, die Aufmerksamkeit der rituellen Leiter im Hinblick auf Momente des religiös motivierten Dissenses zu schärfen. Er will das Religiöse als Konditionalisierung des Verhaltens aktualisieren – als etwas, dem man sich zu unterwerfen hat, wenn man an ihm Anteil haben will. Plausibel sind Josuttis Thesen nicht im Hinblick auf den sonntäglichen Normalgottesdienst, eher auf die großen Festgottesdienste wie Weihnachten und z. B. die Konfirmation. In beiden Fällen geschieht durchaus so etwas wie das Turnersche „Anhalten der Zeit", ja auch die Stiftung von Communitas (bei der Konfirmation unmittelbar gegeben, Heiligabend im Spätgottesdienst auch zu erleben). Entgegen der Vermutung Josuttis' sind dies jene Fälle von Ritualen, die gemeinhin als besonders gut sozial und kulturell integriert bewertet werden, die das Erleben des ganz anderen bieten würden. Die in ihnen erfahrene Umkehrung der sozialen und kulturellen Ordnung hätte folglich stabilisierende Effekte.

Wie dem auch sei: Gottesdienst setzt Wirklichkeit und kann sich davon nicht dispensieren. Gerade die Predigt ist „Wirklichkeit setzende, Wirklichkeit verändernde Sprechhandlung: In der Predigt geschieht etwas."[138] Sie ist in dieser Hinsicht ein performativer Akt. Allerdings funktioniert er nur, wenn das Sprechen auf eine entsprechende Disposition der Teilnehmer trifft, d. h., „wenn die Geltung derartigen religiösen Sprechens im Rahmen von vorgegebenen Institutionen nicht in Frage gestellt wird"[139]. Dazu gehört die atmosphärische Situation und auch die Glaubwürdigkeit des Predigers. Ihm kommt im Ritual eine von den Hörern zuerkannte hohe Autorität zu, die der Prediger selbst oft nicht wahrnehmen will. Handlungsmöglichkeiten bleiben so unausgeschöpft.[140]

---

[136] Vgl. hierzu Elfriede Moser-Rath: Dem Volk die Leviten gelesen. Alltag im Spiegel süddeutscher Barockpredigten. Stuttgart, 1991.

[137] M. Josuttis, Der Weg ins Leben, a. a. O., S. 133.

[138] K.-F. Daiber, a. a. O., S. 246.

[139] A. a. O., S. 249.

[140] A. a. O., S. 254. Vgl. Christoph Bizer: Das evangelische Christentum und die Liturgie. In: PTh. Jg. 82, S. 148, hier S. 152: „Liturgische Sätze haben eine Eigenart: Sie schaffen das aus sich heraus, was sie besagen, indem sie gesprochen werden." Nein! Nur innerhalb des Systems entsprechender Dispositionen der Teilnehmer können sie dies leisten. D. h. aus sich heraus passiert gar nichts.

9.2.4. Fazit: Verarbeitung der Differenz durch Inszenierung und Dramatisierung

Ähnlich wie im Fall der Pfarrergestalt verarbeitet der Gottesdienst die zunehmende Differenz der Eigen- und Fremdwahrnehmung in einer Spanne zwischen zwei Möglichkeiten: zum einen, indem sich ein pastoraler Diskurs etabliert, der den selbstreferentiellen rituellen Vollzug durchbricht und zum besseren Verstehen beitragen soll. Das Ritual wird nicht mehr lapidar vollzogen, sondern als Gestaltungsaufgabe begriffen. Damit verändert sich seine Atmosphäre. Der Pfarrer liefert sich ihr nicht aus und erwartet dies auch von niemanden, sondern gestaltet sie aus der Distanz. Auf diese Weise wird die wahrgenommene Fremdwahrnehmung berücksichtigt – jedenfalls soweit es die Struktur des Rituals zuläßt. Tendenzen, Gottesdienst als Kunstwerk zu begreifen, das inszeniert und aufgeführt wird, gehen in diese Richtung.[141]

Auf der anderen Seite unterliegt der Gottesdienst einer religiösen Dramatisierung. Er wird in besonderer Weise mit außeralltäglicher Bedeutung aufgeladen; die Menschen müssen sich einer spezifischen, machthaltigen Atmosphäre ausliefern. Deren Bedeutung erschließt sich von außen nicht. Damit kommt es zu einer Stilisierung der Eigenwahrnehmung in deutlicher Absetzung und Unterscheidung von Fremderwartungen.

In beiden Fällen erscheint die Öffentlichkeit des Gottesdienstes prekär zu sein: Er kann sich nur sehr begrenzt „verständlich" machen. Im Hinblick auf seine Anschlußfähigkeit an den Alltag hat er Defizite. Dies liegt daran, daß seine Funktionalität in Frage steht: Was leistet er? Diese Frage ist nicht einfach zu beantworten. Man kann sie plausibel abweisen. Manfred Josuttis hat recht, wenn er darauf hinweist, daß sich wesentlich bessere Formen des Lernens und der Kommunikation denken lassen als der Gottesdienst.[142] Gottesdienst ist auch ein Geschehen, in dem sich Herrschaft vollzieht. Ohne Anerkennung der Autorität der Pastoren ist das Ritual nicht denkbar.

Kirche reagiert auf diese Situation mit einer beständigen Überarbeitung der gottesdienstlichen Agenden und der Installierung diskursiver Nebenhandlungen im Ritual, die es jedoch selbst nicht aufheben. Der „pastorale Diskurs" im Gottesdienst signalisiert, daß das Problem der Plausibilität des Rituals im Verhältnis zur Öffentlichkeit bearbeitet wird.

Radikalisiert wird das Problem, wenn sich Ritual als Erfahrung von Limitialität begreifen läßt. Gottesdienst wird dann als Begegnung mit dem Heiligen begriffen und entsprechend dramatisiert. Das Ritual kehrt die soziale und kulturelle

---

[141] Vgl. z. B. Karl-Heinz Bieritz: Gottesdienst als „offenes Kunstwerk"? Zur Dramaturgie des Gottesdienstes. In: PTh. Jg. 75, 1986, S. 358.
[142] Manfred Josuttis, Der Weg ins Leben, a. a. O., S. 161.

Ordnung um und schafft in der Konstitution eines Zwischenraumes bzw. eines Reinigungsprozesses neue Lebensmöglichkeiten, die der Erhaltung des Lebens dienlich sind. Gottesdienst hat darum etwas Bedrohliches: Trotz aller Bemühungen, das Göttliche zu „kanalisieren", macht es sich von selbst geltend.

Nur sehr begrenzt trifft diese radikalisierte Sichtweise auf die Wahrnehmung volkskirchlicher Gottesdienste zu. Sie werden als kontrollierte und „zivilisierte" Umgangsweisen mit Religion erlebt. Aber am Rande dieser Praxis artikuliert sich auch die radikale Wahrnehmung des Rituals. I. S. Josuttis' könnte die geringe Teilnahme am sonntäglichen Normalgottesdienst auch ein Zeichen dafür sein, daß sich der Normalbürger der Begegnung mit dem, was ihn in Frage stellt, beständig entzieht. Um „leben" zu können, verleugnet er die Bedrohung durch das Göttliche.

Die Frage ist nicht nach der Berechtigung der einen oder anderen Sichtweise, sondern danach, wie sie sich durchsetzt, Legitimität erzeugt und funktioniert. Warum werden diese und nicht jene Erfahrungen religiös gedeutet?[143] Die Radikalisierung des religiösen Rituals wird durch eine apokalyptische Weltsicht begründet; individuelle Unterwerfung zur Rettung seiner selbst oder der Welt scheint plausibel zu sein. Fremdwahrnehmung ist deswegen von vornherein ausgegrenzt. Die Frage nach einem angemessenen Kommunikationsmedium wird so sowohl durch Dramatisierung umgangen als auch auf Dauer gestellt: Das Ritual muß in dieser Sicht immer wieder Dramatisierungen erzeugen; sonst verliert es seine Funktion.

Blickt man nun zurück auf die These von Andreas Feige über den Gottesdienst als das entscheidende Hindernis für eine angemessene Fremdwahrnehmung der Kirche, so ist das Fazit doppelt. Zur einen Seite behält Feige Recht: Der regelmäßige Gottesdienst als zentrales Symbol von Kirche ist in der Fremdwahrnehmung kein Ort der offenen Kommunikation und des Diskurses. Der Kirche fällt es schwer, seine konstitutive Bedeutung als auch für den einzelnen bedeutsam zu vermitteln. Auf dieses Problem reagiert die Installierung des pastoralen Diskurses. Auf der anderen Seite ist gegen Feige festzuhalten, daß sich das gottesdienstliche Ritual prinzipiell nicht in eine diskursive Form auflösen läßt. Es beinhaltet als Ritual notwendige Verstehensgrenzen und ist – bei allem Öffentlichkeitsanspruch – zumindest auch Konstitutiv einer Gruppe, das sich dementsprechend nur zirkulär, d. h. durch Eingewöhnung, erschließt. Die Dramatisierung des Gottesdienstes nimmt diese Einsicht auf.

---

[143] Ein Beispiel für die Berechtigung dieser Frage ist z. B. die Gestaltung der Liturgie für den Weltgebetstag 1992. Hier wird eine sehr bestimmte Sichtweise des christlichen Glaubens und der Wirklichkeit Deutschlands präsentiert, die in keiner Weise universell gültig ist, sondern die Einsichten des Vorbereitungskreises zum Ausdruck bringt. Eine Reflexion auf die Begrenztheit der eigenen Sichtweise erfolgt nicht.

9.3. Diakonie

Blickt man von den Feldern der pastoralen Praxis und des gottesdienstlichen Rituals auf das der Diakonie, so tut sich eine völlig andere Wirklichkeit auf. Nicht Expressivität des Handelns und Verhaltens steht im Vordergrund, sondern Funktionalität. Diakonie ist die Erbringung einer spezifischen „Hilfe"-Leistung, die sich an der Situation der Bedürftigen orientieren muß, wenn sie effektiv sein will, und nicht an den Bedürfnissen der Darstellung des Glaubens. Sie ist als solche im Selbstverständnis des christlichen Glaubens und damit im Auftrag von Kirche verankert. Zugleich ist sie in das sozialstaatliche Sytem Deutschlands integriert. Herbert Lindner definiert: „Diakonie heißt – präzise gefaßt – der Teil des helfenden Handelns der Kirche, der in organisatorischer Eigenständigkeit als Teil der freien Wohlfahrtspflege über Pflegesätze finanziert wird und sich im Diakonischen Werk als Dachverband organisiert."[144]

In ihrer Funktionalität als praktisch-nützliche und die Not wendende Hilfeleistung unterscheidet sich Diakonie von jedem diskursiven Projekt und ist konkrete Realisierung praktischer Vernunft. Ja, sie stellt in ihren elementaren Formen eine christliche Praxis dar, die direkt auf die Befriedigung körperlicher Bedürfnisse (Essen und Trinken, Gesundheit, Arbeit) ausgerichtet ist. Und sie hat in der erfolgreichen Befriedigung dieser Bedürfnisse auch ihr entscheidendes Kriterium.

Diakonisches Handeln schließt in dieser Abzweckung unmittelbar an die Lebenswelt an und nimmt so Fremdwahrnehmung in die Kirche selbst auf. Freilich geht es nicht generell um die Wahrnehmung von Fremden, sondern um die Wahrnehmung derjenigen, die, wie auch immer, „Hilfe" brauchen.[145] Auf diese Weise erinnert bereits die schlichte Existenz der Diakonie Kirche immer wieder daran, daß sie in der theologischen Selbstreferenz nicht aufgeht. Sie stellt so die leibhaftige Kritik jeder Form der theologischen Abstraktion dar. Im diakonischen Handeln kommt der Mensch vor, wie er ist – und nicht, wie ihn theologische Binnenkonstruktion gerne hätte.

Damit macht die diakonische Praxis das Problem des Kommunikationsmediums des Glaubens noch dringender als andere Felder der Kirche. Denn es stellt sich die Frage, wie sie selbst im System Kirche anschlußfähig ist. Die Eigenwahrnehmung von Kirche hat als Wort-Theologie für Diakonie zwar gelegentlich eine legitimatorische, aber keine gestaltende Funktion. Kirche nimmt organisatorisch

---

[144] Herbert Lindner: Diakonie und verfaßte Kirche. In: PTh. Jg. 83, S. 312, hier S. 323.
[145] Der große Stellenwert, den das Hilfe-Handeln der Kirche in der Wahrnehmung hat, erzeugt freilich auch selbstverständliche ausgrenzende Effekte. Es entsteht in der Fremdwahrnehmung der Eindruck, „daß die Kirche vor allem da ist für die, die sie in irgendeiner Weise als Hilfe oder Stütze ‚brauchen'." Was wird aus der Kirche? Ergebnisse der zweiten EKD-Umfrage über Kirchenmitgliedschaft. Herausgegeben von Johannes Hanselmann, Helmut Hild und Eduard Lohse. Gütersloh, 21984, S. 44.

Teile der Diakonie auf; beläßt aber die weitaus größten Teile in Selbständigkeit. Die Klage darüber, daß Erfahrungen der Diakonie nicht theologisch bearbeitet werden, ist groß. Es herrscht ein erkennbares Deutungsdefizit der Theologie.[146]

Der Unterschied zwischen theologisch gesteuerter Verkündigung und Diakonie wird immer wieder beschrieben und die Absicht betont, die Kluft zu verringern. Es bleibt aber bei der Bekundung der Absicht. Eine typische Formel lautet: „Ihr Unterschied liegt darin, daß die Verkündigung das Versöhnungsgeschehen je und je artikuliert und dadurch neue Hoffnung weckt, während die Diakonie durch konkretes Handeln am leidenden Menschen die Versöhnung zur lebendigen Liebestat werden läßt. Theologische Bemühung um die Verkündigung wird zum leeren Geschwätz, diakonische Arbeit zum Leerlauf, ihr Ineinander zum Wohle des Ganzen zunichte, wenn nicht jede Bemühung auf die Verheißung des gemeinsamen Herren ausgerichtet ist, der sich zum Knecht aller gemacht hat."[147] Wie dieses Ziel jedoch erreicht werden soll, bleibt über das Formelhafte hinaus offen. Der Begriff der „Ausrichtung" müßte näher gefaßt; der „Herr" operationalisiert werden.

Das Beispiel bestätigt Beobachtungen, die Herbert Lindner so zusammenfaßt: „Die angeführten theologisch-systematischen Versuche leiden daran, daß sie die Realitäten der diakonischen Wirklichkeit nicht wirklich ernstnehmen. Fundamentale Determinanten wie die Stellung als anerkannter Verband der Freien Wohlfahrtspflege im Rahmen des Sozialstaats und die Mitarbeit vieler Fachleute werden nur als Störung wahrgenommen, aber nicht eingehend in ihrer Bedeutung reflektiert. Weil die Störungen sich eben nicht beheben lassen, ohne das Gesamtsystem aufzugeben, ist die heutige Form der Diakonie auf diese Weise nicht mehr begründbar. Vor dieser Konsequenz schreckt man begreiflicherweise zurück." Und so bleiben ambivalente Botschaften.[148]

9.3.1. Diakonie als Entgrenzung theologischer Wahrnehmung

Ihr struktureller Imperativ, bei den Menschen zu sein, treibt sie immer wieder über Begrenzungen und Einschränkungen hinaus. Entscheidend ist, daß sie die Erfolgskriterien ihres Tuns nicht nur unter Bezug auf sich selbst konstruieren kann, sondern letztlich von den Rückmeldungen der Klienten abhängig ist. Aus dieser Perspektive fordert z. B. Henning Luther eine prinzipielle Öffnung des

---

[146] Vgl als typisches Beispiel Theodor Strohm: Theologie der Diakonie – Diakonie an der Theologie. In: Ders.: Diakonie und Sozialethik. Heidelberg, 1993, S. 147. Siehe auch Wolfgang Huber: Kirche und Öffentlichkeit. Stuttgart, 1973, S. 120: Die erhebliche Expansion sozialer Diakonie nach dem zweiten Weltkrieg war nicht von einer zureichenden theologische Reflexion begleitet.

[147] Theodor Strohm: „Theologie der Diakonie" in der Perspektive der Reformation. In: Ders.: Diakonie und Sozialethik. Heidelberg, 1993, S. 36.

[148] H. Lindner, a. a. O., S. 315/6.

seelsorgerlich-diakonischen Blicks.[149] Es ginge um nichts anderes, als um die Annahme des anderen, die ihn nicht bei einem Defizit behaftet, sondern in der Liebe sieht: „Im Unterschied zum Defizitmodell bedeutet Liebe Standortwechsel. Der Platz bei sich selbst wird zugunsten des Platzes beim anderen verlassen." Luther begründet diese Möglichkeit theologisch: „Gott ist nicht Gott im Modus der Selbstdurchsetzung gegenüber dem anderen (Mensch), sondern in der radikalen Selbstaufgabe, im Sich-Aufgeben, im Sich-Hingeben."[150] Solche Haltung realisiert sich im Akt der Wahrnehmung: „Das Annehmen ist im Akt der Wahrnehmung angelegt – oder nicht. Der Akt der Wahrnehmung verliert seine Unschuld, wenn mit der Art der Wahrnehmung schon über Annehmen oder Ausgrenzen entschieden ist."[151] Luther kann dann zeigen, wie sich in diesem Sinne ausgrenzendes Denken durch die theologische Tradition hindurchzieht.[152]

Luther plädiert so für eine umfassende Wahrnehmung der Fremdwahrnehmung in Diakonie und Theologie. Dies entspricht diakonischem Selbstverständnis, das sich um die Erbringung von Hilfeleistungen herum bildet. In dieser Hinsicht stellen sich jedoch zumindest zwei Fragen. Zum einen nach der Praktikabilität von Luthers Modell: Ist die totale Annahme organisierbar, d. h. in beständige Erwartungserwartungen überführbar? Oder stellt sie nicht vielmehr eine totale Überforderung dar? Zum anderen bleibt offen, wo sich praktisch die Fähigkeit zur vollkommenen Offenheit konstituiert. Luther verweist auf Religion, die jedoch in sich zirkulär funktioniert. So bleibt der Eindruck, daß, entgegen dem Selbstverständnis Luthers, ein Konzept der vollkommenen Offenheit nur in der Binnenwahrnehmung plausibel ist, d. h., es reduziert sich auf diakonische Motivation.

Kennzeichnend anders verfährt Heinz Lorenz in seiner Diskussion des Konzepts der diakonischen Gemeinde. Er warnt davor, mittels des diakonischen Imperativs die Leistungsfähigkeit von Gemeinden zu überfordern und plädiert deswegen für die Ausdifferenzierung von diakonischen Diensten aus der Gemeinde. Zugleich macht er jedoch deutlich, wie sehr Gemeinden als solche schon immer diakonische Aufgaben durch ihr bloßes Dasein erfüllen. Sie stellen z. B. therapeutische Felder dar, in denen viel helfendes Geschehen geschieht. Dies müßte besser – überhaupt erst einmal – theologisch wahrgenommen werden.[153]

Luther betont die Zusammengehörigkeit von Theologie und Diakonie. Dennoch sind sich beide Bereiche fremd. Diese Fremdheit ist somit nichts anderes als die

---

[149] Henning Luther: Wahrnehmen und Ausgrenzen oder die doppelte Verdrängung. Zur Tradition des seelsorgerlich-diakonischen Blicks. In: ThP. Jg. 23, 1988, S. 250.
[150] A. a. O., S. 264.
[151] A. a. O., S. 250.
[152] Luther will dies bei Schleiermacher (er messe den einzelnen am Maßstab der Mehrheit), Wichern, Nitzsch, Achelis, der liberalen Theologie, Thurneysen, und der evangelikalen Seelsorge belegen. Positive Bezüge findet er bei Ulrich Bach und der therapeutischen Seelsorge.
[153] Heinz Lorenz: Diakonische Gemeinde? In: PTh. Jg. 83, S. 333, hier S. 340.

Fremdheit der Fremdwahrnehmung, d. h. der körpernahen praktischen Vernunft. Zwar legitimiert sich die Kirche im Zweifel gern über die Diakonie, nimmt sie aber nicht ins Allerheiligste hinein.

9.3.2. Die Ausdifferenzierung der Diakonie

Die Situation im Hinblick auf die Problematik der Wahrnehmung ist deutlich: Das, was die Fremdwahrnehmung an Kirche schätzt, ist die Diakonie. Binnenkirchlich wird dies zwar gesehen, aber, da Kirche ihr Kerngeschehen im Gottesdienst identifiziert, der jedoch in der Fremdwahrnehmung deutlich abgewertet wird, bleibt die In-Beziehung-Setzung schwierig. Kirche und Diakonie driften in der Wahrnehmung auseinander. In historischer Sicht läßt sich dieser Sachverhalt in Form einer Paradoxie zuspitzen: Durch die seit dem 19. Jahrhundert immer umfassender organisiert praktizierte christliche Liebestätigkeit ist die Bezogenheit des christlichen Glaubens auf die Kirche immer stärker relativiert worden. Je professioneller sich Diakonie gestaltet, als desto weniger kirchlich wird sie erfahren. Diese Problematik ist insbesondere aufgrund der Expansion der Diakonie zwischen 1960 und 1980 drängend geworden, da mit ihr in besonderer Weise die Notwendigkeit einherging, sich Professionalität von ‚außen' einzukaufen.

Insofern ist bereits die Ausdifferenzierung von Diakonie aus dem Bereich der Kirche eine Form der Verarbeitung der Differenz von Eigen- und Fremdwahrnehmung. Es bildet sich ein Bereich, in dem deutlich wahrnehmbar Dienstleistungen erbracht werden können, die in der Lebenswelt funktional sind. Die Wahrnehmungsanforderungen der Kirche werden sozusagen „entschärft". Man muß kein Glaubensbekenntnis ablegen, wenn man in ein christliches Krankenhaus kommt. Dadurch gewinnt der Bereich der Diakonie Freiheit zur weiteren Differenzierung. Unterworfen der theologischen Binnennormierung hätte sich Diakonie kaum entsprechend den Bedürfnissen der Menschen entwickeln können. Die unbefangene Wahrnehmung von Bedürfnissen und die Rezeption wissenschaftlicher Ergebnisse wären dann schwierig gewesen.

Dabei liegen die Ursprünge der Diakonie in der christlichen Gemeinde und in der Motivation und Persönlichkeit ihrer Gründer. Im Interesse der Aufrechterhaltung dieser Verbindung wird auch immer wieder die Zusammengehörigkeit von Kult und Diakonie betont. So z. B. Manfred Josuttis: „Diakonie ist nicht Folge, sondern Bestandteil kultischer Praxis im umfriedeten Raum."[154] Aber diese Hinweise bleiben vor dem Hintergrund der alles durchdringenden Ausdifferenzierung der Lebensbereiche unbefriedigend. Tatsächlich hat sich der Bereich der professio-

---

[154] A. a. O., S. 79.

nellen Diakonie vom Bereich des Kultischen fortentwickelt.[155] Diese Entwicklung hängt damit zusammen, daß sich der Maßstab der Leistungsfähigkeit der Diakonie nicht allein theologisch konstruieren läßt, sondern die Orientierung an anderen Systemen erzwingt: „Diakonie muß sich den Normen einer methodisch orientierten Sozialarbeit anpassen."[156] Was Diakonie leistet ist in erster Linie Arbeit wie in anderen Systemen auch und muß sich im Vergleich und in der Konkurrenz mit ihnen bewähren.[157] Damit kommt es zur Diskrepanz in der Wahrnehmung: „Der Sozialarbeiter meint, erfolgreich zu arbeiten, wenn er eine empirisch faßbare Situation verändert, während der Theologe eigentlich sagen muß, daß eine Unheilsituation nur dann grundlegend verändert wird, wenn die Schuld vor Gott weggenommen und neues Leben dadurch ermöglicht ist."[158]

Eine Überbrückung dieser Differenz erscheint vor allem durch die Konstruktion von Leitbildern möglich zu sein. Wolfgang Huber hebt z. B. auf sozialethische Leitbilder des christlichen Glaubens ab, die den Menschen in seiner Begrenztheit und Verletzlichkeit in den Vordergrund stellen und so Kranke, Behinderte und Alte nicht zu Menschen zweiter Klasse degradiert. „Dieses Bild vom Menschen nenne ich – im Gegensatz zum olympischen Modell – das jesuanische Modell des Menschen. Es zieht uns in einen andauernden Perspektivenwechsel hinein."[159] Seine Folge sei die Entwicklung einer „Kultur des Helfens". Huber beansprucht mit diesen Thesen einen Mitgestaltungsanspruch der Theologie am diakonischen Handeln und an der Ausrichtung von Kultur und Gesellschaft. Der Tenor der Ausführungen zielt vor allem darauf, ein christliches Ethos, das sich vom zeitgenössischen Leistungsdenken unterscheidet, plausibel, ja werbend, zu begründen. So heißt es auch: „Die christliche Kultur des Helfens ist der wichtigste Beitrag der Kirche zum Ethos der Menschenwürde, der Freiheit und der solidarischen Gesellschaft." Damit wird Hilfe-Handeln mit Pathos versehen. Es geht nicht nur darum, Notlagen gekonnt zu beheben und Menschen wieder in den Stand zu setzen, gemäß den vorherrschenden Leitbildern der Gesellschaft zu funktionieren, sondern es wird zugleich prophetischer Einspruch gegen derartige Leitbilder deutlich.

---

[155] Vgl. zum Ganzen Karl-Fritz Daiber: Verkündigung und Diakonie. In: Ders.: Diakonie und kirchliche Identität. Hannover, 1988, S. 13 ff.

[156] A. a. O., S. 25.

[157] Vgl. hierzu Wolfgang Fach: Der Markt des Mitleids. In: FAZ vom 8.5.91 S. N3. Fach macht deutlich, wie sich die Lösung von Problemen im neuzeitlichen, vor allem ökonomischen, Denken vom Mitleid auf das Eigeninteresse verschiebt. Liebe, Mitleid, Vertrauen sind evolutionär höchst unwahrscheinliche Strukturen. Sozialpolitik auf ihnen aufzubauen muß deswegen scheitern. Aus diesem Grund verlegt sich auch soziales Handeln mit der Zunahme der Probleme auf die Aktivierung des Eigeninteresses. Eben diesen Prozeß durchläuft auch die Diakonie und Kirche erlebt ihn als Erosion von Religion und Glauben.

[158] K.-F. Daiber, a. a. O., S. 26.

[159] Wolfgang Huber: Ein Geleitschiff der Gesellschaft. In: DAS vom 27.8.93, S. 17.

Durch die Professionalisierung verändert sich jedoch eben dieses Pathos des Helfens. In der traditionell christlich codierten Hilfe-Situation kommt dem Helfer Anerkennung zu, da er Ideale der Selbstlosigkeit verwirklicht und so die Nachfolge Christi glaubhaft werden läßt. Wird Hilfe jedoch professionell als Dienstleistung erbracht, verändert sich das Ambiente: Es wird sachlich und nüchtern; der Helfer tritt hinter den Dienst zurück. Die personale Begegnung verliert an Gewicht. Expressive Darstellung des Glaubens hat so in der Diakonie nur in Randbereichen eine Funktion. Im Gegenzug scheint sich Hilfe aus der Lebenswelt herauszuziehen, und es entstehen Vorschläge für eine neue „Hilfekultur".

9.3.3. Diakonie als christliches Unternehmen

Mit dieser Situation entstehen für Kirche und Religion neue Gestaltungsherausforderungen: Sie bilden in ihrer eigenen Organisation Fremdwahrnehmung, und mehr noch: andere gesellschaftliche Systeme – Wirtschaft, Wissenschaft – ab. Damit hat Kirche einen Raum des Experimentierens der Ins-Verhältnis-Setzung von Religion und systemischen Codierungen anderer Art zur Verfügung. Theologie muß sich in der Leitung von diakonischen Aktivitäten bewähren, d. h. selbst Leistungen bereitstellen, die auch unabhängig von personalen Qualitäten und Kompetenzen Geltung haben können.

Ein Versuch, in diese Richtung zu denken, ist der Ansatz von Alfred Jäger, Diakonie als christliches Unternehmen zu begreifen.[160] Sein Ziel ist, eine theologisch qualifizierte diakonische Leitungtätigkeit zu konzipieren. Dabei nimmt er Anregungen aus der Wirtschaftsethik auf. Sie bearbeitet Wertentscheidungen in der Entwicklung wirtschaftlicher Unternehmen. Eine Kooperation Theologie / Ökonomie scheint über die Kommunikation von Wertentscheidungen möglich zu sein. Aus diesem Grund versucht Jäger, praktikable Leitprinzipien diakonischen Leitungshandelns zu entwickeln.[161]

Das Medium zur Erreichung dieses Zieles ist eine diakonische Theologie. Sie soll so entwickelt sein, daß sie konkrete Relevanz in Entscheidungssituationen haben kann: „Der primäre Wirkungsort diakonischer Theologie liegt in der Unternehmenspolitik eines diakonischen Unternehmens. Dieser Ansatz verzichtet bewußt auf einen überzeitlichen Bedeutungsanspruch, indem er sich konkret auf die diakonische Leitungssituation des Funktionär-Modells und seiner Probleme bezieht. Die praktische, unternehmenspolitische Relevanz diakonischer Theologie muß sich in dieser Situation erweisen."[162]

---

[160] Alfred Jäger: Diakonie als christliches Unternehmen. Theologische Wirtschaftsethik im Kontext diakonischer Unternehmenspolitik. Gütersloh, 1986.
[161] Vgl. z. B. a. a. O., S. 98: Elemente einer diakonischen Management-Theologie.
[162] A. a. O., S. 133.

Relevanz habe Theologie zur Profilierung eines Unternehmens nach außen und nach innen. Nicht jede Entscheidung, die im Interesse des Überlebens des Hauses liegt, ist zureichend legitimiert. „Das Richtmaß der zutiefst theologisch verstandenen Liebe muß sich in kritisch verantwortbare Regeln der Unternehmenspolitik umsetzen lassen, wenn es wirksam werden soll."[163] Ein Begriff, wie z. B. der der Nachfolge, wird daraufhin befragt, was er leistet und wie er operationalisiert werden kann: „Inwiefern wird dadurch eine konkrete Alltagssituation reflektiert, erhellt und zukunftsträchtig bewältigt?"[164] „Der besondere Standort der diakonischen Theologie ist nicht primär die Verkündigung, sondern die theologische Praxis- und Situationsanalyse und die Neudefinition eben dieser Situationen."[165]

Derart praxisrelevante Theologie bleibt Theologie. Sie arbeitet an der Identität eines Unternehmens unter der theologischen Voraussetzung, daß sich Identität niemals fixieren läßt. Identität von Diakonie ist Liebe. Aber „Liebe ist kein Vehikel für andere Ziele und Zwecke, wären sie auch noch so vorzeigbar und theologisch begründbar ... Liebe wirkt, wo sie sich ereignet, in Tat und Wort als Zeugnis für sich selbst."[166]

Die Arbeit an der Identität des Ganzen besteht gerade auch in der Unterscheidung der Identität des Unternehmens von der seiner Mitarbeiter.[167] Sie kann nicht subjektivistisch aus der Gesinnung der Mitarbeiter oder Leitungsträger abgeleitet werden[168], sondern muß strukturell erkennbar sein. Erst diese Unterscheidung läßt einen freien Diskurs über das Leitbild der Institution als ganzer zu.

Jäger konkretisiert seine Vorschläge deswegen auch nicht in der Ausarbeitung einer inhaltlichen Leitlinie, sondern in der Angabe von methodisch durchdachten Arbeitsschritten, die von der Frage danach „Wer wir sind?" über Antworten darauf „Wohin es gehen soll?" zu Leitbild und Konzeption eines diakonischen Unternehmens kommen. Solch ein Rückgang auf die Ebene der Methode liegt in der Logik einer Sichtweise, die praktische und systemische Vernunft theologisch integrieren will.

In eine ähnliche Richtung zielen die Beiträge von Johannes Degen[169] und Klaus Dörner.[170] Beiden geht es darum, einen Weg zu finden „zu einem neuen Hand-

---

163 A. a. O., S. 139.
164 A. a. O., S. 172.
165 A. a. O., S. 174. Jäger formuliert dies ausdrücklich im Anschluß an die Forderung Karl-Fritz Daibers, Theologie müßte sich als eine Art Entscheidungstheorie begreifen (In: K.-F. Daiber: Verkündigung und Diakonie. In: Ders.: Diakonie und Kirchliche Identität. Hannover, 1988, S. 29).
166 A. Jäger, a. a. O., S. 191.
167 A. a. O., S. 192.
168 A. a. O., S. 108.
169 Johannes Degen: Vom „Pathos des Helfens". Zur Säkularisierung des Helfens im entwickelten Sozialstaat. In: M. Schibilsky (Hrsg.): Kursbuch Diakonie. Neukirchen-Vluyn, 1991, S. 27.
170 Klaus Dörner: Aufgaben diakonischer Ethik. Die Wende von der Professionalität zur Kompetenz aller Betroffenen. In: M. Schibilsky, a. a. O., S. 39.

lungsmuster …, in dem sich solidarische Impulse plausibel auf die Bedingungen technisch-industrieller Leistungserstellung beziehen."[171]

Das schließt zur einen Seite eine Rechristianisierung sozialen Handelns aus. Nach dem Profil eines evangelischen Krankenhauses zu fragen, bedeute zunächst nach Kriterien für eine möglichst gute Krankenversorgung zu suchen und nicht eine christliche Sonderwelt zu etablieren. Hier wäre klar zu sehen: „Das theologische Deutungsmuster von Heil und Heilung vermag die Zusammengehörigkeit von beiden (i.e.: Kanzel und diakonische Praxis, G.W.) nicht wirkungsvoll in den Alltag sozialer Arbeit zu vermitteln."[172] Dies könne aber nicht die Preisgabe christlicher Ethik bedeuten: „Die Aufgabe … besteht darin, sich an einer Ethik zu orientieren, die nicht an industrieller Brauchbarkeit ausgerichtet ist, sondern an einer Ethik der Solidarität, einer Ethik, die … vom ersten bis zum letzten Angehörigen einer Gesellschaft reicht."[173] In dieser Sichtweise müssen Professionalität und Kompetenz der Betroffenen integriert werden. Hilfe sei Dienstleistung zum Selbständig-Sein.

9.3.4. Diakonie als „Option für die Armen"

Einen deutlichen Unterschied zur Integration von theologischen und professionellen Impulsen markieren jene Entwürfe für diakonisches Handeln, die von einer prinzipiellen „Option für die Armen" ausgehen. Ein Beispiel hierfür sind die Thesen von H. Steinkamp.[174] Er orientiert kirchliches Handeln insgesamt an den Armen und meint, daß eine Gemeinde nur dann eine christliche Gemeinde sei, wenn sie diese Option ernst nehmen würde. Kirche ist in dieser Sicht Diakonie, d.h., sie wird als ganze von ihrem Nutzen für die Armen her beurteilt. Demgegenüber seien Fragen nach der Stabilität von Kirche als solcher „narzißtisch".[175] Die Option für die Armen ist in dieser Sichtweise nicht nur die diakonische Option, sondern die entscheidend christliche schlechthin. „Solche diakonischen Lernprozesse als Praxis der Option für die Armen, wären dann wohl nicht mehr als sektorale Aktivitäten … zu verstehen, sondern als Kommunikation des Evangeliums, als Vollzug von Gemeinde schlechthin."[176]

Zentral ist seine Formel, daß es darum geht, „von den Armen zu lernen"[177]: Sie hätten die Kompetenz, ihre eigenen Probleme zu lösen. Arme seien Subjekte ihrer Theologie.

---

[171] J. Degen, a. a. O., S. 32.
[172] A. a. O., S. 34.
[173] K. Dörner, a. a. O., S. 40.
[174] Hermann Steinkamp: Narzißtische Kirchenkultur oder diakonische Gemeinde? In: M. Schibilsky, a. a. O., S. 265, hier S. 268.
[175] A. a. O., S. 265.
[176] A. a. O., S. 272.
[177] A. a. O., S. 271.

Noch deutlicher: Wo immer diakonische Lernprozesse eingeleitet werden „besteht die erste und wichtigste Präzisierung der Option für die Armen darin, von ihnen (d. h. von Nichtseßhaften, Behinderten, Süchtigen usw.) zu lernen."[178] Die Kompetenz der Betroffenen gilt es ernst zu nehmen. Nur aus Betroffenheit ließe sich überhaupt Diakonie sinnvoll betreiben.

In der Ablehnung der Ausdifferenzierung der Diakonie ist sich Steinkamp mit Jürgen Moltmann einig. Auch er redet pointiert vom „Diakonat aller Gläubigen", in der alle Diakonie gründet,[179] und fordert die Diakoniewerdung der Gemeinde „sowie die Gemeindewerdung der Diakonie"[180]. Das Prinzip der Delegation von diakonischen Fähigkeiten aus der Gemeinde heraus „macht die Gemeinden arm und krank"[181]. „Wenn die Profis kommen, überläßt man ihnen die Geschäfte, und je mehr hauptamtliche Mitarbeiter eingestellt werden, desto passiver werden die Laien."[182]

Es ginge nicht um das professionelle Erbringen von Hilfe, sondern um die Gemeinschaft von Menschen. „Solange die alltägliche Isolierung der Kirchenmitglieder voneinander nicht aufgehoben wird, wird es keine Erfahrung der Gemeinde geben und auch keine Diakonie der Gemeinde."[183] Diakonie wird zur „ganzheitlichen" Perspektive von Kirche: „Sie arbeitet an der Überwindung und Bewältigung der Barrieren im Menschen, zwischen den Menschen und Gott."[184]

Es ist konsequent, wenn in dieser Perspektive „Hilfe" nicht mehr das Ziel ist: „Christliche Diakonie sollte sich von der Idee der ‚Hilfe', die gelegentlich zur Ideologie wird, lösen. Sie sollte ihre Arbeit nicht als ‚Befriedigung sozialer Bedürfnisse' im ‚System der Bedürfnisse' ansehen", sondern selbständige Gemeinschaften aufbauen.[185]

Weder Moltmann noch Steinkamp kommen ohne Dramatisierung[186] aus. Sie zielt darauf, die Notwendigkeit der Option für die Armen persönlich dringend und plausibel zu machen. So könne man sich gegenüber den Armen nicht neutral verhalten. „Es ist nicht möglich, von der Option für die Armen nicht betroffen zu sein."[187] Wer sie verweigert, entscheidet sich gegen die Armen.[188] Selbstbetrof-

---

178 A. a. O., S. 275.
179 Jürgen Moltmann: Diakonie im Horizont des Reiches Gottes. Schritte zum Diakonentum aller Gläubigen. Neukirchen-Vluyn, 1984, S. 34.
180 A. a. O., S. 36.
181 A. a. O., S. 37.
182 A. a. O., S. 37.
183 A. a. O., S. 37.
184 A. a. O., S. 28.
185 A. a. O., S. 21.
186 Mit „Dramatisierung" ist hier lediglich der Stil des Argumentierens beschrieben und natürlich nichts über die Berechtigung der inhaltlichen Anliegen gesagt!
187 H. Steinkamp, a. a. O., S. 275.
188 A. a. O., S. 273.

fenheit sei so das kritische Kriterium für eine Mitgliedschaft in der Gemeinde und der Mitarbeit in ihrer Diakonie.[189]

Dieser Ansatz strebt die vollkommene Öffnung zur Fremdwahrnehmung – diesmal der ‚Armen‘ – an. Steinkamp identifiziert sich mit den Grundanliegen der Theologie der Befreiung.[190] Wie bereits bei Luther kann gefragt werden, ob ein Sich-Ausliefern an die Fremdwahrnehmung überhaupt möglich ist. Mir scheint es so sein, daß zumindest unter den Bedingungen deutscher Verhältnisse die Formel von der Option für die Armen leicht, im Gegensatz zu ihrer Intention, zur Stilisierung charismatischer Binnenwahrnehmung von Kirche dient. Anstelle einer operationalisierten In-Beziehung-Setzung des kirchlichen Agenten bzw. des Theologen, leitet sie zur Identifikation mit den und gegebenenfalls zur Aktivierung von anderen, Armen. Ihr Ziel ist die Integration dieser Menschen in die Gemeinde, die dementsprechend umgestaltet werden muß. Evaluationen werden dann schwierig, weil sich neue Gemeinschaften unter charismatischer Führerschaft herausbilden, die auf die Berechtigung und interne Logik ihrer Wahrnehmung abheben müssen.

9.3.5. Fazit: Verarbeitung der Differenz durch Leitbilder und Optionen.

Als Fazit läßt sich festhalten, daß mittels Diakonie Kirche ihre eigene Fremdwahrnehmung in sich selbst wahrnimmt. Daß dies so ist, stellt eine Stärke des Systems Kirche / Theologie dar. Sie kann im Prinzip die Wirkungen ihrer Binnenwahrnehmung in ihrer eigenen Organisation beobachten. So kann sie in jedem kirchlichen Krankenhaus testen, wieweit sich das theologische Menschenbild bewahrheitet und sich christliche Vorstellungen des Wirtschaftens bewähren.

Diakonie läßt sich als „Dimension aller Theologie" bestimmen. Wenn Kultur u. a. die Objektivierung dessen ist, was der theologische Diskurs faktisch bewirkt, läßt sich Diakonie auch als „Kultur der Kirche" begreifen: Diakonie ist Gestaltwerdung des Glaubens in der praktischen Vernunft.

Auch im Hinblick auf die Diakonie läßt sich zwischen zwei Formen der Verarbeitung der Wahrnehmungsdifferenz unterscheiden: der professionellen Ausrichtung und der charismatischen. Während die professionelle das Ziel hat, konkrete Leistungen im Kontext der bestehenden Gesellschaft zu erbringen, aber auch die individuelle und politische Neudefinition von sozialen und kulturellen Zusammenhängen, die Hilfebedürftigkeit erst erzeugen, im Blick hat, setzt charismatische Diakonie bei der Identifikation mit der Gruppe der Hilfsbedürftigen

---

[189] A. a. O., S. 274.
[190] Wie komplex diese selbst das Problem der Verhältnisbestimmung von Theologie, kirchlichem Handeln und Praxis bestimmt, belegt Clodovis Boff: Theologie und Praxis. Die erkenntnistheoretischen Grundlagen der Theologie der Befreiung. München und Mainz, 1983.

ein. Professionell wird an Leitbildern gearbeitet, mit denen unter den Bedingungen des Pluralismus und der funktionalen Ausdifferenzierung Diakonie als Bestandteil christlicher Praxis wahrnehmbar wird. Diese Leitbilder stehen nicht ein für allemal fest, sondern können aus pragmatischen Arbeitskonsensen bestehen. Charismatische Diakonie verzichtet in der Konsequenz auf eine Ausdifferenzierung fachlicher Kompetenzen und konzentriert sich darauf, Gruppen zu aktivieren, die solidarisch an der Bewältigung der Ursachen der Benachteiligung arbeiten. Eine solche Praxis läßt sich schwer organisieren. Sie erhöht die Plausibilität ihrer Option durch die Dramatisierung von Situationen in Richtung auf Betroffenheit. Leitendes Ziel ist nicht die Erbringung einer besonderen Leistung, sondern Inklusion: Stiftung von Gemeinschaft.

Beide Konstruktionen diakonischen Handelns widersprechen sich und sind doch auch aufeinander bezogen. Während der professionelle Ansatz die Nutzung moderner Wissenschaft und Organisation zur Klärung und Bewältigung der Situation betont, heben Steinkamp und Moltmann die Einheit von Diakonie und Gemeinde hervor. Sie artikulieren so die theologische Selbstwahrnehmung vor allem in der Wahrung der Rechte des einzelnen als Subjekt. Ein wie auch immer geartetes Profil von Diakonie wird sich diesem Aspekt kaum entziehen können.

Wieder zeigt sich das Dilemma von Kirche, aufgrund des Fehlens eines plausiblen symbolischen Kommunikationsmediums zwischen Eigen- und Fremdwahrnehmung schalten zu können. Während Moltmann und Steinkamp Glauben *inhaltlich* profilieren – als Option für die Armen –, verweisen Jäger u. a. auf *Verfahren* zur Herstellung plausibler Codierungen. Von innen ist das Bild auf diese Weise komplex: Die Eigenwahrnehmung von Kirche ist im Hinblick auf die Diakonie unsicher. Von außen scheint es allerdings sehr viel einfacher zu sein: Die Fremdwahrnehmung hat mit Diakonie als christlichem Handeln keine Probleme.

10. Schlußfolgerungen: Evangelische Volkskirche als operativ offenes System

Die Ausgangsfrage dieser Untersuchung lautete: Wird Evangelische Kirche so verstanden, wie sie verstanden werden will? Kommuniziert sie in einer plausiblen Weise? Im Durchgang durch die verschiedenen Ebenen der Analyse hat sich gezeigt, daß mit dieser Frage ein gravierendes Problem kirchlicher Praxis in der heutigen Gesellschaft angeschnitten ist. Die Wahrnehmung von Kirche ist problematisch; sie hat ein Kommunikationsproblem. Dies hängt vor allem damit zusammen, daß, anders als im Fall anderer Systeme, der „identische Kern", das symbolische Kommunikationsmedium, mit dem zwischen Eigen- und Fremdwahrnehmung hin- und hergeschaltet werden kann, uneindeutig ist.

Man könnte sagen: Dies stellt sich von „außen" gesehen so dar – „innen" sieht es anders aus. Aber diese Dichotomie trifft nicht. Vielmehr läßt sich in evangelischer Volkskirche gar nicht klar und deutlich ein Innen und Außen unterscheiden. Übergänge sind fließend und umstritten. Gerade dieser Zustand trägt jedoch nicht zur Handlungs- und Erwartungssicherheit bei. Im Gegenteil.

Kirche leidet unter diesen Bedingungen daran, daß sie sich der Beliebigkeit ausgesetzt sieht – Selbstverständlichkeit über ihre wesentlichen Vollzüge ist schwer zu erreichen und muß immer öfter erst erarbeitet werden. Dies macht die Kommunikation in der Kirche und zwischen Kirche und anderen Bereichen mühsam. Allerdings wäre es vorschnell, diese Situation, angesichts der mit ihr verbundenen Verunsicherung, lediglich als negativ einzuschätzen. Sie bietet auch Chancen, die Wahrnehmungs- und damit Gestaltungsmöglichkeiten von Kirche zu differenzieren und insofern innovatives Potential frei zu setzen. Es bietet sich so etwas wie eine experimentell – beobachtende Haltung an, wenn man heute mit Kirche zu tun bekommt oder sie gar gestalten will.

10.1. Sichtung der Ergebnisse

Im Rückblick lassen sich als wesentliche Ergebnisse die folgenden festhalten. Bereits auf den ersten Blick finden sich Hinweise darauf, daß auf der unmittelbar praktischen Ebene die Definition von Situationen zwischen kirchlichen Mitarbeitern und volkskirchlichen Klienten umstritten ist. Allerdings wird über diese Situation nicht explizit diskutiert; die Differenz der Wahrnehmung unterläuft ganz selbstverständlich und erzeugt auf diese Weise beständige Irritationen – auch Leiden aneinander – ohne, daß sie bearbeitet werden könnten. Beide Interaktionspartner sind so darauf angewiesen, für sich selbst Formen der Bewältigung

dieser Situation auszubilden. Positiv gesehen erzeugt diese Situation Selbstverantwortlichkeit.

Diese Probleme hängen mit spezifischen Diskursstilen zusammen, die sich auch
in der theologischen Debatte in der Differenz von angestrengten vs. gelassenen
Deutungsmustern niederschlagen. Der Binnendiskurs der Kirche kann sich derart stilisieren, daß er die Vermittlung mit lebensweltlichen Gegebenheiten als
Quasi-Verunreinigung abdrängt: Das, was die Menschen an der Kirche lieben und
nützlich finden, unterliegt einem prinzipiellen Verdacht. Ein gewisser theologischer Habitus tendiert im Interesse der Stabilisierung seiner Autonomie und
Handlungsfreiheit dazu, das Anspruchsniveau von Kirche so hoch zu veran-
schlagen, daß sich die lebensweltliche Fremdsicht auf die Kirche nur noch als
deren Instrumentalisierung darstellt.

Ein zweiter Blick diente dazu, dieses Ergebnis im Hinblick auf die grundsätzliche Struktur von Wahrnehmung als einfacher menschlicher Orientierungstätig-
keit zu überprüfen. Wahrnehmung arbeitet – anders als Kommunikation – mit
selbstverständlichen Aufmerksamkeitsstrukturen, die die Beteiligung an einer
geteilten Wirklichkeit einerseits beständig vollziehen, andererseits immer wieder
neu Wirklichkeiten konstruieren. Sie ist grundsätzlich auf Handlung und Hand-
lungssteuerung bezogen und Grundlage von Formen elaborierter Kommunikation. Als symbolische Wahrnehmung ist sie elementar und präverbal strukturiert.

In dieser Hinsicht läßt sie sich als primitive Erfahrungsform begreifen, die die
jeweiligen Lebenswelten strukturiert. Auf der anderen Seite favorisiert theologisches Denken symbolische Kommunikation, d. h. die Herausbildung eines Meta-
diskurses über Symbole, der sich aus der Distanz zur Lebenswelt begreift und
nicht unerhebliche Bildungsleistungen voraussetzen muß. Die theologische Binnenwahrnehmung verfährt so notwendig anders als die lebensweltliche. Die
Frage ist, welche Schnittstellen es gibt: Wie bezieht sich der Metadiskurs auf die
lebensweltlichen Erfahrungen? Schließt er an sie an? Wertet er sie ab oder auf?
Erkennt sich der Mensch der Lebenswelt in ihm wieder oder erlebt er Distanzierung? Führt der Binnendiskurs der Kirche dazu, daß Menschen Sprechen lernen –
oder im Gegenteil, daß sie angesichts der Demonstration überlegener Kompetenz
verstummen?

Klar ist, um es zu wiederholen, daß die Doppelung der Wahrnehmung notwendig ist. Eine sinnvolle Problemstellung kann nicht sein, die eine auf die andere
Ebene zu reduzieren. Der theologische Diskurs und auch andere Formen der Binnenwahrnehmung von Kirche lassen sich nicht in die Lebenswelt hinein auflösen
und sollten dies auch nicht anstreben. Unmittelbare Identifizierungen und Ver-
schmelzungen stellen in der Regel lediglich verkappte Geltungsansprüche der
jeweiligen Binnenwahrnehmung dar. Dennoch muß der Binnendiskurs Lebenswelt angemessen wahrnehmen – im eigenen Interesse. Sinn macht nur die Frage,

ob und wie die Eigenwahrnehmung der Kirche aus der Distanz heraus die Lebenswelt dennoch, und gerade, angemessen wahrnimmt. Damit konzentriert sich das Problem auf die Suche nach den Schnittstellen zwischen beiden Ebenen, d. h. auf die Frage nach Kommunikationsmedien.

An dieser Stelle zeigt sich bereits, daß die populäre Alternative zwischen einer Kirche an sich und einer „Kirche für andere" beim näheren Zusehen nicht existiert. Wenn eine Organisation nicht weiß und nicht formulieren kann, was sie für sich ist, kann sie effektiv auch nicht für andere da sein. Jede Form des „Für-Andere-Daseins" verschärft die Frage nach dem Selbstanspruch der Organisation, die ebendieses leisten will. Der Unterschied zwischen innen und außen ist für Kirche – und zwar gerade dann, wenn sie eine offene Kirche sein will – fundamental. Die Dilemmata, die durch das Auseinanderdriften von Eigen- und Fremdwahrnehmung erzeugt werden, können jedenfalls nicht durch einen Verzicht auf ihre Unterscheidung bewältigt werden.[1] Die Schwierigkeiten, evangelische Volkskirche angemessen wahrnehmen zu können, hängen auch, jedenfalls in dieser Hinsicht, mit dem beständigen Abwehren zusammen, eine Unterscheidung zwischen innen und außen zu treffen.

Auf die Suche nach Schnittstellen zwischen Eigen- und Fremdwahrnehmung machten sich das vierte und das fünfte Kapitel mit der Unterscheidung von Ebenen und Formen der Wahrnehmung. Hier war zunächst die fundamentale, konzeptionelle Unterscheidung zwischen systemischen und kommunikativen Ansätzen zu rezipieren. Systemische Wahrnehmung i. S. Luhmanns ist das Medium der einfachen Interaktion und beruht auf der Anwesenheit der Interaktionspartner. Damit ist ihre Leistungsfähigkeit begrenzt – zugleich aber auch ihre große Bedeutung belegt. Die Grenzen solcher Tätigkeit werden durch die Entwicklung symbolischer Kommunikationsmedien erweitert. Mit ihrer Hilfe differenzieren sich soziale Systeme aus der Lebenswelt aus und bleiben zugleich an sie anschlußfähig. Dieser Prozeß ließe sich im Hinblick auf Kirche und Theologie rekonstruieren.

In der Auseinandersetzung mit dem Lebenswelt-Konzept von Jürgen Habermas wurde zweierlei deutlich: Zum einen ist die Leistungsfähigkeit und konstitutive Bedeutung der lebensweltlichen Wahrnehmung – im Unterschied zu den Annahmen Luhmanns – hoch. Zum anderen führt jedoch seine These in die Irre, Lebenswelt sei idealtypisch ein Lebensbereich, in dem prinzipiell egalitär und damit

---

[1] Insofern liegt hier ein Gegensatz z. B. zu Siegfried von Kortzfleisch vor (DAS vom 23.4.93, Ohne Talar und Beffchen). Er fordert eine dialogische Kirche, die „offen, ausgreifend, zeitnah, alltagsnah" sein soll und stellt fest: „Was die Kirchen als Institutionen umtreibt, geht die Menschen immer weniger an. Sie wollen darüber nicht viel wissen. Es sind die Lebensthemen, die sie bewegen." Dann heißt es: „Es wäre gut, die merkwürdige Grenze zwischen drinnen und draußen zu überwinden." Aber: wie ist ein Dialog zu führen, wenn man von vornherein weiß, daß das, was Kirche umtreibt, keinen etwas angeht?

potentiell humanistisch kommuniziert würde. Die Situation stellt sich anders dar: Lebensweltliche Wahrnehmung beruht auf machtgeformten Konditionierungs- pro- zessen, die allerdings – und das ist von zentraler Bedeutung – dann ange- messen, d. h. krisenfrei, funktionieren, wenn sie Formen selbstverständlicher Gewissheit produzieren. Während im „System" permanent neu Sicherheiten durch die Kombination von Funktionen erzeugt werden müssen und selbstver- ständliche Vollzüge eher Endpunkte eines prinzipiell beständig in Veränderung begriffenen Zustands bezeichnen, als seine Lebendigkeit, ist die Lebenswelt dann bei sich, wenn ein Ambiente der Gelassenheit herrscht. Banalität und Trivialität sind die Kennzeichen solcher Situationen. Eben hier liegt – jenseits vieler Erwar- tungen, die sich auf diskursive Elemente richten – die Anschließbarkeit von reli- giösen Wahrnehmungsmustern begründet.[2] Das bedeutet nichts anderes, als daß eine starke Fremdwahrnehmung von Kirche als institutionalisierter Religion von sich aus auf die Identifikation von Gelassenheit, Vergewisserung und Stabilisie- rung zielt. Hier sitzt ein ‚konservativer' Kern, den kirchliche Praxis nur um den Preis beträchtlicher Irritationen vernachlässigen kann. Es ist ein tiefsitzender Fix- punkt in der Lebenswelt, auf dem sie aufruht. Weitergehende Operationen – auch der Verunsicherung und Kritik – lassen sich *darauf* aufbauen.

Die Frage der lebensweltlichen Wahrnehmung wurde im Anschluß an Über- legungen von M. Merleau-Ponty, A. Giddens, P. Bourdieu u. a. weiter differen- ziert. Wahrnehmung ist verknüpft mit Prozessen der praktischen Vernunft und damit mit dem Gebrauch des Körpers in geformten Räumen und Routinen. Sie ist in dieser Hinsicht eine körpernahe, opportunistische Rationalität – d. h., sie reagiert auf Gelegenheiten und ist nicht von Konzepten gesteuert. Lebenswelt- liche Wahrnehmung erfolgt folglich in enger Kopplung mit der Bewegung des Körpers durch Zeiten und Räume. In dieser Hinsicht ist es richtig zu sagen, daß der Körper selbst wahrnimmt. Mit Bourdieu gesagt: Glaube ist ein Zustand des Körpers und nicht nur ein bloßes Fürwahrhalten des Bewußtseins. Kirchliche Praxis – insbesondere auch gerade das „Wort" – trifft auf den Körper, berührt und verwundet oder heilt ihn. Und umgekehrt stellt eben diese Wahrnehmungsweise elementare Fremdwahrnehmung von Kirche dar. So nimmt Kirchlichkeit in der Formung der Körper Gestalt an, d. h. im kirchlichen Habitus.

Im Hinblick auf Kirche bedeutet dies, daß sie sich zwar systemisch selbst steu- ern und beständig ihre Komplexität erhöhen muß, aber diesen Prozeß nicht so weit treiben darf, daß sie nur noch als diskursiv organisierte Reflexion existiert. Sie muß ‚unterhalb' von Reflexion wahrnehmbar – und d. h. im Feld der Religion erfahrbar sein. Sonst fällt sie lebensweltlich aus. Auch evangelische Kirche kom-

---

[2] D. h.: Volkskirchliches Handeln hat seine Basis in befriedigenden Situationen in der Lebenswelt, d. h. in festlichen Ritualen, in denen Menschen sich wiederfinden. Verliert sie den Bezug zu die- sen Situationen, verliert sie alles.

muniziert folglich über die Ausbildung und Stabilisierung von Milieus, die kommunikative Stile erzeugen und an ihnen wahrgenommen werden. Freilich steht diese Einsicht quer zur theologischen Binnenkonstruktion von Kirche, die sie primär als Wort-Geschehen begreift, das habituell unabhängig ist. Das „Wort" ist in der lebensweltlichen Wahrnehmung kein Begriff, sondern „milieubildend", weil körperformend.

Damit ist das Interesse formuliert, mit dem im sechsten Kapitel Bestimmungen von Religion gesichtet werden. Religion kann – wohlgemerkt: von diesem Interesse her! – als „Innenseite" der Wahrnehmung begriffen werden. Sie ist in dieser Sichtweise ein Konzept, das zur Erhellung dessen beitragen kann, was Gesellschaften als solche im Kern zusammenhält. Sie bezeichnet damit eine konstitutionelle Ebene der Gesellschaft, die nicht für irgendetwas anderes eine Funktion hat und insofern als nützlich oder unnütz betrachtet werden kann, sondern die nützlichkeitkonstituierend ist. In dieser Sicht macht Religion folglich überhaupt erst Erfahrungs- und Handlungsfähigkeit durch die Zuschreibung von Bedeutung möglich. Sie ist auf diese Weise als Letztbezug kultureller Prozesse plausibel zu machen: Die Prozesse, in denen sich kulturelle Gemeinsamkeiten herausbilden sind von religiösen Bildungsprozessen nicht zu trennen. Systemtheoretisch kann Religion in dieser Hinsicht als Kommunikationsmedium zum Thema werden – aber gerade die systemtheoretischen Überlegungen belegen die Schwierigkeit, das Kommunikationsmedium Religion / Glauben zu identifizieren bzw. zu konstituieren. Es müßte i. S. dieses Ansatzes einen handhabbaren binären Schematismus aufweisen. Angeboten wird z. B. Transzendenz / Immanenz oder auch Heil / Unheil. Aber es ist fraglich, ob mittels einer solchen Codierung tatsächlich plausibel zwischen Eigen- und Fremdwahrnehmung geschaltet werden kann. Beide Dualismen scheinen zu stark ausschließlich an ein kirchlich / religiös bestimmtes Feld gebunden zu sein. Die hier vorgeschlagene Fassung geht dahin, den religiösen Code mit dem Dual Bedeutung / Nichtbedeutung zu bestimmen.

Das Feld der Religion im engeren Sinne, d. h. das Feld religiöser Praxis, differenziert sich aus. Zumindest zwei grundlegend verschiedene Tendenzen lassen sich erkennen. Es entwickelt sich zur einen Seite eine diskursive Kultur, in der sich Religion in Gestalt von Dauerreflexion zum Tragen bringt. Auf der anderen Seite floriert praktische Religiösität in vielfachen Formen. Die Kirche versucht beide Prozesse zu integrieren, hat jedoch als protestantische Kirche die Tendenz, sich der praktischen Religiösität gegenüber zu verselbständigen und von ihr zu abstrahieren.

Eben dieser Problematik wurde im siebten und achten Kapitel anhand historischer und systematischer Analysen theologischer Konzepte zur Bestimmung christlicher Existenz und der Konstruktion von Kirche nachgegangen. Beobachtet man den theologischen Diskurs daraufhin, wie er die Fremdwahrnehmung von Kirche selbst wieder wahrnimmt, so zeigen sich kennzeichnende Verschiebungen der Ebenen und Umcodierungen der Problematik. Zunächst läßt sich zeigen, daß die Problematik als solche kaum gesehen wird. Vielfach bewegen sich z. B. die ekklesiologischen Konzepte in einer Form der Selbstbezüglichkeit, die eine selbstverständliche Fremdwahrnehmung von Kirche voraussetzt, die in dieser Form nicht mehr gegeben ist.

So wird z. B. das Problem, daß die Menschen an der Kirche anderes wertschätzen, als es die Kirche gerne hätte, in die interne theologische Problematik des Verhältnisses von Institution Kirche und Gemeinde als Gemeinschaft in der Nachfolge umdefiniert. D. h., an die funktionale Stelle einer Diskussion der Erwartungen und Bedürfnisse der Menschen an die Kirche tritt die theologische Konstruktion von ‚Gemeinschaft' (oder auch von Lebenswelt i. S. Habermas'). Sie bildet ein normatives Deutungsmuster kirchlicher Arbeit, das aber Plausibilität lediglich in der Binnensicht hat. Die in jeder Gemeindearbeit erfolgende lebensweltlich-praktische Organisation von Bedürfnissen und Interessen läßt sich dann als Konstitution von Gemeinschaft begreifen, ohne näher hinsehen zu müssen. Der theologische Diskurs wird parallel dazu betrieben, ohne, daß er auf die konkreten Prozesse Rückwirkungen hat, die wahrnehmbar wären. Auf diese Weise bleibt das Abstraktionsniveau der theologischen Wahrnehmung erhalten: Man konstruiert sich selbst jene Lebenswelt, die man gerne hätte, obwohl die tatsächlich vollzogene Gemeindepraxis völlig anders sein kann.

Das Problem der Ausbildung eines Kommunikationsmediums bearbeiten jene Konzepte, die Kirche oder christliche Existenz betont formal bestimmen. Sie kommen anhand spezifischer Doppelungen wie Beständigkeit/Nichtbeständigkeit oder Kommunikation von Orientierungswissen/Kommunikation anderer Wissensformen (z. B. Anwendungswissen) zu wahrnehmbaren Funktionszuweisungen von Kirche und Religion. Freilich sind sie anspruchsvoll konstruiert, d. h. sie setzen die Voraussetzungen für eine Teilnahme an der Kommunikation sehr hoch an.

Damit besteht die Gefahr, daß sich die Selbstreflexion der Kirche von der der Menschen abkoppelt. Eine angemessene Wahrnehmung der Lebenswelt als der Umwelt des Systems Kirche, zu der man sich verhalten könnte, erfolgt so höchstens teilweise. Die Außensicht wird auf diese Weise nicht nur nicht bearbeitet, sondern schlicht ausgeblendet. Der „Mensch" kommt inklusiv vor: D. h., es scheint theologisch immer schon festzustehen, was es mit ihm auf sich hat. Die Gefahr, Projektionen zu erzeugen, ist so sehr groß.

Entscheidend ist, daß keine Methoden und Medien benannt werden, mit denen beobachtet werden könnte, ob die theologischen Aussagen zutreffen. Dazu müßten sie zunächst einmal überhaupt als Vermutungen formuliert werden. Dies ist jedoch nicht der Fall: Theologische Konstruktionen produzieren unter Selbstreferenz eine eigene Gewißheitscodierung, die an lebensweltliche Erfordernisse immer weniger anschließbar ist. Um gar diese Binnenwahrnehmung von außen angemessen wahrnehmen zu können, bedarf es erheblicher kommunikativer Anstrengungen; d. h., reine Wahrnehmung ist als solche dazu gar nicht in der Lage.

Da aber Kommunikation zwischen Kirche und anderen sinnvoll nur auf der Grundlage geteilter Muster funktionieren kann, wird sie zum Problem. Was sich faktisch einstellen kann, ist Mißerfolgsorientierung auf beiden Seiten: Man weiß nicht, was man voneinander zu erwarten hat und stellt sich deswegen von vornherein darauf ein, daß eine befriedigende Situation kaum herzustellen ist.

Im Hintergrund dieser Problematik wirkt die reformatorische Entdeckung der individuellen Situation des Menschen vor Gott nach. Protestantische Religiösität hat in einer beständigen, stabilen, aber immer wieder bedrohten, Haltung erkennbare Gestalt und tendiert, um diese zu sichern, zu Abstraktion und Selbstreflexion. Kongeniales Kommunikationsmedium ist in dieser Situation das ‚Wort‘. Es ermöglicht eine abstrahierend-einheitliche Welterfahrung, die in Wort und Schrift kommunizierbar ist. Beständigkeit, Reflexion, Distanz und Diskurs sind so Kennzeichen protestantischer Gestaltung. Sie steht jeweils vor der Aufgabe, Reidentifikationen des Glaubens in der Lebenswelt zu vollziehen. Dies scheint jedoch immer schwieriger zu werden. Diskursive Distanz als solche hat als Haltung zu geringe mediale Kapazität, um Glauben in den Veränderungen der Lebenswelten vermitteln zu können. Glaube wird dann im Kern als das Aushalten-Können von Ambivalenzen, Widersprüchen und Schwierigkeiten codiert und wahrnehmbar. Entsprechend mehren sich die Stimmen, die Codierung von Glauben als Beständigkeit aufzugeben und experimentell-fragmentarische Haltungen zu legitimieren. Prinzipiell entspricht dies der Situation und setzt neue Möglichkeiten frei. Eine Lösung des Kommunikationsdilemma ist es freilich nicht, lediglich eine Erhöhung der Komplexität der Codierung von Glauben und Kirche, die seine Fremdwahrnehmung eher noch schwieriger macht.

Im neunten Teil der Arbeit wurde nach der sich vollziehenden praktischen Bewältigung des Auseinanderklaffens von Eigen- und Fremdwahrnehmung gefragt. Im Hinblick auf drei zentrale Felder kirchlichen Handelns – dem Pfarrer, dem Gottesdienst und der Diakonie – zeigte sich, daß es solche Verarbeitungsformen durchgehend gibt. Sie gehen in der einen Richtung dahin, kirchliche Praxis stärker zu professionalisieren, d. h. die Unterscheidung zwischen der religiösen Leistungserbringung und der subjektiven Verfaßtheit des kirchlichen Personals zu verstärken. Auf diese Weise kann die Fremdwahrnehmung deutlicher zur Geltung kommen. Auf der anderen Seite steigert sich der Binnendiskurs in Formen charismatischer Herrschaft ins Dramatische und entwickelt einen deutlich verpflichtenden Diskurs. Dies gilt auch für den Gottesdienst: Zur einen Seite wird er mit einem pastoralen Diskurs versehen, in dem zumindest die Chance liegt, Fremdwahrnehmung zu reflektieren. Andere stilisieren ihn zum Erlebnis des ganz anderen, an dem die Rettung der Welt hängen soll.

Anders die Situation der Diakonie: Sie stellt einen Bereich ausdifferenzierten kirchlichen Handelns dar, der in der Kirche körpernahe lebensweltliche Wahrnehmung repräsentiert. Die Bewältigung der Wahrnehmungsdifferenz erfolgt durch interne Ausdifferenzierung, d. h. dadurch, daß ein von theologischen oder rituellen Geltungsansprüchen im Prinzip freier Bereich geschaffen wird, in dem Leistungen für andere erbracht werden. Diakonisches Handeln ist eben so als christliches unmittelbar codierbar und anschließbar an den Alltag der Menschen. Die Probleme existieren hier nicht mit der Fremd-, sondern mit der Eigenwahrnehmung. Sie kann entweder professionell anhand von Leitbildern oder charismatisch als Option für die Armen artikuliert werden.

10.2. Evangelische Volkskirche als operativ offenes System

Sieht man die Ergebnisse der einzelnen Analysen zusammen, so läßt sich der Eindruck eines Dilemmas nicht vermeiden: Evangelische Volkskirche steht in der zeitgenössischen Gesellschaft, wie andere Organisationen auch, unter dem Systemimperativ der selbstreferentiellen Entwicklung in Richtung einer sich autonom steuernden, autopoietischen Struktur. Sie wird sich in diese Richtung weiterhin entwickeln.

Zugleich kann sie jedoch die Kosten für diese Entwicklung – die Ablösung von der Lebenswelt – nur um den Preis ihrer eigenen Auflösung zahlen. Dies liegt daran, daß ihr das Kommunikationsmedium fehlt, das anderen Systemen diese Ablösung ermöglicht, weil es gleichzeitig Plausibilität erhält. Glaube ist als Medium im Blick der Kirche zugleich unter- und überstrukturiert. Er weist von sich aus in reformatorischer Perspektive wenig Inklusion von Kirche auf – beinhaltet aber andererseits umfassende Geltungsansprüche. Seine Entstehung und Wirkung unterliegt bestimmten sozialen, kulturellen und natürlichen Bedingungen, wie z. B. Klarheit, Zwanglosigkeit und Glaubwürdigkeit des Ausdrucks, die sich benennen und identifizieren lassen. Zugleich sind damit aber bestenfalls notwendige, keine hinreichenden Bedingungen benannt. Daß Glaube immer auch noch ganz anders wirken kann, kann nicht bestritten werden. Christlicher Glaube läßt sich so prinzipiell schlecht organisieren. Entscheidend ist, daß Glaube in der Lebenswelt entsteht, am Wort, das den Körper trifft, und nicht in der Autopoiese der Kirche oder der Theologie. Letztere sind jedoch darauf angewiesen, den Bezug zum Quellort des Glaubens nicht zu verlieren.

Die Folgerung soll nun sein, *evangelische Volkskirche als operativ offenes*[3] *System* zu begreifen. Damit ist zumindest zweierlei gesagt. Zur einen Seite ist Kirche eine Organisation wie andere auch und kann deswegen nicht anders, als sich unter Bezug auf bereits gefällte Entscheidungen weiterzuentwickeln. Sie beobachtet von daher ihre Umwelt, wie andere Systeme auch. Zu anderen Seite ist sie jedoch allem Anschein nach strukturell nicht in der Lage, für sich selbst diejenige Grenze zu definieren, die es ihr erlaubt, ihre „Identität nach intern produzierten Regeln zu erzeugen und gegenüber einer externen Realität durchzuhalten"[4]. Auch wenn es Anzeichen dafür gibt, daß sich Kirche in zirkulärer Geschlossenheit beständig selbst reproduziert, ist es ebenso evident, daß eben diese Schließung nicht jene Offenheit miterzeugt, die in systemtheoretischer Sicht wiederum Bedingung für die Schließung ist.[5]

Ökonomisches Handeln kann sich im geschlossenen System der Ökonomie vollziehen, weil es trennscharf von anderem sozialen Handeln unterscheidbar und insofern auch wieder offen ist: Man kann wissen, was man vom ökonomischen Handeln hat und wie man sich auf es einstellt.

Eben dies gelingt in der Praxis evangelischer Volkskirche nicht. Sie weist zwar Handlungsformen auf, die trennscharf als Kirche wahrgenommen werden können – was jedoch mittels dieser Formen medial transportiert wird, bleibt unterbestimmt. Das Medium Glaube ist in der lebensweltlichen Wahrnehmung insofern von Gebäuden, Personen und eindeutig definierten Situationen auf der eine Seite nur schwer zu lösen. Andererseits gilt Religion und Glaube auch in der Fremdwahrnehmung umfassend. Man kann sagen: Der Umfang seines Geltungsanspruchs steht in keinem Verhältnis zu seiner faktischen Reichweite.

Insofern ist Kirche ein offenes System i. S. von Diffusität in der Wahrnehmung. Dies gilt nach Innen und nach Außen. Kirche nimmt ihre Umwelt wahr – weiß aber nicht, wie sie mit den Daten genau tun soll. Die Umwelt beobachtet Kirche, und nimmt diese Unsicherheit wahr. Die operative Anschlußfähigkeit an andere Systeme ist deswegen bemerkenswert gering, geringer jedenfalls als es der lebensweltlichen Hintergrundresonanz entspricht.

Die operative Offenheit des Systems bringt Rückkopplungsprobleme mit sich. Während in geschlossenen Systemen Änderungen des Verhaltens von und in Teil-

---

[3] Offen ist hier i.S. der Systemtheorie gemeint: ein System gilt dann als offen, wenn es sich nicht nur unter Bezug auf sich steuern kann. Mit dem kirchlichen Sprachgebrauch einer „offenen" Kirche hat dies direkt nichts zu tun. Wendet man kunsttheoretische Begrifflichkeit an, so läßt sich sagen, daß protestantische Kirche keine strenge Form aufweist.

[4] So definiert Helmut Willke: Systemtheorie. Stuttgart/New York, ³1991, S. 42, die operative Geschlossenheit von Systemen. Er erwähnt als ein Beispiel ausdrücklich die Kirche – meint aber wohl eher das katholische Modell.

[5] a. a. O., S. 44 ff.

bereichen, z. B. bei Mitgliedern, zu einer veränderten Relationierung der Subsysteme führen, und dementsprechend präzise beoachtet werden, funktioniert Kirche hier unterstrukturiert. Natürlich hat dies auch damit zu tun, daß im volkskirchlichen Selbstverständnis die Grenze zwischen Außen und Innen, z. B. in bezug auf die Mitgliedschaft, nur schwer zu ziehen und noch schwerer praktisch aufrecht zu erhalten ist. Die „Offenheit" von Kirche soll vielfach gerade durch den Verzicht auf organisatorische Grenzen gewährleistet werden – eben dies verhindert aber eine für die Organisation folgenreiche Wahrnehmung der Interessen von Mitgliedern und Nicht-Mitgliedern. Die „Öffnung" zur Lebenswelt erfolgt so höchstens punktuell – in isolierten Einzelkontakten – aber ohne Wirkung auf die Organisation. Eine in diesem Sinne „offene" Kirche ist eine sich in der Diffusität verlierende Kirche.[6]

Das Problem existiert auch in einer zweiten Hinsicht: in der Bestimmung des Bezugs von Kirche auf Religion. In der Fremdwahrnehmung ist Kirche selbstverständlich Ort religiöser Kommunikation, ohne daß jedoch präzise wahrgenommen werden könnte, was das ist. Die Situation spiegelt sich in der systemtheoretischen Schwierigkeit, das Kommunikationsmedium von Religion zu bestimmen und seine basale Codierung zu beschreiben. Die Übertragungskapazität von Informationen im „System" Religion scheint zugleich sehr groß und sehr gering zu sein: sie ist abstrakt plausibel – aber schwierig praktisch handhabbar. Der Kirche als Organisation bleibt in dieser Situation nichts anderes übrig, als selbst zu definieren, was Religion aus ihrer Sicht ist, und sie muß sich insofern ein eigenes Feld konstruieren, eine Umwelt, in der sie sich entfaltet. Kirche inszeniert selbsttätig Religion und versucht so beständig, die Brücke zwischen Abstraktheit und praktischer Handhabbarkeit neu zu schlagen. Dies funktioniert freilich nur, wenn sich die kirchliche Bestimmung von Religion operativ auf das bezieht, was als Religion in der Wahrnehmung gilt. Kirche muß folglich diskursiv und praktisch deutlich machen, wie sie gemäß ihrer eigenen Logik lebensweltliche Religion verarbeitet. Hier setzt die Arbeit Praktischer Theologie ein: Sie integriert „Grundsätze der christlichen Überlieferung mit Einsichten der gegenwärtigen Erfahrung zu der wissenschaftlichen Theorie, die die Grundlage der Verantwortung für die geschichtliche Gestalt der Kirche und für das gemeinsame Leben der Christen in der Kirche bildet"[7].

Von zentraler Bedeutung ist, daß sich qua Kirche Religion als körperlich erfahrbar und damit als integriert in die Lebenswelt erweist. Allgemein und abstrakt fungierende Religion als Letztcodierung der Gesellschaft wird auf diese Weise

---

6   Ein Beleg für diese These ist die offensichtliche Unfähigkeit vieler Landeskirchen unter dem Druck sinkender Einnahmen gezielt Prioritäten zu setzen und dementsprechend zu kürzen. Pauschale Kürzungen sind dann der Ausweg; sie sind aber für jede Organisation fatal.
7   Dietrich Rössler: Grundriß der Praktischen Theologie. Berlin/New York, ²1994, S. 3.

prinzipiell kommunizier- und damit kulturell zivilisierbar. Freilich liegt hier auch das entscheidende Problem. Heutige Wahlverwandschaften von Religion und kirchlichem Habitus tendieren in dem Versuch, besondere Haltungen fortzuschreiben dazu, sich zu isolieren. Nötig ist es aber, die Inklusionskapazität von Kirche zu erhöhen. Dazu muß sich – und damit ist noch einmal das Dilemma beschrieben – der kirchlich-theologische Diskurs weiterhin in Richtung Abstraktheit entwickeln, denn nur so kann eine genügend große Inklusionskapazität begründet werden. Theologie und praktische Vernunft werden sich folglich weiter entkoppeln. Das Ziel dieser Entwicklungen kann jedoch nicht in der Selbstgenügsamkeit des theologischen Diskurses und seiner Stabilisierung und Stilisierung in einem entsprechenden Habitus bestehen. Ziel kann nur die beständige Re-Identifikation von Glauben und Lebenswelt, und damit die praktische Codierung des Glaubens, sein. Aus diesem Grund ist die kirchliche Pflege von kulturellen und sozialen Milieus von zentraler Bedeutung. Nur so hat Glauben wahrnehmbare Gestalt. Zugleich aber unterliegt diese Praxis immer wieder der Kritik: Glaube transzendiert jedes Milieu.

Kirche braucht angesichts der konstatierten Kommunikationsprobleme Veränderungen in ihrer Organisation, oder, theologisch ausgedrückt, Erneuerung. Sie kann auch im operativ offenen System der Volkskirche, wie in anderen Systemen, nur von innen kommen und sich z. B. in einer deutlicheren Zielsicherheit bzw. Auftragsklarheit, im Anschluß an die wahrgenommenen Bedürfnisse der Lebenswelt, umsetzen. In jedem Fall geht dies mit dem Markieren von Grenzen einher. Weder aus der Lebenswelt noch aus anderen Systemen ist diesbezüglich eine Hilfestellung zu erwarten. Im Prinzip ist richtig, daß sich nicht mehr von einer selbstverständlichen Einbettung von Kirche in die Kultur ausgehen läßt. Darauf haben eine Reihe von Hinweisen in dieser Arbeit schließen lassen. Gleichwohl kann kirchliche Arbeit in nichts anderem bestehen, als eben diese Einbettung immer wieder herstellen zu wollen.

10.3. Diskussion und Ausblick

Ein operativ offenes System ist in der Sicht der Systemtheorie – wenn sie es nicht als schlichte Unmöglichkeit begreifen würde – ein evolutionär überholtes Modell. Die Diffusität in der Definition der Grenze zwischen Innen und Außen verhindert in dieser Sicht die Erhöhung von interner Komplexität und damit die Verbesserung von Handlungsmöglichkeiten. Solch ein System bleibt in seinen Grundoperationen von seiner Umwelt abhängig und reproduziert sich infolgedessen nicht nur durch Selbstreferenz. Es kommt dann notwendig zu grenzunscharfen und damit zu unsicheren Kommunikationen und Wahrnehmungen. Man müßte konsequent so weit gehen, und solchen Systemen – sofern es überhaupt welche sind –

Subjekthaftigkeit absprechen. Sie würden nicht in der Lage sein, Erwartungen anderer kontinuierlich gerecht zu werden und es damit intern wie extern schwierig machen, sich mit seinen Erwartungen auf eine wie auch immer geartete Identität des Systems zu beziehen. Differenzen in der Wahrnehmung wären damit die logische Folge. Die Forderung könnte nur sein, daß sich Kirche deutlicher von ihrer Umwelt unterscheiden und ihre Organisiertheit verstärken muß, wenn sie weiterhin eine relevante Rolle spielen will.

Nun soll daran festgehalten werden, daß es sich bei Kirche um ein System, um eine Organisation handelt. Religion wird in ihr in wahrnehmbare Handlungen umgesetzt und damit anschlußfähig gemacht. Damit erfüllt sie eine kennzeichnende Bedingung: Sie macht die Zurechenbarkeit von religiösen Kommunikationen möglich. „Zurechenbarkeit von Kommunikationen in einer vereinfachten Form als Handlung setzt voraus, daß der in Frage stehende, gewissermaßen ganzheitlich pulsierende Kommunikationszu- sammenhang durch *Organisation* in einzelne kompakt adressierbare Elemente gegliedert wird, welche sich als Handlungen isolieren lassen.“[8] Ebendies geschieht in der Praxis von Kirche in vielfachen Vollzügen: Religion wird in Handlungsvollzügen codiert. In dieser Hinsicht funktioniert sie als Organisation.

Das Problem liegt auf der Ebene der Steuerung. Es besteht darin, daß eine Steuerung der protestantischen Volkskirche nicht nur durch Selbstreferenz möglich ist. Der ekklesiologische Diskurs arbeitet zwar selbstreferentiell, ist aber als solcher nicht in der Lage, die Wahrnehmung von Fremdwahrnehmung, d. h. die Markierung einer Grenze von Innen und Außen, sicherzustellen. Es wird so getan, als sei theologische Wahrnehmung in Kultur und Gesellschaft plausibel, während sie doch tatsächlich eine Spezialsprache der Kirche – nicht einmal der Religion – darstellt. Organisatorisch wirkungsvolle Bezugnahmen auf das Selbst der Kirche sind insofern kaum zu erwarten. Die Steuerungskapazität der Theologie bezieht sich entweder auf den einzelnen religiösen Handlungsvollzug – oder auf die Selbstverständigung der Gesellschaft insgesamt. Die mittlere Ebene der Organisation fällt aus. Daß Kirche mit Glauben zu tun hat, ist plausibel – aber daß Glaube mit Kirche zu tun hat, weniger.

Organisationen können sich nur dann gezielt reproduzieren, wenn sie in jedem Akt der Rekombination interner Zusammenhänge ihre System / Umwelt Beziehung, und damit das Verhältnis zwischen Eigen- und Fremdwahrnehmung, mitwahrnehmen. Der ekklesiologische Diskurs erweckt jedoch den Eindruck lediglich die Eigenwahrnehmung beständig neu zu kombinieren.

Es wird so ein großer Geltungsanspruch aufgebaut, der von außen beständig relativiert wird. Das Pathos des Glaubens bricht sich in der Indifferenz der auto-

---

[8]   a. a. O., S. 142.

poietischen Systeme. Die notwendige Unschärfe der Glaubenskommunikation führt zu hohen Erwartungen und Enttäuschungen zugleich. Man hat das Gefühl, daß es um sehr grundsätzliche und wichtige Fragen geht – im konkreten kann man sich jedoch dafür nichts kaufen.

Prinzipiell stehen in dieser Situation zumindest zwei Optionen offen:

a.) Man steigert das Pathos, was trotz allem in bestimmten Situationen und „Nischen" immer möglich ist. Auf diese Weise wird ein abgegrenzter und befestigter Bereich im Feld der Indifferenz geschaffen, in dem sich dramatische Inszenierungen von Religion vollziehen lassen. Ein solcher Prozeß verschärft die Ausdifferenzierung von Religion.

b.) Man versucht die Wahrnehmungskapazität des Glaubens dahingehend zu steigern, daß das Feld der Indifferenz differenzierter beobachtet und dementsprechend in bestimmter Negation bearbeitet werden kann. Dieser Weg setzt Klarheit darüber voraus, wozu man entsprechende Beoachtungen anstellt. Er erfordert zweitens Instrumente, um die Beoachtungen auch angemessen vollziehen zu können. Es ginge darum, hinter die Fassaden der Indifferenz zu blicken und den latenten „Bedarf an Religion" gezielt zu erfassen.

Beide Optionen sind nicht mit „Programmen" der Kirche zu verwechseln. Zu ihnen zu kommen, scheint evangelische Volkskirche prinzipiell kaum in der Lage zu sein: Sie wird nicht so sehr durch einen inhaltlichen Konsens zusammengehalten, sondern durch die Beteiligung an Verfahren. Strittig ist in ihr so ziemlich alles, vor allem auch das Kirchenverständnis selbst. Die Optionen müssen sich folglich „ergeben", emergieren.

Beide idealtypischen Optionen zeigen, daß sich ebenso wie die Fremd- auch die Eigenwahrnehmung von Kirche in keiner Weise als etwas Fixes darstellt. Die Konstruktionen des Verhältnisses von Eigen- und Fremdwahrnehmung im Fall a.) oder b.) variieren nicht konstante Faktoren, sondern artikulieren je besondere Faktoren der Eigen- und Fremdwahrnehmung. In der konkreten Praxis ist es kein Zufall, wie man sich entscheidet: Man steht in dem einen oder anderen Wahrnehmungszirkel und versucht, die Probleme zu bewältigen, die sich aus ihm heraus ergeben. Diese Zirkel sind so oder so religiös-theologisch „geladen", d. h., sie konstruieren nicht nur sich selbst als nützlich, sondern begründen als solche Nützlichkeiten. Sie stellen auch nicht nur kognitive Muster dar, sondern sind selbst – auch – körperlich verfaßte Eingebundenheiten in Lebenswelten. Eine Steuerung nur von „Innen" ist so nicht möglich, aber dennoch ist Kirche eine aktiv handelnde Größe in der Gesellschaft und sollte auch so, d. h. nicht nur als passiv reagierende, dargestellt werden.

Die dargestellte Situation läßt zurückfragen, ob die Grundthese der Systemtheorie von der Existenz scharfer Grenzziehungen zwischen den ausdifferenzierten

Bereichen der Gesellschaft überhaupt stimmt. Zumindest die Art und Weise der Verfaßtheit von Religion scheint ein Beleg dafür zu sein, daß nicht alle Bereiche der Gesellschaft trennscharf geschieden sind. Möglicherweise sind es nur die Wirtschaft, und vielleicht noch Recht und Wissenschaft, die entsprechende klare Grenzen zwischen einem innen und außen aufweisen und sich deswegen von anderen Bereichen scharf und deutlich abheben lassen. Fraglich wird dies jedoch auch bei der Politik.

So lassen sich deutliche Paralellen zwischen Kirche und dem Feld der Politik und der in ihr wirkenden Organisationen feststellen. Auch politisches Handeln vollzieht sich in klar erkennbaren Formen, in denen es sich reproduziert. Es kann sich aber nicht nur aus sich selbst heraus steuern denn dann zerstört es die Voraussetzungen, auf die es sich beziehen muß und von denen her es überhaupt erst plausibel wird. Gleichzeitig muß sich Politik aber beständig selbst inszenieren, um wahrnehmbar sein zu können.

In dieser Situation entstehen gleichzeitig zu viel und zu wenig Erwartungen: Zu viel, weil Politik nun selbst ihre Sinnhaftigkeit beständig neu erzeugen muß – zu wenig, weil ihre grundsätzliche Plausibilität in Frage steht. Auch die Politik in der liberalen Demokratie ist so ein prinzipiell offenes System: Es muß sich zwar durch Bezug auf sich selbst reproduzieren, kann dies aber nur unter Aufrechterhaltung seiner Eingebundenheit. Eine Loslösung von der Lebenswelt der Gesellschaft ist nicht möglich.

Sowohl die vorpolitischen als auch die „vorkirchlichen" Voraussetzungen organisierten Handelns lassen sich in der Verfaßtheit der Lebenswelt identifizieren. Sie ist der Bereich des Wirkens der körperlich bezogenen praktischen Vernunft, die alles Leben penetriert. Sowohl Kirche wie auch Politik sind in dieser Sichtweise überhaupt nur dann wahrnehmbar, wenn sie sich als körperlich erkennbar ausweisen. Das bedeutet zuallererst: als erkennbar an Personen und Räumen. Sie sind elementare Strukturen des praktischen Lebens. Wird die Rückgebundenheit systemischer Prozesse an diese Strukturen zugunsten rein diskursiver Verfahren vernachlässigt, verliert das System an Anschlußfähigkeit. In der Volkskirche scheint eben dies der Fall zu sein.

Die Folge ist, daß Kirche Menschen überfordert. Statt durch ihre Organisation Religion in Erwartungserwartungen zu überführen, die der Fremdwahrnehmung zugänglich und als Handlungen praktikabel sind, bietet sie ein Übermaß an Problematisierungen an und schiebt es auf den einzelnen ab, wie er oder sie mit der Situation fertig wird. Positiv daran ist, daß sich die Zahl der Optionen für Kirche und für den einzelnen merklich erhöht. Dies kann einen evolutionären Vorteil darstellen: Ein System, das viele Optionen erzeugt, ist überlebensfähiger als eines, das in seinen Möglichkeiten begrenzt ist. Der Vorteil wird jedoch durch die Unsicherheit in der Basiscodierung relativiert. Wenn man nicht weiß, wozu man die vielen Möglichkeiten nutzen kann, nützen sie wenig. Über die Differenz der Wahrnehmung braucht man sich dann nicht zu wundern.

Was ergibt sich nun am Ende dieser Arbeit? Eines scheint mir auf der Hand zu liegen: Die Suche nach Möglichkeiten einer entspannten Beziehung von Theologie, Kirche und Gesellschaft ist mühsamer als erwartet. Da, wo sich Gelassenheit am ehesten finden läßt, in den Alltagsbeziehungen, hat es Kirche schwer, sich plausibel zu machen. Ja, mehr noch: Ihr Binnendiskurs begegnet gerade diesen Formen der praktischen Vernunft mit Mißtrauen. Alltagshandeln erscheint ihr irgendwie „unfertig" zu sein. Allerdings lebt die Organisation Kirche nach wie vor von ihrem Bezug zu diesen Formen der Erfahrung. Rein diskursiv ist weder Kirche noch Religion zu leben. Der Eindruck ist aber, daß sie ein zunehmend parasitäres Verhältnis zu diesen Formen hat. Sie lebt zwar von ihnen, aber sorgt zu wenig für ihre Reproduktion.

Dazu gehört, daß sie Glauben in Richtung praktikabler Codierung entwickelt, vermittelt und tradiert. D. h., Kirche könnte Religion und Ethik als ihre Umwelt begreifen und klären, a.) wie sie in dieser Umwelt leibt und lebt und was sie vom ihr übernimmt und b.) mittels welcher Verfahren sie diese Bereiche bearbeitet und was dabei herauskommen kann. Sie könnte angeben, was sie in dieser Hinsicht tut und wie sie in eins damit christlichen Glauben, Religion und sich selbst reproduziert.[9]

In dieser Hinsicht ist die Arbeit an der Verringerung von Erwartungsunsicherheiten und damit einer verbesserten Wahrnehmung der Fremdwahrnehmung in der Kirche unerläßlich. Im direkten Zugriff ist das Problem freilich nicht zu lösen. Eine direkte Aufnahme von Fremdwahrnehmung kann es nicht geben: Sie ist immer durch Selbstreferenz gesteuert. Insofern führt der Weg durch einen beständig wieder neu zu beschreitenden Zirkel: der Aufwertung der alltäglichen Erfahrung einerseits und der Vergewisserung des Auftrags von Kirche andererseits.

In diesem Zirkel entfaltet sich die Identität von Kirche als Prozeß der Integration von Eigen- und Fremdwahrnehmung. Sie ist Vollzug von Liebe, die sich nach Niklas Luhmann „im Ausmaß der Fähigkeit, den anderen als anderen gelten zu lassen und eigenes Beobachten, vor allem Handeln, auf die beobachtete Andersheit des Beobachtungen des anderen einzustellen"[10], zeigt. Der Kirche kann es nicht gleichgültig sein, wie sehr sich kirchliche Wahrnehmung und Wahrnehmung der Kirche auseinanderentwickeln, denn durch sie, so glauben wir, liebt Gott diese Welt.

---

[9] Praktisch vollzieht sich dies in der Nutzung von Bildern, in denen das Verhältnis von Kirche und Gesellschaft präzise bestimmt wird. Sind die Landeskirchen in Deutschland z. B. ein „Geleitzug"? Ist die Gemeinde ein „Schiff"?

[10] Niklas Luhmann: Beobachtungen der Moderne. Opladen, 1992, S. 124.

LITERATURVERZEICHNIS:

Adorno, Theodor W.: Negative Dialektik. Frankfurt a. M., 1975

Aland, Kurt (Hrsg.): Lutherlexikon. Göttingen, Nachdruck der vierten durchgesehenen Auflage, 1989

Albrecht, Christoph: Einführung in die Liturgik. Göttingen, [4]1989

Altvater, Elmar: Die Zukunft des Marktes. Ein Essay über die Regulation von Geld und Natur nach dem Scheitern des „real existierenden Sozialismus". Münster, 1991

Ammermann, Norbert: „Verum ipsum factum – Das Gemachte ist das Wahre". In: PTh. 83. Jg., S. 351

Anstöße. Festschrift für Rainer Volp. Darmstadt, 1991

Antes, Peter / Pahnke, Donate (Hrsg.): Die Religion von Oberschichten. Religion – Profession – Intellektualismus. Marburg, 1989

Baecker, Dirk: Fehldiagnose „Überkomplexität". Komplexität ist die Lösung, nicht das Problem. In: gdi impuls. Heft 4. 1992

Baecker, Dirk: Information und Risiko in der Marktwirtschaft. Frankfurt a. M., 1988

Barck, Karlheinz / Gente, Peter / Paris, Heide / Richter, Stefan (Hrsg.): Aisthesis, Wahrnehmung heute oder Perspektiven einer anderen Ästhetik. Leipzig, 1990

Barth, Karl: Der Römerbrief. Bern, 1919

Bateson, Gregory: Geist und Natur. Eine notwendige Einheit. Frankfurt a. M., 1987

Bateson, Gregory / Bateson, Mary Catherine: Wo Engel zögern. Unterwegs zu einer Epistemologie des Heiligen. Frankfurt a. M., 1993

Bäumler, Christof: Die Lehre von der Kirche in der Theologie Karl Barths. ThExh. 118. München, 1964

Bäumler, Christof: Kommunikative Gemeindepraxis. Eine Untersuchung ihrer Bedingungen und Möglichkeiten. München, 1984

Bäumler, Christof / Mette, Norbert (Hrsg.): Gemeindepraxis in Grundbegriffen. Ökumenische Orientierungen und Perspektiven. München und Düsseldorf, 1987

Baxandall, Michael: Die Wirklichkeit der Bilder. Malerei und Erfahrung im Italien des 15. Jahrhunderts. Frankfurt a. M., 1984

Bayer, Oswald: Leibliches Wort. Reformation und Neuzeit im Konflikt. Tübingen, 1992

Beckford, James A.: Accounting for Conversion. In: British Journal for Sociology. Heft 29 / 1978, S. 249

Beesk, Gottfried: Theologische Existenz am Ort der Gefangenschaft. Was bedeuten die Erfahrungen Dietrich Bonhoeffers (und anderer inhaftierter Christen) für mich und meine Arbeit als Gefängnisseelsorger? Berlin, 1988, MS

Bellah, Robert N./Madsen, Richard / Sullivan, William M./etc.: Gewohnheiten des Herzens. Individualismus und Gemeinsinn in der amerikanischen Gesellschaft. Köln, 1987

Benz, Ernst: Theologie der Elektrizität. Zur Begegnung und Auseinandersetzung von Theologie und Naturwissenschaft im 17. und 18. Jahrhundert. Abhandlungen der Akademie der Wissenschaften und der Literatur. Jg. 1970, Nr. 12, Mainz, 1971

Berger, Klaus: Historische Psychologie des Neuen Testaments. Stuttgarter Bibel Studien. Heft 146 / 147. Stuttgart, 1991

Berger, Peter A.: Anwesenheit und Abwesenheit. Raumbezüge sozialen Handelns. In: Berl. J. Soziologie. Heft 1. 1995, S. 99

Berger, Peter L.: The Social Reality of Religion. (Zuerst erschienen unter dem Titel: The sacred canopy. USA, 1967). Harmondsworth, 1973

Berger, Peter L.: Eine Vielfalt, die Schwindel erregt. In: DAS vom 12.11.93, S. 19

Bergmann, Jörg: Klatsch. Zur Sozialform der diskreten Indiskretion. Berlin und New York, 1987

Bergsma, Joop: Die Gestaltung des Kirchenraumes nach dem II. Vatikanischen Konzil. In: Raum geben – Kunst in Kirchen. Darmstadt, 1993, o.S.

Bierhoff, Hans Werner: Sozialpsychologie. Ein Lehrbuch. Stuttgart/Berlin/Köln/Mainz, [2]1988

Bieritz, Karl-Heinrich: Gottesdienst als „offenes Kunstwerk"? Zur Dramaturgie des Gottesdienstes. In: PTh. Jg. 75, 1986, S. 358

Bieritz, Karl-Heinrich: Lutherischer Gottesdienst als Überlieferungs- und Zeichenprozess. In: Loccumer Protokolle. Bd. 24. 1984, S. 172

Bizer, Christoph: Das evangelische Christentum und die Liturgie. In: PTh. Jg. 82, 1993, S. 148

Blasius, Jörg/Winkler, Joachim: Gibt es die „feinen Unterschiede"? Eine empirische Überprüfung der Bourdieuschen Theorie. In: KZfSS. Jg. 41, 1989, S. 72

Bloth, Peter C.: Praktische Theologie. In: Georg Strecker (Hrsg.): Theologie im 20. Jahrhundert. UTB. 1238. 1983, S. 389

Bloth, Peter C.: Praktische Theologie. Grundkurs Theologie. Band 8. Stuttgart/Berlin/Köln, 1994

Blumenberg, Hans: Säkularisierung und Selbstbehauptung. Frankfurt a. M., 1974

Boff, Chlodovis: Theologie und Praxis. Die erkenntnistheoretischen Grundlagen der Theologie der Befreiung. München und Mainz, 1983

Boff, Chlodovis/Boff, Leonardo: Wie treibt man Theologie der Befreiung? Düsseldorf, [2]1987

Bonhoeffer, Dietrich: Sanctorum Communio. Eine dogmatische Untersuchung zur Soziologie der Kirche. Dietrich Bonhoeffer: Werke. Bd. 1. Hrsg.: Joachim v. Soosten, München, 1986

Bourdieu, Pierre: Rede und Antwort. Frankfurt a. M., 1992

Bourdieu, Pierre: Die Auflösung des Religiösen. In: Ders.: Rede und Antwort. Frankfurt a. A., 1992, S. 231

Bourdieu, Pierre: Sozialer Sinn. Kritik der theoretischen Vernunft. Frankfurt a. M., 1987

Bourdieu, Pierre: Homo Academicus. Frankfurt a. M., 1988

Bourdieu, Pierre: Interview zur Heidegger-Kontroverse. In: Das Argument. Nr. 171. 1988, S. 723

Bourdieu, Pierre: Die feinen Unterschiede. Kritik der gesellschaftlichen Urteilskraft. Frankfurt a. M., 1982

Bovenschen, Silvia: Über Empfindlichkeit. Idiosynkrasie und Alltagsästhetik. Vortrag auf dem Kongreß: Die Aktualität des Ästhetischen, MS, Hannover, 1992

Brandt, Sigrid: Religiöses Handeln in moderner Welt. Talcott Parsons' Religionssoziologie im Rahmen seiner allgemeinen Handlungs- und Systemtheorie. Frankfurt a. M., 1993

Breuer, Stefan: Der archaische Staat. Zur Soziologie charismatischer Herrschaft. Berlin, 1990

Brose, Hanns-Georg/Hildebrand, Bruno (Hrsg.): Vom Ende des Individuums zur Individualität ohne Ende. Opladen, 1988

Brückner, Wolfgang: Volksfrömmigkeit – Aspekte religiöser Kultur. In: KZfSS. Jg. 31, 1979, S. 559

Brumlik, Micha/Brunkhorst, Hauke (Hrsg.): Gemeinschaft und Gerechtigkeit. Frankfurt a. M., 1993

Brunotte, Heinz/Müller, Konrad/Smend, Rudolf (Hrsg.): Festschrift für Erich Ruppel. Berlin und Hamburg, 1968

Bublitz, Hannelore: ErkenntnisSozialstrukturen der Moderne. Theoriebildung als Lernprozeß kollektiver Erfahrungen. Studien zur Sozialwissenschaft. Bd. 112. Opladen, 1992

Bukow, Wolf-Dieter: Kritik der Alltagsreligion. Ein Beitrag zu den Regulations- und Legitimationsproblemen des Alltags. Frankfurt a. M., 1984

Burkart, Günter: Biographische Übergänge und rationale Entscheidungen.
In: Bios. 8. Jg. Heft 1, 1995, S. 59

Burke, Peter: Helden, Schurken und Narren. Europäische Volkskultur in der frühen Neuzeit.
Stuttgart, 1981

Burkert, Walter: Anthropologie des religiösen Opfers. Schriftenreihe
der Carl von Siemens Stiftung. Themen XL. München, [2]1987

Burkert, Walter: Wilder Ursprung. Opferritual und Mythos bei den Griechen. Kleine kulturwissenschaftliche Bibliothek 22. Band. Berlin, 1990

Burkert, Walter: Griechische Tragödie und Opferritual.
In: Ders.: Wilder Ursprung. Berlin, 1990, S. 13

Burkert, Walter: Neues Feuer auf Lemnos. In: Ders.: Wilder Ursprung. Berlin, 1990, S. 60

Butler, Jon: Awash in a sea of faith. Christianizing the american people. Harward, 1990

Cardorff Peter: Martin Heidegger. Campus Einführungen.
Bd. 1047. Frankfurt a. M. / New York, 1991

Cassirer, Ernst: Philosophie der symbolischen Formen. Dritter Teil: Phänomenologie der Erkenntnis. Darmstadt, [8]1982

Chasseguet-Smirgel, Janine: Das Ichideal. Psychoanalytischer Essay über die „Krankheit der Idealität". Frankfurt a. M., 1987

Castillo, Fernando (Hrsg.): Theologie aus der Praxis des Volkes. Neue Studien zum lateinamerikanischen Christentum und zur Theologie der Befreiung. Reihe Gesellschaft und Theologie.
Systematische Beiträge. Bd. 26. München und Mainz, 1978

Christian-Widmaier, Petra: Krankenhausseelsorge und todkranker Patient. Im Spiegel ihrer gegenseitigen Wahrnehmung. Berlin / Heidelberg / New York / London / Paris / Tokyo, 1988

Christsein gestalten. Eine Studie zum Weg der Kirche. Herausgegeben vom Kirchenamt im Auftrag des Rates der EKD. Hannover, [2]1986

Claessens, Dieter: Heraustreten aus der Masse als Kulturarbeit. Zur Theorie einer
Handlungsklasse – „quer zu Bourdieu". In: Klaus Eder (Hrsg.): Klassenlage, Lebensstil und kulturelle Praxis. Frankfurt a. M., 1989, S. 303

Cornehl, Peter: Öffentlicher Gottesdienst. Zum Strukturwandel der Liturgie.
In: Ders. / Hans E.Bahr (Hrsg.): Gottesdienst und Öffentlichkeit. Hamburg, 1970, S. 118

Cornehl, Peter: Der Gottesdienst – Kontinuität und Erneuerung christlichen Lebens.
In: Trutz Rendtorff (Hrsg.): Charisma und Institution. Gütersloh, 1985, S. 160

Cornehl, Peter: Teilnahme am Gottesdienst. Zur Logik des Kirchgangs – Befund und Konsequenzen. In: Joachim Matthes (Hrsg.): Kirchenmitgliedschaft im Wandel. Gütersloh, 1990, S. 15

Coser, Lewis: Greedy Institutions. Patterns of undivided committment. New York, 1974

Cramer, Friedrich: Chaos und Ordnung. Die komplexe Struktur des Lebendigen. Stuttgart, [3]1989

Cramer, Friedrich / Kaempfer, Wolfgang: Die Natur der Schönheit. Zur Dynamik
der schönen Formen. Frankfurt a. M. und Leipzig, 1992

Crescenzo, Luciano de: Also sprach Bellavista. Neapel, Liebe und Liebe. Zürich, 1988

Dahm, Karl-Wilhelm: Beruf: Pfarrer. Empirische Aspekte. München, 1971

Dahm, Karl-Wilhelm: Kirche im Kopf der Leute. Zur volkskirchlichen Mentalität.
In: EK. 20. Jg., 1987, S. 450

Dahm, Karl-Wilhelm / Luhmann, Niklas / Stoodt, Dieter: Religion – System und Sozialisation.
Reihe: Theologie und Politik. Bd. II. Darmstadt und Neuwied, 1972

Daiber, Karl-Fritz (Hrsg.): Religion und Konfession. Studien zu politischen, ethischen und religiösen Einstellungen von Katholiken, Protestanten und Konfessionslosen in der BR Deutschland
und in den Niederlanden. Hannover, 1989

Daiber, Karl-Fritz: Die Kultur als soziales System. Diss. Nürnberg, MS, 1967

Daiber, Karl-Fritz: Grundriß der Praktischen Theologie als Handlungswissenschaft.
Kritik und Erneuerung der Kirche als Aufgabe. München, 1977

Daiber, Karl-Fritz: Gottesdienst als religiöse Institution. In: Loccumer Protokolle.
Bd. 24. 1984, S. 25

Daiber, Karl-Fritz: Einleitung (I). Zur Sozialgestalt der Gemeinden. In: Handbuch der Praktischen
Theologie. Herausgeber: Peter C. Bloth u. a..Band 3. Praxisfeld: Gemeinde. Gütersloh, 1983

Daiber, Karl-Fritz: Kirche von außen gesehen – Beobachtungen zur Rezeption der Kirche in Printmedien. In: Pastoralsoziologische Arbeitstelle: Volkskirche in soziologischer Perspektive.
Jahresbericht 1992 – 1994, Hannover, 1994, S. 54

Daiber, Karl-Fritz: Die Angst der Kirche um sich selbst. Zwei EKD-Studien zum Auftrag der
Kirche heute. In: LM. 25. Jg, 1986, S. 481

Daiber, Karl-Fritz: Die Zukunft der Volkskirche. Einige Vermutungen aus soziologischer Perspektive, nicht nur den Protestantismus betreffend. In: Lebendige Seelsorge. 37. Jg., 1986,
Heft 5 – 6, S. 192

Daiber, Karl-Fritz: Henning Luthers Verständnis der Praktischen Theologie als Wissenschaft.
In: PTh. Jg. 81, 1992, S. 348

Daiber, Karl-Fritz: Diakonie und kirchliche Identität. Studien zur diakonischen Praxis
der Volkskirche. Hannover, 1988

Daiber, Karl-Fritz: Kirche ohne Kurs? Zum Pamphlet von Michael Welker.
In: LM. 27. Jg., 1988, S. 110

Daiber, Karl-Fritz: Funktion und Leistungsfähigkeit von Konzepten und Strategieüberlegungen für
den Gemeindeaufbau. In: PTh. 78. Jg, 1989, S. 362

Daiber, Karl-Fritz: Predigt als religiöse Rede. Homiletische Überlegungen im Anschluß an eine
empirische Untersuchung. Predigen und Hören. Band 3. München, 1991

Daiber, Karl-Fritz: Der Wirklichkeitsbezug der Predigt. In: PTh. Jg. 73, 1984, S. 488

Daiber, Karl-Fritz: Der Gottesdienst als Mitte der Gemeindearbeit. In: WuPKG. Jg. 69, 1980, S. 74

Daiber, Karl-Fritz: Die Trauung als Ritual. In: EvTh. 1973, S. 582

Daiber, Karl-Fritz; Luckmann, Thomas: Religion in den Gegenwartsströmungen der deutschen
Soziologie. Religion – Wissen – Kultur. Band 1. München, 1983

Daiber, Karl-Fritz / Lukatis, Ingrid: Bibelfrömmigkeit als Gestalt gelebter Religion.
Texte und Arbeiten zur Bibel. Bd. 6. Bielefeld, 1991

Daiber, Karl-Fritz / Dannowski, Hans Werner / Lukatis, Wolfgang / Meyerbröker, Klaus / Ohnesorg,
Peter / Stierle, Beate: Predigen und Hören. Ergebnisse einer Gottesdienstbefragung.
Band 1: Predigten. Analysen und Grundauswertung. München, 1980.
Band 2: Kommunikation zwischen Predigern und Hörern.
Sozialwissenschaftliche Untersuchungen. München, 1983

Dallmann, Hans-Ulrich: Das Kontingenzproblem bei Niklas Luhmann im Blick auf Religion,
Kirche und Gemeinde. FEST Texte und Materialien. Reihe B. Nr. 14. Heidelberg, 1992

Dallmann, Hans-Ulrich: Die Systemtheorie Niklas Luhmanns und ihre theologische Rezeption.
Stuttgart / Berlin / Köln, 1994

Dannowski, Hans Werner: Kunst als Neudefinition von Kirchenraum.
In: Raum geben – Kunst in Kirchen. Darmstadt, 1993, o.S.

Degen, Johannes: Vom „Pathos des Helfens". Zur Säkularisierung des Helfens im entwickelten Sozialstaat. In: Michael Schibilsky (Hrsg.): Kursbuch Diakonie. Neukirchen-Vluyn, 1991, S. 27

Dewey, John: Pragmatismus und Pädagogik. In: Texte zur Philosophie des Pragmatismus. Herausgegeben von Ekkehard Martens. Stuttgart, 1975, S. 205

Dietz, Simone: Lebenswelt und System. Widerstreitende Ansätze in der Gesellschaftstheorie Jürgen Habermas'. Würzburg, 1993

Dobbelaere, Karel; Lauwers, Jan: Definition of Religion – A sociological critique. In: Social Compass. Jg. 20, 1973, S. 535

Dörner, Klaus: Aufgaben diakonischer Ethik. Die Wende von der Professionalität zur Kompetenz aller Betroffenen. In: Michael Schibilsky (Hrsg.): Kursbuch Diakonie. Neukirchen-Vluyn, 1991, S. 39

Douglas, Mary: Ritual, Tabu und Körpersymbolik. Sozialanthropologische Studien in Industriegesellschaft und Stammeskultur. Frankfurt a. M., 1981

Douglas, Mary: Reinheit und Gefährdung. Eine Studie zu Vorstellungen von Verunreinigung und Tabu. Frankfurt a. M., 1988

Douglas, Mary: Wie Institutionen denken. Frankfurt a. M., 1991

Drehsen, Volker: Theologia Popularis. Notizen zur Geschichte und Bedeutung einer praktisch-theologischen Gattung. In: Pth. 77 Jg., 1988, S. 2

Drehsen, Volker: Das öffentliche Schweigen christlicher Rede. Die Grenzen des Gottesdienstes und die theologische Vorbildung des Pfarrers. In: Andreas Feige: Erfahrungen mit Kirche. Hannover, 1982, S. 318

Drehsen, Volker: Neuzeitliche Konstitutionsbedingungen der Praktischen Theologie. Gütersloh, 1988

Duby, Georges: Die Zeit der Kathedralen. Kunst und Gesellschaft 980 – 1420. Frankfurt a. M., 1992

Durkheim, Emile: Die elementaren Formen des religiösen Lebens. Frankfurt a. M., [3]1984

Ebertz, Michael N./Schultheis, Franz (Hrsg.): Volksfrömmigkeit in Europa. Beiträge zur Soziologie populärer Religiösität. München, 1986

Ebertz, Michael N.: Das Charisma des Gekreuzigten. Zur Soziologie der Jesusbewegung. Wissenschaftliche Untersuchungen zum Neuen Testament. Band 45. Tübingen, 1987

Eder, Klaus (Hrsg.): Klassenlage, Lebensstil und kulturelle Praxis. Theoretische und empirische Beiträge zur Auseinandersetzung mit Pierre Bourdieus Klassentheorie. Frankfurt a. M., 1989

Eder, Klaus: Die Vergesellschaftung der Natur. Studien zur sozialen Evolution der praktischen Vernunft. Frankfurt a. M., 1988

Edwards, Tony: Play, ritual and the rationality of religious paradox. In: Method and Theory in the Study of Religion. Vol. 5-1. 1993, S. 7

Ehrenfels, Christian von: Über „Gestaltqualitäten". In: Gestalthaftes Sehen. Ergebnisse und Aufgaben der Morphologie. Zum hundersten Geburtstag von Christian von Ehrenfels. Herausgegeben von Ferdinand Weinhandl. Darmstadt, 1960, S. 11 (= Nachdruck der Erstveröffentlichung in: Vierteljahresschrift für wissenschaftliche Philosophie, Bd. XIV, 1890, S. 3)

Eicher, Peter: Bürgerliche Religion. Eine Theologische Kritik. München, 1983

Eid, Volker / Vaskovics, Lazslo (Hrsg.): Wandel der Familie – Zukunft der Familie. Mainz, 1982

Elert, Werner: Morphologie des Luthertums. 1. Band: Theologie und Weltanschauung des Luthertums. Hauptsächlich im 16. und 17. Jahrhundert. 2. Band: Soziallehren und Sozialwirkungen des Luthertums. Verbesserter Nachdruck der 1. Auflage, München, 1958

Elias, Norbert: Über den Prozeß der Zivilisation. Soziogenetische und psychogenetische Untersuchungen. Frankfurt a. M., Band 1: 1980, Band 2: 1979

Elias, Norbert: Veränderungen europäischer Verhaltensstandards im 20. Jahrhundert. In: Ders.: Studien über die Deutschen. Frankfurt a. M., 1989

Engels, Dietrich: Religiösität im Theologiestudium. Stuttgart / Berlin / Köln, 1991

Erikson, Erik H.: Identität und Lebenszyklus. Frankfurt a. M., 1976

Ermert, Karl (Hrsg.): Gottesdienst als „Mitteilung". Kommunikative Aspekte rituellen Handelns. Loccumer Protokolle. Bd. 24. 1984

Ermert, Karl; in Verbindung mit Hoffmann, Klaus (Hrsg.): Die Kunst und die Botschaft. Über die Künste, die Religion und die Kirche. Loccumer Protokolle. Bd. 61. 1992

Etzioni, Amitai: Über den Eigennutz hinaus. In: Josef Wieland (Hrsg.): Wirtschaftsethik und Theorie der Gesellschaft. Frankfurt a. M., 1993, S. 114

Fach, Wolfgang: Der Markt des Mitleids. In: FAZ vom 8.5.91, S. N3

Farley, Edward: Ecclesial Man. A social Phenomenology of Faith and Reality. Philadelphia, 1975

Feige, Andreas: Erfahrungen mit Kirche. Daten und Analysen einer empirischen Untersuchung über Beziehungen und Einstellungen Junger Erwachsener zur Kirche. Hannover, 1982

Feige, Andreas: Kirchenmitgliedschaft in der Bundesrepublik Deutschland. Zentrale Perspektiven empirischer Forschungsarbeiten im problemgeschichtlichen Kontext der deutschen Religions- und Kirchensoziologie nach 1945. Gütersloh, 1990

Finkeldey, Lutz: Armut, Arbeitslosigkeit, Selbsthilfe. Armuts- und Arbeitslosenprojekte zwischen Freizeit und Markt. Bochum, 1992

Foucault, Michel: Überwachen und Strafen. Die Geburt des Gefängnisses. Frankfurt a. M., [2]1977

Fowler, James W.: Glaubensentwicklung. Perspektiven für Seelsorge und kirchliche Bildungsarbeit. München, 1989

Franke, Berthold: Die Kleinbürger. Begriff, Ideologie, Politik. Frankfurt a. M., 1988

Frey, Christofer: Die Reformation Luthers in ihrer Bedeutung für die moderne Arbeits- und Berufswelt. In: Hartmut Löwe / Claus-Jürgen Roepke (Hrsg.): Luther und die Folgen. München, 1983, S. 110

Frindte, Matthias: Verkehrung wirklichen Lebens. Eine Studie über soziale Bedingungen und Inhalte der Kommunikation von Arbeiterfamilien und deren volkskirchlicher Metakommunikation. Frankfurt a. M., 1980

Gadamer, Hans-Georg: Wahrheit und Methode. Grundzüge einer philosophischen Hermeneutik. Tübingen, [4]1975

Gadamer, Hans-Georg: Die phänomenologische Bewegung. In: Ders.: Kleine Schriften III. Idee und Sprache. Tübingen, 1972, S. 150

Gardner, Howard: Dem Denken auf der Spur. Der Weg der Kognitionswissenschaft. Stuttgart, 1989

Gebauer, Gunter / Wulf, Christoph (Hrsg.): Praxis und Ästhetik. Neue Perspektiven im Werk Pierre Bourdieus. Frankfurt a. M., 1993

Gebauer, Gunter / Wulf, Christoph: Zeitmimesis. Über den alltäglichen und wissenschaftlichen Gebrauch von Zeit. In: Dies. (Hrsg.): Praxis und Ästhetik. Frankfurt a. M., 1993, S. 292

Geertz, Clifford: Dichte Beschreibung. Beiträge zum Verstehen kultureller Systeme. Frankfurt a. M., 1991

Gehlen, Arnold: Urmensch und Spätkultur. Philosophische Ergebnisse und Analysen. Frankfurt a. M., 1977, 4. verbesserte Auflage

Gehlen, Arnold: Philosophische Anthropologie und Handlungslehre. Gesamtausgabe. Band 4. Frankfurt a. M., 1983

Gergen, Kenneth J.: Die Übervölkerung des Ichs. In: gdi impuls. Heft 4. 1992

Gernhardt, Robert: Körper in Cafes. Zürich, 1987

Geulen, Dieter: Das vergesellschaftete Subjekt. Zur Grundlegung der Sozialisationstheorie. Frankfurt a. M., 1977

Giddens, Anthony: Die Klassenstruktur fortgeschrittener Gesellschaften. Frankfurt a. M., 1984

Giddens, Anthony: Die Konstitution der Gesellschaft. Grundzüge einer Theorie der Strukturierung. Frankfurt a. M./New York, 1988

Giddens, Anthony: Konsequenzen der Moderne. Frankfurt a. M., 1995

Giesen, Reinhard: Die Entdinglichung des Sozialen. Eine evolutionstheoretische Perspektive auf die Postmoderne. Frankfurt a. M., 1991

Glauben heute. Christ werden. Christ bleiben. Synode der EKD. Gütersloh, 1988

Goffman, Erving: Stigma. Über Techniken der Bewältigung beschädigter Identität. Frankfurt a. M., 1975

Gollwitzer, Helmut: Geleitwort. In: Bekenntnis ohne Kenntnis? Zur 5. Fassung der Berliner Ökumene Erklärung 1974. Herausgegeben vom PTA, Berlin, 1974, S. 2

Gollwitzer, Helmut: Vortrupp des Lebens. München, 1975

Goodman, Nelson: Weisen der Welterzeugung. Frankfurt a. M., 1990

Göttinger Institut für angewandte Kommunikationsforschung: Akzeptanz und Nutzung der evangelischen Publizistik und Öffentlichkeitsarbeit in Niedersachsen. MS, Göttingen, 1989

Gottwald, Franz-Theo: Religion oder Diskurs? Zur Kritik des Habermasschen Religionsverständnisses. In: Zeitschrift für Religions- und Geistesgeschichte. Jg. 37, 1985, S. 193

Gräb, Wilhelm: Rechtfertigung von Lebensgeschichten. Erwägungen zu einer theologischen Theorie der kirchlichen Amtshandlungen. In: PTh. 76. Jg., 1987, S. 21

Gräb, Wilhelm: Thema „Religion". Notizen zur Lage und Zukunft der Kirche. Vortrag auf der Theologiestudententagung in Krumhennersdorf am 29.3.1994, MS

Gräb, Wilhelm: Dogmatik als Stück der Praktischen Theologie. Das normative Grundproblem in der praktisch-theologischen Theoriebildung. In: ZThK. 85. Jg, 1988, S. 474

Gräb, Wilhelm: Der eigene Zugang zum Christentum. Überlegungen zur Begründung und Gestaltung des Religionsunterrichts. In: ThP. 28. Jg., 1993, S. 204

Gräb , Wilhelm: Arbeit an Lebensdeutungen. Religionspädagogische Überlegungen zur gegenwärtigen Lage und Aufgabe des Religionsunterrichts. In: EvEr. Jg. 42, 1990, S. 266

Graf, Friedrich-Wilhelm: Schule des Asketismus. Max Webers Ethik der Verantwortung. In: LM. 1993, S. 18 ff.

Graf, Friedrich-Wilhelm / Tanner, Klaus (Hrsg.): Protestantische Identität heute. Gütersloh, 1992

Graf, Friedrich-Wilhelm/ Tanner, Klaus: Art. Kultur II: Theologiegeschichtlich. In: TRE. Band XX. S. 187

Grethlein, Christian: Abriß der Liturgik. Ein Studienbuch zur Gottesdienstgestaltung. Gütersloh, [2]1991

Grob, Rudolf: Vom Geheimnis der christlichen Gestaltung. Grundriß einer christlichen Gestaltlehre. Kassel, 1950

Grözinger, Albrecht: Praktische Theologie und Ästhetik. Ein Beitrag zu Grundlegung der Praktischen Theologie. München, 1987

Grözinger, Albrecht: Erzählen und Handeln. Studien zu einer trinitarischen Grundlegung der Praktischen Theologie. München, 1989

Grözinger, Albrecht: Der Gottesdienst als offenes Kunstwerk. In: PTh. Jg. 81, 1992, S. 443

Grözinger, Albrecht / Luther, Henning (Hrsg.): Religion und Biographie: Perspektiven zur gelebten Religion. München, 1987

Grohn, Christian: Grenzüberschreitungen. In: Raum geben – Kunst in Kirchen. Darmstadt, 1993, o. S.

Grünberg, Wolfgang (Hrsg.): Die Armen und die Reichen. Soziale Gerechtigkeit in der Stadt? Rissen b. Hamburg, 1993

Gülich, Elisabeth / Paul, Ingwer: Gottesdienst: Kommunikation – Institution – Ritual. Linguistische Überlegungen zum Problem von horizontaler und vertikaler Kommunikation und zur institutionellen Vermittlung des Rituals. In: Loccumer Protokolle. Bd. 24. 1984, S. 84

Gutmann, Hans Martin: Über Liebe und Herrschaft. Luthers Verständnis von Intimität und Autorität. Göttinger Theologische Arbeiten. Band 47. Göttingen, 1991

Habermas, Jürgen (Hrsg.): Stichworte zur „geistigen Situation der Zeit". Band 2. Frankfurt a. M., 1979

Habermas, Jürgen: Strukturwandel der Öffentlichkeit. Untersuchungen zu einer Kategorie der bürgerlichen Gesellschaft. Neuwied und Berlin, [6]1974

Habermas, Jürgen: Theorie des kommunikativen Handelns. Band 1: Handlungsrationalität und gesellschaftliche Rationalisierung. Band 2: Zur Kritik der funktionalistischen Vernunft. Frankfurt a. Main, 1981

Habermas, Jürgen: Zur Logik der Sozialwissenschaften. Frankfurt a. M., [5]1982

Habermas, Jürgen: Moral und Sittlichkeit. In: Merkur. Heft 442. Dezember 1985, S. 1041

Hahn, Alois: Biographie und Religion. In: Soziale Welt. Sonderband: Kultur und Alltag, Göttingen, 1988, S. 49

Hahn, Alois / Kapp, Volker (Hrsg.): Selbstthematisierung und Selbstzeugnis: Bekenntnis und Geständnis. Frankfurt a. M., 1987

Hallpike, Christopher Robert: Die Grundlagen des primitiven Denkens. München, 1990, (engl. Oxford, 1979)

Hanusch, Rolf: Fragmentierte Identität. Welchen Sinn hat es noch, von der Identitätsbildung Jugendlicher zu reden? In: Das Argument. Band 168. S. 178

Härle, Wilfried und Herms, Eilert: Rechtfertigung. Das Wirklichkeitsverständnis des christlichen Glaubens. Göttingen, 1979

Härle, Wilfried: Art: Kirche VII: Dogmatisch. In: TRE. Band XVIII. S. 277

Harnisch, Wolfgang: Die Gleichniserzählungen Jesu. Göttingen, 1985

Hartmann, Christian: Technische Interaktionskontexte. Aspekte einer sozialwissenschaftlichen Theorie der Mensch-Computer-Interaktion. Wiesbaden, 1992

Hattenhauer, Hans: Luthers Bedeutung für Ehe und Familie. In: Hartmut Löwe / Claus-Jürgen Roepke (Hrsg.): Luther und die Folgen. München, 1983, S. 86

Hauschildt, Friedrich (Hrsg.): Text und Kontext in Theologie und Kirche. Hannover, 1989

Heimbrock, Hanns G.: Ritual als religionspädagogisches Problem. In: JRP. 1988, S. 55

Herbst, Michael: Missionarischer Gemeindeaufbau in der Volkskirche. Stuttgart, 1987

Herlyn, Okko: Religion oder Gebet. Karl Barths Bedeutung für ein „religionsloses Christentum". Neukirchen-Vluyn, 1979

Hermand, Jost: Konkretes Hören. Zum Inhalt der Instrumentalmusik. Berlin, 1981

Herms, Eilert: Radical Empiricism. Studien zur Psychologie. Metaphysik und Religionstheorie William James". Gütersloh, 1977

Herms, Eilert: Theologie – eine Erfahrungswissenschaft. ThExh. Bd. 199. München, 1978

Herms, Eilert: Theorie für die Praxis – Beiträge zur Theologie. München, 1982

Herms, Eilert: Das Problem von „Sinn als Grundbegriff der Soziologie" bei Niklas Luhmann. In: Ders.: Theorie für die Praxis – Beiträge zur Theologie. München, 1982, S. 189

Herms, Eilert: Die Fähigkeit zu religiöser Kommunikation und ihre systematischen Bedingungen in hochentwickelten Gesellschaften. Überlegungen zur Konkretisierung der Ekklesiologie. In: Ders.: Theorie für die Praxis – Beiträge zur Theologie. München, 1982, S. 259

Herms, Eilert: Im Übergang zur nach-modernen Welt. Ein Laie beschreibt die Sozialgeschichte der Kirche. In: LM. Jg. 24, S. 76

Herms, Eilert: Erfahrbare Kirche. Beiträge zur Ekklesiologie. Tübingen, 1990

Herms, Eilert: Was heißt „theologische Kompetenz"? In: Ders.: Theorie für die Praxis – Beiträge zur Theologie. München, 1982, S. 35

Herms, Eilert: Sport. Partner der Kirche und Thema der Theologie. Hannover, 1993

Herms, Eilert: Die Sprache der Bilder und die Kirche des Wortes. In: Rainer Beck / Rainer Volp / Gisela Schmirber (Hrsg.): Die Kunst und die Kirchen. München, 1984, S. 242

Heusel, Hans-Martin: Person und Institution. Volkskirche auf dem Weg in die Zukunft Arbeitsergebnisse und Empfehlungen der Perspektivkommission der EKHN. Darmstadt, MS, 1992

Hiebsch, Hans / Vorwerg, Manfred: Sozialpsychologie. Berlin (DDR), ²1980

Hirsch, Emanuel: Hilfsbuch zum Studium der Dogmatik. Nachdruck 1974. Berlin, 1963

Hirschler, Horst: biblisch predigen. Hannover, 1988

Hirschler, Horst: Bischofsbericht vor der Frühjahrssynode der Ev.-luth. Landeskirche Hannovers 1994, MS

Hirschman, Albert O.: Leidenschaften und Interessen. Politische Begründungen des Kapitalismus vor seinem Sieg. Frankfurt a. M., 1987

Hirschman, Albert O.: Entwicklung, Markt und Moral. Abweichende Betrachtungen. Frankfurt a. M., 1993

Hoffmann, Klaus (Hrsg.): Kirche, Kunst, Kultur. Teil 1: Gemeinde und Kulturarbeit. Hannover, 1989

Hofmann, Werner (Hrsg.): Luther und die Folgen für die Kunst. Katalog zur Ausstellung in der Hamburger Kunsthalle 1983 / 1984. München, 1983

Hofmann, Werner: Die Grundlagen der modernen Kunst. Stuttgart, 1987

Hofstadter, Douglas R.: Gödel, Escher, Bach – ein Endloses Geflochtenes Band. München, 1991

Hollenweger, Walter J.: „Die Kirche für andere" – ein Mythos. In: EvTh. Jg. 37, 1977, S. 425

Hollweg, Arnd: Theologie und Empirie. Ein Beitrag zum Gespräch zwischen Theologie und Sozialwissenschaften in den USA und in Deutschland. Stuttgart, 1971

Homann, Harald: Religion in der „bürgerlichen Kultur". Zum Problem des Kulturprotestantismus. In: Richard Ziegert (Hrsg.): Protestantismus als Kultur. Bielefeld, 1991, S. 67

Honecker, Martin: Kirche als Gestalt und Ereignis. Die sichtbare Gestalt der Kirche als dogmatisches Problem. München, 1963

Honer, Anne: Beschreibung einer Lebens-Welt. Zur Empirie des Body-Building. Zeitschrift für Soziologie. Jg. 14, 1985, Heft 2, S. 131

Honneth, Axel und Jaeggi, Urs (Hrsg.): Arbeit, Handlung, Normativität. Theorien des Historischen Materialismus. 2. Frankfurt a. M., 1980

Honneth, Axel: Kampf um Anerkennung. Zur moralischen Grammatik sozialer Konflikte. Frankfurt a. M., 1992

Horster, Detlef: Richard Rorty zur Einführung. Hamburg, 1991

Horster, Detlef: Jürgen Habermas. Stuttgart, 1991

Huber, Wolfgang: Folgen christlicher Freiheit. Ethik und Theorie der Kirche im Horizont der Barmer Theologischen Erklärung. Neukirchener Beiträge zur Systematischen Theologie. Bd. 4. Neukirchen-Vluyn, 1983

Huber, Wolfgang: Prophetische Kritik und demokratischer Konsens.
In: Trutz Rendtorff (Hrsg.): Charisma und Institution. Gütersloh, 1985, S. 110

Huber, Wolfgang: Kirche. München, [2]1988

Huber, Wolfgang: Kirche und Öffentlichkeit. Stuttgart, 1973

Huber, Wolfgang: Ein Geleitschiff der Gesellschaft. In: DAS vom 27.8.93, S. 17

Huber, Wolfgang / Petzold, Ernst / Sundermeier, Theo (Hrsg.): Implizite Axiome.
Tiefenstrukturen des Denkens und Handelns. München, 1990

Hübner, Eberhard: Theologie und Empirie der Kirche. Prolegomena zur Praktischen Theologie.
Neukirchen-Vluyn, 1985

Husserl, Edmund: Die phänomenologische Methode. Ausgewählte Texte. Band I. Stuttgart, 1985;
Phänomenologie der Lebenswelt. Ausgewählte Texte. Band II. Stuttgart, 1986

Jaeggi, Urs und Honneth, Axel (Hrsg.): Theorien des Historischen Materialismus.
Frankfurt a. M., 1977

Jäger, Alfred: Diakonie als christliches Unternehmen. Theologische Wirtschaftsethik im Kontext
diakonischer Unternehmenspolitik. Gütersloh, 1986

Jahr, Hannelore: Theologie als Gestaltmetaphysik. Die Vermittlung von Gott und Welt im
Frühwerk Paul Tillichs. Berlin / New York, 1989

James, William: Der Wahrheitsbegriff des Pragmatismus. In: Texte zur Philosophie des Pragmatismus. Herausgegeben von Ekkehard Martens. Stuttgart, 1975, S. 161

James, William: Die religiöse Erfahrung in ihrer Mannigfaltigkeit. Materialien und Studien zu
einer Psychologie und Pathologie des religiösen Lebens. Deutsche Bearbeitung von Georg
Wobbermin. Leipzig, [4]1925

James, William: Der Wille zum Glauben. In: Texte der Philosophie des Pragmatismus. Herausgegeben von Ekkehard Martens. Stuttgart, 1975, S. 128

Janssen, Paul: Lebenswelt, Wissen und Wissenschaft – Möglichkeiten ihrer Konstellation.
In: Protosoziologie. Heft 3. 1992, S. 3

Jetter, Werner: Symbol und Ritual. Anthropologische Elemente im Gottesdienst. Göttingen, [2]1986

Jörns, Klaus-Peter: Kultur, Religion, Glaube – Dimensionen des Kirche-Seins in einer Stadt.
In: PTh. Jg. 81, 1992, S. 17

Josuttis, Manfred: Der Pfarrer ist anders. Aspekte einer zeitgenössischen Pastoraltheologie.
München, [3]1987

Josuttis, Manfred: Der Kampf des Glaubens im Zeitalter der Lebensgefahr. München , 1987

Josuttis, Manfred: Der Traum des Theologen. Aspekte einer zeitgenössischen Pastoraltheologie.
Band 2. München, 1988

Josuttis, Manfred: Praxis des Evangeliums zwischen Politik und Religion. Grundprobleme der
Praktischen Theologie. München, [4]1988

Josuttis, Manfred: Der Weg ins Leben. Eine Einführung in den Gottesdienst auf verhaltenswissenschaftlicher Grundlage. München, 1991

Josuttis, Manfred: Die praktische Theologie vor der religionsgeschichtlichen Frage.
In: Ders.: Der Kampf des Glaubens im Zeitalter der Lebensgefahr. München, 1987, S. 122

Josuttis, Manfred / Daiber, Karl-Fritz (Hrsg.): Dogmatismus. Studien über den Umgang des Theologen mit der Theologie. München, 1985

Jüngel, Eberhard: Gottes Sein ist im Werden. Verantwortliche Rede vom Sein Gottes bei Karl
Barth. Eine Paraphrase. Tübingen, 2. verb. Auflage, 1967

Jüngel, Eberhard: Gott als Geheimnis der Welt. Zur Begründung der Theologie des Gekreuzigten
im Streit zwischen Theismus und Atheismus. Tübingen, 3. durchgesehene Auflage, 1978

Kade, Jochen: Erwachsenenbildung und Identität. Eine empirische Studie zur Aneignung von Bildungsangeboten. Weinheim, 1989

Kaefer, Herbert: Religion und Kirche als soziale Systeme. N. Luhmanns soziologische Theorien und die Pastoraltheologie. Freiburg/Basel/Wien, 1977

Käsemann, Ernst: Paulinische Perspektiven. Tübingen, [2]1972

Kalb, Friedrich: Grundriß der Liturgik. Eine Einführung in die Geschichte, Grundsätze und Ordnungen des lutherischen Gottesdienstes. München, [2]1982

Kaster, Karl Georg/Steinwascher, Gerd (Hrsg.): 450 Jahre Reformation in Osnabrück. Bramsche, 1993

Kaufmann, Franz-Xaver: Kirche und Religion in der spätindustriellen (modernen) Gesellschaft. In: Trutz Rendtorff (Hrsg.): Charisma und Institution. Gütersloh, 1985, S. 406

Kaufmann, Franz-Xaver: Religion und Modernität. Sozialwissenschaftliche Perspektiven. Tübingen, 1989

Kaufmann, Franz-Xaver: Religiöser Indifferentismus. In: Ders.: Religion und Modernität. Tübingen, 1989, S. 146

Keil, Siegfried: Lebensphasen, Lebensformen, Lebensmöglichkeiten. Sozialethische Überlegungen zu den Sozialisationsbedingungen in Familie, Kirche und Gesellschaft. Bochum, 1992

Kippenberg, Hans G.: Intellektuellen-Religion. In: Antes, Horst/Pahnke, Donate: Religion von Oberschichten. Marburg, 1989, S. 181

Kirchenamt der EKD: Der Dienst der Evangelischen Kirche an der Hochschule – Eine Studie im Auftrag der Synode der EKD. Gütersloh, 1991

Kittsteiner, Heinz-Dieter: Das Gewissen im Gewitter. In: Ders.: Gewissen und Geschichte. Heidelberg, 1990, S. 25

Kittsteiner, Heinz-Dieter: Eine barocke Seele auf dem Weg in die ewige Seligkeit. In: Ders.: Gewissen und Geschichte. Heidelberg, 1990, S. 67

Kittsteiner, Heinz-Dieter: Kant und die Kasuistik. In: Ders.: Gewissen und Geschichte. Heidelberg, 1990, S. 119

Kittsteiner, Heinz-Dieter: Von der Gnade zur Tugend. In: Ders.: Gewissen und Geschichte. Heidelberg, 1990, S. 171

Kittsteiner, Heinz-Dieter: Gewissen und Geschichte. Studien zur Entstehung des moralischen Bewußtseins. Heidelberg, 1990

Kleinspehn, Thomas: Der flüchtige Blick. Sehen und Identität in der Kultur der Neuzeit. Reinbek b. Hamburg, 1989

Knapp, Gudrun-Axeli: Industriearbeit und Instrumentalismus. Zur Geschichte eines Vor-Urteils. Bonn, 1981

Knigge, Volkhard: Symbol und Symbolisierung in Kunst und Wissenschaft. Einführung und Thesen. In: Karl Ermert (Hrsg.): Die Sachen und ihre Schatten. Über Symbole und Symbolisierung in Kunst und Wissenschaft. Loccumer Protokolle. Band 1. 1991, S. 11–35

Knoblauch, Hubert: Wenn Engel reisen – Kaffeefahrten und Altenkultur. In: Soziale Welt. Sonderband: Kultur und Alltag. Göttingen, 1988 S. 397

Knorr-Cetina, Karin: Die Fabrikation von Erkenntnis. Zur Anthropologie der Wissenschaft. Frankfurt a. M., 1984

Knuth, Hans Christian/Lohff, Wenzel (Hrsg.): Schöpfungsglaube und Umweltverantwortung. Eine Studie des theologischen Auschusses der VELKD. Hannover, 1985

Koch, Herbert: Zwei Welten? Zum Verhältnis von Arbeitswelt und Kirche. Hannover, 1992

Kodalle, Klaus-Michael: Versprachlichung des Sakralen? Zur religionsphilosophischen Auseinandersetzung mit Jürgen Habermas' „Theorie des kommunikativen Handelns".
In: Allgemeine Zeitschrift für Philosophie. Jg. 12, 1987, Heft 2, S. 213

Kodalle, Klaus-Michael: Dietrich Bonhoeffer. Zur Kritik seiner Theologie. Gütersloh, 1992

Kohler, Georg: Handeln und Rechtfertigen. Untersuchungen zur Struktur praktischer Rationalität.
Frankfurt a. M., 1988

Kottlorz, Peter: Fernsehmoral. Ethische Strukturen fiktionaler Fernsehunterhaltung. Berlin, 1993

Kramer, Anton: Die Bedeutung von Instabilitäten für die Entstehung neuer Strukturen.
In: Karl M. Kratky und Friedrich Walker (Hrsg.): Grundprinzipien der Selbstorganisation.
Darmstadt, 1990, S. 59

Kratky, Karl W./Friedrich Wallner (Hrsg.): Grundprinzipien der Selbstorganisation.
Darmstadt, 1990

Kraus, Hans-Joachim: Theologische Religionskritik. Neukirchen-Vluyn, 1982

Krause, Gerhard (Hrsg.): Praktische Theologie. Texte zum Werden und Selbstverständnis der praktischen Disziplin der Evangelischen Theologie. Darmstadt, 1972

Kreck, Walter: Kirche in der Krise der bürgerlichen Welt. Vorträge und Aufsätze 1973–1978.
München, 1980

Krieg, Gustav A.: Theologische Ästhetik und nachchristliches Bewußtsein.
In: PTh. Jg. 81, 1992, S. 181

Krieg, Matthias/Weder, Hans: Leiblichkeit. Theologische Studien. Band 128. Zürich, 1983

Kroeger, Matthias: Schmerz der Gestaltlosigkeit. In: WuPKG. Jg. 64, 1975, S. 402

Kroeger, Matthias: Die Lebenswelt der Gegenwart und die Bedeutung dogmatischer Profile von Kirche. In: Hans May/Karin Lorenz (Hrsg.): Loccumer Protokolle. Band 69/86.
Pluralismus und Profil. Loccum, 1987, S. 33

Kroeger, Matthias: Profile und Vollzüge religiösen Verhaltens unter den Bedingungen von Modernität. In: Hans May/Karin Lorenz (Hrsg.): Loccumer Protokolle Band 26/86.
Loccum, 1986, S. 31

Krüger, Hans-Peter: Postmoderne als das kleine Übel. Kritik und Affirmation in Lyotars „Widerstreit". In: Deutsche Zeitschrift für Philosophie. 38. Jg., Heft 7, 1990, S. 609

Krumwiede, Hans-Walter: Glaubenszuversicht und Weltgestaltung bei Martin Luther.
Göttingen, 1983

Krusche, Peter: Der Pfarrer in der Schlüsselrolle. In: Joachim Matthes (Hrsg.): Erneuerung der Kirche – Stabilität als Chance. Gelnhausen und Berlin, 1975, S. 161

Kühn, Ulrich: Kirche. HST. Band 10. Gütersloh, [2]1990

Laclau, Ernesto: Politik und Ideologie im Marxismus. Kapitalismus – Faschismus – Populismus.
Berlin-West, 1981

Lämmermann, Godwin: Überlegungen zum Gemeindeprinzip, Volkskirche und Pfarrerrolle.
In: ThP. 23. Jg, 1989, Heft 1. S. 33

Lau, Thomas/Voß, Andreas: Die Spende – Eine Odyssee im religiösen Kosmos.
In: Soziale Welt. Sonderband: Kultur und Alltag. Göttingen, 1988, S. 285

Lauer-Kirschbaum Thomas (Bearbeiter): Sozialpolitische Entscheidungsprozesse als Problemtransformation. Eine Zusammenfassung von konzeptionellen Ergebnissen zur Politik der sozialen Sicherung. MS, Institut für Sozialpolitik und Stadtforschung, Hannover, 1991

Leites, Edmund: Puritanisches Gewissen und moderne Sexualität. Frankfurt a. M., 1988

Leithäuser, Thomas: Formen des Alltagsbewußtseins. Frankfurt a. M. und New York, 1976

Lempert, Wolfang: Moralisches Denken, Handeln und Lernen in einfachen Berufen.
In: Zeitschrift für Berufs- und Wirtschaftspädagogik. 89. Band. 1993, S. 5

Levi-Strauss, Claude: Das wilde Denken. Frankfurt a. M., 1968

Lindbeck, George A.: Christliche Lehre als Grammatik des Glaubens. Religion und Theologie im postliberalen Zeitalter. Theologische Bücherei. Band 90. Gütersloh, 1994

Lindner, Helmut: Diakonie und verfaßte Kirche. In: PTh. Jg. 83, S. 312

Lindner, Rolf: Die Entdeckung der Stadtkultur. Soziologie aus der Erfahrung der Reportage. Frankfurt a. M., 1990

Lipp, Wolfgang: Stigma und Charisma. Über soziales Grenzverhalten. Schriften zur Kultursoziologie. Bd. 1. Berlin, 1985

Lohmann, Georg: Indifferenz und Gesellschaft. Eine kritische Auseinandersetzung mit Marx. Frankfurt a. M., 1991

Loo, Hans van der / Reijen, Willem van: Modernisierung. Projekt und Paradox. München, 1992

Lorenz, Heinz: Diakonie. In: VuF. Heft 2. 1990, S. 36

Lorenz, Heinz: Diakonische Gemeinde ? In: PTh. Jg. 83, S. 333

Lorenz, Herbert: Der Pfarrer als Symbolfigur: Chance oder prinzipielle Überforderung? In: Andreas Feige: Erfahrungen mit Kirche. Hannover, 1982, S. 274

Lorenzer, Alfred: Die Wahrheit der psychoanalytischen Erkenntnis. Ein historisch-materialistischer Entwurf. Frankfurt a. M., 1974

Löwe, Hartmut / Roepke, Claus-Jürgen (Hrsg.): Luther und die Folgen. Beiträge zur sozialgeschichtlichen Bedeutung der lutherischen Reformation. München, 1983

Loewenich, Hermann von / Reller, Horst (Hrsg.): Unterwegserfahrungen. Gemeinde entwickeln in Ost und West. Überlegungen und Kurzkommentare zur „missionarischen Doppelstrategie". Gütersloh, 1991

Lübbe, Hermann: Religion nach der Aufklärung. Graz / Wien / Köln, 1986

Luckmann, Thomas: Lebenswelt und Gesellschaft. Grundstrukturen und geschichtliche Wandlungen. Paderborn / München / Wien / Zürich, 1980

Luckmann, Thomas: Die „massenkulturelle" Sozialform der Religion. In: Soziale Welt, Sonderband: Kultur und Alltag. Göttingen, 1988, S. 21

Lüdtke, Alf (Hrsg.): Herrschaft als soziale Praxis. Historische und sozialanthropologische Studien. Veröffenlichungen des Max Planck Instituts für Geschichte. Göttingen, 1991

Lüdtke, Hartmut: Expressive Ungleichheit. Zur Soziologie der Lebensstile. Opladen, 1989

Luhmann, Niklas: Religion als System. Religiöse Dogmatik und gesellschaftliche Kommunikation. In: Ders./D. Stoodt / K.W.Dahm: Religion – System und Sozialisation. Darmstadt und Neuwied, 1972, S. 11

Luhmann, Niklas: Macht. Stuttgart, 1975

Luhmann, Niklas: Soziale Systeme. Grundriß einer allgemeinen Theorie. Frankfurt a. M., 1984

Luhmann, Niklas: Liebe als Passion. Zur Codierung von Intimität. Frankfurt a. M., 1984

Luhmann, Niklas: Soziologische Aufklärung. Band 4. Beiträge zur funktionalen Differenzierung der Gesellschaft. Opladen, 1987

Luhmann, Niklas: Symbiotische Mechanismen. In: Ders.: Soziologische Aufklärung. Band 3. Opladen, 1981

Luhmann, Niklas: Die Autopoiesis des Bewußtseins. In: Hahn, Alois / Kapp, Volker (Hrsg.): Selbstthematisierung und Selbstzeugnis. Frankfurt a. M., 1987, S. 25

Luhmann, Niklas: Die Wirtschaft der Gesellschaft. Frankfurt a. M., 1988

Luhmann, Niklas: Funktion der Religion. Frankfurt a. M., [2]1990

Luhmann, Niklas: Soziologische Aufklärung. Bd. 5. Konstruktivistische Perspektiven. Opladen, 1990

Luhmann, Niklas: Beobachtungen der Moderne. Opladen, 1992

Luther, Henning: Religion und Alltag. Bausteine zu einer Praktischen Theologie des Subjekts. Stuttgart, 1992

Luther, Henning: Wahrnehmen und Ausgrenzen. Zur Tradition des seelsorgerlich-diakonischen Blicks. In: ThP. 23. Jg., 1988, S. 250

Luther, Martin: D. Martin Luthers Werke. Kritische Gesamtausgabe (Weimarer Ausgabe). Die folgenden Stücke:

WA Band 2, S. 443 In epistolam Pauli ad Galatas commentarius, 1519

WA Band 6, S. 497 De captivitate Babylonica ecclesiae praeludium, 1520

WA Band 7, S. 20 Von der Freiheit eines Christenmenschen, 1520

WA Band 7, S. 91 Assertio omnium articulorum M. Lutheri per bullam Leonis X. novissimam damnatorum, 1520

WA Band 10.I.2, S. 21 Evangelium am ersten Sonntag des Advent, 1522

WA Band 10. II, S. 72 Von Menschenlehre zu meiden, 1522

WA Band 12, S. 259 Epistel St. Petri gepredigt und ausgelegt, 1523

WA Band 18, S. 62 Wider die himmlischen Propheten, 1525

WA Band 18, S. 600 De servo arbitrio, 1525

WA Band 24, S. 1 Über das erste Buch Mose, 1527

WA Band 39 I, S. 489 Die dritte Disputation gegen die Antinomer, 1538

WA Band 40 I, S. 15 Großer Galaterkommentar, 1535

Luther, Martin: Daß der freie Wille nichts sei. In: Ausgewählte Werke. Ergänzungsreihe. 1. Band. München, 1986

Maduro, Otto: Religion und gesellschaftliche Auseinandersetzungen. Freiburg, 1986

Mager, Inge: Die Rolle der Frauen in der Reformation. In: Karl Georg Kaster und Gerd Steinwascher (Hrsg.): 450 Jahre Reformation in Osnabrück. Bramsche, 1993, S. 143

Marsch, Wolf-Dieter: Institution im Übergang. Evangelische Kirche zwischen Tradition und Reform. Göttingen, 1970

Marsch, Wolf-Dieter: Plädoyers in Sachen Religion. Christliche Religion zwischen Bestreitung und Verteidigung. Gütersloh, 1973

Martens, Ekkehard: Einleitung. Der Pragmatismus als Philosophie. In: Texte zur Philosophie des Pragmatismus. Herausgegeben von demselben. Stuttgart, 1975, S. 3

Marx, Werner: Die Phänomenologie Edmund Husserls. München, [2]1987

Masse, Kaspar: Kultureller Selbstausschluß. Zur Debatte über Lesen und Neue Medien. In: Das Argument. Heft 179. 32. Jg., 1990, S. 29

Massing, Otwin: Verflixte Verhältnisse. Über soziale Umwelten des Menschen. Opladen, 1987

Massing, Otwin: Orientierungsdefizite institutionalisierter Religion. In: Ders.: Verflixte Verhältnisse. Opladen, 1987, S. 93

Matthes, Joachim (Hrsg.): Kirchenmitgliedschaft im Wandel. Untersuchungen zur Realität der Volkskirche. Beiträge zur 2. EKD-Umfrage „Was wird aus der Kirche?". Gütersloh, 1990

Matthes, Joachim: Unbestimmtheit: Ein konstitutives Merkmal der Volkskirche? Anmerkungen zu einem Thema der Diskussion um die EKD-Mitgliedschaftstudien 1972 und 1982. In: Ders. (Hrsg.): Kirchenmitgliedschaft im Wandel. Gütersloh, 1990, S. 149

Matthes, Joachim (Hrsg.): Erneuerung der Kirche – Stabilität als Chance. Gelnhausen, 1975

Matthes, Joachim: Lebenszyklus und Lebensgeschichte.
In: Ders. (Hrsg.): Erneuerung der Kirche – Stabilität als Chance. Gelnhausen, 1975, S. 83

Matthes, Joachim: Die Emigration der Kirche aus der Gesellschaft. Hamburg, 1964

Matthes, Joachim: Gottesdienst und Gesellschaft. Vortrag vor der Generalsynode der VELKD in Malente. 1990, MS

Maturana, Humberto R.: Erkennen. Die Organisation und Verkörperung von Wirklichkeit. Braunschweig und Wiesbaden, ²1985

May, Hans: Protestantisches Prinzip und Protestantisches Problem. Zum Verhältnis von Protestantismus und Kultur. Referat vor dem Generalkonvent des Sprengels Göttingen. Ms, Loccum, 1992

May, Hans / Lorenz, Karin: Moderne und Religion. Geistliche und strukturelle Folgen der Säkularisierung für die Kirche. Loccumer Protokolle. Band 26. 1986, Zukunft der Kirche. Nr. 2

May, Hans / Lorenz, Karin: Pluralismus und Profil. Kirchenbild und Lebenswelt in der Volkskirche. Loccumer Protokolle. Band 69. 1986, Zukunft der Kirche. Nr. 3

May, Hans / Striegnitz, Meinfried / Hefner, Philip: Menschliche Natur und Moralische Paradoxa aus der Sicht der Biologie, Sozialwissenschaften und Theologie. Loccumer Protokolle. Band 78. Loccum, 1990

Mayntz, Renate: Politische Steuerbarkeit und Reformblockaden: Überlegungen am Beispiel des Gesundheitswesens. In: Staatswissenschaften und Staatspraxis. Heft 3. 1990, S. 283

Mechels, Eberhard: Kirche und gesellschaftliche Umwelt. Thomas – Luther – Barth. Neukirchener Beiträge zur Systematischen Theologie. Band 7. Neukirchen-Vluyn, 1990

Menne, Klaus und Schröter, Klaus (Hrsg.): Psychoanalyse und Unterschicht. Soziale Herkunft – ein Hindernis für die psychoanalytische Behandlung? Frankfurt a. M., 1980

Mertin, Andreas: Ist Gott eine ästhetische Formel? Von Meistern der Leere, Sinnsuchern und theologischen Zwergen. In: Kunst und Kirche. Heft 1. 1993, S. 32

Meurer, Bärbel: Kritische Bemerkungen zur Systemtheorie. Das Beispiel Niklas Luhmann.
In: Das Argument. 15. Jg., 1973, Heft 11 / 12 S. 883

Meyer, Hans Philipp: Was heißt „Leitung" in der Kirche? Überlegungen zur Vollmacht des Verkündigungsdienstes. Vorlagen. Heft 10. Hannover, 1981

Meyer-Mintel, Günter: Gemeindebilder in Theologie und kirchlicher Praxis. Eine Untersuchung zur lebensgeschichtlichen Aufschichtung von Gemeindebildern junger Theologen in der 2. Ausbildungsphase. Frankfurt a. M./Bern / New York, 1986

Meyer zu Uptrup, Klaus: Gestalthomiletik. Wie wir heute predigen können. Stuttgart, 1986

Möller, Christian: Charisma als Begeisterung für das Alltägliche.
In: Trutz Rendtorff (Hrsg.): Charisma und Institution, Gütersloh, 1985, S. 452

Möller, Inken: Anstöße – Theologie im Schnittpunkt von Kunst, Kultur und Kommunikation. FS zum sechzigsten Geburtstag von Rainer Volp. Darmstadt, 1991

Moltmann, Jürgen: Kirchen in der Kraft des Geistes. Ein Beitrag zur messianischen Ekklesiologie. München, 1975

Moltmann, Jürgen: Theologie heute. In: Habermas, Jürgen (Hrsg.): Stichworte zur geistigen Situation der Zeit. Frankfurt a. M., 1979, S. 754

Moltmann, Jürgen: Diakonie im Horizont des Reiches Gottes. Schritte zum Diakonentum aller Gläubigen. Neukirchen-Vluyn, 1984

Moore, Barrington: The social origins of dictatorship and democracy. Harmondsworth, 1979

Mörth, Ingo: Lebenswelt und religiöse Sinnstiftung. Ein Beitrag zur Theorie des Alltagslebens. München, 1986

Moore, Barrington: Ungerechtigkeit. Die sozialen Ursachen von Unterordnung und Widerstand. Frankfurt a. M., 1987

Moser-Rath, Elfriede: Dem Volk die Leviten gelesen. Alltag im Spiegel süddeutscher Barockpredigten. Stuttgart, 1991

Muck, Herbert: Der Raum. Baugefüge, Bild und Lebenswelt. Wien, 1986

Muck, Herbert: Die Gegenwärtigkeit der Kirche als Gestaltproblem. In: Anstöße. Festschrift für R. Volp. Darmstadt, 1991, S. 91

Müller Hans-Peter: Sozialstruktur und Lebensstile. Der neuere theoretische Diskurs über soziale Ungleichheit. Frankfurt a. M., 1992

Müller, Hans-Peter: Lebensstile. Ein neues Paradigma der Differenzierungs- und Ungleichheitsforschung. In: KZfSS. 41. Jg., 1989, Heft 1. S. 53

Müller-Weißner, Uli / Volz, Rainer: Kirchenaustritte aus der Evangelischen Kirche. Beweggründe, Zusammenhänge, Perspektiven. Erste Ergebnisse einer interpretierenden Studie zur Situation in Ludwigshafen am Rhein 1989 / 90. Ludwigshafen, MS, 1991

Münch, Richard: Theorie des Handelns. Zur Rekonstruktion der Beiträge von Talcott Parsons, Emile Durkheim und Max Weber. Frankfurt a. M., 1988

Münch, Richard: Autopoiese per Definition. In: Protosoziologie. Heft 3. 1992, S. 42

Negt, Oskar / Kluge, Alexander: Maßverhältnisse des Politischen, 15 Vorschläge zum Unterscheidungsvermögen. Frankfurt a. M., 1992

Negt, Oskar / Kluge Alexander: Öffentlichkeit und Erfahrung. Zur Organisationsanalyse von bürgerlicher und proletarischer Öffentlichkeit. Frankfurt a. M., [2]1973

Negt, Oskar / Kluge, Alexander: Geschichte und Eigensinn. Frankfurt a. M., 1981

Nethöfel, Wolfgang: Theologische Hermeneutik. Vom Mythos zu den Medien. Mit einem Anhang von Michael Biehl. Neukirchen-Vluyn, 1992

Nipperdey, Thomas: Luther und die Bildung der Deutschen. In: Hartmut Löwe/ Claus-Jürgen Roepke (Hrsg.): Luther und die Folgen. München, 1983, S. 13

Nürnberger, Klaus: Die Relevanz des Wortes im Entwicklungsprozeß. Frankfurt a. M., 1982

Nußbaum, Martha C.: The Fragility of Goodness. Luck and Ethics in Greek Tragedy and Philosophy. Cambridge, 1986

Paetzold, Heinz: Ernst Cassirer zur Einführung. Hamburg, 1993

Pannenberg, Wolfhart: Einsicht und Glaube. In: Ders.: Grundfragen Systematischer Theologie. Göttingen, [2]1971, S. 223

Pannenberg, Wolfhart: Glaube und Vernunft. In: Ders.: Grundfragen Systematischer Theologie. Göttingen, [2]1971, S. 237

Pannenberg, Wolfhart: Anthropologie in theologischer Perspektive. Göttingen, 1983

Parsons, Talcott: Gesellschaften. Evolutionäre und komparative Perspektiven. Frankfurt a. M., 1975

Paul, Ingwer: Rituelle Kommunikation. Tübingen, 1989

Peirce, Charles Sanders: Die Festlegung einer Überzeugung. In: Texte zur Philosophie des Pragmatismus. Herausgegeben von Ekkehard Martens, Stuttgart, 1975, S. 61

Peirce, Charles Sanders: Was heißt Pragmatismus? In: Texte zur Philosophie des Pragmatismus. Herausgegeben von Ekkehard Martens, Stuttgart, 1975, S. 99

Peukert, Helmut: Wissenschaftstheorie – Handlungstheorie – Fundamentale Theologie. Analysen zu Ansatz und Status theologischer Theoriebildung. Frankfurt a. M., 1978

Polanyi, Michael: Implizites Wissen. Frankfurt a. M., 1975

Polanyi, Michael: Personal Knowledge. Towards a post-critical Philosophy. Chicago, 1962

Pollack, Detlef: Religiöse Chiffrierung und soziologische Aufklärung. Die Religionstheorie Niklas Luhmanns im Rahmen ihrer systemtheoretischen Voraussetzungen. Frankfurt a. M., 1988

Pollack, Detlef: Religiöse Dimensionen im Werk Christoph Heins. In: BTHZ. 7. Jg., 1990, Heft 2, S. 177

Pollack, Detlef: Vom Tischrücken zur Psychodynamik. Formen außerkirchlicher Religiösität in Deutschland. In: Schweizer Zeitschrift für Soziologie. Jg. 1, 1990, S. 107

Pollack, Detlef: Was ist Religion? Wirklichkeitsflucht oder Wirklichkeitsbewältigung. In: Deutsche Zeitschrift für Philosophie. 38. Jg., Heft 7, 1990, S. 660

Portele, Gerhard: Autonomie, Macht und Liebe. Konsequenzen der Selbstreferentialität. Frankfurt a. M. , 1989

Preul, Reiner: Evangelische Kirche – Was ist das heute? In: PTh. Jg. 81, 1992, S. 2

Preyer, Gerhard: System-, Medien-, und Evolutionstheorie. Zu Niklas Luhmanns Ansatz. In: Protosoziologie. Heft 3. 1992, S. 61

Prodoehl, Hans: Theorie des Alltags. Berlin, 1983

Rahner, Karl: Das Christentum und die nichtchristlichen Religionen. In: Ders.: Schriften zur Theologie. Band 5. Einsiedeln/Zürich/Köln, [2]1964, S. 136

Rahner, Karl: Weltgeschichte und Heilsgeschichte. In: Ders.: Schriften zur Theologie. Band 5. Einsiedeln/Zürich/Köln, [2]1964, S. 115

Raum geben – Kunst in Kirchen. Katalog. Darmstadt, 1993

Rehberg, Karl-Siegbert: Gemeinschaft und Gesellschaft – Tönnies und wir. In: Brumlik, Micha/ Brunkhorst, Hauke (Hrsg.): Gerechtigkeit und Gemeinschaft. Frankfurt a. M. 1993, S. 19

Reich, Werner/Stalmann, Joachim (Hrsg.): Gemeinde hält Gottesdienst. Anmerkungen zur erneuerten Agende. Leiturgia. NF 1. Hannover, 1991

Renck, Günter: Contextualization of Christianity and Christianization of Language. A Case Study from the Highlands of Papua New Guinea. Erlanger Monographien aus Mission und Ökumene. Bd. 5. Erlangen, 1990

Rendtorff, Trutz: Kirche und Theologie. Die systematische Funktion des Kirchenbegriffs in der neueren Theologie. Gütersloh, 1966

Rendtorff, Trutz: Theorie des Christentums. Historisch – theologische Studien zu seiner neuzeitlichen Verfassung. Gütersloh, 1972

Rendtorff, Trutz: Die Religion in der Moderne – die Moderne in der Religion. Zur religiösen Dimension der Neuzeit. In: ThLZ. 110.Jg, 1985, Nummer 8, S. 563

Rendtorff, Trutz: Vielspältiges. Protestantische Beiträge zur ethischen Kultur. Stuttgart/Berlin/Köln, 1991

Ricoeur, Paul: Die Interpretation. Frankfurt a. M., 1974

Ricoeur, Paul: Symbolik des Bösen. Frankfurt a. M., 1971

Riedel, Manfred: Artikel: Gesellschaft, Gemeinschaft. In: Geschichtliche Grundbegriffe. Historisches Lexikon zur politischen und sozialen Sprache in Deutschland. Band 2. Stuttgart, 1975, S. 801

Ritschl, Dietrich: Zur Logik der Theologie. Kurze Darstellung der Zusammenhänge theologischer Grundgedanken. München, [2]1988

Ritschl, Dietrich/Ustorf, Werner: Ökumenische Theologie/Missionswissenschaft. Grundkurs Theologie. Band 10,2. Stuttgart/Berlin/Köln, 1994

Roosen, Rudolf: Bemerkungen zum Entwurf der „Erneuerten Agende" – oder: Wie praktisch ist der Praktiker Theorie? In: ThP. 27. Jg., 1992, Heft 4, S. 259

Rorty, Richard: Solidarität oder Objektivität? Drei Essays. Stuttgart, 1988

Rorty, Richard: Kontingenz, Ironie und Solidarität. Frankfurt a. M., 1989

Rorty, Richard: Der Spiegel der Natur. Eine Kritik der Philosophie. Frankfurt a. M., [2]1992

Rosenbaum, Heidi (Hrsg.): Seminar: Familie und Gesellschaftsstruktur. Materialien zu den sozio-ökonomischen Bedingungen von Familienformen. Frankfurt a. M., [2]1980

Rössler, Dietrich: Grundriß der Praktischen Theologie. Berlin / New York, 1986

Rössler, Dietrich: Grundsätze und Erfahrung. Zum Problem des Begriffs der Praktischen Theologie. In: ThZ. 43. Jg., 1987, S. 158

Rössler, Dietrich: Die Institutionalisierung der Religion. In: Wenzel Lohff und Lutz Mohaupt (Hrsg.): Volkskirche – Kirche der Zukunft? Hamburg, 1977, S. 41

Rotter, Frank: Musik als Kommunikationsmedium. Soziologische Medientheorien und Musiksoziologie. Berlin, 1985

Rublack, Christoph: … hat die Nonne den Pfarrer geküßt? Aus dem Alltag der Reformationszeit. Gütersloh, 1991

Sahlins, Marshall: Kultur und praktische Vernunft. Frankfurt a. M., 1981

Salber, Wilhelm: Der Alltag ist nicht grau. Alltagspsychologie. Bonn, 1989

Scharbau, Friedrich Otto (Hrsg.): Erneuerung des Gottesdienstes. Klausurtagung der Bischofskonferenz der VELKD 1989. Hannover, 1990

Scharbau, Friedrich-Otto (Hrsg.): Einheit der Kirche. Klausurtagung der Bischofskonferenz der VELKD. Hannover, 1985

Schelsky, Helmut: Ist die Dauerreflexion institutionalisierbar? Zum Thema einer modernen Religionssoziologie. In: ZEE. Jg. 1, 1957, S. 153 ff.

Schermann, Josef: Die Sprache im Gottesdienst. Innsbrucker Theologische Studien. Band 18. Innsbruck / Wien, 1987

Schibilsky, Michael (Hrsg.): Kursbuch Diakonie. Neukirchen-Vluyn, 1991

Schliep, Hans Joachim: Werkzeug oder Denkzeug. Zur Ethik der Technik. Hannover, 1986

Schloz, Rüdiger / Hauschildt, Friedrich: Konfessionelle Identität im Wandel. In: LM. Jg. 30, 1991, S. 75

Schmidtchen, Gerhard: Gibt es eine protestantische Persönlichkeit? Zürich, 1969

Schmidtchen, Gerhard: Protestanten und Katholiken. Bern und München, 1973

Schmied, Gerhard: Kirche oder Sekte? Entwicklungen und Perspektiven des Katholizismus in der westlichen Welt. München, 1988

Schneider, Gert: Grundbedürfnisse und Gemeindebildung. Soziale Aspekte für eine menschliche Kirche. München / Mainz, 1982

Schöfthaler, Traugott: Religion paradox. Der systemtheoretische Ansatz in der deutschsprachigen Religionssoziologie. In: Karl-Fritz Daiber und Thomas Luckmann (Hrsg.): Religion in den Gegenwartströmungen der deutschen Soziologie. München, 1983, S. 136

Scholz, Frithard: Freiheit als Indifferenz. Alteuropäische Probleme mit der Systemtheorie Niklas Luhmanns. Frankfurt a. M., 1982

Schottroff, Willy / Stegemann, Wolfgang (Hrsg.): Der Gott der kleinen Leute. Sozialgeschichtliche Bibelauslegungen. Altes Testament. München und Gelnhausen, 1979

Schottroff, Willy / Stegemann, Wolfgang (Hrsg.): Tradition der Befreiung. Sozialgeschichtliche Bibelauslegungen. Band 1: Methodische Zugänge. München und Gelnhausen, 1980

Schubert, Ernst: Van den gemeenen Kasten vor de Armen. Die Antwort der Osnabrücker Kirchenordnung auf das Armutsproblem des 16. Jahrhunderts. In: Karl Georg Kaster und Gerd Steinwascher (Hrsg.): 450 Jahre Reformation in Osnabrück. Bramsche, 1993, S. 447

Schulze, Gerhard: Die Erlebnisgesellschaft. Kultursoziologie der Gegenwart.
Frankfurt a. M. / New York, 1993

Schümer, Dirk: Sport ist Sport. Die antike olympische Idee ist unsere Zukunft.
In: FAZ vom 10.8.92

Schütz, Alfred und Luckmann, Thomas: Strukturen der Lebenswelt.
Band 1, Darmstadt und Neuwied, 1975, Band 2, Frankfurt a. M., 1984

Segal, Lynn: Das 18. Kamel oder die Welt als Erfindung. Zum Konstruktivismus
Heinz von Foersters. München, 1988

Sennett, Richard: Verfall und Ende des öffentlichen Lebens. Die Tyrannei der Intimität.
Frankfurt a. M., 1987

Siemers, Helge und Reuter, Hans-Richard (Hrsg.): Theologie als Wissenschaft in der Gesellschaft.
Ein Heidelberger Experiment. Göttingen, 1970

Simon, Dieter: Die Einheit des Rechts in der Vielfalt der Systeme. In: FAZ vom 8.12.92, S. L13

Slenczka, Reinhard: Artikel: Glaube VI (Reformation, Neuzeit, systematisch-theologisch). In: TRE

Soeffner, Hans-Georg (Hrsg.): Kultur und Alltag. Soziale Welt, Sonderband, Göttingen, 1988

Soeffner, Hans-Georg: Religiöse Bilder und Ebenbilder. In: Kunst und Kirche. Heft 1. 1993, S. 44

Soeffner, Hans-Georg: Luther – die Formierung eines protestantischen Individualitätstypus durch
die Reformierung des biblischen Welt- und Menschenbildes. In: Loccumer Protokolle.
Nr. 4. 1986, S. 54 . Auch in: Ders.: Die Ordnung der Rituale. Frankfurt a. M., 1992, S. 20 unter
dem Titel: Luther – Der Weg von der Kollektivität des Glaubens zu einem lutherisch-prote-
stantischen Individualitätstypus.

Soeffner, Hans-Georg: Auslegung des Alltags – Der Alltag der Auslegung. Zur wissenssoziologi-
schen Konzeption einer sozialwissenschaftlichen Hermeneutik. Frankfurt a. M., 1989

Soeffner, Hans-Georg: Alltagsverstand und Wissenschaft. Anmerkungen zu einem alltäglichen
Mißverständnis von Wissenschaft. In: Ders.: Auslegung des Alltags.
Frankfurt a. M., 1989, S. 10

Soeffner, Hans-Georg: Die Ordnung der Rituale. Die Auslegung des Alltags.
2. Band. Frankfurt a. M., 1992

Sofsky, Wolfgang / Paris, Rainer: Figurationen sozialer Macht. Autorität-Stellvertretung-Koalition.
Opladen, 1991

Sommer, Manfred: Lebenswelt und Zeitbewußtsein. Frankfurt a. M., 1990

Soosten, Joachim von: Die Sozialität der Kirche. Theologie und Theorie der Kirche in
Dietrich Bonhoeffers „Sanctorum Communio". München, 1992

Soosten, Joachim von: Zur theologischen Rezeption von Jürgen Habermas" „Theorie des kommunikativen Handelns". In: ZEE. 34. Jg., 1990, S. 129

Sozialisationsrelevante Situationsdeutungen familialer Interaktion und ihre Bedeutung für Eltern-
bildungangebote. Elternbriefe. Forschungsbericht, Berlin, 1980.
Verfasser: Brandt, G. / v. Grote, C. / Rosenow, J. / Bellermann, E.

Spiegel, Yorick: Theologie der bürgerlichen Gesellschaft. Sozialphilosophie und Glaubenslehre
bei Friedrich Schleiermacher. München, 1968

Spiegel, Yorick: Kirche als bürokratische Organisation. ThExh. Band 160. München, 1969

Steck, Wolfgang: Die Privatisierung der Religion und die Professionalisierung des Pfarrerberufs.
In: PTh. Jg. 80, 1991, S. 306

Steck, Wolfgang: Protestantische Attribute. Individualität, Modernität, Liberalität.
In: Richard Ziegert (Hrsg.): Protestantismus als Kultur. Bielefeld, 1991, S. 109

Steck, Wolfgang: Art. Pfarrer(in). In: Christof Bäumler und Norbert Mette (Hrsg.):
Gemeindepraxis in Grundbegriffen. Ökumenische Orientierungen und Perspektiven.
München und Düsseldorf, 1987, S. 328

Steinacker, Peter: Kirchenbegriff und kirchliche Wirklichkeit. In: Trutz Rendtorff (Hrsg.):
Charisma und Institution. Gütersloh, 1985, S. 430

Steiner, George: Von realer Gegenwart. München, 1990

Steinkamp, Herrmann: Diakonie in der Kirche der Reichen und in der Kirche der Armen.
Ein empirisch-ekklesiologischer Vergleich. In: Concilium. 1988, S. 295

Steinkamp, Herrmann: Narzißtische Kirchenkultur oder diakonische Kirche?
In: Michael Schibilsky (Hrsg.): Kursbuch Diakonie. Neukirchen-Vluyn, 1991, S. 265

Stock, Alex: Zwischen Tempel und Museum. Theologische Kunstkritik. Positionen der Moderne.
Paderborn / Wien / München / Zürich, 1991

Stolz, Fritz (Hrsg.): Religiöse Wahrnehmung der Welt. Zürich, 1988

Strohm Theodor: Diakonie und Sozialethik. Beiträge zur sozialen Verantwortung der Kirche.
Herausgegeben von Gerhard K. Schäfer und Klaus Müller. Veröffentlichungen des Diakonie-
wissenschaftlichen Instituts. Band 6. Heidelberg, 1993

Strohm, Theodor: „Theologie der Diakonie" in der Perspektive der Reformation. Zur Wirkungsgeschichte des Diakonie-Verständnisses Martin Luthers. In: Ders.: Diakonie und Sozialethik.
Heidelberg, 1993, S. 3

Strohm, Theodor: Theologie der Diakonie – Diakonie an der Theologie. Forschungsaufgaben in
der Diakoniewissenschaft. In: Ders.: Diakonie und Sozialethik. Heidelberg, 1993, S. 125

Stuhlmacher, Peter: Das neutestamentliche Zeugnis vom Herrenmahl.
In: ZThK. Jg. 84, Heft 4, S. 1

Sundermeier, Theo: Nur gemeinsam können wir leben. Das Menschenbild schwarzafrikanischer
Religionen. Gütersloh, [2]1990

Taylor, Charles: Sources of the Self. The Making of the modern Identity. Cambridge USA , 1989

Theißen, Gerd: Biblischer Glaube in evolutionärer Sicht. München, 1984

Thurneysen, Eduard: Die Lehre von der Seelsorge. Zürich, [5]1980

Tilllich, Paul: Protestantische Gestaltung. In: Ders.: Gesammelte Werke. Band VII.
Stuttgart, 1962, S. 54

Timm, Hermann: Neuschöpfung. Die Symbolisierung der Welt als Lebenswelt.
In: ThLZ. Jg. 118., 1993 , S. 99

Tödt, Heinz Eduard: Rudolf Bultmanns Ethik der Existenztheologie. Ethiker des Protestantismus.
Bd. 1. Gütersloh, 1978

Tönnies, Ferdinand: Gemeinschaft und Gesellschaft. Leipzig, [3]1919

Tönnies, Sibylle: Nahrung, die Hunger macht. Die Meister des Paradoxen: Jürgen Habermas,
Niklas Luhmann und das Formale als Grundlage der Philosophie. In: FAZ vom 25.8.93, S. 32

Trillhaas, Wolfgang: Konservative Theologie und moderne Welt. Werner Elert zum Gedächtnis.
In: Troeltsch-Studien. Band 4. Gütersloh, 1987, S. 305

Trilling, Lionel: Das Ende der Aufrichtigkeit. Frankfurt a. M., 1989

Troeltsch, Ernst: Die Soziallehren der christlichen Kirchen und Gruppen. Gesammelte Schriften.
Teilband 1 und Teilband 2. Neudruck der Ausgabe von 1912. Tübingen, 1994

Turner, Victor W.: „Das Ritual" Struktur und Anti-Struktur. Frankfurt a. M., 1989

Tyrell, Hartmann: Familie und Religion im Prozeß der gesellschaftlichen Differenzierung.
In: Eid, Volker / Vaskovics, Lazslo (Hrsg.): Wandel der Familie – Zukunft der Familie.
Mainz, 1982, S. 19

Ulfig, Alexander: Lebenswelt und Reflexion. In: Protosoziologie. Heft 3. 1992, S. 19

Ulmer, Bernd: Konversionserzählungen als rekonstruktive Gattung. Erzählerische Mittel und Strategien bei der Rekonstruktion eines Bekehrungserlebnisses. In: Zeitschrift für Soziologie. Jg. 17, 1988, Heft 1, S. 19

Varela, Francisco J./Thompson, Evan/mit Rosch, Eleanor: Der Mittlere Weg der Erkenntnis. Die Beziehung von Ich und Welt in der Kognitionswissenschaft – der Brückenschlag zwischen wissenschaftlicher Theorie und menschlicher Erfahrung. Bern/München/Wien, 1992

Varela, Francisco J.: Kognitionswissenschaft – Kognitionstechnik. Eine Skizze aktueller Perspektiven. Frankfurt a. M. , 1990

Varela, Francisco J.: Über die Natur und die Natur des Erkennens. In: Hans-Peter Dürr und Walter Chr. Zimmerli (Hrsg.): Geist und Natur. Bern/München/Wien, 1991, 1. Auflage der Sonderausgabe, S. 100

Velickowskij, Boris M.: Wissen und Handeln. Kognitive Psychologie aus tätigkeitstheoretischer Sicht. Berlin, DDR ,1988

Volf, Miroslav: Kirche als Gemeinschaft. Ekklesiologische Überlegungen aus freikirchlicher Perspektive. In: EvTh. 49. Jg., 1989, Heft 1, S. 52

Volp, Rainer (Hrsg.): Zeichen – Semiotik in Theologie und Gottesdienst. München/Mainz, 1982

Volp, Rainer: Liturgik – Die Kunst, Gott zu feiern. Band 1: Einführung und Geschichte. Band 2: Theorien und liturgische Bildung. Die Gestaltung des Gottesdienstes. Gütersloh, 1992

Volp, Rainer: Spuren von Gottesbildern heute. Zum neuerlichen Streit um die Re-Theologisierung der Kunst. In: Kunst und Kirche. Heft 1. 1993, S. 38

Volp, Rainer: Das Kunstwerk als Symbol. Ein theologischer Beitrag zur Interpretation der bildenden Kunst. Gütersloh, 1966

Volp, Rainer: Gottesdienst als Zeichenprozeß. Semiotische Analysen und Perspektiven. In: Loccumer Protokolle. Band 24. 1984, S. 142

Volp, Rainer: Raum geben. In: Raum geben – Kunst in Kirchen. Darmstadt, 1993, o. S.

Wagner, Falk: Was ist Religion? Studien zu ihrem Begriff und Thema in Geschichte und Gegenwart. Gütersloh, 1986

Wagner, Falk: Was ist Theologie? Studien zu ihrem Begriff und Thema in der Neuzeit. Gütersloh, 1989

Wagner, Falk: Protestantische Reflexionskultur. In: Graf, Friedrich Wilhelm/Tanner, Klaus (Hrsg.): Protestantische Identität heute. Gütersloh, 1992, S. 31

Waldenfels, Bernhard/Metraux, Alexandre: Leibhaftige Vernunft. Spuren von Merlau-Pontys Denken. München, 1986

Walzer, Michael: Kritik und Gemeinsinn. Drei Wege der Gesellschaftskritik. Frankfurt a. M., 1993

Wanner, Ulrich: Beiderseits Befremdung. Erlebniskunst in sechs Kirchen Hannovers. In: LM. Jg. 32, Heft 6, S. 16

Was wird aus der Kirche? Ergebnisse der zweiten EKD-Umfrage über Kirchenmitgliedschaft. Herausgegeben von Johannes Hanselmann, Helmut Hild und Eduard Lohse. Gütersloh, [2]1984

Weber, Hans-Ruedi: Kreuz. Überlieferung und Deutung der Kreuzigung Jesu im neutestamentlichen Kulturraum. Stuttgart und Berlin, 1975

Weber, Hermann: Die rechtliche Stellung der christlichen Kirchen im modernen demokratischen Staat. Staatskirchenrechtliche Aspekte. In: Zeitschrift für evangelisches Kirchenrecht. Jg. 36, 1991, S. 253

Weber, Max: Die protestantische Ethik. Band I. Eine Aufsatzsammlung. Herausgegeben von J. Winckelmann, Gütersloh, [5]1979

Weber, Max: Die protestantische Ethik. Band II. Kritiken und Antikritiken. Herausgegeben von J. Winckelmann, München und Hamburg, 1968

Weber, Max: Wirtschaft und Gesellschaft. Grundriß der verstehenden Soziologie. 5. rev. Auflage, besorgt von J. Winckelmann, Tübingen, 1972

Wegner, Gerhard: Keiner ist nur Rollenträger. In: LM. Jg. 29, S. 353

Wegner, Gerhard: Alltägliche Distanz. Zum Verhältnis von Arbeitern und Kirche. Hannover, 1988

Wegner, Gerhard: „Hauptsache, du weißt, was du willst!" Selbstverantwortung und christlicher Glaube. Hannover, 1991

Wegner, Gerhard / Günther, Joachim: Gottes Sache im Betrieb. Ein Jahr als Pastor auf Schichtarbeit. Hannover, 1988

Wegner, Gerhard: Solidarität als Exponat. Religion – Kultur – Technik. Beiträge zur Weltausstellung. Hannover, 1993

Wegner, Gerhard / Lingscheid, Rainer (Hrsg.): Aktivierende Gemeindearbeit. Stuttgart / Berlin / Köln, 1990

Weinhandl, Ferdinand (Hrsg.): Gestalthaftes Sehen. Ergebnisse und Aufgaben der Morphologie. Zum hundersten Geburtstag von Christian von Ehrenfels. Darmstadt, 1960

Weinrich, Michael: Die Weltlichkeit der Kirche. Systematische Zugänge zu einem Grundproblem der Ekklesiologie. In: EvTh. 5o. Jg., 1990, Heft 3, S. 206

Welker, Michael (Hrsg.): Theologie und funktionale Systemtheorie. Luhmanns Religionssoziologie in theologischer Diskussion. Frankfurt a. M., 1985

Welker, Michael: Der Heilige Geist. In: EvTh. 49. Jg., 1989, Heft 2, S. 126

Welker, Michael: Gottes Geist. Theologie des Heiligen Geistes. Neukirchen-Vluyn, 1992

Welsch, Wolfgang: Ästhetisches Denken. Stuttgart, 1990

Werlen, Iwar: Ritual und Sprache. Tübingen, 1984

Werlen, Iwar: Ritual als kommunikatives Handeln: Perspektiven der Linguistik. In: Loccumer Protokolle. Band 24. 1984, S. 41

Weyer, Adam: Kirche im Arbeiterviertel. Gütersloher Studien zur Evangelischen Ethik. Band 7. 1971

Weymann, Volker: Gegensatzerfahrungen. Zum Praxisbezug Praktischer Theologie. In: ZThK. 82. Jg., 1985, S. 455

Wie stabil ist die Kirche? Bestand und Erneuerung. Herausgegeben von Helmut Hild. Gelnhausen, 1974

Wieland, Josef (Hrsg.): Wirtschaftsethik und Theorie der Gesellschaft. Frankfurt a. M., 1993

Wieland, Josef: Die Ethik der Wirtschaft als Problem lokaler und konstitutioneller Gerechtigkeit. In: Ders.(Hrsg.): Wirtschaftsethik und Theorie der Gesellschaft. Frankfurt a. M., 1993, S. 7

Wilckens, Ulrich: Das Amt des Geistes und der Geist des Amtes. Neutestamentliche Einsichten und kirchliche Erfahrungen. In: Trutz Rendtorff (Hrsg.): Charisma und Institution. Gütersloh, 1985, S. 23

Wilhelms, Günter: Sinnlichkeit und Rationalität. Der Beitrag Alfred Lorenzers zu einer Theorie religiöser Sozialisation. Stuttgart / Berlin / Köln, 1991

Willke Helmut: Systemtheorie. Eine Einführung in die Grundprobleme der Theorie sozialer Systeme. Stuttgart / New York , [3]1991

Wind, Edgar: Heidnische Mysterien in der Renaissance. Frankfurt a. M., [3]1984

Wohlrab-Sahr, Monika: Über den Umgang mit biographischer Unsicherheit – Implikationen der „Modernisierung der Moderne". In: Soziale Welt. Jg. 43, 1992, Heft 2, S. 217

Wohlrab-Sahr, Monika: Institutionalisierung oder Individualisierung des Lebenslaufs?
    Anmerkungen zu einer festgefahrenen Debatte. In: Bios. 1992, Heft 1, S. 1

Zender, Hans: Was kann Musik heute sein? In: FR vom 1.7.89, S. ZB 3

Ziegert, Richart (Hrsg.): Protestantismus als Kultur. Bielefeld, 1991